먼저 하나님 나라에 가신 내 좋은 어머니,

오늘은 새벽마다 불초한 자식을 위하여 기도 올리시는

내 아버지 이기장 장로님,

언제나 말없이 도와주는 아내 김연미,

그리고 우리 아이들 혜원과 형원에게

나의 감사와 사랑의 마음을 이 작은 책에 담아 드립니다.

말씀의 샘물 7

지 은 이 | 이정수 목사
펴 낸 이 | 김재련
펴 낸 곳 | 학마을 B&M
·기획/편집 | 신초란 ·제 작 | 김경태
·디 자 인 | 이경호 ·마 케 팅 | 이일성
초판펴낸날 | 2006년 12월 15일

출 판 등 록 | 1996년 11월 14일 제1-2106호
주 소 | 서울시 마포구 동교동 200-19 오비브하우스 401호
홈 페 이 지 | www.kookjeon.com
전 화 | 02)324-2993~4
팩 스 | 02)324-2904

값 10,000원

ISBN 89-87576-38-8

지은이 연락처

말씀의 샘물 교회
주 소 : 476-812 경기도 양평군 서종면 정배리 171-1
전 화 : 010-7791-1270

말씀의 샘물 7

■ 말씀의 샘물 교회 | 이정수 목사 지음 ■

일러두기

♣ 이 책은 필자가 1997년 3월부터 매주일 우리 교회 성도들과 친구들에게 보낸《말씀의 샘물》誌 제396호부터 제460호까지를 묶은 것입니다.

♣《말씀의 샘물》誌는 모두 4면인데, 1면은 <사랑하는 친구들에게>라는 제목으로 한 주 동안 필자가 보고 듣고 느낀 점을 편지 형식으로 쓴 것이고, 2면과 3면은 <성경연구>이며, 4면은 필자 나름대로 참신하고 신선하다 싶은 예화를 모아놓은 <고전예화>입니다.

♣ <사랑하는 친구들에게-차례>는 각호 제1면의 제목입니다.
<성경연구-차례>는 각호 제2~3면의제목입니다.
<고전예화-차례>는 각호 제4면의 제목입니다.

《말씀의 샘물》 제7권을 펴내면서

하나님은 우리의 피난처시오 힘이시니 환난 중에 만날 큰 도움이시라. 그러므로 땅이 변하든지 산이 흔들려 바다 가운데 빠지든지 바닷물이 흉용하고 뛰놀든지 그것이 넘치므로 산이 요동할지라도 우리는 두려워 아니 하리로다. 여호와와 그 능력을 구할지어다. 그 얼굴을 항상 구할지어다(시46:1-3, 105:4).

하얀 눈 내려 천지간에 눈꽃 가득한 계절,《말씀의 샘물》제7권을 펴냅니다.《말씀의 샘물》제1권은《말씀의 샘물》제1호~70호, 제2권은 71호~140호, 제3권은 141호~200호, 제4권은 201호~265호, 제5권은 266호~330호, 제6권은 266호~395호, 그리고 이번에 펴내는 제7권은 396~460호를 묶은 것입니다.

一月普現一千江(일월보현일천강)
一千江月一月攝(일천강월일월섭)

하늘의 달 하나가 일천 강을 비추고
일천 강에 비추인 달은 하늘의 달 하나에 포섭되도다

1997년 3월부터 2006년 12월 현재까지 내가 매 주일 정성껏 펴내는《말씀의 샘물》이 지령 제460호가 되었습니다. 460 꼭지의《말씀의 샘물》에 비추인 달은 낱낱이 실제의 달이 아니라, 하늘의 달빛 받아 비추인 것뿐입니다.

하늘의 달은 무엇인가?《말씀의 샘물》을 소중히 읽고 기도로, 충고로, 격려로, 칭찬으로, 물질로 큰 도움을 주신 내 좋은 친구들의 마음입니다. 하늘의 달이 일천 강을 비추듯, 내 좋은 친구들의 맑고 밝은 그 마음의 달이 일천 샘물까지 끊임없이 넉넉하게 비추어 주시기를 기도합니다.

2006년 12월

雪花滿乾坤(설화만건곤:온 천지에 눈꽃 가득)한 정배리 허심당에서 이정수 목사

차례

사랑하는 친구들에게

396. 봄꽃 피는 순서 …… 13
397. 인도네시아 조승철 선교사 …… 17
398. 말씀묵상수련원 …… 21
399. DMB(Digital Multimedia Broadcasting) …… 25
400. 한비야의 종교다원화 …… 29
401. 하남시 춘궁동을 떠남 …… 33
402. 북한강변으로 옮김 …… 37
403. 노는 만큼 성공합니다 …… 41
404.《말씀의 샘물》제6권 전달 대작전 …… 45
405. 설악산 공룡능선 종주 …… 49
406. 이정수 목사 KBS 라디오 고정 출연 …… 53
407. Freedom & Liberty …… 57
408. 참나무 장작 한 트럭 …… 61
409. 晩秋(늦가을)! …… 65
410. 노세, 노세, 젊어 노세! …… 69
411. 골든 리트리버 …… 73
412. Zippo 라이터 …… 77
413. 2005년 회고 …… 81
414. 설마가 정말 사람 잡습니다! …… 85
415. 양택가상학(좋은 집 고르는 법) …… 89
416. 돈은 과학입니다! …… 93
417. 찬양부흥사 김영기 목사 …… 97
418. 건강 비법은 없습니다 …… 101
419. 백일 된 귀한 아기 박규라 …… 105
420. 雪花滿乾坤–천지에 가득한 눈꽃 …… 109
421. 존재의 고유 가치(Intrinsic Value) …… 113
422. 반가운 사람– 박현규 …… 117
423. 타라의 악어 찾기 집념 …… 121
424. 삼태봉 잣나무 군락지 …… 125
425. 일품 짜장면 …… 129
426. 山行=人生 …… 133
427. 곽노수 선교사의 홈스테이 …… 137
428. 여행의 필수–여행지 가이드 책 …… 141

차 례

사랑하는 친구들에게

429. 方外之士(방외지사) …… 145
430. 나 죽은 뒤 사람들은 나를 뭐라고 할까? …… 149
431. 묵방산 산지기 이우원 …… 153
432. 야, 나 다 올라왔어! - 초록의 함성 …… 157
433. 이정수 목사 KBS 라디오 고정 출연 마감 …… 161
434. 가슴 아픈 편지 …… 165
435. 白樂天 - 無優無樂者 …… 169
436. 명품 설교 …… 173
437. 초여름 점심 상차림 …… 177
438. 사노라면 속 시끄러울 때가 있습니다 …… 181
439. 10년 꿈 …… 185
440. 못 먹어도 Go! …… 189
441. 離合集散(이합집산) …… 193
442. 중고 소나타 투 〈07오 7597〉 구입 …… 197
443. 물 구경, 불 구경, 싸움 구경 …… 201
444. 시애틀 박병윤 목사 …… 205
445. 電話(전화) …… 209
446. 양평군 서종면 정배리 171-1 …… 213
447. 전남 구례 운조루 …… 217
448. 半日靜坐 半日讀書 …… 221
449. 남이섬에는 남이가 없습니다 …… 225
450. 예의 바른 몸가짐 …… 229
451. 정배리 집수리 …… 233
452. 아침 운동 …… 237
453. 가을 산 속 집 …… 241
454. 명주 솜 이불 …… 245
455. 설악산 마등령 종주기 …… 249
456. 내가 사는 집 주변 풍광 …… 253
457. 강원도 문래교회 김경연 사모님 …… 257
458. 나는 누구인가? …… 261
459. 치악산 종주 …… 265
460. 내면의 힘(Inner Power) …… 269

차례

본문설교

396. 심령이 가난한 사람의 복(마5:3) …… 14
397. 애통하는 사람의 복(마5:4) …… 18
398. 온유한 사람의 복(마5:5) …… 22
399. 의에 주리고 목마른 사람의 복(마5:6) …… 26
400. 긍휼히 여기는 사람의 복(마5:7) …… 30
401. 마음이 청결한 사람의 복(마5:8) …… 34
402. 의를 위하여 핍박 받은 사람의 복(마5:10-12) …… 38
403. 화평케 하는 사람의 복(마5:9) …… 42
404. 네 손에 든 것이 무엇이냐?(출3:1-4:1-20) …… 46
405. 허송세월은 없습니다!(출2:11-23) …… 50
406. "있을 때" 잘 해야 합니다(신15:7-8, 잠3:27-28) …… 54
407. 말의 실수가 없으면 온전한 사람입니다(1) …… 58
408. 말의 실수가 없으면 온전한 사람입니다(2) …… 62
409. 말의 실수가 없으면 온전한 사람입니다(3) …… 66
410. 하나님 앞에서 먹고 마시고 춤추는 축제(신14:22-29) …… 70
411. 주가 쓰시겠다 하라!-2006년 새해 목표 …… 74
412. 성탄절은 나도 성탄하는 날입니다(눅2:8-14) …… 78
413. 2006년, 두려워 말라, 무서워 말라, 놀라지 말라!(신20:1-3) …… 82
414. 기도 없는 행동, 행동하는 기도(눅11:1-13, 눅18:1-8) …… 86
415. 분노하고 울분하는 사람을 사귀지 말라(잠22:24-25) …… 90
416. 장막 터를 넓히고, 휘장을 늘이고, 말뚝을 견고히 하라(사54:1-8) …… 94
417. 우리의 찬양 속에 거하시는 하나님(1) …… 98
418. 우리의 찬양 속에 거하시는 하나님(2) …… 102
419. 우리의 찬양 속에 거하시는 하나님(3) …… 106
420. 우리의 찬양 속에 거하시는 하나님(4) …… 110
421. 우리의 찬양 속에 거하시는 하나님(5) …… 114
422. 생각의 틀(Thought Form)(잠4:23) …… 118
423. 생각의 틀(Thought Form)은 선택입니다(잠4:23) …… 122
424. 생각의 틀(Thought Form)은 생명입니다(잠4:23) …… 126
425. 생각의 틀(Thought Form):10년 법칙(잠4:23) …… 130
426. 예수님의 생각의 틀(Thought Form)(빌2:5-11) …… 134
427. 고난을 넘어 환희로!(마16:13-28) …… 138
428. 부활(resurrection)=변화(transformation)(요11:25-27) …… 142

차례

본문설교

429. 부활=내적 변화(inner transformation) (롬12:1-2) …… 146
430. 부활=내적 변화(inner transformation)의 핵심(사43:1-7, 롬8:31-39) … 150
431. 부활=외적 변화(External transformation) (딤전2:8-10, 3:1-13) … 154
432. 이렇게 양육하라(잠22:6, 엡6:4) …… 158
433. 이렇게 성장하라(시126:5-6, 딤전4:6-16) …… 162
434. 이렇게 늙어가라(신34:7, 시92:1-15) …… 166
435. 이렇게 사랑하라(창2:21-25, 엡5:22-33) …… 170
436. 빚지지 말고 살라!(롬12:8) …… 174
437. 인생은 축복입니다(창1:1-31, 요16:21) …… 178
438. 먹을 것과 입을 것이 있은 즉 족한 줄 알라(딤전6:6-10) …… 182
439. 주의 종을 잘 섬기는 사람이 받는 복(마10:40-42) …… 186
440. 나실인 서원 기도의 현대적 의미(민6:1-21) …… 190
441. 하나님의 일(요4:31-34, 6:1-71) …… 194
442. 하나님께서 보내신 자는 누구인가?(요6:28-29) …… 198
443. 하나님께서 보내신 자를 믿는다는 것은?(요6:28-29) …… 202
444. 하나님의 보내신 자가 하신 일-말씀 연구 …… 206
445. 하나님의 보내신 자가 하신 일-獨居修鍊 …… 210
446. 하나님의 보내신 자가 하신 일-현실 참여 …… 214
447. 友情(우정)의 샘(삼상18:1-4) …… 218
448. 容恕(용서=forgiveness)하는 마음(마18:21-35) …… 222
449. 용서하지 않으면 안 되는 3가지 이유(마18:21-35) …… 226
450. 어떻게 용서할 것인가?(마18:21-35) …… 230
451. 애당초 용서할 일 없는 삶을 살라(마18:21-35) …… 234
452. 신앙인의 모든 힘은 禮拜(예배)에서 나옵니다(요4:20-26) …… 238
453. 소유지향적 삶과 존재지향적 삶(1) …… 242
454. 소유지향적 삶과 존재지향적 삶(2) …… 246
455. 소유지향적 삶과 존재지향적 삶(3) …… 250
456. 소유지향적 삶과 존재지향적 삶(4) …… 254
457. 소유지향적 삶과 존재지향적 삶(5) …… 258
458. 소유지향적 삶과 존재지향적 삶(6) …… 262
459. 소유지향적 삶과 존재지향적 삶(7) …… 266
460. 다니엘의 감사(단6:1-28) …… 270

차 례

고전예화

396. 산상수훈 해석사 …… 16
397. 역설 주기도문 …… 20
398. 그때 왜? …… 24
399. 여섯 가지 쌍기역 <ㄲ> …… 28
400. 난초론 …… 32
401. 순수(Purity)와 순진(Innocent) …… 36
402. 무라카미 하루키의 여행법 …… 40
403. 말 잘하는 사람 …… 44
404. 전남 여수, 새벽 어시장 국밥 집 …… 48
405. 료칸의 눈물 한 방울 …… 52
406. 홍콩-마카오-상평 여행 보고서 …… 56
407. 목사님, 보입니다, 보여! …… 60
408. 그냥, 잘 들어 주십시오 …… 64
409. 空冊(공책)의 비밀 …… 68
410. 창조성이란 이런 것입니다 …… 72
411. 왜, 긍정적이어야 하는가? …… 76
412. 축제(카니발, 사육제, 페스티발, 놀이) …… 80
413. 우리나라 3대 살롱 …… 84
414. ×란 무엇인가? 무엇이 ×인가? …… 88
415. 暴虎馮河者(폭호빙하자)와 놀지 말라! …… 92
416. 가드너의 다중지능이론 …… 96
417. 밤의 선생님, 미즈타니 오사부 …… 100
418. 바닷가 인명구조대의 역사 …… 104
419. 네 영혼이 이끄는대로 가라! …… 108
420. 개성 천재와 마산 천재의 대결 …… 112
421. "앗!" …… 116
422. 생각 틀(Thought Form)의 힘 …… 120
423. 상황이 아니라 생각의 틀입니다 …… 124
424. 생각의 틀-자아 이미지(self-image) …… 128
425. 정언명령(Categorical Imperative) …… 132
426. 생각의 틀은 곧 상상력입니다 …… 136
427. 사람 살려내는 일 …… 140
428. 부활=변화(transformation) …… 144

차 례

고전예화

429. 남자는 남자! 여자는 여자! ······ 148
430. 첫 키스 ······ 152
431. 하나님은 속을, 사람은 겉을 봅니다 ······ 156
432. 어? 우리말이 아니라 한자말이네 ······ 160
433. 대한민국에서 부자 되는 법 ······ 164
434. 90세 엄마와 70세 아들 ······ 168
435. 사랑하는 법(the art of loving) ······ 172
436. 이철수의 나뭇잎 편지 ······ 176
437. 쟁이[職人]의 철학 ······ 180
438. 끝나지 않은 강의 ······ 184
439. 10년 법칙(the ten-year rule) ······ 188
440. 따뜻한 한마디 말의 힘 ······ 192
441. 야훼=아도나이=아쉠 ······ 196
442. 근원 김용준의 예술론 ······ 200
443. 빈곤(貧困), 불학(不學), 병약(病弱)의 힘 ······ 204
444. 어떤 ××놈이 밀었어! ······ 208
445. 나의 존엄한 죽음을 위한 선언서 ······ 212
446. 바위산의 祈禱發(기도발) ······ 216
447. 평양감사의 우정 ······ 220
448. 용서가 아니라 치료가 필요합니다 ······ 224
449. 용서 콤플렉스 ······ 228
450. 가정폭력 ······ 232
451. 좋은 똥 이야기 ······ 236
452. 이태백과 두보의 시 ······ 240
453. 黔驢(검려=검주 땅의 나귀) ······ 244
454. 소유형 삶과 존재형 삶의 차이 ······ 248
455. 카르페 디엠(Carpe Diem) ······ 252
456. 내 생애 단 한번 ······ 256
457. 존재지향적 삶을 위한 충고 ······ 260
458. 風水地理(풍수지리) ······ 264
459. 여자들이 얄미워하는 여자 ······ 268
460. 모든 감정은 선택입니다 ······ 272

· 봄꽃 피는 순서 ·

중국 북송 시인 王淇(왕기)는 시인답게 봄꽃이 어떤 순서(매화–해당화–들장미–찔레꽃)로 피는지 그윽히 지켜본 모양입니다.

一從梅粉褪殘妝(일종매분퇴잔장: 매화 시들고 나니)
塗抹新紅上海棠(도말신홍상해당: 해당화 발갛게 물들었네)
開到荼蘼花事了(개도도미화사료: 들장미 피고 나면 꽃 다 피었는가 하였더니)
絲絲天棘出莓墻(사사천극출매장: 찔레꽃 가닥가닥 담장을 넘어오네)

내가 올 봄 우리 교회 마당과 언덕에 피는 꽃을 주의 깊게 지켜보니 맨 처음 매화, 살구꽃이 핍니다. 삼 사일 사이를 두고 벚꽃, 목련꽃이 핍니다. 며칠 있다가 앵두꽃, 복숭아꽃이 핍니다. 그리고 한 보름 동안 온통 화사하게 피었다가 핀 순서대로 꽃잎은 바람에 하염없이 흩날립니다.

이파리보다 하얀 꽃이 먼저 피는 이 꽃들이 지면서 연둣빛 이파리가 나올 때, 그 사이 파란 이파리를 먼저 내고 기다리던 모란(=牧丹)이 핍니다. 부귀를 상징하는 꽃답게 모란은 붉고 넉넉한 자줏빛 꽃잎, 풍성하고 노란 꽃 수술이 부잣집 맏며느리 같습니다. 김영랑 시인의 말대로 모란이 뚝뚝 떨어지는 5월 10일 쯤이면 아카시아, 6월 7일 쯤이면 밤꽃 향기로 가득합니다. 그리고 이제 산과 언덕이 온통 싱그런 초록의 물결입니다.

4월 말부터 나는 텃밭을 갈고 상추, 케일, 파, 가지, 고추, 토란을 모종하고 아침 저녁으로 물을 뿌려 주었습니다. 오늘 처음으로 파릇파릇 돋아난 상추, 케일, 양상추를 뜯어다 청정한 육각수 물로 깨끗이 씻어 아침 밥상에 올려놓았습니다. 신선합니다. 고소합니다. 시장에서 파는 것과는 비교할 수 없습니다. "장미 정원에 제 아무리 아름답게 피어난 장미가 수없이 많다해도 내가 물주고 이야기하고 깔때기를 씌워 바람을 막아주며 키워낸 내 장미만 한 것은 없습니다." 라고 한 생텍쥐페리의 어린 왕자는 참 똑똑합니다. 어린 나이에 그런 걸 다 아는 걸 보면 말입니다.

《말씀의 샘물》 제7권을 소중히 읽어 주시는 내 좋은 친구에게 고마운 뜻을 전합니다. 삶에서 중요한 것은 속도가 아니라 방향입니다. 어쩔 수 없는 운명이라 할지라도 그 운명을 어떻게 받아들일 것인가? 하는 방향 선택의 자유는 여전히 내 몫으로 남아 있음을 믿고 실존하는 이정수 목사

심령이 가난한 사람의 복

본문 / 마5:3

1. 들어가는 이야기

산상수훈(the Sermon on the Mount, 마5:1-7:29)은 하나님 나라의 대헌장(Magna Carta of kingdom of God)입니다. 산상수훈은 하나님의 아들 예수 그리스도께서 이 세상 현실 속에서 살아가는 하나님의 자녀들이 어떻게 살아가야 할 것인가에 대한 하나님의 본래 의도를 명징하게 드러내 보여주신 말씀입니다. 이번 주일부터 산상수훈의 말씀을 묵상하는 가운데 은혜를 나누고자 합니다. 먼저《말씀의 샘물》고전예화 396 산상수훈의 해석사를 참고하시기 바랍니다.

2. 본문 해석

*심령이 가난한 자는 복이 있나니 천국이 저희 것임이요(개역)
*마음이 가난한 사람은 행복하다. 하늘나라가 그들의 것이다(공동번역)
*虛心者 福矣因天國乃其國也(허심자 복의인천국내기국야)
*Blessed are the poor in spirit, for theres is the kingdom of heaven(NIV)
*Fortunate are humble in spirit for theres is kingdom of heaven(anchor)

우리는 福(복)이란 말을 들으면 얼른 동양적 의미에서 五福(壽, 富, 貴, 多男, 考終命)같은 물질적인 복, 깊이 생각하여 어떤 분야에 뛰어난 특별한 재능(달란트), 좀 더 깊이 생각하여 성령의 각종 은사를 생각합니다만 본문에서의 복은 그런 복을 말하고 있는 것이 아니라 상서로운 징조(the good omens), 행운, 운이 좋은 사람, 정도의 의미입니다. 그래서 앵커 바이블 주석은 祭儀的(제의적)인 Blessed(축복받다)라는 단어보다 Fortunate(다행스러운, 행운이 있는) 라는 단어를 사용하고 있습니다.

본문에서 "가난하다"는 말은 희랍어 "ptochoi/프토코이"를 번역한 말인데 이 말의 의미에는 가난하다(poor) 외에도 무엇 무엇 때문에 고통스럽다(afflicted), 무엇 무엇에 대하여 겸손하다, 비천하다(humble)라는 의미도 내포하고 있습니다. 희랍어 프토코이(가난하다)는 단순히 물질적 가난을 의미하던 말인데 히브리 성경을 희랍어로 번역한 70인 역 번역자들이 이 말의 의미를 확대 재해석하여 사용하였습니다. 첫째, 물질적인 가난. 둘째, 물질적 가난에서 오는 고통, 사회적 부자유와 억압. 셋째, 나는 가난(프토코이)하고 슬프오니 하나님이여 주의 구원으로 나를 높이소서(시69:29)에서 처럼 영적인 문제에도 이 가난이란 말을 사용하였습니다.

따라서 본문에서 심령이 가난한 사람이란 말은 물질적으로 가난한 사람이란 말이 아니라 영적으로 가난한 사람을 의미합니다. 즉, 하나님을 만나지 못하여 고통스러운 사람, 하나님에 대한 지식이 가난해서 안타까운 사람, 하나님의 응답을 겸손히 기다리는 사람, 하나님 앞에서 스스로 비천함을 아는 사람을 의미합니다.

3. 심령이 가난한 사람의 복이 무엇인가?

첫째, 물질적으로 가난한 사람은 잘 먹지 못해서, 잘 입지 못해서, 자기가 하고 싶은 것을 할 수 없어서, 사회적으로 무시당하고 천대받기 때문에 고통스럽습니다. 그리하여 가난한 사람은 가난에서 벗어나려고 행동합니다. 예로부터 큰 부자는 하늘이 내지만 작은 부자는 부지런함에서 나온다고 하였습니다. 그러므로 가난한 사람은 부지런히 일하고, 절약하고, 절제하여 가난을 극복합니다.

영적 가난도 그러합니다. 눈에 보이는 물질적 가난은 누구나 쉽게 깨닫습니다. 눈에 보이지 않는 영적 가난은 많은 사람들이 깨닫지 못합니다. 영적으로 가난함에도 불구하고 그 영적 가난을 깨닫지 못하는 사람은 물질적 빈부를 떠나 멸망하는 짐승 같다고 하였습니다(시49:20). 그런데 스스로 영적 가난을 깨닫고 느끼는 사람은 그 깨달음 자체만으로도 멸망치 않고 영적 부자가 될 수 있는 열린 가능성이 있기에 다행스럽다(fortunate)는 말씀입니다.

둘째, 영적 가난을 깨달은 사람은 행동합니다. "그러므로 우리가 여호와를 알자, 힘써 여호와를 알자, 그의 나오심은 새벽빛같이 일정하니 비와 같이 땅을 적시는 늦은 비와 같이 우리에게 임하시리라(호6:3)" 고 하신 것처럼 영적 능력의 근원을 알기 위하여, 만나기 위하여, 구도자로서 여호와 하나님을 찾아 나섭니다.

미구엘 드 우나무나(스페인 작가)는 하나님을 찾아 나서는 데 있어 열정도, 마음의 갈등도, 불확실성에 대한 의심도, 심지어 아무런 좌절도 없이 하나님을 믿는다고 하는 것은 단지 하나님이라 하는 관념적 허상을 믿는 것에 불과하다고 하였습니다. 영적으로 가난한 사람의 구도적 행동이란 모리아 산의 아브라함, 얍복강의 야곱, 감옥에 갇힌 요셉, 갈멜 산의 엘리야, 욥의 좌절, 십자가 위에서 "아버지여! 어찌하여 나를 버리시나이까?" 하시는 예수 그리스도, "오호라 나는 곤고한 사람이로다" 라고 절규하는 바울 사도와 같이 하나님을 만나는 것입니다. 그것이 복입니다.

셋째, 영적 가난을 깨달은 사람은 그렇게 하나님을 만나 뵙고 이 세상의 모든 물질적 · 심리적 · 사회적 인습과 굴레로부터 자유합니다. "너희가 내 말에 거하면 참 내 제자가 되고, 진리를 알지니 진리가 너희를 자유케 하리라(요8:31-32)" 하신 그 자유 말입니다. 이 세상 그 무엇도 빼앗을 수 없는 그 자유 말입니다. 이 자유는 될 대로 되라는 막가파식 자유가 아니라 스스로 기쁨 가운데 의미 있는 행동을 마음대로 하는 자유입니다. 나는 이보다 더 큰 축복을 알지 못합니다.

"심령이 가난한 사람" 이란 말을 중국 성경은 "虛心者(마음을 비운 사람)" 이라고 번역한 것은 매우 의미 심장합니다. 虛心者, 마음을 비운 사람이 무엇입니까? 그 어디에도 그 무엇에도 걸리지 않고 집착하지 않아 자유로운 사람이라는 뜻입니다.

산상수훈 해석사

산상수훈(The Sermon of the Mount/마5:1-7:29)은 믿는 사람들에게 그리고 믿지 않는 사람들에게도 무한한 감동을 준 말씀입니다. 위대한 신학자, 사상가들은 산상수훈을 일컬어 예수 그리스도의 전체 가르침의 요약(드 베테), 세계 문학의 최고봉(에드먼, 인간 윤리의 최고봉(로빈슨), 예수 그리스도의 전 생애는 산상수훈의 실현이다(올스하우젠), 하나님 나라의 대헌장(Magna Carta of The Kingdom Of God)이라고 하였습니다. 뿐만 아니라 산상수훈은 힌두교도인 마하트마 간디의 무저항주의, 비폭력주의, 아힘사 운동의 사상적 기본 바탕이 되었습니다.

산상수훈의 解析史

첫째, 완벽주의적 해석 : 사람이 하나님 나라에 들어가려면 산상수훈의 교훈은 문자 그대로 지켜야 한다는 해석입니다(톨스토이, 빈디쉬). 이 해석의 약점은 산상수훈이 구약의 율법보다 더 엄격한 율법적 굴레가 될 수 있다는 점입니다.

둘째, 잠정적 윤리 해석 : 산상수훈의 너무나 엄격한 윤리성을 볼 때 산상수훈은 보편 타당한 윤리가 아니라 종말을 눈앞에 둔 비상 사태에 적용되는 중간 윤리(interim ethic)라는 해석입니다(바이스, 슈바이처). 이 해석의 약점은 하나님을 만난 사람들은 그 어떤 시대에나 산상수훈대로 살았다는 사실을 간과한 것입니다..

셋째, 정통 루터교적 해석 : 산상수훈의 엄격성은 사람의 한계를 깨닫게 함으로써 예수 그리스도의 십자가를 의지할 수밖에 없다는 것을 일깨우는 몽학선생이라는 해석입니다. 사람은 산상수훈대로 살아야 한다. 그러나 사람은 산상수훈대로 살 수 없다. 그러므로 십자가 은혜로 나가야 한다는 것입니다(슈탕에, 키텔). 이 해석의 약점은 사람의 자유의지를 너무 무시하고 있는 점입니다.

넷째, 실존적 해석 : 산상수훈은 윤리적 명령이나 율법으로 볼 것이 아니다. 산상수훈은 "그대로 하라(to do!)" 가 아니라 "그렇게 되라(to be)" 하는 방향성을 제시하여 사람으로 하여금 새로운 존재가 되도록 하는 찔림이라는 해석입니다(헤르만, 디벨리우스). 이 해석의 약점은 산상수훈에 분명히 "그대로 하라(to do!)" 하시는 예수님의 뜻을 외면하고 인본주의, 합리주의 해석에 치우쳐 있다는 점입니다.

다섯째, 복음주의적 해석 : 산상수훈은 율법이 아니라 복음이다. 죽음에서 생명으로 구원하여 주신 크나 큰 하나님의 은혜에 감사하고 감격한 사람이 깨달아 알게 되는 삶의 기준이며 실천할 수 밖에 없는 방향성이라는 해석입니다(칼 하임, 요아힘 예레미아스). 산상수훈을 율법 조항이나 "보편 타당한 원리가 네 행동의 원리가 되게 하라" 고 한 칸트의 윤리적 지상 명령(ethical imperatives)으로 해석 할 것이 아니라 십자가 은혜로 구원받은 사람이 감사함으로 살아가는 삶의 질서로 보아야 할 것입니다 <박수암, 산상보훈, 대한기독교서회>.

· 인도네시아 조승철 선교사 ·

매월 마지막 월요일은 허심당 모임이 있는 날입니다. 오늘 5월 30일이 바로 그 모임이 있는 날이라 집 안팎을 깨끗이 치우고 있는데 전화가 걸려왔습니다. 지난달에 인도네시아 자바 섬 한인교회 담임 목사로 부임한 조승철 목사 전화입니다.

"어? 조 목사야? 반갑다! 그래 자리는 잡혔어? 현지 형편이 어떠한가?" 물었습니다. "이제 겨우 한 달인데 자리잡히고 말고가 어디 있나요. 적응 중이지요." 전화로 들은 조 목사 보고가 이렇습니다.

하나, 현지에 도착해서 보니 예배 출석 교인은 한 100여명인데, 여름 방학, 겨울 방학 때면 교인들 가운데 상당수가 한국에 들어가기 때문에 교세는 들쭉날쭉한 형편이다. 인도네시아에 사는 외국인들은 그 나라 고용 정책에 일조한다는 측면에서 현지 사람들을 많이 고용하는 것이 상례이다. 현지 교회에 와 보니 목사 사택에 여자 도우미가 두 사람, 기사 겸 사찰로 일하는 남자 도우미 한 사람이 있더라. 도우미들 월급은 한 사람 당 우리 돈으로 여자 3만원, 남자 5만원이다.

둘, 교회에 컴퓨터가 있기는 있는데 인도네시아는 컴퓨터 계통 산업이 미성숙 단계라 느리고 불편한 점이 많은 것이 흠이다. 늦으면 늦는대로 말씀의 샘물 교회 홈페이지(wordspring.co.kr)에 들러 주소와 전화 번호를 남기겠다.

셋, 어제 시내에 가서 인도네시아 돈으로 13만원(우리 돈으로 1만 5천원) 정도 쇼핑하였는데 먹을 물 두 통, 휴지, 牛足(우족), 쇠고기, 과일 등을 샀는데 한 보따리나 되더라. 한국에 비하여 인도네시아 물가가 너무 싼 것에 놀랐다.

기타, 아들은 영등포 외가에서 연대 신학과에 다니고, 딸은 안성 친가에서 중대 안성 캠퍼스 피아노과에 다니고 있다. 앞으로 인도네시아 말을 좀 배울 계획이다. 자리 잡힐 때 즈음 인도네시아로 한 번 날아오시라! 합니다. 그럼, 그럼, 날아가야지! 나는 해외여행이라고는 1999년 6월 탈북난민현황 답사차 중국 심양, 연길, 두만 강변에 나흘 다녀 온 것 밖에 없는데 올 가을쯤 인도네시아 조승철 목사 만나러 가는 길에 홍콩 동신교회 김성준 목사, 마카오 조한 목사도 만나러 가야겠다고 생각하고 있습니다.

眞味只是淡 至人只是常(진미지시담 지인지시상—참 맛은 담담하고 참 사람은 항상 그러하여 평범한 듯하다), 참 쫄깃쫄깃한 글귀를 얻은 이정수 목사

애통하는 사람의 복

본문 / 마5:4

1. 들어가는 이야기

오늘은 산상수훈의 팔복 가운데 두 번째 복, "애통하는 자가 받는 복"을 묵상하는 가운데 은혜를 나누려고 합니다. 우선 본문을 여러 번역으로 읽겠습니다.

*애통하는 자는 복이 있나니 저희가 위로를 받을 것임이요(개역)
*슬퍼하는 사람은 행복하다. 그들은 위로를 받을 것이다(공동번역)
*哀慟者福矣因其將受慰也(애통자복의인기장수위야)
*Blessed are those who mourn, for they will be comforted(NIV)

2. "哀慟(애통=mourn)" 이란 무엇인가?

신약 성경의 원문 희랍어 코이네에는 "애통"에 해당하는 말이 두 가지가 있습니다. 크라이온테스(klaiontes=weeping)와 펜도운테스(penthountes=mourning)입니다. 크라이온테스(weeping)란 말은 직접적인 애통, 슬픔. 예를 들면 가난이나 질병 때문에 애통하고 슬퍼한다는 뜻으로 육체적인 고통, 현실적인 슬픔을 의미합니다.

펜도운테스(mouning) : 조용한 애통, 슬픔, 가난이나 질병이 있게된 현상 자체를 애통하고 슬퍼한다는 뜻입니다. 그리하여 펜도운테스 라는 말은 국가적 재앙(사3:26), 하나님의 임박한 심판(암5:16), 이방인의 압제에 대한 영적이며 윤리적인 애통과 슬픔을 가리킵니다. 양식이나 물이 없어 애통하고 슬퍼하는 것이 아니라 하나님의 말씀과 하나님의 사랑, 하나님의 의가 사라진 것에 대한 슬픔이며 애통입니다. 본문의 "애통"은 바로 이 "펜도운테스(mouning)"입니다.

윤동주는 그의 시집 <하늘과 바람과 별과 詩>의 "팔복" 이라는 시에서 마태복음5:3-12(팔복 전체)를 "슬픔=애통"으로 파악하고 있는데 매우 의미심장합니다.

八福-마태복음 5장 3-12
슬퍼 하는자는 복이 있나니
슬퍼 하는자는 복이 있나니
슬퍼 하는자는 복이 있나니
슬퍼 하는자는 복이 있나니
슬퍼 하는자는 복이 있나니
슬퍼 하는자는 복이 있나니
슬퍼 하는자는 복이 있나니
슬퍼 하는자는 복이 있나니

저희가 영원히 슬플 것이오.

3. 애통하고 슬퍼할 줄 아는 사람들의 복이 무엇인가?

첫째, 애통하고 슬퍼할 줄 아는 사람들은 하나님이 주시는 아주 특별한 영적 위로를 받는 것이 복입니다. 가난 · 질병 · 사랑의 상실 등 육체적이고 직접적인 현실 문제의 고통 때문에 크라이온테스(weeping)적 의미에서 직접적으로 현실적으로 애통하고 슬퍼하는 것은 누구에게나 당연한 일입니다. 그러나 나와 직접적으로 관계가 없거나 있다해도 피부로 느껴지지 않는 부조리한 현실, 구조적 사회악, 장차 다가올 재앙을 예견하면서 자기가 속한 가정 공동체, 교회 공동체, 사회 공동체, 지구 공동체에 대하여 애통하고 슬퍼하는 마음을 가지고 안타까워 하는 것은 아무나 할 수 있는 일이 아닙니다.

독재 정권, 노동 악법, 가난한 이웃, 폭행 당하는 어린아이들, 외로운 노인들, 장애인들, 정치적 불의와 부정, 재벌의 독 · 과점으로 인한 서민들의 생활고, 교회의 비민주화, 교회의 분열, 교회의 사회적 책임, 환경 오염으로 인한 지구의 온난화 현상으로 지구 자체의 파멸 현상, 같은 문제에 대하여 애통하고 슬퍼하여 이를 바로 잡기 위하여 일하다가 사회적 불이익을 받고, 인간 별종으로 소외 당하고, 감옥에 가고, 심지어 죽음의 위협을 받는 것은 실로 아무나 할 수 있는 일이 아니라는 말입니다. 그러나 그런 문제로 애통하고 슬퍼하는 사람들은 그들의 활동으로 하나님 나라가 조금씩 조금씩 확장되는 것을 눈으로 보고, 몸으로 느끼면서, 하나님이 함께 하고 계신다는 확신과 그런 확신 속에서 위로를 받습니다.

둘째, 애통하고 슬퍼할 줄 아는 사람들은 그들 사이에 아주 특별하고 신성한 결속력, 말할 수 없는 보람, 그리고 영적인 큰 기쁨을 누리고 맛보는 복을 받습니다. 예수님께서 "여자가 해산할 즈음에는 걱정이 태산 같다. 진통을 겪어야 할 때가 왔기 때문이다. 그러나 아이를 낳으면 사람 하나가 이 세상에 태어났다는 기쁨에 그 진통을 잊어버리게 된다(요16:21)" 하신 그런 기쁨의 복을 받습니다.

셋째, 애통하고 슬퍼할 줄 아는 사람들은 비록 얽매였으나 자유하는 복을 받습니다. 이 세상에 널려 있는 애통하고 슬퍼할 수밖에 없는 많은 문제들 때문에 마음이 상하고, 두렵고, 고통스럽고 근심 속에 살지만 그 영혼은 무한히 자유하다는 말입니다. 왜? 애통하고 슬퍼하는 사람들의 근심은 모두 하나님의 뜻대로 하는 근심이기 때문입니다. 그러므로 바울 사도는 "하나님의 뜻대로 하는 근심은 후회 할 것이 없는 구원에 이르게 하는 회개를 이루는 것이요 세상 근심은 사망을 이루는 것이니라(고후7:10)" 고 하신 것입니다. 자- 다 함께 <오, 자유!>를 불러 보십시다.

오 – 자유, 오 – 자유, 나는 자유 하리라.
슬픔 없네, 슬픔 없네, 슬픈 눈물 없으리.
큰 – 소리, 큰 – 소리, 나는 크게 외치리.
후렴 : 비록 얽매였으나 나는 이제 돌아가리. 자유 주시는 내 주님께.

역설 주기도문

"하늘에 계신" 이라고 하지 마라
매일 매일 땅에 것만 생각하면서

"우리" 라고 하지 마라
언제나 너 혼자만 생각하면서

"아버지" 라고 하지 마라
전혀 아들, 딸답게 살지 않으면서

"이름이 거룩히 여김을 받으시오며" 하지 마라
제 이름만 내려고 발버둥치면서

"나라가 임하옵시며" 하지 마라
오로지 황금 만능의 나라를 원하면서

"뜻이 하늘에서 이루어진 것 같이 땅에서도 이루어지이다" 하지 마라
모든 것이 네 뜻대로 되기를 바라면서

"오늘 우리에게 일용할 양식을 주옵시고" 하지 마라
죽을 때까지 먹을 양식을 쌓아두려고 하면서

"우리가 우리에게 죄 지은 자를 용서한 것 같이 우리의 죄를 용서하여 주옵시고" 하지 마라
여전히 아직도 마음 한 구석에 앙심을 품고 있으면서

"우리를 시험에 들지 말게 하옵시고" 하지 마라
죄인 줄 번연히 알면서도 매일 죄 지으면서

"다만 악에서 구하옵소서" 하지 마라
악을 빤히 보면서도 피하려 하지 않으면서

"아멘" 이라 하지 마라
주님의 기도를 진정 나의 기도로 바치지 않으면서

남미 우루과이 농촌 한 작은 교회 벽에 이런 글이 붙어 있다고 합니다. 읽고 보니 그야말로 <아멘! 아멘! 아멘!> 입니다.

· 말씀묵상수련원 ·

나는《말씀의 샘물》제6권 원고 교정을 다 끝내고, 책표지 디자인 담당자가 준비한 것 가운데 모두들 "이 거다!" 하는 아주 멋진 것으로 정해 놓고 이제 책이 되어 나오기만 기다리는 행복으로 가득합니다. 어제 웅진북스 지윤미 사장님이 다음 주간 6월 20~24일 정도 책이 허심당으로 배달될 것이라고 전화로 알려 왔습니다. 오매, 좋은 거!

지난 번《말씀의 샘물》제5권은 3,000부를 찍었는데 내 좋은 친구들에게 한 덩어리 씩 보낸 것하고, 종로 5가 기독교서회 매장, 하남 안디옥 기독교 백화점에서 팔린 것, 그리고 내가 개인적으로는 알지 못하는 100여 분들이 전화로, 편지로, 이메일로 책 주문을 해 오는 바람에 6월 현재 열 댓 권 남고 다 없어졌습니다.

그게 다 내 좋은 친구들의 기도와 성원 덕분이라는 걸 나는 잘 알고 있습니다. 너무 너무 고맙습니다. 이렇게 매번 책이 나올 때마다 내 좋은 친구들에게 부담을 주어 미안한 마음이 굴뚝같지만 어떻게 하는가? 이번 제6권도 널리 河海! 같은 마음으로 너그럽게 받아주시고 후원하여 주시기를 기도할 뿐입니다.

그리고 또 한 가지 드릴 말씀이 있습니다. 나는 요즈음 북한강변 쪽, 양평군 서종면 문호리, 정배리, 수능리, 서후리 일대를 머리카락 휘날리며 돌아다니고 있습니다. 말씀의 샘물교회 "말씀묵상수련원" 할 만한 장소를 찾아보기 위해서입니다. 전에 언젠가 말씀드린 적이 있는데 내가 "말씀묵상수련원"을 만들려는 목적은 이제까지 눈으로 읽고, 머리로 이해하고, 손으로 쓰는 성경 연구에서 묵언, 명상, 침묵, 과정을 통하여 말씀을 몸으로 느끼고 말씀을 마음 속에 새기고 肉化하는 성경 연구를 하고자 하는 것입니다.

말씀묵상수련원에 대하여 아직 이렇다 할 구체적 방향성, 내용, 운영 계획은 미흡하지만 "시작이 반", "뜻이 있는 곳에 길이 있다" 하였으니 우선 <터>부터 마련하고 시작하여야겠다는 마음에서 찾아 나선 것입니다. 말씀묵상수련원이 꼴을 잡혀가는 대로 바로 바로 보고하도록 하겠습니다. 기도 많이 하여 주셔요!

1974년부터 32년 동안 터 잡고 살던 하남시 춘궁동 219-1 번지를 정리하고 떠날 준비하는 이정수 목사

온유한 사람의 복

본문 / 마5:5

1. 들어가는 이야기

오늘은 산상수훈의 팔복 가운데 세 번째 복, "온유한 사람의 복"을 묵상하는 가운데 은혜를 나누려고 합니다. 우선 본문을 여러 번역으로 읽겠습니다.

*온유한 자는 복이 있나니 저희가 땅을 기업으로 받을 것임이요(개역)
*온유한 사람은 행복하다. 그들은 땅을 차지할 것이다(공동번역)
*溫良者福矣 因其將得地也(온양자복의 인기장득지야)
*Blessed are the meek, for they will inherit the earth.(NIV)

2. 溫柔(온유=the meek)한 사람에 대한 신약 주석적 이해

"온유한 사람은 복이 있다" 하는 본문 말씀의 구약 성서적 배경은 시편 37편입니다. 이 시편은 神正論的(신정론 : 의로우신 하나님이 계시는 데 어찌하여 이 세상에 악인이 득세하고 의인은 오히려 고통받는 현상이 일어날 수 있는가? 하는 문제를 다루는 신학적 해명 작업) 사상을 다루고 있는 시입니다.

시편 37편 기자는 "여호와 앞에 잠잠하고 참아 기다리라. 자기 길이 형통하며 악한 꾀를 이루는 자를 인하여 불평하여 말지어다. 분을 그치고 노를 버리라. 불평하여 말라. 행악에 치우칠 뿐이라. 대저 행악하는 자는 끊어질 것이나 여호와를 기대하는 자는 땅을 차지하리로다. 잠시 후에 악인이 없어지리니 네가 그곳을 자세히 살필지라도 없으리로다. 오직 온유한 자는 땅을 차지하며 풍부한 화평으로 즐기리로다(시37:7-11)" 라고 하였습니다. 앵커바이블 주석은 시편 37편을 근거로 하여 온유(the meek)한 사람이란 겸손한 (humble), 또는 가난한(poor) 사람이라고 해석하고 있습니다. 박수암 교수도 "신약주석 산상보훈"에서 온유한 사람이란 부드러운 마음과 태도를 가진 사람이라기보다 마침내는 이 세상에 하나님의 의가 실현될 것을 믿고 겸손하게 기다리는 사람이라는 뜻으로 해석하고 있습니다. 온유한 사람이란 곧 심령이 가난한 사람과 같은 뜻이라고 하였습니다.

주석학자들의 말대로 단순하게 언어학적 분석으로 보아 심령이 가난한 사람과 온유한 사람이 결국 같은 뜻이라고 한다면 예수께서 같은 뜻을 말만 바꾸어 반복하셨다는 소리가 됩니다. 예수께서 과연 똑같은 소리를 말만 바꾸어 하셨을까? 나는 "그렇지 않다"고 봅니다. "여호와를 기대하는 자는 땅을 차지하리로다. 오직 온유한 자는 땅을 차지하며 풍부한 화평으로 즐기리로다" 한 말씀을 보면 심령이 가난한 사람이 받는 영적인 복 외에 구체적인 복, 곧 현실의 땅을 차지하는 복의 의미도 함축하고 있다고 생각합니다. 구체적이고 현실적인 복을 강조하는 구약학적 복의 의미로 본다면 온유한 사람이 받는 복은 영적인 복의 의미보다 오히려 현실적인 땅의 복을 받는다는 의미로 해석하는 것이 더 타당하리라 생각합니다.

3. 온유한 사람에 대한 성경적 컨셉트

온유한 사람이란 삶에서 일어나는 온갖 슬픔, 재난, 고통, 불의, 의심, 공포, 염려, 근심, 불안에 직면하여 불평 불만으로 짜증내고 원망하고 안달하지 아니하고 선하시고 좋으신 하나님 아버지께서 끝내는 내 잔이 넘치도록 복을 부어주시리라는 것을 굳게 믿고 흔들리지 아니하고, 낙심하지 아니하고, 묵묵히 참고 견디고 앞으로 앞으로 푯대를 향하여 꾸준히 나아가는 사람입니다. 다음의 말씀들은 온유한 사람에 대한 성경적 컨셉트라 할 수 있겠습니다.

*주신 자도 하나님이시오 거두시는 자도 하나님이시니 여호와의 이름이 찬송을 받으시리로다(욥1:21). 우리가 하나님께 복을 받았은 즉 재앙도 받지 아니하겠느뇨(욥2:10). *나는 마음이 온유하고 겸손하니 나의 멍에를 메고 내게 배우라 그러면 너희 마음이 쉼을 얻으리라(마11:29). *우리가 사방으로 우겨쌈을 당하여도 쌓이지 아니하며 답답한 일을 당하여도 낙심하지 아니하고(고후4:8). *우리가 낙심하지 아니하노니 겉 사람은 후패하나 우리의 속은 날로 새롭도다(고후4;16). *우리가 선을 행하되 낙심하지 말지니 피곤하지 아니하면 때가 이르매 거두리라(갈6:9). *분을 내어도 죄를 짓지 않는 사람이며(엡2:26), 거역하는 자를 온유하므로 징계하는 하는 사람입니다(딤후2:25).

4. 그렇다면 온유한 사람이 받는 복은 무엇인가?

첫째, 온유한 사람은 人福(인복)을 받습니다. 불평 불만하고 안달복달하고 팍팍하고 짜증내는 사람에게는 사람이 모이지 않습니다. 너그럽고, 참고, 이해하고, 여유 있고, 넉넉한 온유한 사람에게 사람이 모이는 법입니다. 악인은 꾸고 갚지 아니하나 의인은 은혜를 베풀고 주는도다. 주의 복을 받은 자는 땅을 차지하고 주의 저주를 받은 자는 끊어지리로다(시37:21－22) 하신 것이 바로 그 뜻입니다.

둘째, 온유한 사람은 땅을 기업으로 받습니다. 구체적 현실 삶에서 그 집안이 잘 되고 물질적 복을 넘치도록 받아 누리고 삽니다. 아브라함, 이삭, 요셉, 욥, 다윗, 야베스가 받았던 것처럼 이 세상의 구체적인 땅을 차지하는 복을 받는다는 말입니다. 동양적 표현으로 말하면 '積善之家 必有餘慶 積惡之家 必有餘殃(적선지가 필유여경 적악지가 필유여앙)' 이라는 말입니다.

셋째, 온유한 사람은 적이 없습니다. 속담에 "맞은 사람은 발뻗고 자고 때린 사람은 꼬부리고 잔다" 고 하였습니다. 仁者無敵(인자무적 : 어질고 너그러운 사람에게는 적이 없다)이요, 百忍堂中有太和(서로 잘 참는 집안에는 항상 화평이 가득하다) 이라는 말입니다. 뿐만 아니라 마음의 쉼을 얻는 영적 복을 받습니다. '나는 마음이 온유하고 겸손하니 나의 멍에를 메고 내게 배우라. 그리하면 너희 마음이 쉼을 얻으리라(마11:29).' 하신 그런 쉼(rest=relief)의 복을 받습니다.

고전예화 398

그때 왜?

이 세상에는 허투루 볼 사람이 하나도 없다는 건 누구나 다 잘 알고 있습니다. 알기는 잘 아는데 실제 삶에서는 나도 모르게 사람을 허투루 대하고 후회합니다. 가슴 아픈 일이지요. 시인 김남기는 <그때 왜?> 라는 시에서 이렇게 썼습니다(참고: 류시화 엮음, 사랑하라, 한 번도 상처받지 않은 것처럼, 오래된 미래).

<그때 왜?>

저 사람은 거짓말을 너무 좋아해,
저 사람과는 결별해야겠어,
하고 결심했을 때,
그때 왜?
나의 수많은 거짓말했던 모습들이 떠오르지 않았지?

저 사람은 남을 너무 미워해,
저 사람과는 헤어져야겠어,
하고 결심했을 때,
그때 왜?
내가 수많은 사람들을 미워했던 모습들이 떠오르지 않았지?

저 사람은 너무 교만해,
그러니까 저 사람과 그만 만나야지,
하고 결심했을 때,
그때 왜?
나의 교만했던 모습들이 떠오르지 않았지?

저 사람은 너무 이해심이 없어,
그러니까 저 사람과 작별해야지,
하고 결심했을 때,
그때 왜?
내가 남을 이해하지 못했던 모습들이 떠오르지 않았지?

이 사람은 이래서,
저 사람은 저래서 하며,
모두 내 마음에서 떠나보냈는데,
이젠 이곳에 나 홀로 남았네.

· DMB(Digital Multimedia Brodcasting) ·

6월 22일 저녁 윤창현 목사와 C3TV(주) 박진석 사장이 허심당으로 날 보러왔습니다. 박진석 사장이 날 찾은 이유는 C3TV에 말씀의 샘물 코너를 신설하겠다는 것, SK 텔레콤의 자회사 "TU media"가 DMB(Digital Multimedia Broadcasting) 방송망으로 24개의 오디오 채널과 12개의 비디오 채널을 공개 입찰하였는데 C3TV에서 그 중 어렵사리 오디오 채널을 하나 낙찰 받아 운영하고 있는 "44 오디오북스"에도 말씀의 샘물을 활용하겠다는 것입니다. 한 마디로 말해서 C3TV, 오디오북스에《말씀의 샘물》을 퍼 나르겠으니 허락하여 달라는 겁니다.

그래? 그 거 좋지! 不敢請固所願(감히 청하지는 못하고 마음으로 매우 바라던 일)이란 이런 경우를 두고 하는 소리 아니겠어! 라고 하였습니다. 게다가 박 사장이 하는 소리가 뭔지는 모르지만 앞으로 무슨 혜택도 준다고 하니 나로서야 두말 없이 OK! 할 수밖에. 얼마나 기분 좋은 일인가!

박 사장 이야기를 들어보니 DMB 오디오, 비디오 방송망은 핸드폰 화면으로 보고 듣는 것으로서 인공위성에서 직접 쏘는 것이라 난시청 지역이 없이 전국 어디서나 명료한 해상도와 실시간으로 시청할 수 있다고 합니다. 삐삐 시대에서 핸드폰 시대로 전환하는 데 불과 2~3년 밖에 걸리지 않은 것처럼 지금의 단순 핸드폰 시대에서 DMB 방송망 핸드폰 시대로 전격 전환될 전망이라고 합니다. 현재 가입자 수는 5만 정도인데 향후 1~2 년 지나면 가입자가 수십만이 아니라 수백만으로 늘어날 것이라고 합니다.

박 사장 핸드폰으로 DMB 방송을 들어보았습니다. 신기하고 놀랍습니다. 세상 참 좋아졌습니다. 지금 DMB 방송을 시청할 수 있는 핸드폰 단말기 값이 최저 70만원이라 좀 비싸다 싶은 생각이 들지만 앞으로 가격도 많이 내릴 것이고 그러면 DMB 시장이 어마어마하게 비약한다는 것입니다. 윤창현 목사가 "그렇게 되면《말씀의 샘물》도 이 삼천 권이 아니라 오 육천 권은 찍어야 할 꺼야" 라고 덕담을 하였는데 참 듣기 좋았습니다.

C3TV와 오디오북스에《말씀의 샘물》이 뜨는 날, 70만원 한다는 비싼 핸드폰 하나 장만하기로 마음먹은 이정수 목사

의에 주리고 목마른 사람의 복

본문 / 마5:6

1. 들어가는 이야기

오늘은 산상수훈의 팔복 가운데 네 번째 복, "의에 주리고 목마른 사람의 복"을 묵상하는 가운데 은혜를 나누려고 합니다. 우선 본문을 여러 번역으로 읽겠습니다.

*의에 주리고 목마른 자는 복이 있나니 저희가 배부를 것임이요(개역)

*옳은 일에 주리고 목마른 사람은 행복하다. 그들은 만족할 것이다(공동번역)

*慕義如飢渴者福矣 因其將得飽也(모의여기갈자복의 인기장득포야)

*Blessed are those who hunger and thirst for righteousness, for they will be filled(NIV)

2. 본문 해석

義(의) : 마태복음 기자는 義(의=righteousness=uprightness=희랍어 디카이오수네) 라는 말을 두 가지 의미에서 사용하고 있습니다. 하나는 "너희 의가 서기관과 바리새인보다 낫지 못하면 결단코 천국에 들어가지 못하리라(마5:20), 사람에게 보이려고 그들 앞에서 너의 의를 행치 않도록 주의하라. 그렇지 아니하면 하늘에 계신 너희 아버지께 상을 얻지 못하리라(마6:1)" 에서와 같이 윤리적인 의미의 의와 다른 하나는 "이제 허락하라 이와 같이 하여 모든 의를 이루는 것이 합당하니라(마3:15), 너희는 먼저 그의 나라와 그의 의를 구하라(마6:33), 요한이 의의 도로 너희에게 왔거늘 너희는 저를 믿지 아니하였다(마21:32)" 에서와 같이 하나님의 구원 행동으로서의 의라는 의미로 사용하고 있습니다. 본문의 "의"는 윤리적인 의미의 의가 아니라 하나님의 구원 행동이라는 의미의 의입니다.

주리고 목마른 사람 : 시편 기자가 "하나님이여 사슴이 시냇물을 찾기에 갈급함같이 내 영혼이 주를 찾기에 갈급하니이다(시42:1-2). 하나님이여, 주는 나의 하나님이시라. 내가 간절히 주를 찾되 물이 없어 마르고 곤핍한 땅에서 내 영혼이 주를 갈망하며 내 육체가 주를 앙망하나이다(시63:1)" 라고 한 것 처럼 그런 갈급함과 갈망과 목마름입니다. 삶의 악한 현실 앞에서 너무나 무력한 인간의 자기 한계성을 느끼며 이 악한 현실에서 구원하여 주실 하나님의 의를 안타깝게 기다리고 간절히 소원하는 사람이라는 의미입니다.

배부를 것임이요 : 여기서 배부를 것임이란 너무나 심오한 단순성으로 드러낸 상징입니다. 설움, 설움해도 배고픈 설움보다 더 한 것은 없습니다. 배고플 때 따뜻한 이밥과 국 한 그릇은 무한한 행복입니다. 가련하고 빈핍한 자가 물을 구하되 물이 없어 갈증으로 그들의 혀가 마를 때 주어지는 냉수 한 사발은 미칠 것 같은 갈증의 고통을 풀어주는 생명수입니다. 배부를 것임이란 무한한 행복, 날아 오를 것 같은 기쁨, 그 무엇도 거칠 것 없는 대 자유를 얻게 되리라는 의미입니다.

3. 의에 주리고 목마른 사람의 복이란 무엇인가?

첫째, 예수의 십자가 복음을 전파하기 위하여 많이 수고하고, 감옥에 갇히고, 수없이 매맞고, 돌로 맞고, 강의 위험, 바다의 위험, 강도의 위험, 목마르고, 춥고, 헐벗는 고난의 삶을 살아 온 바울 사도는 마침내 이렇게 고백하였습니다.

"내가 비천에 처할 줄도 알고 풍부에 처할 줄도 알아 모든 일에 배부르며 배고픔과 풍부와 궁핍에도 일체의 비결을 배웠노라. 내게 능력 주시는 자 안에서 내가 모든 것을 할 수 있느니라(빌4:12-13)" 이것이 의에 주리고 목마른 자가 받는 복입니다. 大 自由人이 되는 복 말입니다.

둘째, 1970년대 군사 독재 시대에 시인 김지하는 "타는 목마름으로" 라는 시를 썼습니다. 매우 의미 있는 시이므로 여기 기록해 둡니다.

신 새벽의 뒷골목에/ 네 이름을 쓴다 민주주의여!/ 내 머리는 너를 잊은 지 너무도 오래/ 내 발길도 너를 잊은지 너무도 오래/ 오직 한 가닥 타는 가슴 속 목마름의 기억이/ 네 이름을 남몰래 쓴다. 민주주의여!/ 아직 동트지 않은 뒷골목의 어딘가/ 발자국 소리, 호루라기 소리, 문 두드리는 소리, 외마디 길고 긴 누군가의 비명 소리, 신음 소리, 통곡 소리, 탄식 소리/ 그 속에 내 가슴팍 속에/ 깊이 깊이 새겨지는 네 이름 위에/ 네 이름의 외로운 눈부심 위에/ 살아오는 삶의 아픔/ 살아오는 저 푸르른 자유의 추억/ 되살아나는 끌려가던 벗들의 피 묻은 얼굴/ 떨리는 손 떨리는 가슴/ 떨리는 치떨리는 노여움으로/ 나무 판자에/ 백묵으로/ 서툰 솜씨로/ 쓴다/ 숨 죽여 흐느끼며/ 네 이름을 남몰래 쓴다/ 타는 목마름으로/ 타는 목마름으로/ 민주주의여 만세!/

이 모든 고통을 지나 마침내 군사 독재는 무너졌습니다. 민주주의가 살아났습니다. 시인 김지하는 배불렀습니다.

셋째, 배부른 돼지로 살기보다 배고픈 소크라테스로 살겠다, 무릎을 꿇고 사느니 서서 죽기를 원한다는 말이 있습니다. 헤밍웨이는 "인간은 파괴될지언정 패배할 수는 없다(Man can be destroyed, but not defeated)"고 하였습니다. 패트릭 헨리는 "자유 아니면 죽음을 달라"고 하였습니다. 모두 같은 맥락의 말입니다. 사람답게 살기를 원한다는 소리입니다. 의에 주리고 목마른 사람이란 사람답게 살기를 원하는 사람이란 뜻입니다.

하나님의 구원 행동, 즉 하나님의 의란 사람이 사람답게 살 수 있는 세상을 만들어 가는 일입니다. 각 사람마다 자유, 사랑, 평화, 기쁨, 행복을 누릴 수 있는 세상을 만들어 가는 일입니다. 그런 세상을 타는 목마름으로 갈망하고 추구하는 사람들은 사람답게 사는 것이 무엇인지 깨달아 알고 누리고 사는 복을 받습니다.

고전예화 399

여섯 가지 쌍 기역 <ㄲ>

참 재미나는 소리를 들었습니다. 한 세상 성공하고 잘 살려면 여섯 가지 쌍 기역 <ㄲ> 이 있어야 한다고 합니다.

첫째, <꿈>입니다. 꿈 있는 사람과 꿈 없는 사람은 하늘과 땅 만큼 다릅니다. 한 세상 살면서 나는 이렇게 살겠다! 나는 이 일을 이루고야 말겠다! 나는 무엇 무엇을 해 보겠다! 하는 꿈이 없는 삶이란 얼마나 무미건조한 삶이겠습니까? 사람은 꿈꾸어야 합니다.

둘째, <꾀>입니다. 곧 지혜를 말합니다. 이룰 수 없는 꿈이라면 개꿈입니다. 꿈을 이루는데 꼭 필요한 것이 지혜입니다. 지혜는 천부적으로 生而知之(생이지지) 하는 것이 아니라 많이 듣고, 많이 보고, 많이 읽을 때 점점 자라나는 것입니다.

셋째, <끼>입니다. 공부 묵기인지, 운동 묵기인지, 장사 묵기인지, 자기 자신의 달란트가 무엇인지 자기 주제 파악이 정확해야 합니다. 공부 묵기가 아닌데 공부하라고 조이면 탈납니다. 공부 묵기가 운동한다고 설쳐도 탈납니다. 내성적인 사람이 외향적인 일에 매달려도 탈나고, 외향적인 사람이 내성적인 일에 매달려도 탈나는 법입니다. 그러니 나의 끼가 무엇인지 잘 살필 일입니다.

넷째, <깡>입니다. 뱃심, 뒷심, 뚝심, 똥심의 종합입니다. 한 번 한다하면 하는 저력입니다. 칼을 뺏으면 무쪽이라도 자르는 결단입니다. 기어서라도 간다는 단호함입니다. 나라고 못 할 리가 없지 않은가! 하는 기백입니다.

다섯째, <꼴>입니다. 모양이 좋아야 합니다. 옷이 날개입니다. 옛 사람은 사람을 평가할 때 身言書判(신언서판)이라고 하였습니다. 그 사람의 풍채, 말투, 글씨를 보고 사람됨을 짐작하였다는 겁니다. 내용도 중요하지만 겉모양도 좋아야 합니다. 보기 좋은 떡이 먹기도 좋다. 이왕이면 다홍치마라고 하였습니다.

여섯째, <끈>입니다. 학연, 지연, 혈연, 인맥을 말합니다. 좋은 학교에 가고, 좋은 선생을 만나고, 좋은 동네에서 살려고 하는 이유가 무엇입니까? 좋은 끈을 만들기 위해서입니다. 끈이 좋으면 안 될 일도 되는 수가 많습니다. 끈이 짧으면 높이 오를 수도 깊이 내려 갈 수도 없습니다. 끈은 길고 굵고 질겨야 합니다.

위의 여섯 쌍 기역 가운데 <끈>이 가장 중요한 것 아닐까? 생각합니다. 萬事가 人事요, 人事가 萬事이기 때문입니다. 그리고 <끈> 가운데 최고의 <끈>은 <하나님 아버지 끈>인 것은 두 말 할 것도 없습니다.

· 한비야의 종교다원화 ·

"한비야" 라고 아시나요?

서울 産, 1958년 생, 천주교 신자, 6년 동안 65개국 여행하고,《바람의 딸, 걸어서 지구 세 바퀴 반》을 썼습니다. 그리고 1999년 해남 땅끝 마을에서 동해안 통일전망대까지 장장 800Km의 우리 국토를 두 발로 걸어서 49일 동안 종단하고 그 과정을《바람의 딸, 우리 땅에 서다》라는 제목으로 푸른숲 출판사에서 책으로 펴냈는데 2002년 현재 17쇄를 찍었습니다. 여성 특유의 세밀한 필치로 참 잘 썼습니다. 한비야의 글은 단순합니다. 솔직합니다. 재미있습니다. 일독을 권하고 싶습니다.

한비야는《바람의 딸, 우리 땅에 서다》17~19쪽에서 이런 소리를 썼습니다.

'나는 토말 땅끝에서 국토종단을 시작하기에 앞서 토말 비석 아래 바닷가에 서서 초와 향을 피워 놓고 바다, 땅, 동서남북을 향해 각각 공손히 삼배하고, 술 한 잔을 올리고, 미리 써 간 비나리를 큰 소리로 읽었다. 천주교 신자라면서 뜬금 없이 웬 고사냐고 비난해도 좋다. 예로부터 산 사람이 산제 지내듯, 뱃사람이 바닷제 지내듯, 먼 길 떠나는 사람이 길제 지내듯, 나도 내 나름대로 국토종단에 앞서 행한 의식이었다. 로마에서는 로마법을 따르라고 했는데, 외국도 아닌 내 나라에서 예로부터 하던 대로 하는 것이 더 옳지 않겠는가? 그리고 내가 믿는 하느님은 그런 일로 노여워할 쫀쫀한(?) 분이 아니라는 것을 잘 알고 있는 까닭이다'

나는 이 대목을 읽고 많이 혼란스러웠습니다. 한국 카톨릭 교회는 호남 진산의 윤지충과 권상연이 기독교 신앙을 고수하기 위하여 조상 제사를 폐하고 신주를 불살라 순교한 신해교난(1791) 이후 신유교난(1801), 병인교난(1866)을 거치면서 카톨릭 신자 수 만 명이 순교한 직접적인 원인이 조상 제사, 잡귀 제사에 대한 거부 때문인데 오늘 날 그 후손 한비야는 "예로부터 행해오던 것인데 뭐 어때!" 하고 아무렇지도 않게 동서남북, 땅, 바다, 온갖 잡귀에게 제사를 지내고 있습니다.

그래도 된다는 사람도 있고, 그래서는 안 된다고 하는 사람도 있고 몹시 헷갈립니다. 내 좋은 친구들은 어떻게 생각하시는지요? 이번 7월 5~10일, 서울교회(이종윤 목사)에서 세계개혁주의 신학자 100여 명이 모여 다원화시대의 기독교 정체성 문제를 논의한다고 합니다. 그 결과가 어떻게 나올지 무척 궁금합니다.

올 장마는 진짜 장마다워서 너무 좋은 이정수 목사

긍휼히 여기는 사람의 복

본문 / 마5:7

1. 들어가는 이야기

오늘은 산상수훈의 팔복 가운데 다섯 번째 복, "긍휼히 여기는 사람의 복"을 묵상하는 가운데 은혜를 나누려고 합니다. 우선 본문을 여러 번역으로 읽겠습니다.

*긍휼히 여기는 자는 복이 있나니 저희가 긍휼히 여김을 받을 것임이요(개역)

*자비를 베푸는 사람은 행복하다. 그들은 자비를 입을 것이다(공동번역)

*矜恤者福矣 因其將見矜恤也(긍휼자복의 인기장견긍휼야)

*Blessed are the merciful, for they will be shown mercy(NIV)

2. 본문 해석

矜恤(긍휼=mercy=헤세드=에레오스): 긍휼히 여긴다는 것은 자비롭게 대한다, 은혜롭게 대한다, 불쌍히 여긴다는 말입니다. 성경에서 "긍휼히 여김"과 연속선 상에 있는 말씀을 찾아보면 다음과 같습니다.

*나는 인애(mercy)를 원하고 제사를 원치 아니하며 번제보다 하나님을 아는 것을 원하노라(호6:6). *너희의 비판하는 그 비판으로 너희가 비판을 받을 것이요 너희의 헤아리는 그 헤아림으로 헤아림을 받을 것이니라. *너희가 사람의 과실을 용서하면 너희 천부께서도 너희 과실을 용서하시려니와 너희가 사람의 과실을 용서하지 아니하면 너희 아버지께서도 너희 과실을 용서하지 아니하시리라. *긍휼을 행하지 아니하는 자에게는 긍휼 없는 심판이 있으리라. 긍휼은 심판을 이기고 자랑하느니라. *가난한 자를 불쌍히 여기는 것은 여호와께 꾸이는 것이니 그 선행을 갚아주시리라(잠19:17). *귀를 막아 가난한 자의 부르짖음을 듣지 아니하면 자기의 부르짖을 때에도 들을 자가 없으리라. *선한 눈을 가진 자는 복을 받으리니 이는 양식을 가난한 자에게 줌이니라. *가난한 자를 구제하는 자는 궁핍하지 아니하려니와 못본체 하는 자에게는 저주가 많으리라. *노하기를 더디하는 것이 사람의 슬기요 허물을 용서하는 것이 자기의 영광이니라. 무자비한 종의 비유(마18:23-35), 양과 염소의 비유(마25:31-46), 선한 사마리아 사람의 비유(눅10:29-37), 탕자의 비유(눅15:11-32), 부자와 나사로의 비유(눅16:19-31)의 초점도 긍휼히 여기는 삶에 맞추어져 있습니다.

긍휼히 여기는 삶은 기독교 진리의 핵심입니다. 이 모든 긍휼히 여김의 至高無雙한 최상 최고의 모델이 바로 십자가 사건입니다. 하나님이 세상을 이처럼 사랑하사 독생자를 주셨으니 이는 저를 믿는 자마다 멸망치 않고 영생을 얻게 하려 하심이니라(요3:16). 이는 우리가 아직 죄인 되었을 때에 그리스도께서 우리를 위하여 죽으심으로 하나님께서 우리에게 대한 자기 사랑을 확증하셨느니라(롬8:8). 기독교는 하나님의 이 놀라운 "긍휼 하심"에 기초하고 있습니다.

3. 긍휼히 여기는 마음은 어디로부터 오는가?

첫째, 긍휼히 여기는 마음은 나 같은 죄인 살리신 하나님의 은혜를 깨닫는 데서부터 옵니다. 내가 누구입니까? 항상 넓은 길로만 다니는 나입니다. 항상 나 중심으로 사는 나입니다. 항상 썩어질 땅의 것만 추구하고 사는 나입니다. 항상 죄인 줄 번연히 알면서도 죄 짓고 사는 나입니다. 항상 육신의 정욕과 안목의 정욕과 이생의 자랑만 좇아다니는 나입니다. 그런 내 삶의 결과는 지옥입니다.

그런 나를 예수 그리스도의 십자가 보혈로 내 죄를 씻으시고 의롭다 하시므로 다시 시작할 수 있는 기회를 주신 하나님의 크고 놀라운 은혜를 깊이 절절이 느끼고 깨닫는 데서부터 다른 사람을 긍휼히 여기는 마음이 솟아납니다.

둘째, 긍휼히 여기는 마음은 易地思之(역지사지)하는 데서부터 나옵니다. 다른 형편에 있는 사람과 나 자신을 동일화(self-identification) 할 줄 아는 삶의 자세에서 비롯합니다. 예수님이 양과 염소의 비유에서 말씀하신 것이 바로 그것입니다. 양들은 지극히 작은 자 하나와 자기를 일치시킨 사람들이고, 염소는 지극히 작은 자 하나와 자기를 분리시킨 사람들이었습니다.

셋째, 긍휼히 여기는 마음은 훈련을 통하여 계발되고 강화됩니다. 이런 이야기를 들었습니다. 추운 겨울, 러시아의 한 백작부인이 따뜻한 마차 안에서 러시아의 가난한 사람들의 비참한 실정을 그린 소설을 읽으면서 "어쩜 이럴 수가! 어쩜 이럴 수가!" 탄식하며 눈물을 흘렸습니다. 저택에 도착하여 백작부인이 마차에서 내려보니 가난한 마부는 추위에 얼어 죽었더라는 겁니다. 긍휼히 여기는 것은 생각이 아니라 행동이라는 말입니다. "고기도 먹어 본 사람이 맛을 안다", "눈에 익고 손에 설다" 고 하였습니다. 겟세마네 동산에서 제자들은 "마음은 원이로되 육신이 약하여" 깨어 있지 못하였습니다.

긍휼히 여기는 삶도 긍휼히 여길 줄 아는 마음을 갈고 닦아야 합니다. 연습이 필요하고 훈련이 필요하고 배움이 필요합니다. "사랑하면 알게 되고, 알면 보이나니, 그때 보이는 것은 전과 같지 않으리라" 고 하였습니다. 긍휼히 여기는 삶도 배워야 합니다. 배우면 알게 되고, 알고 나야, 긍휼히 여기는 삶을 살 수 있게 됩니다.

4. 마치는 이야기

하남 시청 복지과 기초 푸드-뱅크(Food-Bank) 직원 허태영은 "자원 봉사자 가운데 내가 가난한 사람을 도와준다는 수직적 마인드를 가진 사람은 얼마 가지 못하고 도중하차합니다. 가난한 사람들과 함께한다는 수평적 마인드를 가진 사람들은 오래 봉사합니다. 나도 처음에는 가난한 사람들을 돕는다 하는 마음이었는데 지금은 오히려 그 분들에게서 너무 많은 것을 배우고 있습니다." 라고 하였습니다. 바로 이것이 긍휼히 여기는 사람이 받는 복이 아닌가 합니다.

난초론

사람과 사람의 관계는 난초를 키우는 일과 같습니다. 향기로운 蘭香을 얻기 위하여 시간과 정성을 들여야 하듯 사람과 사람 사이의 아름다운 인간 관계도 마찬가지라고 생각합니다.

내게는 알래스카에 계신 미국인 양부모 윗튼 씨 부부가 계십니다. 그분들은 근무 차 한국에 오셨다가 클래식 다방에서 DJ 하던 나와 인연을 맺었는데 한국에서의 나의 대학 생활, 그리고 미국 유학 생활 때 개인 장학금 형식으로 나에게 많은 도움을 주셨습니다. 나는 그분들을 지난 20년 이래 줄곧 경제적인 측면에서 뿐 아니라 정신적인 측면에서도 진정 내 마음의 부모님으로 여기고 있습니다. 그분들도 나를 친딸로 여기고 있습니다. 그분들과 나와의 이 인연은 지금까지의 내 삶을 풍요롭고 따뜻하게 해 주었습니다.

그렇다면 지난 20년이라는 긴 세월이 저절로 그런 아름다운 인연 관계를 만들어 준 것일까? 아닙니다. 남 돕기 좋아하는 그분들과 인연을 맺은 한국 사람이 어찌 나 하나 뿐이었겠습니까? 나 역시 외국인 부부를 만난 인연이 어찌 그분들 뿐이었겠습니까? 나와 내 양부모님의 인연이 이렇게 아름다운 관계로 성장한 것은 나와 내 양부모님 모두 그 인연을 소중히 여기고 잘 키워나가려고 노력하였기 때문입니다.

인연의 싹은 하늘이 준 것이지만 이 싹을 잘 키워 튼튼하게 뿌리내리고 향기로운 꽃을 피워내도록 하는 것은 순전히 사람의 몫이라고 생각합니다. 인연이란 그냥 내버려두어도 잘 자라는 야생초가 아니라 시간과 공을 들이고 오래 참고 지극 정성으로 가꾸어야 비로소 향기로운 꽃을 피워내는 고귀한 난초와 같은 것입니다.

나와 다른 사람과의 관계가 난초를 키우는 공이 들진대, 하물며 이 세상에서 제일 가까운 나 자신과는 어떻게 관계 맺으며 살아야 할 것인가? 나 자신과의 관계도 다른 사람과 좋은 관계 맺음에 드는 정성만큼, 아니 그 이상으로 시간과 정성을 들이는 것이 마땅하지 않을까? 생각합니다. 굳이 헤르만 헤세의《싯다르타》를 거론하지 않더라도 나 자신을 제대로 알기도 쉽지 않은 일입니다.

나는 나 자신을 잘 알기 위하여 열심히 노력하고 있습니다. 그 노력의 첫 번째는 일기를 쓰는 일입니다. 두 번째는 여행입니다. 그것도 지금처럼 혼자 떠나는 여행입니다. 만나는 모든 사람과 부닥치는 상황에서 나 자신도 몰랐던 나를 발견하기 때문입니다. 그런 과정을 겪으면서 나와의 끊임없는 대화를 통해 스스로에 대한 고정 관념이 많이 깨어지고, 평소 별로 의식하지 못하고 지내던 내 자신을 객관적으로 볼 수 있고, 때로는 예상치 않게 멋진 나 자신을 만나기도 합니다.

<한비야, 바람의 딸, 우리 땅에 서다, 푸른숲, 46~47쪽>

· 하남시 춘궁동을 떠남 ·

2005년 7월 3일 말씀의 샘물 교회를 하남시 춘궁동 219-1번지에서 양평군 서종면 문호리 663-2번지로 옮겼습니다.

10년 전, 1996년 11월 하남시 춘궁동에 말씀의 샘물 교회를 창립하였을 때, 우리 교회 주변 풍경은 참 아름다웠습니다. 앞에는 논과 밭으로 탁 트이고 사방이 새파랗고, 봄이면 개나리, 진달래, 매화, 복숭아꽃, 살구꽃, 앵두꽃, 벚꽃이 만발하고, 밤이면 개구리, 뚜꺼비가 개골개골 노래하고, 저녁이면 뒷산에 뻐꾸기가 내려와 뻐-꾹 뻐-꾹 울고, 아침이면 까치 참새들 깍-깍-깍- 짹-짹-짹- 하는 소리에 잠을 깨곤 하였습니다.

그런데 3~4년 전부터 갑자기 임대사업(100평 창고-1억 보증금에 월 150만 원) 바람이 불어 논과 밭을 갈아엎고 그 자리에 목장용 牛舍(우사)가 들어섰는데 그 우사들이 우사로 쓰이는 것이 아니라 전자 제품, 의류, 달걀, 광고물 제작소, 장판, 벽지 보관 창고가 되는 바람에 교회 주변이 완전히 꽉 막혀버렸습니다.

맑고 파란 신선한 기운이 완전히 사라지고 칙칙하고 지저분하고 너절해졌습니다. 이건 아니다 싶어 교회 자리를 옮기기로 마음먹고 기도하고 있던 중인데 이번에 북한강변 서종면 문호리에 보증금 3000만 원, 월세 30만 원, 200평 텃밭이 딸린 넓고 전망 좋은 집이 나와 여기로 옮기기로 하였습니다.

교회 이사 문제로 마음이 분주합니다. 마음이 갈래갈래이니 요즈음 말씀의 샘물도 맑지를 못합니다. 이제 곧 안정을 찾아야겠습니다. 내 좋은 친구들이 많이 기도하여 주시기 부탁드립니다. 《말씀의 샘물》 제6권 전달 여행도 아직 못하고 있습니다. 7월 마지막 주에나 가능할 것 같습니다.

이삿짐 센터 사람들이 제일 골치 아프게 생각하는 것이 우리 목사님들과 학자들 이삿짐이랍니다. 책 때문입니다. 정말 무겁거든요. 이번에 이사하면서 책을 소형 트럭 하나 가득 채워 정리하였는데도 그래도 책이 많습니다. 이사하는 날 내 좋은 친구 임동진 목사, 내 實弟 이정필 집사가 와서 책 옮기느라고 고생 많이 하였습니다. 두 사람에게 정말 고마워하는 내 마음을 전합니다.

짐 정리 하느라 분주한 이정수 목사를 지그시 지켜보는 또 다른 이정수 목사

마음이 청결한 사람의 복

본문 / 마5:8

1. 들어가는 이야기

오늘은 산상수훈의 팔복 가운데 여섯 번째 복, "마음이 청결한 사람의 복"을 묵상하는 가운데 은혜를 나누려고 합니다. 우선 본문을 여러 번역으로 읽겠습니다.

*마음이 청결한 자는 복이 있나니 저희가 하나님을 볼 것임이요(개역)

*마음이 깨끗한 사람은 행복하다. 그들은 하나님을 뵙게 될 것이다(공동번역)

*淸心者矣福 因其將見上帝也(청심자복의 인기장견상제야)

*Blessed are the pure in heart, for they will see God(NIV)

2. 본문 해석

마음(heart=mind=영혼)이란 각 사람의 知情意, 에토스, 파토스, 로고스의 기능들과 모든 영적 힘(spiritual energy)들이 닻을 내리고 있는 각 사람의 내적 중심입니다. 그런데 그 마음은 내적·외적 영향을 받고 수시로 변화하는 속성을 가지고 있습니다. 성경은 *도가니는 은을 풀무는 금을 단련하거니와 여호와는 마음을 연단하시느니라(잠17:3), *무릇 지킬만한 것보다 네 마음을 지키라. 생명의 근원이 이에서 남이니라. *항상 경외하는 자는 복되거니와 마음을 강퍅하게 하는 자는 재앙에 빠지리라(잠28:14) 라고 하셨습니다. 우리가 제자 훈련, 영성 훈련, 경건의 연습, 성령 충만한 생활, 말씀 묵상 훈련을 하는 목적이 모두 자기의 본 마음을 지키고, 다스리고, 깨어 있게 하자는 것입니다.

흔히 "道를 닦는다(修道)" 하는 것도 바로 "마음 공부" 한다는 것과 다름 아닙니다. 그러므로 마음이 청결한 사람(the pure in heart=pure-minded=淸心者=마음이 깨끗한 사람)이란 더러워 질 수도 있고, 깨끗할 수도 있는 그 마음을 항상 청결하게 유지하고 있는 사람이라는 말입니다.

사람의 마음(혹은 영혼)은 여호와의 등불이라고 하셨습니다. 하나님의 말씀(大道, 복음, 하늘의 뜻)대로 사는 사람은 점점 원만하여 큰 광명에 이르고 그 등불은 활활 불타오릅니다. 그러나 사람의 욕심(땅의 것, 내 욕심, 넓은 길) 대로 사는 사람은 점점 어두워져 도대체 어디서부터 잘못되었는지조차 알지 못한 채 멸망한다고 하였습니다. 맹자에 보면, "공도자"라는 사람이 맹자에게 물었습니다. "하늘이 사람을 내실 때는 모두 공평하게 내셨을 터인데 혹자는 대인이 되고 혹자는 소인이 되는 소이가 무엇입니까?" 맹자 왈, "네 말이 옳다. 사람은 모두 똑같이 태어난다. 그러나 하늘의 도(좁은 길=십자가의 길)를 따라 사는 사람은 대인이 되는 것이오, 사리사욕(안목의 정욕, 육신의 정욕, 이생의 자랑)을 따라 사는 사람은 소인이 되는 것"이라고 하였습니다(從其大體者謂大人 從其小體者謂小人).

본문에서 淸潔(청결=깨끗함=pure=카타로스=카타르시스) 이란 말이 내포하는 의미는 다음과 같습니다. 깊은 산 속 옹달샘 물, 깨끗하게 세탁한 옷, 불순물이 섞이지 않은 순수한 우유 혹은 포도주, 최상급 하얀 밀가루로 만든 빵, 비겁하고 무능한 군사가 하나도 없는 최고 정예부대, 빚이 전혀 없는 사람, 安貧樂道 하는 사람, 비누로 손을 깨끗이 씻듯 눈물로 그 마음을 씻어 정화된 상태 등입니다.

3. 그렇다면 마음이 청결한 사람의 구체적인 모습은 무엇인가?

첫째, 마음이 청결한 사람이란 두 마음(double mind)이 아니라 한 마음(one mind)을 가진 사람이라는 말입니다. 자기 목적, 자기 욕심, 자기 이익을 이루기 위하여 다른 사람을 이용하지 않는 사람입니다. 笑裏藏刀(속에 칼을 품고 겉으로는 웃는 것) 하지 아니하는 사람입니다. 척(모르는 척, 있는 척, 없는 척, 아는 척, 좋은 척, 싫은 척, 잘난 척, 못난 척) 하지 아니하는 사람입니다. 機心(기심)이 없는 사람입니다(機心 : 옛날 바닷가에 갈매기를 사랑하는 사람이 있었습니다. 그 사람이 바닷가에 나가면 수많은 갈매기들이 그 사람 어깨에, 발치에, 손바닥 위에 내려앉아 놀았습니다. 하루는 그의 아버지가 병들었는데 의원 하는 말이 자네 아버지 병은 갈매기 고기를 삶아 먹으면 금방 낫는 병일세. 자네에게 갈매기 두어 마리 잡는 것은 일도 아니지 않은가? 하였습니다. 다음 날 아침 그 사람이 바닷가에 나가니 갈매기들이 한 마리도 그 사람 곁에 내려앉지 않았다 하는 이야기입니다).

둘째, 마음이 청결한 사람은 생각과 동기가 순수한 사람입니다. 오른 손이 하는 일을 왼 손이 모르게 하는 사람입니다. 홀로 아무도 모르게 골방 문을 닫고 기도하는 사람입니다. 다섯 달란트 그리고 두 달란트 받은 사람처럼 자기 일에 마음을 다하고, 뜻을 다 하고, 힘을 다 하여 지극 정성으로 충성하는 사람입니다. 우리나라 텔레비전 프로 가운데 시청률이 항상 상위권을 차지하고 있는 프로는 <KBS의 인간승리> 라고 합니다. 그 이유를 우리 모두 잘 알고 있습니다. 지독한 고통과 아픔의 삶의 현장에서도 열심히, 부지런히, 지극 정성으로 살아내어 마침내 승리한 사람의 삶의 모습은 分野不問하고 너무 너무 아름답기 때문입니다.

셋째, 마음이 청결한 사람은 얽매이지 않는 사람입니다. 큰 소리에 놀라지 않는 사자 같이, 그물에 걸리지 않는 바람 같이, 흙탕물에 물들지 않는 꽃잎 같이, 무소의 뿔처럼 자유로운 사람입니다. 옛 사람이 "청산은 나를 보고 말없이 살라하고, 창공은 나를 보고 티 없이 살라하네. 탐욕도 벗어 놓고 성냄도 벗어 놓고, 사랑도 버려두고 미움도 버려두고, 물처럼 바람처럼 살다가 가라하네" 라고 한 것처럼 청결한 사람은 자유합니다. 맑습니다. 투명합니다. 그러므로 마음이 청결한 사람은 하나님을 뵙습니다. 우리 하나님은 한 마음(one mind)을 가진 사람, 자기 맡은 일에 지극 정성인 사람, 맑고 투명한 사람 앞에 자신의 현존을 드러내시기를 기뻐하시는 분이기 때문입니다.

고전예화 401 순수(Purity)와 순진(Innocent)

내 좋은 친구 조인서 목사가 <마음이 청결한 사람>을 이해하는 데 아주 좋은 실마리를 제공해 주는 글을 썼기에 여기 요약하여 옮겨 놓았습니다. <참고 : 지명교회 조인서 목사, 목회자신문 제458호, 지명칼럼, 화학적 순수가 요구되는 세상>

순진(Innocent)과 순수(pure)는 다릅니다. 순진(이노센트)은 아직 물들지 않음입니다. 순진은 금광석과 같은 상태입니다. 금광석 그대로 반지를 만들 수 없습니다. 금광석은 풀무에서 모든 불순물을 제거한 뒤에야 사용 가능한 금이 됩니다.

어린아이들은 순수한 것이 아니라 순진합니다. 어린아이는 깨끗해 보이지만 그 인격으로 구원받을 수는 없습니다. 어린아이의 순진한 이노센트한 인격은 아직 세상의 악에 물들 기회가 없었을 뿐입니다. 순진한, 이노센트한 그 인격은 언제 어디서 마귀에게 걸려들어 인생에서 꽃도 피워보지 못하고 진흙탕에 처박힐지 모릅니다.

新鳩未越嶺(신구미월령: 비둘기가 너무 어려 산 고개를 넘지 못 함) 이라고 하였습니다. 하나님의 백성들이 이 세상에서 승리하지 못하고 죄에 빠져 신음하는 것은 순진하기 때문입니다. 호세아 선지자는 믿는 사람들의 이런 모습을 "어리석은 비둘기" 같다고 하였습니다. 산을 넘을만한 실력이 있어야 산을 넘고 승리할 수 있을 터인데 훈련받지 않고, 연단받지 않으므로 무능하고 어리석어 마귀에게 걸려 넘어지는 어리석고 순진한 비둘기 신세를 면치 못하고 있다고 한 것입니다.

예수님이 우리에게 요구하시는 것은 순진한 비둘기가 아니라 "순결하고 순수한 비둘기"입니다. 순결하고 순수한 비둘기란 악을 모르고 악과의 접촉할 기회가 없어 아직 깨끗한 채로 있는 세상 물정 모르는 순진한 비둘기가 아니라 수없이 많은 악과 유혹에 직면하여 더러워질 수밖에 없는 상황을 만났음에도 불구하고 복음의 능력이 내 속에 운용되어 이 세상 악에 물들지 않고 승리하는 삶을 살아 자신의 거룩함을 견고하게 지켜나가는 그런 비둘기입니다.

순결한 순수는 아직 물들지 않은 물리적 순수가 아니라 화학적 순수입니다. 즉, 순수는 풀무 불에 일곱 번 단련하여 순도 100%의 금이 된 그런 순수입니다. 마귀의 궤계를 분쇄하고 승리하려면 뼈를 깎는 훈련을 통과하여 그 영혼이 순수해져야 합니다. 아직 악을 몰라서, 아직 미숙해서, 무능하게 사는 이노센트한 순진이 아니라 불화살처럼 덮쳐오는 마귀의 온갖 궤계를 물리치고 나 자신의 거룩함을 유지 할 수 있는 상태가 바로 순결한 순수라는 말입니다.

예수님은 세상 물정 모르시는 무능하고 순진한 비둘기가 아니라 "가이사의 것은 가이사에게 하나님의 것은 하나님에게!" 라고 하시어 악한 마귀들의 온갖 불화살같은 궤계들을 능히 물리치신 순결하고 순수한 비둘기 같은 분이셨습니다. 여기서 순결하고 순수한 비둘기란 곧 마5:8의 말씀에 나오는 "마음이 청결한 사람(마음이 깨끗한 사람=The pure in heart)" 이라고 생각합니다.

· 북한강변으로 옮김 ·

7월 28일 어제 많은 비가 내려 강가로 나가보니 건너편 운무 자욱한 금남산은 우람하고 청청한 빛을 띠었고, 강물은 엄청나게 불어나 흙탕물인 채 도도히 흘러가는데, 문득 어디선가 날아 온 하얀 백로 한 마리 청산을 배경으로 하고 강물 위로 날아가는데 참 선경입니다.

내가 옮겨 온 이 집은 길가 집이라 차 다니는 소리가 좀 시끄럽지만 그래도 잘 왔다 싶습니다. 여기를 찾아오시는 길은 양수리에서 북한강을 왼쪽으로 끼고 자동차로 10분쯤 올라오면 문호리교회(통합)-서종면 사무소-서종중학교-SK 성원 주유소에서 200M 더 올라 온 길가에 있습니다. 길가 집이지만 나무숲으로 둘러싸여 아차 하면 지나치기가 십상입니다. 나도 처음 몇 번이나 집을 지나쳐 되돌아와야 했습니다. 서종중학교를 지나 SK 성원 주유소 앞에서부터는 천천히 아주 천천히 한 100M 올라오다 보면 빨간 바탕에 "호텔 같은 모텔" 이라는 간판이 보이고, 100M 더 올라오면 자전거 도로 표시판이 보이면 스톱! 하고 우측 숲속에 보이는 집으로 들어오시면 됩니다.

이곳 북한강변 길은 서울서 가까워 많은 사람들이 지나는 길입니다.《말씀의 샘물》지난 호에 내가 이곳으로 옮겼다고 알려 드린 후 장일명, 김정숙, 이광오, 김성준, 이성수, 민경석, 임동진, 강우경, 여러분이 들러 가셨습니다. 혹 지나는 길이면 들러 주십시오.

2005년 5월, 6월, 7월은 내게 있어 물리적으로 공간적으로 큰 한 획을 긋는 카이로스 타임이었습니다. 교회도 옮겼고, 살림 집도 춘궁동에서 하남 은행 아파트로 옮겼기 때문입니다. 몇 달 동안 부동산 중개인, 시청, 군청, 면사무소, 등기부등본, 토지대장, 도시계획확인원, 세무사, 경계측량, 현황 측량, 세입자 확인원 등등 생전 처음 보고 듣는 아주 생경한 일들로 너무 바쁘고 번거롭고 귀찮은 일들로 신경 쓰다보니 만나는 사람마다 많이 말랐다고 합니다. 이제 겨우 한 숨 돌리고 있습니다.

교회 이전, 살림 집 이전, 짐 정리 등으로 몸과 마음이 많이 흐트러졌습니다. 앞으로 8~9월 두 달은《말씀의 샘물》쓰는 일을 좀 쉬면서 재충전 시간을 가지려고 합니다. 기도하여 주시기를 부탁드리는 이정수 목사

의를 위하여 핍박받은 사람의 복

본문 / 마5:10-12

1. 들어가는 이야기

오늘은 산상수훈의 팔복 가운데 마지막 여덟 번째 복, "의를 위하여 핍박받은 사람의 복"을 묵상하는 가운데 은혜를 나누려고 합니다. 우선 본문을 여러 번역으로 읽겠습니다.

*의를 위하여 핍박을 받은 자는 복이 있나니 천국이 저희 것임이라(개역).

*옳은 일을 하다가 박해를 받는 사람은 행복하다. 하늘나라가 그들의 것이다.

*爲義而被 害逐者福矣 因天國乃其國也 (위의이피군수자복의 인천국내기국야).

*Blessed are those who are persecuted because of righteousness, for theirs is the kingdom of God(NIV)

2. 본문 해석

義(의)를 위하여, 옳은 일을 하다가 핍박과 박해를 받는 사람은 복이 있다고 하였습니다. 여기서 말씀하고 있는 의(옳은 일)란 무엇인가? 그것은 하나님이 기뻐하시는 일입니다. 예수님은 하나님의 기뻐하시는 일이란 "하나님의 보내신 자 곧 예수 그리스도를 믿는 것" 이라고 하셨습니다(요6:20). 그렇다면 예수 그리스도를 믿는다는 것은 무엇인가? 예수 그리스도가 하나님의 아들이시며 그 분이 하신 일이 옳다고 믿고 따르고 실천하는 일입니다. 그 예수님이 이 땅에서 하신 일이 무엇이던가? 그것은 한마디로 "사람 살려내는 일" 이었습니다.

질병으로 죽어 가는 사람, 악한 영에게 사로잡혀 죽어 가는 사람, 불의한 권력의 횡포 아래 죽어 가는 사람, 맹신적인 종교적 의무와 굴레에 억눌려 죽어 가는 사람, 가난으로 죽어 가는 사람, 무지몽매한 어리석음으로 죽어 가는 사람, 심리적 열등감과 외로움으로 죽어 가는 사람, 바른 진리를 알지 못하여 이리저리 방황하다가 죽어 가는 사람, 죄의 권세 아래 신음하며 죽어 가는 사람들을 말씀(proclaiming)으로, 가르침(teaching)으로, 고침(healing)으로 살려내어 자유케 하는 일이었습니다. 찬송가 94장의 내용이 바로 그 것입니다.

예수님은 누구신가? 우는 자의 위로와 없는 자의 풍성이며 천한 자의 높음과 잡힌 자의 놓임 되고 우리 기쁨 되시네. 예수님은 누구신가? 약한 자의 강함과 눈먼 자의 빛이시며 병든 자의 고침과 죽은 자의 부활되고 우리 생명 되시네. 예수님은 누구신가? 추한 자의 정함과 죽을 자의 생명이며 죄인들의 중보와 멸망자의 구원되고 우리 평화 되시네. 예수님은 누구신가? 온 교회의 머리와 만국인의 구주시며 모든 왕의 왕이요 심판하실 주님 되고 우리 영광 되시네. 예수님이 하신 이 일들이 의로운 일이며 옳은 일이며 그 옳은 일을 하는 사람이 복되다는 것입니다.

3. 그러면 왜? 옳은 일(사람 살려내는 일)을 하는 사람이 핍박을 받는가?

첫째, 하나님의 일은 사람 살려내는 일입니다. 마귀의 일은 사람 잡는 일입니다. 이 세상의 주권자 사탄 마귀는 사람 살려내는 일을 하는 사람에게 우는 사자처럼 달려듭니다. 그러므로 예수께서 "세상이 너희를 미워하면 너희보다 먼저 나를 미워한 줄을 알라. 너희는 세상에 속한 자가 아니요 도리어 세상에서 나의 택함을 입은 자인 고로 세상이 너희를 미워하느니라… 사람들이 나를 핍박하였은 즉 너희도 핍박할 것이라. 나를 미워하는 자는 또 내 아버지를 미워하느니라(요15:18-27)" 라고 하신 것입니다. 마귀는 사람 살려내는 일 하려는 사람을 온갖 수단을 동원하여 박해, 핍박, 낙심, 조롱, 방해, 실망케 하여 사람 살려내는 일을 포기하게 만듭니다.

둘째, 살아 있는 물고기는 강물을 거슬러 올라갑니다. 힘이 빠진 물고기, 기운이 떨어진 물고기, 죽은 물고기는 강물에 휩쓸려 내려갑니다. 두터운 땅거죽을 뚫고 나온 씨알은 살아남지만 뚫고 나오지 못한 씨알은 땅 속에서 썩어 소멸합니다. 몸을 가누지 못하는 장애인의 생명을 위협하는 치명적인 요소는 장애 그 자체보다 등창입니다. 움직이지 못하는 부분들이 썩어 들어가 생명을 위협합니다. 그래서 고통스럽더라도 자주 자주 몸을 뒤적여 주어야 합니다. 잡초는 누가 돌보지 않아도 무성하게 잘도 자랍니다. 알곡은 지극 정성으로 돌보아야 자라납니다. 사람은 잡초를 먹고 살 수 없습니다. 사람은 알곡을 먹고삽니다.

이렇듯 모든 생명은, 모든 살아 있음은, 모든 옳은 일에는 고난과 박해와 핍박이 있게 마련입니다.

셋째, 모짜르트는 피아노 레슨 받으러 온 학생에게 묻습니다. "피아노 친지 얼마나 되었습니까?" "처음입니다" 하는 학생에게 "수업료는 한 주에 10만원입니다" 하였고. "1년 되었습니다" 하는 학생에게는 "한 주에 20만원입니다" 하였고 "2년입니다" 하는 학생에게는 "한 주에 30만원"이라고 하였답니다. "왜?" "잘못된 것을 뜯어고치기가 더 어렵기 때문"이라고 하였습니다.

일을 옳게 만드는 데는 습관, 고집, 기득권, 관성, 착각, 거부 반응 같은 적대 세력의 반대, 핍박, 박해, 훼방이 있기 때문에 옳은 일을 하기란 쉽지 않습니다.

4. 마치는 이야기

사람 살려내는 옳은 일 하는 데는 으레 박해, 핍박, 훼방, 낙심, 조롱, 비웃음 같은 불 시험이 따라 오는 것은 당연한 일입니다. 극복하여야 합니다. 그리하면 바로 그 자리가 하나님의 나라, 곧 참으로 살아 있음(영생)의 복을 받고 누리는 자리인 것을 깨닫게 되는 것입니다.

고전예화 402

무라카미 하루키의 여행법

1. 나는 여행할 때 내가 보고 느낀 것에 대한 자세한 묘사는 피하고 대신 수첩에 그때그때 그 인상들이 기억될 수 있도록 간단 간단한 메모를 남긴다. 서류 서랍의 색인과 같은 것이다. 단, 일시, 장소, 여러 가지 숫자는 꼼꼼하게 적어 둔다.

2. 나는 여행 현장에서 오직 그 현장만을 잘 보고, 잘 듣고, 잘 기억 해 두기를 힘쓴다. 그 현장의 정경, 소리, 냄새, 분위기를 마음 속에 생생하게 새겨 넣은 일에 의식을 집중한다. 즉 그때그때 내 앞에 전개된 그 현장 속에 나 자신을 완전히 몰입시키려 애쓴다. 그 모든 것이 내 피부에 스며들게 한다. 나 자신이 그 자리에서 녹음기가 되고 카메라가 된다.

3. 내 경험으로 보건대 그렇게 하는 것이 나중에 글을 쓸 때도 훨씬 도움이 된다. 일일이 사진이나 기록을 보지 않으면 그 현장이 생각나지 않는다면 살아 있는 글이 나오지 않는다.

4. 나는 여행에서 돌아 온 뒤 한 달이나 두 달쯤 지나고 나서 작업 하는 경우가 많다. 경험적으로 그 정도 간격을 두는 것이 결과가 좋은 것 같다. 그 동안 가라앉아야 할 것은 가라앉고 떠올라야 할 것은 떠오른다. 그리고 내 속에 떠오른 그것만이 글에 자연스럽게 드러나는 것이다. 그렇게 되면 하나의 굵은 라인이 형성된다. 잊어버리는 것도 중요한 일이다. 다만 너무 오래 내버려두면 잊어버리는 것이 너무 많아 문제다. 모든 일에는 어디까지나 "적당한 때"가 있는 모양이다.

5. 이제 변경은 없다. 비경도 없어졌다. 탐험도 없는 시대가 되었다. 문제는 자신의 여행 경험이 자신의 의식에 어떤 변혁을 일으켰는가를 감동적으로 밝혀내는 것이다. "어디에 갔었습니다", "거기엔 이런 것이 있었습니다", "거기서 이런 일을 하였습니다" 라는 식의 여행기는 무의미하다. 그것이 어떻게 일상으로부터 일탈하고 있는지 그러면서도 그것이 일상에 어느 정도 가깝게 연결되어 있는가를 복합적으로 밝힐 때 여행기는 의미 있다.

6. 가장 중요한 것은 비경, 변경, 탐험이 사라진 지구촌 시대라 하더라도 자기 자신 속에는 아직도 변경, 비경, 탐험할 수 있는 곳이 있다고 믿는 것이다. 그리고 그런 생각을 추구하고 확인하는 것이 여행이다. 그런 궁극적인 치열한 추구함이 없다면 설사 이 세상에 전혀 일려지지 않은 진짜 비경을 보았더라도 별 의미가 없을 것이다. 지금은 그런 시대가 되었다.

7. 글에는 글만의 개성이 있고, 사진에는 사진만의 개성이 있다. 글과 사진에는 각각 독자적인 시선이 있고, 각각 독자적인 문법이 있다.
<참고: 하루키의 여행법, 문학사상사>

· 노는 만큼 성공합니다 ·

모두 평안 하셨습니까?

두 달 만인데 무척 오랜 세월이 흐른 것 같습니다. 8~9월 동안 아열대성으로 변한 여름의 무더위와 지루함, 태풍 카트리나, 맛사, 나비의 피해, 휴가철 북새통, 추석 한가위, 평양노회 남시찰회, 대한예수교장로회 총회 등 크고 작은 일들이 끊임없이 우리 삶을 흔들어 놓은 까닭일 것입니다.

나는 지난 8~9월《말씀의 샘물》만드는 일을 잠시 멈추고 아무 짐 없이, 모든 신경 끄고, 문자 그대로 自由! 스스로 그러함으로 가고 싶은 대로 가고, 먹고 싶은 대로 먹고, 눕고 싶은 대로 누워 이리 뒹굴 저리 뒹굴 구르면서 여행, 등산, 독서, 묵상, 생활 주변을 정리하면서 되도록 'simple' 하게 살았습니다.

8월 1일~12일,《말씀의 샘물》제6권 전달 차 天下周遊.
8월 13일, 벌떼에 쏘여 햇살 병원 응급실로 실려 가 죽음 근처에서 되돌아 옴.
8월 22일~26일, 세계선교원 곽노수 원장과 중국 단동-심양 선교지 답사.
9월 5일, 이기남, 한만식 목사와 평화의 댐-속초-김삿갓 유적지 탐방.
9월 15일, 임동진 강우경 목사와 영락동산 벌초 작업.
9월 17일, 성경 100독 중 21독 마침.
9월 29일, 이광오 목사와 화야산-고동산 종주 등산.

내가 옮겨온 북한강변 집 마당에 나서면 바로 눈앞에 북한강이 소리 없이, 물결 없이, 푸른빛으로 悠長(유장)하게 흐릅니다. 지난 8~9월 '우리네 삶도 바로 저런 모습이겠다' 싶습니다. 삶이란 얼마나 깊고 오묘하고 유유한 것인가!

이렇게 지내는 동안 내 속이 많이 넉넉해졌습니다. 많이 단순해졌습니다. 많이 자유해졌습니다. 이런 것을 두고 재충전이라고 하는 모양입니다. 최근, 김정운 교수가 쓴《노는 만큼 성공한다》는 책을 읽었는데 그가 말하는 <논다!>는 말의 의미도 가만히 보니 재충전과 다름 아닙니다. 一讀을 강추합니다.

무딘 철 연장 날을 갈지 아니하면 힘이 더 드느니라. 오직 지혜는 성공하기에 유익하니라(전10:10) 하신 말씀에 아멘 삼창! 하는 이정수 목사

화평케 하는 사람의 복

본문 / 마5:9

1. 들어가는 이야기

오늘은 산상수훈의 팔복 가운데 일곱 번째 복, "화평케 하는 사람의 복"을 묵상하는 가운데 은혜를 나누려고 합니다. 우선 본문을 여러 번역으로 읽겠습니다.

*화평케 하는 자는 복이 있나니 저희가 하나님의 아들이라 일컬음을 받을 것임이요(개역).

*평화를 위하여 일하는 사람은 행복하다. 그들은 하나님의 아들이 될 것이다(공동번역)

*使人和睦者福矣 因其將稱爲上帝之者(사인화목자복의 인기장칭위상제지자)

*Blessed are the peacemakers, for they will be called sons of God(NIV)

2. 본문 해석

본문에서 사용된 "평화=화평=화평케 하는 자=평화를 위하여 일하는 사람=에이레네=샬롬=peacemaker" 이란 무엇인가?

첫째, 평화=화평이란 전쟁, 재난, 갈등, 자연 재해, 전염병, 노예 상태, 가난으로 인한 비정상적인 고난, 고통, 괴로움의 상태가 사라지고 정상적인 평안의 상태로 회복됨. 특히 히브리적 의미에서 샬롬(shalom)은 고른 일기, 건강하고 밝음, 억압과 가난과 굶주림이 없는 평안, 건전한 육체와 건전한 정신으로 조화로운 상태를 의미합니다.

둘째, 그러므로 화평케 하는 자(평화를 위하여 일하는 사람=peacemaker)란 단순히 평화를 좋아하는 사람, 평화를 누리는 사람, 평화를 막연히 기다리는 사람이 아니라 평화를 만들어 가는 사람입니다. 즉, 문제를 덮어두거나, 모른 체 하거나, 없었던 것으로 치부하거나, 좋은 게 좋은 거 아니냐는 식의 거짓 평화를 유지하는 사람이 아닙니다. 또한 자본주의의 모순을 폐기한다면서 인간의 자유와 존엄성과 창조성을 말살시키는 공산주의와 같이 평화를 만든답시고 또 다른 비 평화를 생산해내는 사람들도 아닙니다.

화평케 하는 사람이란 슈바이처, 마더 테레사, 마틴 루터 킹, 앰네스티(국제사면위원회=International Amnesty), 굳네이버스(Good Neighbors), 녹색 운동, 생명운동과 같이 평화를 깨뜨리는 문제에 직접 대면하여 그 문제 자체를 지혜롭게, 슬기롭게, 은혜롭게, 정의롭게 해결하여 모순 없는 평화를 회복하고 창출하면서 더불어 사는 문화를 만들어 가는 사람을 말합니다.

3. 그렇다면 어떻게 평화를 만들어 갈 것인가?

첫째, 관심입니다. 부자와 거지 나사로 비유(눅16:19-31)의 핵심이 무엇이라고 생각하시는지요? 오늘 우리들처럼 비유에 나오는 부자가 거지 나사로에게 특별히 잘못한 것은 없었습니다. 두드려 팬 것도 아니고, 개들을 시켜 쫓아낸 것도 아니고, 더럽고 냄새나니 저기 다른 데 가서 주워 먹으라 한 것도 아니었습니다. 오히려 거지 나사로가 그나마 구차한 목숨을 연명 할 수 있었던 것은 그 부자가 먹다 버린 음식물 찌꺼기였습니다. 그 부자는 오늘 우리들처럼 가난은 나라도 못 구하는 법인데 뭘! 하였을 뿐입니다. 그런데 그 부자는 지옥 형벌을 받았습니다. 왜? 가난으로 파괴된 거지 나사로의 평화를 회복시켜주는 일에 무관심하였기 때문입니다.

둘째, 행동입니다. 언젠가 비 내리는 시골길을 가다가 차가 수렁에 빠졌습니다. 순식간에 차를 타고 가던 우리들의 평화가 깨졌습니다. 비를 맞으며 차를 밀고 당겨보았지만 헛수고였습니다. 지나가는 차, 사람 모두 그냥 지나쳐갔습니다. 그렇게 애태우고 있는데 한 농부 아저씨가 "큰일이구려. 좀 기다리시오" 하더니 일부러 자기 집으로 되돌아가서 경운기를 끌고 와 비를 철철 맞으며 우리 차를 꺼내주었습니다. 우리의 평화가 회복되었습니다. 얼마나 고맙고 감사한지!

우리나라 30 여만 명의 어린이들, 아프리카, 동남 아시아, 수 백만 명의 어린이들은 하루 US 1$(우리 돈 1,000원)로 겨우 연명하고 있다고 합니다. 이웃사랑회 굿네이버스(www.goodnabors.org)는 우리들에게 하루 천 원도 말고 하루 300원 씩(한 달이면 10,000 원)만 보내 달라고 합니다. 작다면 작고 크다면 큰 돈입니다. 그 돈으로 이 땅에 평화가 회복됩니다.

셋째, 청지기(빚진 자=무익한 종) 의식입니다. 평화를 만들어 가는 과정에서 이 평화를 내가 만들었다, 내가 이 평화의 주인공이다 하는 의식이 생기는 순간부터 그 평화는 거짓 평화로 변질된다는 것을 깊이 명심하여야 합니다. 이제 다 함께 "평화의 기도" 를 찬양하며 화평케 하는 사람이 되기로 다짐하기를 원합니다.

주여, 나를 평화의 도구로 써 주소서.
미움이 있는 곳에 사랑을, 다툼이 있는 곳에 용서를,
분열이 있는 곳에 일치를, 의혹이 있는 곳에 믿음을 심게 하소서.
주여, 나를 평화의 도구로 써 주소서.
오류가 있는 곳에 진리를, 절망이 있는 곳에 희망을
어둠이 있는 곳에 광명을, 슬픔이 있는 곳에 기쁨을
위로 받기보다는 위로하며, 사랑 받기보다는 사랑하여,
주님을 온전히 믿음으로 영생을 얻기 때문이니,
주여, 나를 평화의 도구로 써 주소서.

말 잘하는 사람

수필가 피천득은《이야기》에서 이렇게 썼습니다.

"나는 말주변이 없어" 라고 하는 말은 "나는 무식한 사람이다", "나는 둔한 사람이다" 라는 뜻입니다. 화제의 빈곤은 지식의 빈곤, 경험의 빈곤, 감정의 빈곤입니다. 말주변이 없다는 것은 그 원인이 불투명한 사고방식에서 비롯되는 것입니다.

케네디가 케네디 된 것은 무엇보다 그의 말입니다. 소크라테스, 플라톤, 공자님 같은 성인들도 말을 잘하였기 때문에 그 분들의 사상이 후대에 전해진 것입니다. 덕행에 있어서라면 그 분들 만큼 한 사람들이 얼마든지 있었을 것입니다만 그 분들 만큼 말할 줄 몰랐기 때문에 역사에 자취를 남기지 못한 것입니다.

라졸 캄자도프는 <라졸의 사랑 노래> 라는 시를 남겼습니다.

만약 천 명의 사나이가 그대를 사랑한다면
그 천 명 중 나 라졸도 끼어 있을 것입니다.

만약 백 명의 사나이가 그대를 사랑한다면
그 백 명 중 나 라졸도 끼어 있을 것입니다.

만약 열 명의 사나이가 그대를 사랑한다면
그 열 명 중 나 라졸도 끼어 있을 것입니다.

그리고 그대를 사랑하는 사나이가 단 한 사람만 남았다면
그가 나 라졸이라는 걸 그대는 알게 될 것입니다.

그리고 언젠가 그대를 사랑하는 사람 아무도 없는 날
그 때, 그대는 이 라졸이 죽었다는 걸 알게 될 것입니다.

아침 편지 고도원은 이렇게 썼습니다.

어느 날 아내는 내게 누렇게 변색된 편지 한 장을 보여 주었습니다. 25년 전 군대에서 지금의 아내에게 보낸 연애 편지였습니다. 이 편지에 라졸의 사랑 이야기가 적혀 있었습니다. 아내는 이 후 지금까지 "평생을 두고 가장 좋아하는 시"로 삼고 있다고 하였습니다.

<고도원 엮음, 아름다움도 자란다, 청아출판사>

《말씀의 샘물》 제6권 전달 대작전 ·

8~9월은 아예 安息月로 쉬기로 마음먹은 참이라《말씀의 샘물》제6권 전달 겸 내 좋은 친구들이 사는 동네 가서 여유롭게 쉬면서 속내도 알아보고 구경도 할 요량으로 날짜를 8월 1일부터 8월 13일까지 넉넉하게 잡고 차에 책을 가득 싣고 강우경, 임동진, 이준엽, 민경석들과 길을 떠났습니다.

공주, 연춘당 한의원 문형권 원장, 공주 원로원 문미라 전도사.
부여, 궁남지 연꽃. 여름비를 맞으며 붉은 연꽃 즐기는 풍류.
무안, 白蓮池(백련지), 뜨거운 한낮 드넓은 연못에 끝없이 핀 하얀 백련.
목포, 영란식당 민어회 1 접시 40,000원.
신안군 임자도, 황현수 목사, 대광 해변, 남자 5명이 먹고도 남은 토종닭, 서대 매운탕, 장엄한 落照.
강진, 백련사 山寺 음악회, 신들린 북소리, 종가 한정식 4인 80,000원.
보성, 차밭, 황천수 성도가 10년 준비하여 작년에 직접 지었다는 통나무집.
녹동, 돌 멍게. 썬비치 호텔 50,000원 괜찮았음.
소록도, 소록도 안에는 8 곳의 교회가 있단다. 그 중 소록교회 예배 참석.
내 · 외 나로도– 서편제 마지막 장면이 여기다 싶은 곳. 동광교회 이한춘 목사님.
여수, 말(馬)집, 새벽 국밥 집들의 값싸고 인정 많은 사람들 풍경.
순천, 선암사 정갈한 뜰, 절집 뜰이 정갈해야 善神들이 모이는 법이란다.
마산, 삼성병원 김인규 과장, 이은숙 사모의 극진한 환대에 감사.
부산, 백양터널 관리 소장 김완섭 상무, 선진 횟집, 자갈치 꼼장어, 할매 복국집
감포, 가자미 조림, 감은사지 삼층 석탑.
태백, 상장중앙교회 윤창현 목사, 충남실비 돼지갈비, 시장실비, 태성실비.
횡성, 한우마을.

《말씀의 샘물》제6권 전달 여행을 마치고 돌아와 여행일지를 보는 중 내 마음에 큰 울림 하나 있었습니다. "여행은 사람이다!" 라는 울림입니다. 가는 곳마다 그 동네 참 맛있는 별미, 유서 깊은 유적지, 정말 멋있는 해변을 보았지만 결국은 사람이더라는 소리입니다. 별미도 좋고, 경치도 좋고, 유적도 좋지만 그 때 거기 내 좋은 그 사람이 없었다면 그 모든 것이 앙꼬 없는 찐빵 격이라는 깨달음입니다.

황진이 없이 보는 박연폭포가 그 무슨 재미인가? 하는 이정수 목사

네 손에 든 것이 무엇이냐?

본문 / 출3:1-4:1-20

1. 들어가는 이야기

본문은 호렙산의 모세의 소명 기사입니다. 본문을 크게 셋으로 나누면,

(1) 출애굽의 사명자로 모세를 부르심과 모세의 첫 번째 소명 거부(출3:1-22).

(2) 모세의 두 번째 소명 거부와 능력의 증거를 보이시는 하나님(출4:19).

(3) 모세의 세 번째 소명 거부와 그 형 아론을 붙여주시는 하나님(출4:10-17).

모세는 불타는 떨기나무, 하나님의 직접적인 자기 계시, 지팡이가 뱀이 되고, 뱀이 지팡이가 되고, 물이 피가 되는 기적 등 크고 놀라운 하나님의 능력을 직접 체험하였으나 모세 소명 기사의 결론은 모세 자기 입으로 직접 "그렇다면, 가겠습니다!" 가 아니었습니다. 지극히 간접적 표현으로 되어 있습니다. "모세가 그 아내와 아들들을 나귀에 태우고 애굽으로 돌아가는데 하나님의 지팡이를 손에 잡았더라(출4:20)". 무슨 뜻입니까? 모세가 하나님의 출애굽 소명을 받긴 받았으나 마지못해, 할 수없이, 어쩔 수 없이 승복하였다는 사실을 암시하는 대목입니다.

2. 모세의 소명 기사가 오늘 우리에게 주는 메시지는 무엇인가?

첫째, 하나님은 우리 각 사람을 그 분의 때(카이로스)에 맞게 부르십니다. 우리 믿는 사람 안에 행하시는 분은 하나님이십니다. 하나님이 자기의 기쁘신 뜻을 위하여 우리 각 사람마다에게 소원을 두고 하나님의 때를 위하여 우리 각 사람이 일하게 하십니다(빌2:13). 이스라엘 자손의 부르짖음이 하나님께 달하였을 때(the cry Israelites has reached me) 하나님은 모세를 부르셨습니다. 이처럼 구약성경에 보면 이스라엘 백성이 총체적으로 하나님을 떠나 바알과 아세라 우상을 섬겼을 때 엘리야를, 예루살렘 성벽을 쌓아야 할 때 느헤미야를, 이스라엘 백성의 몰살 때 에스더를… 신약성경에 보면 일곱 귀신 들렸던 막달라 마리아, 삭개오, 니고데모, 혈루증 앓던 여인, 소경 거지 바디매오, 열 문둥병자, 루디아… 등 그 평범했던 사람들도 그 분의 때에 부름 받은 사람들입니다.

우리라고 예외가 아닙니다. 우리 각 사람이 지금은 물에 물 탄 듯, 술에 술 탄 듯, 뜨뜨 미적지근한 믿음 생활을 하고 있지만 언제, 어느 때, 어디선가 모세의 불타는 떨기나무 숲 속에 갇혀 "네 발에서 신을 벗으라!" 하시는 하나님의 음성을 듣는 날이 올 것입니다. 비록 모세의 불타는 떨기나무 숲이 아니더라도, 비록 이사야 선지자가 본 성전 문지방이 흔들리는 놀라운 징조(wonder and sign)가 아니더라도, 그 어떤 모양을 통해서라도 하나님이 자기의 기쁘신 뜻을 위하여 우리 각 사람을 부르시는 날이 꼭 옵니다.

둘째, 하나님이 우리 각 사람을 부르실 때는 특별한 자격을 요구하지 않으십니다. 하나님의 부르심 앞에 모세는 "내가 누구관대 그런 일을 합니까? Who am I?" 라고 하였습니다. 순종, 불순종의 차원이 아닙니다. 내가 내 자신을 잘 알고 있는데 내가 어찌 그런 엄청난 일을 할 수 있단 말인가! 하는 뻐저린 자기 실존의 한계를 고백한 것입니다. 그 때 하나님은 "네 손에 있는 것이 무엇이냐?" 물으십니다. 모세는 "양떼 모는 지팡이입니다" 라고 하였습니다. 하나님은 여기서 모세에게 그 지팡이가 변하여 뱀이 되고, 뱀이 변하여 지팡이가 되는 크고 놀라운 기적을 보여주셨습니다. 그리고 "너는 이 지팡이를 손에 잡고 이것으로 이적을 행할지니라!" 하셨습니다. 하나님께서는 양치기라면 그 누구나 가지고 다니는 한낱 평범한 지팡이를 하나님의 능력의 지팡이로 만들어 주신 것입니다. 할렐루야!

하나님은 모세에게 무슨 특별한 능력을 요구하지 않으셨습니다. 지금 현재 양치기로 있는 모습 그대로의 모세를 들어 쓰신 것입니다. 하나님은 우리 각 사람에게도 그 무슨 특별한 자격이나 능력을 요구하시지 않으십니다. 각 사람의 모습 그대로, 직업 그대로, 재능 그대로, 성격 그대로, 싸가지 그대로, 인격 그대로, 들어 쓰십니다. 모세의 양떼 몰던 지팡이를 이스라엘 백성을 인도하는 지팡이로 변화시키셨듯이 우리 각 사람의 모든 것을 그렇게 변화시켜 주십니다. 하나님의 손길이 닿으면 모든 것이 기적의 원천이 되는 것입니다(Everything is miraculous to man of faith insofar as it is touched by the hand of God!).

셋째, 하나님은 억지로, 마지못해, 할 수 없이 순종하는 사람도 축복하십니다. 서두에도 말씀드렸듯이 모세는 출애굽의 사명을 받았을 때 할렐루야! 아멘! 기뻐 뛰며 순종한 사람이 아닙니다. "나 같은 것이 어떻게 합니까?(출3:11)", "간다해도 저들이 나를 믿지 않을 것입니다!(출4:1)", "나는 말 할 줄을 모릅니다. 보낼 만한 사람을 보내소서(출4:13)" 라고 하였습니다. 급기야 하나님께서 노를 발하셨다고 하였습니다. 모세는 자기 입으로는 결코 "예, 가겠습니다!" 하지 않았습니다. 할 수없이, 마지못해, 어거지로, 떠밀려서, 출애굽의 사명을 받은 것입니다. 그러므로 나중에 이스라엘 백성을 인도하는 것이 너무 힘들어서 모세는 "하나님, 내가 이럴 줄 알고 처음부터 이 사명을 감당치 못하겠다고 아뢰지 않았습니까?" 하는 뉘앙스를 주는 기도를 올릴 수 있었던 것이라 생각합니다(민11:11-15).

그럼에도 불구하고 하나님은 억지로, 마지못해, 할 수 없이 사명을 맡은 모세를 축복하셨습니다. 모세는 마침내 前無後無한 위대한 출애굽의 역사를 성취하여 이 세상 모든 나라에서 억압, 굴욕, 비인간적 대우를 받는 사람들에게 <자유의 조상!>이 되는 축복을 받았습니다. 이에 덧붙여, 모세 나이 120세, 죽음에 임하였을 때까지 그 눈이 흐리지 아니하고 기력이 쇠하지 아니하는 축복을 받았습니다. 한 자루 촛불 다 타 깨끗이 소진하듯 죽음을 두려움 없이 맞을 수 있는 축복 말입니다.

고전예화 404

전남 여수, 새벽 어시장 국밥 집

8월 8일 새벽 5시.

전남 여수, 새벽 어시장에 나갔습니다. 줄줄이 켜진 휘황한 백열등 아래 고기들이 펄떡입니다. 세발 구루마에 실린 물고기들, 쏟아지는 어름덩이, "싱싱한 생선 사라"는 외침, "더 내라", "안 된다", "좀 더 달라", "좋다 더 줄 테니 다음에 또 와라" 하는 시끌벅적한 새벽 어시장의 건강한 흥청거림입니다. 새벽을 깨우는 현장입니다.

한참 구경하다보니 배가 출출합니다. 뭐 먹을 데가 없나? 하고 이 골목 저 골목 돌아다녔는데 제대로 된 식당은 아직 문을 열지 않았습니다. 그때 문득 불 환히 밝힌 식당이 하나 눈에 띕니다. 옳지! 됐다 싶어 그 집으로 들어섰습니다. "아줌마, 아침 식사됩니까?" 물으니 "아직 안 되요" 합니다. 그런데 식당 안에는 트럭, 용달차 운전수들, 짐꾼들, 막일하는 사람들이 막걸리를 기울이며 뭘 먹고 있습니다.

"아줌마, 저 아저씨들 먹는 건 뭐요?" 하니 "그거요, 국밥이오" 합니다. "나도 그거 한 그릇 주시오" 하니 퉁퉁한 식당 아줌마는 검으 튀튀한 시래기가 끓고 있는 솥에서 커다란 국자로 그 걸 푹 퍼서 냉면 그릇 만한 큰 대접에 퍽 떠 넣고 그 위에 밥 한 사발을 담아 줍니다. 어째 께름칙합니다. 그래도 배가 너무 고픈 터라 한 숟갈 떠 먹어보니 어! 맛이 그게 아닙니다. 한 숟갈, 한 숟갈… 맛있게 잘 먹었습니다, 진짜로 맛있게 말입니다.

나는 말없이 국밥을 퍼먹고, 내 옆자리들에선 시장 사람들이 김치와 시래기 국밥을 안주 삼아 막걸리를 마십니다. 그 때 문득 내 맞은 편 두 사람이 하는 말이 들려왔습니다. "행님, 참말로 내가 이래 될 줄은 정–말 몰랐십니다", "야–야, 맞다. 맞다. 내, 니 맘 다– 안다. 그래도 우야겠노, 마누라하고 애들 봐서 살아야제".

"행님, 참말로 내가 이리 될 줄은 정–말 몰랐십니다!" 하는 소리가 너무 절박하게 들렸습니다. 그 사람이 너무너무 애처로웠습니다. 그 사람이 너무너무 안타까웠습니다. 한편 훗날 그 어느 날, '내가' 혹은 '우리 가운데 누군가' 그 사람처럼 "형님, 내가 이리 될 줄 참말로 몰랐습니다!" 라고 말하는 날이 오면 어쩌나 하는 절박감이 참말로 찐하게 느껴졌습니다.

그리고 "형님, 참말로 내가 이리 될 줄 정말 몰랐습니다!" 하는 날이 내 삶에는, 이 글을 읽는 내 좋은 친구들 삶에서는 결코 오지 말라고, 결코 일어나지 않도록 지켜 주옵소서 라고 국밥을 목구멍으로 넘기면서 진심으로 빌었습니다.

국밥을 깨끗이 비우고 "아줌마, 얼맙니까?" 물으니 1,500 원이랍니다. "1,500원이요?" 되물었습니다. 아줌마는 분명히 "1,500원이오!" 합니다. 게다가 아까 새벽에 냉장고에 넣어둔 것이라며 시원한 숭늉 한 사발을 덤으로 건네줍니다.

· 설악산 공룡능선 종주 ·

10월 13일(목). 설악산 아침은 상큼하고 차갑습니다. 오늘도 나 홀로 설악산을 찾았습니다. 원래는 어제부터 포항 이승길 선생님하고 동행이었는데 아침에 이 선생님 왈 피곤해서 도저히 오를 수 없겠노라며 모텔 방 이불 푹 뒤집어쓰고 드러누었습니다. 그렇다면 좋다, 내가 누군가, 나 혼자라도 간다! 하고 오전 7시 30분 설악산 주차장 도착, 해장국 한 그릇 먹고, 오전 8시부터 산을 오르기 시작하였습니다. 설악산에는 천불동 계곡, 가야동 계곡, 오색, 서북 능선, 용아장성, 공룡능선 등 여러 코스가 있는데 오늘은 그 중 공룡능선을 타기로 하였습니다.

내 속에는 사람들이 무엇인가에 대하여 그거 어렵다더라!, 그거 쎄다더라!, 그거 비싸다더라! 하는 소리를 들으면 그-래? 그게 도대체 얼마나 어려운지, 얼마나 쎈지, 얼마나 비싼지, 꼭 확인해보고 싶은 열망이 있습니다. 지혜로운 사람은 똥인지 된장인지 척 보면 안다지만 나는 꼭 찍어 먹어봐야 아는 편에 속합니다. 나는 사람들로부터 공룡능선은 매우 힘들고 어려운 난코스다, 혼자 가면 위험하다, 특별히 준비를 잘 하고 올라야 한다는 소리를 여러 번 들은 터지만 그-래? 어디 얼마나 난코스고, 얼마나 위험한지 오늘 한 번 보자 하는 마음이었던 것입니다.

그런데 실제 산행 첫 출발점 비선대에서 마등령(1320M)까지 3.5Km 산길부터 보통이 아닙니다. 과연 헛소문이 아니었습니다. 머리가 나쁘면 팔, 다리가 고생한다는 말이 참 말입니다. 마등령을 지나 본격적인 공룡능선 코스(5.1Km)로 접어드니, 하! 이거 장난이 아닙니다. 로마 병정 창 숲같이 뾰쪽뾰쪽한 열 두어 개 봉우리를 하나 하나 급경사로 오르내리는 산길인데 솔직히 말해서 진짜 죽을 지경이었습니다. 그러나 어이하는가 나는 이미 "No-return Point"를 통과한 후인 것을!

그러나 천만 다행인 것은 저절로 나오는 "아이고 다리야, 아이고 죽겠네" 하는 소리, 직립 보행이 아니라 원시의 모습으로 네 발로 벌벌 기어서 오르내리는 나의 초라하고 치사한 산행 모습을 아무도 보는 사람이 없다는 사실입니다. 이 날 마등령에서 양폭 쪽으로 가는 등산객은 내가 유일하였습니다. 4시간만에 공룡능선을 간신히 통과하고 천불동 계곡으로 하산, 주차장에 이르니 차가운 산바람 부는 캄캄한 오후 8시입니다. 산행 거리 총 19.7Km, 산행 시간 총 12시간.

내 팔 다리는 죽을 지경이었으나, 滿山紅葉 불타는 단풍, 장엄한 山海, 참 정말 참 깨끗한 봉우리를 본 내 속 사람은 다만 默言하고 있음을 보는 이정수 목사

허송세월은 없습니다!

본문 / 출2:11-23

1. 들어가는 이야기

天下萬事皆有意(천하만사개유의-천하만사 의미 없는 일은 없다!) 라고 하였습니다. 사람이 사는 동안 허송세월이란 있을 수 없다는 말이기도 합니다. 지금 당장 보기에는 아무 의미 없이 헛되이 보내는 것 같아도 나중에 보면 그 모든 것이 큰 의미 있는 시간이었다는 것을 알게 된다는 것입니다.

위수 江에서 수 십 년 동안 곧은 낚시하던 강상(속칭: 태공망, 강태공, 여상). "봉황은 하늘을 날되 오동나무 아니면 깃들지 않는도다. 선비가 한 곳에 엎드려 있는 뜻은 주인이 아니면 섬기지 않기 때문이라. 몸소 들에 나가 밭을 갊은 내가 내 집을 사랑함이요. 한 가닥 거문고로 마음을 달래기는 어서 때가 오기를 기다림이 아니랴!" 탄식하며 젊은 수 년 동안 남양에서 밭 갈던 제갈공명. 상갓집 개 모양으로 수 십 년 천대를 받으며 살았던 흥선대원군 이하응. 서울 법대 졸업 후 본격적으로 가야금을 붙잡은 이래 우리나라 가야금 분야에서 독보적 위치를 구축한 황병기. 어렸을 때부터 시작해야 한다는 예능 분야에 레슨도 전무한 채 음대로 진학하였으나 지금 독일 바이로이트 바그너 축제 수석 가수가 된 세계적인 바리톤 염광철 등등…. 그들이 아무 하는 일 없이 흘려보낸 그 모든 세월은 훗날 그들의 자기 실존에 비추어 볼 때 결코 허송세월이 아니었다는 말입니다.

2. 본문 이야기

본문에 의하면, 모세는 나이 40세 즈음에 하나님 없이 자기 힘, 자기 실력, 자기 능력으로 이스라엘 백성을 구하려고 하였습니다. 결과는 완전 실패였습니다. 애굽 사람은 물론이고, 자기 민족 이스라엘 백성들에게서조차 인정받지 못했고 배척 당하였습니다. 애굽 사람과 싸우는 이스라엘 백성을 역성드는 과정에서 애굽 사람을 쳐죽이고 졸지에 살인자가 된 모세는 애굽 세력권에서 도망하여 멀리 미디안 땅(지금의 아라비아 북부 지역)에서 숨어살았습니다.

모세는 미디안 땅으로 도망한 처음에 홀로 살면서 이곳 저곳 떠돌이 방랑 생활을 하였습니다. 그러던 어느 날 모세가 한 우물곁에 앉아보니, 먼저 도착한 미디안 제사장 일곱 딸이 우물에서 양떼에게 물을 먹이고 있는데, 뒤늦게 온 남자 목자들이 폭력으로 그녀들을 쫓아내고 자기들 양떼에게 물을 먹이려는 것을 보고 부당한 그 남자 목자들을 물리쳐 준 것이 인연이 되어 미디안 제사장의 데릴사위로 들어갔습니다. 모세는 그의 나이 80세에 호렙산 불타는 떨기나무 숲에서 하나님으로부터 출애굽 사명을 받기까지 자그만치 장장 40년 동안 미디안 제사장 이드로의 데릴사위로 양치는 목자로 허송세월 하며 살았다는 말씀입니다.

3. 허송세월은 없습니다. 허송세월은 왜 허송 세월이 아닌가?

첫째, 허송세월 동안에도 사람은 끝없이 가고, 오고, 듣고, 보고, 읽고, 만나고, 생각하고, 느낍니다. 허송 세월 하는 동안 받은 그 모든 것은 우리의 무의식 세계에, 내적 실존 속에, 의미 있게 살고 있다는 세월(사실은 그럭저럭 사는 생활인 경우가 태반이지만!)에서 받는 것보다 더 자유롭게, 더 풍부하게, 더 창조적으로 각인됩니다.

모세가 광야 40년 동안 이스라엘 백성을 인도할 수 있었던 것은 모세가 40년 동안 미디안 광야에서 한낱 양치기로 허송세월하는 동안 겪은 광야 생활의 경험, 즉 길 찾기, 물 찾기, 뱀이나 전갈 같은 해충 막기, 광야의 도적 떼 방비하기 등의 광야 경험이 매우 유용하게 작용하였을 것입니다. 그러므로 허송세월이라 여겨졌던 모세의 광야 40년 생활은 전혀 허송세월이 아니었습니다.

둘째, 솔제니친은《이반 데니소비치의 하루》에서 "구 소련은 시베리아 수용소 사상범들에게 이 세상에서 가장 잔인하고 악랄한 형벌을 가하였다. 그 형벌은 매일 아침 붉은 벽돌을 A 지점에서 300미터쯤 떨어진 B 지점으로 하루 종일 옮기는 작업이다. 그리고 다음 날은 B 지점에서 A 지점으로 옮기고… 매일 매일 그 작업의 연속이었다. 많은 사상범들이 미쳐갔다" 고 기록하였습니다.

사람은 의미를 추구하는 존재입니다. 허송세월이란 무의미한 세월이란 말입니다. 허송세월하는 사람은 존재론적으로 불안합니다. 그러므로 허송세월하는 사람은 허송세월하는 가운데서도 무엇인가 의미를 찾아내려고 안간힘을 씁니다. 그리고 마침내 자기 나름대로의 의미를 발견해 냅니다. 맹인 호머가 일리아드 오딧세이를 썼다든지, 아인슈타인이 한가한 기상청 직원으로 근무하면서 상대성 원리를 발견한 것이라든지, 양심수 황대권 씨가 징역살이하는 동안 야생초의 전문가가 되었다든지 하는 사례가 바로 그것입니다. 허송세월은 의미 있는 삶에로 진입시켜주는 강력한 촉매이며, 자기 한계를 초월하는 더 높은 차원으로 이끌어 가는 견인차가 되므로 허송세월은 더 이상 허송세월이 아닙니다.

셋째, 무엇보다 우리 하나님은 건축자의 버린 돌을 머릿돌로 바꾸어 놓으시는 분이기 때문입니다(시 118:2). 우리 사람 생각으로는 무의미하고, 무가치하고, 별 볼일 없는 것으로 보이는 것을 하나님은 그의 나라와 의를 위하여 최고의 가치로 바꾸어 쓰시는 분입니다. 다윗의 물매 돌로 골리앗을 쓰러뜨리십니다. 물고기 낚는 어부를 사람 낚는 어부로 바꾸십니다. 혹 지금 우리가 허송세월하고 있다고 느낄 수 있습니다. 그러나 하나님 앞에서 우리의 그 모든 허송세월은 오히려 매우 단단한 준비 기간으로 전환될 수 있는 가능성을 내포하고 있기 때문에 허송세월은 결코 허송세월이 아닙니다. 할렐루야! 참, 좋으신 우리 하나님!

고전예화 405

료칸의 눈물 한 방울

료칸(良寬, 1758~1831)은 일본 에도시대 후기의 유명한 禪僧(선승)입니다. 어느 날 료칸은 그의 동생으로부터 "형님, 제 자식 놈이 심히 허랑방탕하니 오셔서 사람 좀 만들어 주십시오" 하는 부탁을 받았습니다. 료칸은 동생 집에 도착하여 그 못된 조카 놈에게 이래라 저래라 훈계 한 마디하지 않았습니다. 그 조카 놈의 행동거지는 하나도 달라지지 않았습니다.

거의 한 달이 되어 료칸이 떠나는 날 아침, 료칸이 작은 바랑을 메고 툇마루로 나섰습니다. 조카 놈은 그래도 제 깐엔 백부를 배웅한다고 뜰에 서 있습니다. 료칸은 조카에게 마루 밑에 있는 신발을 좀 꺼내 달라고 부탁하였습니다. 조카 놈은 짚신을 꺼내 섬돌 위에 놓았습니다. 그 때 그 조카의 손등에 물방울 하나가 떨어졌습니다. 조카 놈이 눈을 들어 올려다보니 료칸의 그렁그렁한 눈에서 떨어진 눈물이었습니다. 조카 놈은 그 자리에 얼어붙었습니다. 한 사람의 내면 전체가 뒤집어지는 순간이었습니다.

다음은 료칸이 남긴 시입니다.

평생 출세에 마음 쓰기 번거로워
드높은 하늘 뜻에 맡기고 산다.
자루엔 쌀 석 되
화롯가엔 땔감 한 단.
띠끌 같은 名利(명리)야 내 알 바 아니며
방황이나 깨달음, 그 아무래도 좋다.
밤비 부슬부슬 내리는 초막
두 다리 한가로이 뻗고 앉았노라.

고요한 가을 밤
초막에 앉아
나 홀로 줄 없는 거문고를 뜯는다.
거문고 가락
바람과 구름 사이로 이리 저리 흩어져
계곡물 소리와 깊이 깊이 어우른다.
맑고 청아한 그 가락
계곡 가득 양양하고
숲 속 바람 세차다.
귀머거리 아니고야
그 누가 있어 이 현묘한 가락 함께 즐길 수 있겠는가?

· 이정수 목사 KBS 라디오 고정 출연 ·

KBS 라디오, 사회교육 방송(AM 972 KHz)에서 매일 새벽 3시 김선동 아나운서가 진행하는 <종교와 인생> 이라는 프로그램이 있습니다. 이 방송의 대상은 북한 동포, 중국 동북삼성(길림성, 요녕성, 흑룡강성)의 조선족 동포, 러시아 블라디보스토크 지역의 우리 동포들입니다.

<종교와 인생> 프로그램 처음 10여분 동안 매주 월요일은 기독교, 화요일은 불교, 수요일은 천주교, 목요일은 원불교, 금요일은 천도교의 성직자들이 나와서 각각의 종교적 교훈과 삶의 지혜를 나누는 시간으로 배정되어 있습니다.

나는 10월 20일 KBS 방송국 RS3 녹음실에서 김선동 아나운서와 함께 3주일 분(10월 24일, 10월 31일, 11월 7일) 말씀을 녹음하고 돌아왔습니다. 난생 처음 가보는 방송국 분위기에 어리둥절하였습니다. 게다가 복잡한 녹음 기계실, 완벽한 방음 시설에 커다랗고 조용한 녹음실에서 아나운서와 단 둘이 마주 앉아 10분이라는 제한 시간을 염두에 두고 녹음하는 터라 매우 긴장되고 뭐가 뭔지 들뜬 상태로 녹음을 마쳤습니다(11월 3일에는 4주일 분 녹음을 하였음).

내가 KBS 라디오 <종교와 인생>에 초청 받은 것은 이 프로 목요일 후반부에 출연하는 웅진북스 지윤미 사장님이 담당 프로듀서에게 《말씀의 샘물》 제6권을 건네주며 강력 추천한 덕분입니다. 한 세상 살다가 이런 좋은 경험을 할 수 있도록 기회를 만들어 주신 지윤미 사장님께 감사드립니다.

나도 아직 새벽 3시 방송은 듣지 못하였습니다. 그러나 인터넷으로 들어보니 잘하고 못 하고는 둘째 치고 내 목소리가 공중파 공영방송을 탔다는 거! 참 신기하고 매우 묘-한 느낌이었습니다. 내 좋은 친구들 인터넷 들어가시거든 한번 들러주십시오. 다음은 인터넷 주소입니다.

<www.kbs.co.kr – 사회교육 – 종교와 인생 – 다시 듣기 – 월요일 새벽 3시>

지난 10월 24일~28일 동안 차선각, 박영원, 임동진, 강우경 목사님들과 하나님의 은혜 가운데 마카오 한국인국제교회(조한 목사), 창평한인교회(유지승 목사), 홍콩동신교회(김성준 목사)를 둘러보고 매우 유익있고, 맛있고, 유쾌한 여행을 마치고 무사히 돌아 온 이정수 목사

"있을 때" 잘 해야합니다

본문 / 신15:7-8, 잠3:27-28

1. 들어가는 이야기

성경 말씀의 큰 주제 가운데 하나는 "가난한 사람에 대한 깊은 관심"입니다. 여기서 가난한 사람이란 경제적으로 가난한 사람이라는 뜻 외에도 육체적, 정신적, 영적인 면에서 부족하고 모자라고 궁핍하여 무엇인가를 꼭 필요(need)로 하는 사람 모두를 포함한 의미입니다. 다음은 관련 말씀들입니다.

*가난한 형제에게 네 손을 움켜쥐지 말고 반드시 그 손을 펴서 그 요구하는대로 쓸 것을 넉넉히 꾸어주라(신15:7-8) *빈부가 섞여 살거니와 무릇 그들을 지으신 이는 여호와시니라(잠22:2) *가난한 사람을 학대하는 자는 그를 지으신 이를 멸시하는 자요, 궁핍한 사람을 불쌍히 여기는 자는 주를 존경하는 자니라(잠14:21, 잠14:31, 잠17:5) *귀를 막아 가난한 자의 부르짖는 소리를 듣지 아니하면 자기의 부르짖을 때에도 들을 자가 없으리라(잠21:13) *가난한 자를 불쌍히 여기는 것은 여호와께 꾸이는 것이니 그 선행을 갚아주시리라(잠20:17) *의인은 가난한 자의 사정을 알아주나, 악인은 알아 줄 지식(concern=관심)이 없느니라(잠29:7) *가난한 자를 구제하면 궁핍하지 아니하려니와 못 본 체하는 자에게는 저주가 많으리라(잠28:27) *왕이 가난한 자를 성실히 신원하면 그 위가 견고하리라(잠29:14) *네게 구하는 자에게 주며, 네게 꾸고자 하는 자에게 거절하지 말라(마5:42) *주라, 그리하면 너희에게 줄 것이니 곧 후히 되어 누르고 흔들어 넘치도록 하여 너희에게 안겨주리라. 너희의 헤아리는 그 헤아림으로 너희도 헤아림을 도로 받을 것임이니라(눅6:38).

이 말씀들은 무엇인가(재물, 지혜, 도움말, 전문 지식, 같이 있어 줌, 동행하여 줌, 칭찬하고 인정하고 알아 줌, 위로하고 격려함, 좋은 정보, 몸으로 도와줌, 오래 기다려 줌, 빌려 줌,...)를 꼭 간절히 필요로 하는 가난한 사람들에게 그 필요로 하는 것을 <주라!>, <베풀라!>, <도우라!>는 말씀입니다.

2. 그러면 어떻게 주며, 어떻게 베풀 것인가?

네 손이 베풀 힘이 있거든 마땅히 받을 자에게 베풀기를 아끼지 말라. 네게 있거든 이웃에게 이르기를 갔다가 다시 오라 내일 주겠노라 하지 말라(개역성경).

Whenever you possibly can, do good to those who need it. Never tell your neighbour to wait until tomorrow if you can help him now(GNB).

네가 무엇인가 가난한 사람에게 줄 것이 있다면, 아끼지 말고 줄 것, 주저하지 말고 줄 것, 조금 후에 차차 보아 가며, 내일이 아니라 지금 당장 줄 것! 있을 때 잘 하라는 말씀입니다.

3. 왜, 지금 당장 주라고 하시는가?

첫째, 지금 당장 주는 것은 순수한 마음에서 주는 것이며, 내일 주는 것은 계산된 마음에서 주는 것이기 때문입니다. 사람이 무엇에 감동합니까? 계산된 마음이 아니라 순수한 마음에 감동하고 감사합니다. 그런데 주는 사람이 "달란다고 당장 주면 버릇이 없어져서 안 돼, 좀 애를 먹이다가 주어야 고마움을 알지" 하는 마음에서 "내일 줄 테니 내일 오라" 하면 가난한 사람은 두 말 없이 물러갔다가 내일 올 것입니다. 사람은 영물입니다. 주는 사람의 그 계산된 마음을 곧 바로 알아차립니다. 내일 다시 와서 자기가 필요한 것을 받아 가기는 하겠지만 그 마음 속에 감동과 감사는 이미 식어져 사라질 것이 분명하기 때문입니다.

둘째, 너는 내일 일을 자랑하지 말라, 하루 동안 무슨 일이 날는지 네가 알 수 없음이니라(잠27:1). 방백들을 의지하지 말며 도울 힘이 없는 인생도 의지하지 말지니 그 호흡이 끊어지면 흙으로 돌아가서 당일에 그 도모가 소멸하리로다(시145:3-4). 내일 일을 너희가 알지 못하는도다. 너희 생명이 무엇이뇨? 너희는 잠깐 보이다 없어지는 안개니라…. 이러므로 사람이 선을 행할 줄 알고도 행치 아니하면 죄니라(약4:13-17)고 하셨습니다.

주는 사람이 내일 죽을 수도 있고 피치 못할 사정으로 가난한 사람을 만나지 못할 수도 있습니다. 그와 반대로 가난한 사람이 아니꼽고 더럽고 치사해서 그 밤에 자살할 수도 있고 혹 다른 귀인을 만나 그의 필요가 채워질 수도 있기 때문입니다.

셋째, 선물은 그 사람의 길을 넓게 하며 또 존귀한 자의 앞으로 그를 인도하느니라(잠18:16). 너그러운 사람에게는 은혜를 구하는 자가 많고 선물을 주기 좋아하는 자에게는 사람마다 친구가 되느니라(잠19:6) 하셨습니다.

《삼국지》,《홍루몽》,《서유기》와 함께 중국 4대 奇書인《수호지》의 양산박 108명의 義俠 두령이 송강입니다. 그가 두령이 된 소이를 그의 호 急時雨(급시우)가 잘 대변해 주고 있습니다. 急時雨, 석 달 가뭄에 비 기다리듯 무엇인가 간절히 필요로 하는 사람에게 송강은 그 당장 그 필요를 채워주는 너그러운 사람이었습니다. 그러므로 그는 천하영웅들의 두령이 될 수 있었던 것입니다.

4. 마치는 이야기

성경은 "네게 없는 것"을 주라고 하시지 않으십니다. "네게 있는 것"을 주라! 베풀라! 고 하십니다. 나중에, 차차 보아가며, 내일이 아니라 지금 당장 주라고 하십니다. 사람들이 예수님께 "문둥병 고쳐 주세요, 먹을 것 주세요, 눈뜨게 해 주세요" 하였을 때, 예수님이 어떻게 하셨던가요? "나중에, 내일, 조금 있다가, 안식일이 지나거든" 하셨던가요? 아닙니다. 그 당장, 그 자리에서, 그 말 떨어지기 무섭게 응답하셨습니다. 아, 우리들은 왜 이리 둔한가! 왜 이리 쩨쩨한가!

홍콩–마카오–상평 여행 보고서

여행 기간 : 2005년 10월 24일(월)~28일(금). 환율, 홍콩 달러 : 원화 = 1:137, 미국 달러 : 원화 = 1 : 1,060. 항공 편 : 대한항공, 아시아나, 타이항공 중 요금이 가장 싸고 출발 시간이 타 항공사에 비하여 좀 늦은 10시 30분이라 새벽에 조바심 치지 않아도 되리라는 생각에 타이항공편을 택하였습니다. 왕복 요금 40만원.

홍콩에서 마카오 간 페리 호 배편은 수시로 있고, 걸리는 시간은 꼭 1시간, 배 삯은 홍콩 달러 140. 마카오 하면 카지노를 연상하는 사람들이 많은데 가보니 그게 아닙니다(나는 Lisboa 카지노에서 홍콩 달러 200원 땄음). 카지노는 양념 삼아 한 번 들러 볼 구경거리이고, 포르투갈 풍의 옛 거리, 마카오를 다스리던 교황청 파견 主教, 총독 관저, 해군 사령관저가 있는 주교산, 마카오 여신을 모신 媽祖閣, 성 바울 성당, 김대건 신부 동상, 최초로 아시아 선교의 문을 연 로버트 모리슨 선교사 무덤과 기념 교회, 포르투갈 식당 등 볼거리가 풍부합니다.

홍콩은 짝퉁 본거지라는 소문도 허망한 소리입니다. 진짜 명품 상점과 짝퉁 명품 상점 구분이 확연합니다. 홍콩도 볼 게 많습니다. 홍콩 피크 열차, 스탠리 마켓, 타이랜드 식당, 다양한 중국식당, 침사추이 밤거리, 스타거리, 인터콘티넨탈 호텔 로비 커피 숍, 얌차 집(딤섬: 점심에 차를 마시며 먹는 간단한 음식–수 십 종류의 만두 비슷한 것과 다양한 메뉴) 등입니다.

홍콩은 철저한 자본주의 사회였습니다. 지하철에도 앞은 보통, 뒤는 특별, 요금 차이가 두 배입니다. 병원 6 인 실은 거의 공짜, 1인 실은 그 10배, 얌차 집도 싼집, 보통 집, 고급 집, 값 차이가 1:3:5 정도입니다. 돈만 내라 서비스는 얼마든지 끝내주겠다는 사회입니다.

홍콩과 중국 국경 도시 심천에는 지하철 역과 연결되어 있는 커다란 빌딩이 있는데, 여기가 바로 명품 짝퉁의 메카입니다. 크나 큰 이 건물 전체 안에 들어 있는 것은 사람만 빼고 몽땅 다 명품 짝퉁입니다. 이곳 사람 말을 들으니 얼마전 진짜 명품 상점에서 짝퉁 명품을 진짜로 팔다가 들통이 났다고 합니다. 전문가들도 도저히 구별 할 수 없을 정도로 짝퉁 만드는 솜씨가 뛰어납니다.

심천에서 차로 1 시간쯤 거리 창평(常平)의 해물요리집이 인상적이었습니다. 각종 물고기, 값이 다 다른 다양한 게, 사슴 고기, 말린 돼지 대가리, 새우 등을 진열해 놓고 주문을 받습니다. 맛도 좋았습니다. 발 마사지(중국 돈 38원).

우리는 조한, 유지승, 김성준 목사님들의 대접을 잘 받아 비용이 별로 들지 않았는데(각자 항공료 포함 80만원), 대접 없이 자기 경비로 간다면 선물비는 별도로 하고 순수 경비만 우리 돈 120만원은 있어야겠다고 생각하였습니다.

· Freedom & Liberty ·

나는 마음이 답답하거나 우울할 때 나 혼자 큰 소리로 부르는 노래가 있습니다.
오, 자유, 오, 자유,
나는 자유 하리라. 비록 얽매였으나
나는 이제 돌아가리 자유 주시는 내 주님께. <오, 자유, 제1절>.

홍콩-마카오 여행 때, 마카오 성당 앞 골동품 노점상에서 홍콩 달러 140(우리 돈 2만원) 주고 "1804년 발행된 미국 1불 짜리 은화 두 개"를 샀습니다. 내가 이 은화를 산 것은 이 은화 앞면에 <LIBERTY> 란 글자가 뚜렷이 양각되어 있었기 때문입니다. 내가 아버지로서 우리 혜원, 형원 두 아이들에게 비싸고 좋은 여행 선물은 못 사다줘도 너희들 삶은 그 어느 때나 그 어디서나 그 누구를 만나더라도 그 모든 외적 환경으로부터 <자유>하여야 한다는 상징적 교훈을 주고 싶었기 때문입니다.

우리 아이들에게 <LIBERTY> 글자가 새겨진 1달러 은화를 주면서 미국인의 자유에 대한 역사와 나의 뜻을 말해주었더니 두 아이 모두 진정으로 고맙다는 표정이어서 나도 참 기뻤습니다.

이 참에, <자유>를 의미하는 영어 <Freedom>과 <Liberty>의 차이를 알아 볼 요량으로 <THE MERRIAM-WEBSTER POCKET DICTIONARY OF SYNONYMS>을 찾아보았더니, Freedom, Liberty : 둘 다 어떤 억압이나 강요 없이 행동할 수 있는 힘 혹은 조건을 의미한다. 그러나 굳이 차이를 말하자면,

<Freedom> : 무엇인가 결핍된 상태에서 오는 부 자유, 어느 정도 수긍이 갈만한 억압, 혹은 자기가 제한 받고 있다는 사실을 알아차리지 못하고 있는 제한이나 억압까지 포함하여 그 모든 제한으로부터 자유.

<Liberty> : Freedom 과 혼용되어 쓰이는 것이 상례이나 Liberty 는 특별히 어떤 사람이 자기의 인생 진로(course), 신앙(beliefs), 표현(utterances)을 그 어느 누구의 강요나 억압받음 없이 선택할 수 있는 자유. 즉, 국가, 집안, 자기가 속한 집단의 모든 굴레로부터 벗어나 자기가 가장 하고 싶은 일을 할 수 있는 자유(One of deliverance or relief from constraint or compulsion from bondage freed, at liberty to serve as you loved best).

"오, 자유, 오 자유, 나는 자유 하리라" 다시 큰 소리로 노래하는 이정수 목사

말의 실수가 없으면 온전한 사람입니다(1)

본문 / 약3:1-12, 마6:22-23, 눅11:34-36

1. 들어가는 이야기

*우리가 다 실수가 많으니 만일 말에 실수가 없는 자면 곧 온전한 사람이라 능히 온 몸도 굴레 씌우리라(개역성경). *우리는 모두 실수하는 일이 많습니다. 말에 실수가 없는 사람은 온 몸을 잘 다스릴 수 있는 완전한 사람입니다(공동번역). *We all stumble in many ways. If anyone is never at fault in what he says, he is a perfect man, able to keep his whole body in check(NIV)

본문에서 "말에 실수가 없으면 곧 온전한 사람(perfect man)" 이란 도덕적으로, 영적으로 완전한 의인이라는 뜻보다는 일상 사회 생활에서 말의 실수가 없는 사람은 그 인격과 품위가 높고 고상한 사람이라는 뜻이라고 하겠습니다. 그런데 매일의 일상 생활에서 그만하기도 얼마나 어려운 일인가를 우리 모두 너무나 잘 알고 있습니다(참고 :《말씀의 샘물》제15호, 제220호, 제288호 설교 본문).

그렇다면 어떻게 하면 말의 실수가 없는 사람이 되어 갈 수 있겠는가?

<말>이란 사람이 외부의 어떤 대상을 눈, 귀, 코, 혀, 촉감으로 보고 느낀 것을 밖으로 드러낸 표현입니다. 그러므로 말의 실수가 없는 사람이 되려면 잘 보고, 잘 듣고, 잘 느끼고, 잘 표현하는 데 있다고 생각합니다. 이 가운데 오늘은 "어떻게 잘 볼 수 있을까?" 하는 문제를 묵상하는 가운데 은혜를 나누고자 합니다.

2. 제대로 잘 보지 못하여 일어나는 실수가 얼마나 많습니까?

우리는 일상 생활에서 "좀 잘 보고 말해, 넌 눈도 없니?, 눈이 멀었어?, 네 눈으로 분명히 봤어?, 눈은 폼으로 달고 다니냐?" 하는 소리를 흔히 듣습니다. 사람들은 일상 생활에서 잘 보지 못하고 말하는 통에 실수하는 경우가 참 많습니다. 예를 들어 시험 문제, 시계, 표지판, 약병, 법조문, 설명서, 날짜, 요일, 사람 이름, 간판, 표정, 바디 랭귀지… 등을 잘못 보고 크고 작은 말 실수를 합니다. 더욱 심각한 것은 사람을 잘 못 보거나, 성경 말씀을 잘 못 보고 하는 말 실수는 그 폐해가 이만저만이 아닙니다.

그러므로 예수님은 "눈은 몸의 등불이다. 그러므로 네 눈이 성하면 온 몸이 밝을 것이며 네 눈이 성하지 못하면 온 몸이 어두울 것이다. 그러니 만일 네 마음의 빛이 빛이 아니라 어두움이면 그 어둠이 얼마나 심하겠느냐?(마6:22-23)", 즉, 육체의 눈이 어두워서 실수하는 경우가 얼마나 많으냐? 하물며 마음의 눈이 어두워 실수한다면 그 폐해가 얼마나 더 심각할 것이냐? 라고 하신 것입니다. 그 실례로 나는 육체의 눈이 어두워 실수하는 경우가 너무 많은 사람이라 이 말씀에 절절히 공감합니다.

3. 그러면 어떻게 잘 볼 수 있는가?

첫째, 성경은 공중의 새를 보라, 들의 백합화를 보라, 눈을 들어 산을 보라, 너희는 눈을 높이 들어 누가 이 모든 것을 창조하였나 보라(사40:26), 너희는 여호와의 책을 자세히 읽어 보라(사34:16)! 고 하십니다.

무엇인가를 볼 때 자세히 찬찬히 정확히 보아야겠다고 마음 잡수시고 보십시오. 나중에 또 보지 뭐, 이따가 자세히 보지 뭐, 하지 말고 그 때 그 때 눈에 보일 때 확실히 보아두어야겠다는 마음 자세로 보도록 힘쓰십시오. 보는 것도 습관입니다. 대충 보는 버릇을 가지면 아무리 중요한 것도 대충 보게 됩니다.

둘째, 마음을 비우고 보는 연습을 하십시오. 카이사르는 "사람은 자기가 보기 원하는 것만 본다" 고 하였습니다. 쉽게 말해서 개 눈에는 뭣만 보인다는 말입니다. 여행을 가도 각 사람마다 깊은 인상을 받는 대상이 다릅니다. 책을 읽어도 기억하는 부분이 사람마다 다 다릅니다. 바둑 두는 당사자보다 옆에서 보는 사람이 바둑 흐름을 더 잘 봅니다. 왜? 사람마다 자기 중심으로 보기 때문입니다. 심리학에서는 이것을 "선택적 주의 현상(selective attention phenomena)" 라고 합니다.

비교적 바르게 보려면 무엇을 볼 때, 자기 중심적 사고 틀(self-centered thought form)을 잠시 뒤로 밀쳐두고 객관적 시각으로 보는 연습을 해야합니다. 그래야 보는 대상을 제대로 볼 수 있습니다. 예수님은 "비판하지 말라. 네가 하는 그 비판으로 네가 비판받으리라" 고 하셨습니다. 왜입니까? 전체를 빠짐없이 다 볼 수 있는 사람은 아무도 없기 때문입니다. 그러므로 易地思之 하여 보고, 나의 관점을 내려놓고 보아야 보는 대상을 어느 정도나마 바로 볼 수 있습니다.

셋째, 무엇보다 긍정적인 자세로, 사랑하는 마음으로 보는 연습을 하여야 합니다. 아는 만큼 보이며, 사랑(관심)이 있어야 보이기 시작한다는 말은 진실입니다. 어떤 사람이 자기는 매일 산에 가도 나무 이름 하나 제대로 아는 것이 없었는데 어느 날 문득 나무에 관심을 가진 후부터 등산보다 오히려 새로운 나무를 만나는 기쁨이 더 커서 산에 간다는 소리를 들었습니다.

눈에는 여러 가지 눈이 있습니다. 肉眼(육안), 智眼(지안), 慧眼(혜안), 審美眼(심미안), 靈眼(영안), 佛眼(불안), 神眼(신안)이 그것들입니다. 사람의 생물학적인 육체의 肉眼은 너무 불확실합니다. 근시, 원시, 난시, 착시, 환시로 인한 장애 외에도 너무 커도, 너무 작아도, 너무 멀어도, 너무 가까워도 제대로 보지 못합니다. 그러므로 제대로 바로 보려면 위에 말씀드린 여러 가지 특별한 心眼(심안)이 있어야 합니다. 그런데 육안보다 더 폭 넓고 고귀한 心眼의 열림은 긍정적인 태도로, 사랑하는 마음을 가지고 볼 때 열리기 시작합니다. 제대로 똑바로 본다면 그만큼 말 실수가 줄어들 것은 자명한 일입니다. 안 그런가요?

고전예화 407

목사님, 보입니다, 보여!

강원도 태백 상장중앙교회에서 19년 째 시무하고 있는 내 좋은 친구 윤창현 목사는 2005년 현재 우리 대한예수교장로회(통합) 강원동노회 노회장입니다.

윤창현 목사는 25년 전 광나루 선지동산에서 공부할 때 신학 수업 외에 어려운 살림살이 가운데서도 자기 돈을 들여 한의사에게 수지침 놓는 법, 지압하는 법을 배웠습니다. 윤 목사는 신학교를 졸업하면 25년 전 당시 사북사태로 대변되는 열악하고 소외된 광산촌 사람들에게 복음을 전하고 의료 혜택을 거의 받지 못 하던 그 분들을 위하여 현장에서 직접 도움이 될 수 있겠다 싶은 것을 준비한 것입니다. 윤 목사는 지금까지 담담히 태백에 있습니다.

윤 목사가 20년 전 광산촌 사람들을 위한 <기독교연합 사회복지회>에서 일하면서 펴낸 계간지 "막장의 빛" 에 실린 기사가 생각납니다. 당시 광산촌의 광부들과 그 가족들 가운데는 한글을 깨우치지 못한 사람들이 많아서 그 분들을 위하여 '한글 반' 을 운영하였습니다.

그 분들이 한글 반을 졸업한 후 어느 날 졸업 축하 소풍을 갔더랍니다. 시외버스 대합실에 갔는데 그 중 한 사람이 윤 목사를 붙잡고 흔들면서 감격스러운 큰 목소리로 "목사님, 보입니다, 보여!" 하더라는 겁니다. 윤 목사가 깜짝 놀라 "뭐가 보인다는 말이냐?" 고 물으니 "버스 행선지가 보인다"는 소리였습니다.

한글을 모를 때에는 버스 정거장에서 버스가 들어 올 때마다 옆의 사람을 붙들고 "저거 어디 가는 버스입니까?" 라고 일일이 묻다가 자기가 가고자 하는 방향의 버스가 오면 재차 묻고, 버스에 타고는 또 운전 기사에게 자기가 가는 행선지 버스가 맞느냐? 묻고, 내릴 때 즈음이면 잘 못 내리면 어쩌나 싶어 안절부절못하여 묻고 또 물었는데 이제는 그럴 필요가 전혀 없게 되었으니 너무 기쁘고 속이 시원하여 "목사님, 보입니다, 보여!" 라고 하였던 것입니다.

아는 만큼 보인다는 말은 진실입니다. 이번에 홍콩, 마카오, 상평, 선교지 탐방 여행 때, 찾아 들어간 식당의 메뉴판에 무려 오륙십 가지 음식 이름이 중국 간자체로 죽– 적혀 있는데 뭘 알아야 시키지… 현지 선교사 김성준, 조한, 유지승 목사가 있었으니 망정이지 우리만 있었다면 영어도 안 통하지, 중국어는 아예 젬병이니 굶어 죽지는 않았겠지만 답답하기 이를 데 없었을 것입니다.

너희가 듣기는 들어도 깨닫지 못할 것이요 보기는 보아도 알지 못하리라(사6:9) 하신 말씀이 바로 우리를 두고 하신 말씀이었습니다. 아는 만큼 보입니다. 잘 보기 위하여 한글도 배워야 하겠습니다. 중국에서 잘 먹기 위하여 간자체도 배워 둬야 하겠습니다.

· 참나무 장작 한 트럭 ·

엊그제 차를 타고 교회로 들어오는 길인데 우리 교회 건너편 북한강변 공터에 누군가 통나무를 산더미처럼 쌓아놓았습니다. 저걸로 뭘 하려는가? 며칠 후 보니 젊은 장정 여럿이 도끼를 휘둘러 장작을 팹니다. 차를 세우고 물었습니다. "여보시오! 그걸로 뭘 하는 것이요?" 물으니 "북한강변에 널려 있는 카페에 겨울 분위기 살리는 모닥불 용 장작을 패는 것"이라고 합니다.

그래? 카페가 따로 있나? 그럼 우리 교회 마당에서도 한 겨울 내 좋은 친구들 찾아오면 장작불 피워 놓고 고기도 굽고, 차 끓여 마시면, 비싼 카페 안 가도 되겠구나 하는 생각에, "그 장작 어떻게 팝니까?" 물으니 "소형 트럭 한 차에 10만원"이랍니다. "그래요? 그럼 바로 저 앞집으로 한 차 보내주시오" 하였습니다.

한 차 가득 실려온 장작을 담벼락에 쌓았습니다. 그리고 집 안에 들어오니 내 눈에 페치카가 들어왔습니다. 오, 페치카! 내가 이 집을 보증금 3천만원, 월 30만원 주기로 하고 세 얻어 이사 올 때가 한참 더운 7월 중순이라 지금 예배실로 사용하는 거실 한 구석에 붉은 벽돌로 쌓아 놓은 페치카를 보기는 보았으나 지저분하고 녹 쓸어 저게 작동을 하려는가? 하고 말았는데 오늘 장작을 쌓아 놓고 거실로 들어 온 순간 "페치카!" 가 확 눈에 들어 온 것입니다. 당장 되돌아 나가 장작을 한 아름 가져다 놓고 불소시게를 만들고 불을 지펴보았습니다. 어! 불이 피네, 연기도 안 나고 불이 잘 핍니다. 오호, 제법인데!

지난 주 수요일(11월 9일), 큰나무교회 이필로 목사와 여전도회 회원 20여 명이 우리 교회에서 하루 수련회로 오셨는데, 아침에 일어나 보니 날이 제법 쌀쌀하다 싶어 아침부터 페치카에 장작을 잔뜩 쌓아 불을 지펴 놓고, 바하의 칸타타를 약하게 깔아 놓았더니, 큰나무교회 여전도회원 모두들 거실 문을 열고 안으로 들어서자마자 약속이나 한 듯 "어쩜, 너무 너무 좋으네요!" 하십니다. 전혀 생각지도 않았던 페치카 덕분에 훈훈하고 넉넉한 분위기에서 아주 은혜로운 하루 수련회가 되었습니다. 참 세밀하신 하나님의 선물이라 여겨져 진심으로 감사 드렸습니다.

페치카에 장작불 피우는 일은 참 재미있습니다. 활활 타오르는 장작불을 보고 있노라면 아무 생각 없습니다. 무아지경입니다. 장작불 앞에서 성경 읽고, 《말씀의 샘물》 다음 호는 무엇을 쓸까? 구상하고, 커피 끓여 마시고, 아침에는 하이든, 오후에는 바하를 들으며 페치카에 가끔 장작을 넣고 있는 이정수 목사

말의 실수가 없으면 온전한 사람입니다(2)

본문 / 약3:1-12, 약1:19, 막4:9,

1. 들어가는 이야기

"말에 실수가 없는 온전한 사람"이 되기 위하여 지난 주일에는 "잘 보고 말을 해야 한다" 하는 주제로 말씀드렸고, 오늘은 "잘 듣고 말을 해야 실수가 적다" 하는 주제를 묵상하는 가운데 은혜를 나누려고 합니다.

구약성경에서 가장 중요한 선포 가운데 하나는 "쉐마 이스라엘(Shema Israel), 이스라엘아, 들으라!(신6:4)" 하신 말씀입니다. 예수님은 말씀을 주시고 항상 "들을 귀 있는 자는 들으라!(막4:9, 막4:23, 마13:8)", 야고보 사도는 "듣기는 속히 하고 말하기는 더디 하고 성내기도 더디 하라(약1:19)", 잠언에는 "너는 귀를 기울여 지혜 있는 자의 말을 들으라(잠22:17)" 고 하였습니다. 성경 말씀의 강조점은 <말하라!>가 아니라 <들으라!>에 있다는 것을 분명히 알 수 있습니다.

우리는 일상 생활에서 "우선 내 말부터 들어봐, 내 말 잘 들어, 내 말 좀 들어보란 말이야!" 합니다. 남의 말을 듣다가도 중동 허리를 딱 자르고 "그러니까 네 말은 이러이러하다는 소리 아냐? 맞지?, 알았어, 알았어, 당신이 말하려는 뜻은 잘 알았으니까, 이제 내 말 좀 들어 봐!" 합니다. 우리는 듣기보다는 말하기를 좋아합니다. 나만 그런 것이 아니라 너도 그러하니 말이 많고 시끄럽고 복잡하고 문제가 확대 재생산되어 분노, 결별, 폭력, 오해, 미움, 실수가 많습니다. 그러므로 성경은 "사연을 듣기 전에 대답하는 자는 미련하여 욕을 당한다"고 하셨습니다(잠18:13). 그럴 일이 아닙니다. 이제부터라도 우선 잘 듣기부터 하여 말실수를 줄여 온전한 사람에 가까워 가도록 힘써야 하리라 생각합니다.

2. 그러면 왜 잘 듣기가 그렇게 어려운 것인가?

첫째, 글읽기와 말 듣기는 모두 눈과 귀를 집중하는 지각 활동입니다. 그런데 글읽기와 달리 말 듣기에는 현장성이 있는 까닭입니다. 말 듣기에는 현장에서 유입되는 다양한 장애 요인들, 즉 현장의 여러 가지 소음(noise), 돌출 현상, 분위기, 말하는 사람에 대한 전이해, 자기 중심적 생각, 자기 방어적 이기주의로 인하여 상대방의 말을 귀에 지각된 대로 듣기보다는 무의식적으로 재구성, 재조직하여 듣게 되므로 제대로 잘 듣기가 어렵습니다.

둘째, 생물학적 측면에서 사람의 말의 속도와 듣기 속도의 차이에서 비롯되는 "잔류 사고의 여유(leftover thinking space)" 현상 때문입니다. 즉, 말의 속도는 1분에 100 단어 즈음인데 비하여 듣기 속도는 1분에 500 단어 즈음이므로 듣기에 집중하기보다는 듣다가 곁길로 빠지거나, 딴 생각을 하거나, 상대의 말을 자르고 자기 말을 하고 싶은 충동이 일어나므로 제대로 잘 듣기가 어렵습니다.

3. 그러면 어떻게 잘 들을 수 있는가?

첫째, 시대가 달라졌습니다. 말하기보다 말 듣기가 더욱 중요한 시대가 되었습니다. 현대 언어 과학은 "말하기는 능동적이고 말 듣기는 수동적이라는 전통적인 관점에서 탈피하여 말하기와 말듣기는 상호 동등한 위치와 가치를 가진 언어 행동이다. 말 듣기는 말의 내용에 대한 끊임없는 피드백을 통하여 말하는 사람과 상호 동등한 의사 소통을 하고 있는 것이며, 공동의 의미를 공유하는 고도의 인지 작용이다. 또한 말 듣기(심리 치유 상담)는 말하는 사람의 삶의 질과 차원에 막대한 영향을 미치는 힘이 있다"고 하였습니다(참고: 임칠성, 듣기 교육의 내용 체계에 대한 고찰, 전남대학교).

이젠 의식적으로 "다른 사람의 말을 잘 들어야겠다" 고 마음먹고 들어야 하는 시대된 것입니다. 눅 10:38-42에 기록된 마리아와 마르다 이야기를 잘 아시지요? 예수님 발아래 앉아 주님의 말씀을 듣는 마리아의 모습을 상상하여 보십시오(참조: 말씀의 샘물 제1권 제52호). 얼마나 아름다운가요?

둘째, 상대방의 말을 잘 듣는다는 것은 그 자체로 "당신의 말은 내게 아주 중요합니다. 나는 당신을 깊이 존중합니다" 하는 강력한 메시지를 상대편에게 전달하는 것입니다. 이런 맥락에서 잘 듣는다는 것(refractive listening)은 단순히 <상대방 말의 내용>을 잘 이해하였다는 것으로 끝나는 것이 아니라 상대방과 깊은 인간적 사귐을 나누는 고귀한 행위로 승화되는 것입니다(understanding not about him but with him).

셋째, 말을 잘 듣기 위하여 몇 가지 꼭 기억할 것이 있습니다.

(가) 진정한 기대감을 가지고 듣는 태도입니다. 건성으로, 대충, 허투루 듣지 않고 지극 정성으로 듣고자 하는 마음 자세를 갖추고 듣는 것입니다. 상대의 말을 들으면서 "그건 네가 잘못한 거네, 그건 약과야, 다른 사람도 다 그래, 아무개는 너보다 더했어, 그건 당신이 이러이러해야 하는 건데 그랬구만…" 하는 식으로 충고, 일반화, 무시, 비교하는 부정적 반응을 보여서는 결코 아니 됩니다.

(나) 적절한 추임새가 필요합니다. 상대방의 말을 들으면서 이해가 안 되는 부분은 "그것은 무슨 뜻인가요? 그 때 나이가 얼마나 되었나요? 누구랑 있었다고 하였지요?" 하는 식으로 적절하게 질문하고, 자기가 지금 제대로 이해하고 있는지 상대방의 말을 자기 표현으로 바꾸어 말해보면서 듣는 것입니다.

(다) 똘레랑스(tolerance)적 태도로 듣는 것입니다. 똘레랑스란 내가 전혀 동의할 수 없는 생각이나 이론을 말하는 사람을 나의 전문적이고 논리 정연한 이론으로 반박하고 배척할 수 있지만 참아주고 인정하고 들어 주는 자세입니다.

그냥, 잘 들어 주십시오

내가 당신에게 무엇인가 고백하였을 때,
그리고 그 말을 듣자마자 당신이 충고하기 시작할 때,
그것은 전혀 내가 원하는 것이 아니었습니다.

내가 당신에게 무엇인가 고백하였을 때,
당신이 내게 그렇게 생각해서는 안 된다고
다정하게 말하기 시작할 때,
참으로 미안한 말씀입니다만
그 순간 당신은 나의 감정을 무시한 것입니다.

내가 당신에게 무엇인가 고백하였을 때,
당신이 진정으로 나의 문제를 해결해 주어야겠다고
느끼신다면 참 고마운 일이기는 하지만
그런 도움은 나에게 아무런 소용이 되지 못합니다.

하나님께 올리는 기도가 사람들에게
도움이 되는 것은 아마 그런 이유일 것입니다.
왜냐하면
하나님은 언제나 침묵하시고
어떤 충고도 하지 않으시고
어떤 도움도 직접 주지 않으시고
다만 말없이 끝까지 듣고 계실 뿐!
우리 스스로 문제를 해결하기를 믿고 계시기 때문입니다.

그러니, 부탁입니다.
침묵 속에서 나의 고백을 귀기울여 들어 주십시오.
꼭 말해야 한다면
당신의 차례가 올 때까지 기다려주십시오.
그러면,
나는 당신의 말을 귀 기울여 들을 것을 약속합니다.

안소니 드 멜로

· 晩秋(늦가을)! ·

晩秋!

늦가을입니다. 滿山紅葉(만산홍엽)이 滿山裸木(만산나목)으로 변해가고 있습니다. 목회자신문 지명칼럼 조인서 목사의 <민둥산 억새 예찬>에 감동 먹고 며칠 벼르다가 강원도 정선군 민둥산에 올라보니 수 십만 평 펼쳐진 드넓은 산 정상에 수수만만으로 반짝였다는 하얀 억새 홀씨의 장려한 풍광은 이미 사라졌고, 그 영광의 殘影(잔영)만이 이곳저곳 희끗희끗할 뿐입니다(민둥산 억새 절정은 10월 중순).

민둥산에서 하산하여 돌아오는 어두운 강원도 밤길, 문득 얼마 전에 인상 깊게 읽은 도연명의 擬挽歌辭(의만가사)가 생각났습니다.

有生必有死(유생필유사: 삶이 있으니 반드시 죽음도 있는 법)
早終非命促(조종비명촉: 일찍 죽는다고 명 짧다고 할 수 없다)
昨暮同爲人(작모동위인: 어제 저녁 다 같이 사람이다가)
今旦在鬼錄(금단재귀록: 오늘 아침 귀신 명단에 내 이름 올라있네)
魂氣散何之(혼기산하지: 혼은 흩어져 어디로 가고)
枯形寄空木(고형기공목: 마른 몸뚱이만 빈 관에 뉘였는가?)
嬌兒索父啼(교어색부제: 아이는 아비 찾아 울고)
良友撫我哭(양우무아곡: 친구들은 나를 잡고 곡하는구나)
得失不復知(득실불복지: 이제 죽은 몸, 어찌 이해 득실을 따질 것이며)
是非安能覺(시비안능각: 이제 죽은 몸, 어찌 시시비비를 가리겠는가)
千秋萬歲後(천추만세후: 천년 만년 지난 후)
誰知營與辱(수지영여욕: 그 누가 있어 내 평생의 영욕을 논하랴)
但恨在世時(단한재세시: 다만, 살아 생전 한스러운 한 가지는)
飮酒不得足(음주불득족: 마음놓고 술 먹지 못한 것뿐이로다)

<참고: 의만가사는 挽歌(만가)의 일종이다. 만가는 죽은 사람을 애도하는 詩로써 처음에는 상두꾼이 이렇게 지은 시를 노래로 불렀으나 晉(진) 나라 이후 詩만으로 애도의 뜻을 표하였다. 의만가사는 도연명이 자기의 죽음을 생각하고 지은 詩>

국민은행 통장 입금란에 "KBS(한국방송공사) 종교와 인생"에서 11월 16일에 2회, 18일에 1회 도합 3회에 걸쳐 각 61,000원 씩 합계 183,000원을 송금한 내역이 또렷이 인자 되어 있는 것을 여러 번 들여다 본 이정수 목사

말의 실수가 없으면 온전한 사람입니다(3)

본문 / 약3:1-12, 잠18:21

1. 들어가는 이야기

지난 두 주간, "말에 실수가 없는 온전한 사람(perfect man)"은 못되더라도 온전에 가까운 사람으로 살기 위하여 "잘 보고 말하기", "잘 듣고 말하기"를 말씀 드렸습니다. 오늘은 그렇게 잘 보고, 잘 들은 것을 어떻게 "잘 말하기" 로 표현 할 수 있을까? 하는 문제를 묵상하는 가운데 은혜를 나누려고 합니다.

성경은 <잘 말하기>에 대하여 매우 심각하게 교훈하고 있습니다.

*죽고 사는 것이 혀의 권세에 달렸나니 혀를 쓰기 좋아하는 자는 그 열매를 먹으리라(잠18:21). *입과 혀를 지키는 자는 그 영혼을 환난에서 보존하느니라(잠21:23). *혀는 곧 불이요 불의의 세계라 혀는 우리 지체 중에서 온 몸을 더럽히고 생의 바퀴를 불사르나니 그 사르는 것이 지옥불에서 나느니라(약3:6).

우리는 자기가 하는 <말>이 자기 인생과 자기 인격 그리고 자기의 소중한 사람들에게 대단히 큰 영향을 끼친다는 사실을 잘 알고 있습니다. 그러나 실제 생활에서는 길거리 돌멩이만큼도 여기지 않고 함부로 아무렇게나 별 생각 없이 허투루 대수롭지 않게 尋常(심상)히 말합니다. 말한다기보다 지껄입니다. 그렇게 말하다보니 말실수가 많고, 그런 실수가 쌓여 쓸데없는 구설수에 올라 낭패를 당하고, 재앙을 만나고, 매를 자청하고, 실없는 사람으로 분류되어 왕따 당합니다(잠14:3, 잠20:19). 그러므로 오늘 이 시간 우리 각 사람이 평소 자기가 하는 <말>이 어떠한지 경각심을 갖고, 의식을 일깨워, 스스로 자세히 살펴 볼 일입니다.

2. 〈말의 힘〉

하이데거는 <언어는 존재의 집>이라고 하였습니다. 여기서 <언어>란 음성, 문자, 그림, 조각, 음악, 몸짓 언어 모두를 의미합니다. 사람은 언어를 통하여 안으로 자기 정체성을 구축하고, 언어를 통하여 밖으로 자기 속의 사상, 생각, 느낌을 드러냅니다. 언어가 없으면 생각할 수 없고, 표현할 수 없고, 통할 수 없습니다. 그러므로 언어는 존재의 집이라고 한 것입니다.

사람은 환경의 지배를 받는 존재입니다. 따라서 어떤 언어의 집에서 사느냐에 따라 그 사람의 인격, 분위기, 의지, 품격, 생각, 방향, 매력이 결정됩니다. 이것이 바로 <말의 힘>입니다. 우리 조상은 이것을 "말이 씨가 된다" 라고 명쾌하게 일러주셨습니다. 그런데 문제는 그 "말의 씨" 혹은 그 "말의 힘"이 긍정적이냐? 부정적이냐? 하는 문제입니다. 이것은 매우 매우 중요한 문제입니다. 왜냐하면 긍정적인 언어의 집에서 사는 사람은 긍정적인 사람이 되고, 부정적인 언어의 집에서 사는 사람은 부정적인 사람이 될 수밖에 없는 것이 정한 理致(이치)이기 때문입니다.

3. 그러면 어떻게 긍정적인 좋은 〈언어의 집〉에서 살 수 있는가?

첫째, 잘 보고 잘 들은 것을 깊이 생각하고 말해야 합니다. "의인의 마음은 대답할 말을 깊이 생각하나 악인의 입은 악을 쏟느니라(잠15:28)"고 하셨습니다. 노아가 포도주에 취하여 거시기를 내 놓고 누워 자고 있을 때, 함은 아버지의 부끄러운 모습을 보고들은 대로 그대로 쏟아냈습니다. 셈과 야벳은 보고들은 것을 깊이 생각하고 아버지의 부끄러움을 감추었습니다. 똑 같은 것을 보고 들었으나 어떻게 대응하고 대답하느냐에 따라 축복의 길 혹은 저주의 길로 갈라서게 됩니다.

둘째, 잘 보고 잘 들은 것을 때에 맞게 말해야 합니다. "이른 아침에 큰 소리로 그 이웃을 축복하면 도리어 저주같이 여기게 되리라(잠27:14)"고 하셨습니다. 예를 들어, 사장님이 자기 아들 대학 불합격 소식에 잔뜩 우울해 하고 있는데, 그 자리에서 아들 대학 합격한 동료를 큰 소리로 축하한다면 그 소리가 축하인가? 아니면 사장님께 밉보이도록 만들려는 음모인가? 말입니다. 때에 맞고 경우에 맞아야 "아로새긴 은 쟁반에 금 사과" 처럼 빛을 발합니다. 아무리 맞는 말이라도 때와 경우를 잃은 말은 제 손으로 자기 입을 막아서라도(잠30:32) 참아야 합니다.

셋째, 잘 보고 잘 들은 것을 따뜻한 마음으로 말해야 합니다. 유순한 대답은 분노를 쉬게 하여도 과격한 말은 노를 격동하느니라(잠15:1), 따뜻한 말은 생명나무가 되고, 가시 돋친 말은 마음을 상하게 한다(잠15:4), 칼로 찌름같이 함부로 말하거니와 지혜로운 자의 혀는 남의 아픔을 낫게 하느니라(잠12:18)고 하셨습니다.

우리는 모두 참 과격합니다. 우리는 "목에 칼이 들어와도 할 말은 해야지!, 아니, 내가 못 할 말했어? 사실이 그렇잖아, 사실이!, 누가 없는 말 만들어서 하는 거야, 내 두 눈으로 똑똑히 보고하는 말이야, 왜 이래!" 하는 소리를 흔히 듣습니다. 또한 시시껄렁한 시위에서조차 "決死!" 가 난무합니다. 교회도 예외는 아닙니다. 그러나 이쯤에서 우리 교회 사람들부터 좀 유순하고, 온유하고, 참고, 따뜻하게 말하는 것이 좋지 않을까 생각합니다. 정말, 아니 그러합니까?

4. 마치는 이야기

내가 잘 보고, 잘 들은 것을 "잘 말하기" 위해서 많은 훈련이 필요합니다. <말 잘하는 사람>과 <잘 말하는 사람>은 다릅니다. 말 잘하기는 生而知之(생이지지)할지 몰라도 <잘 말하기>는 아니 그러합니다. 잘 말하기 위하여 "잘 말하기"에 관심을 가지고, 연구하고, 연습하고, 훈련해야 합니다. 중국 공산당이 티베트 불교를 박해하자, 나이 90이 된 노스님이 종교의 자유를 찾아 히말라야를 넘어 인도에 오셨습니다. 기자가 물었습니다. "스님, 그 연세에 어떻게 저 험준한 히말라야를 넘으셨습니까?" 물으니 스님은 "예, 그저 앞만 보고 한 발자국, 한 발자국, 걸어서 넘었지요" 하였습니다. "잘 말하기" 훈련도 꼭 그와 같습니다. 이 세상 어디에도 절대 공짜는 없습니다.

空冊(공책)의 비밀

한 마을에 스승이 있었습니다. 스승은 마을 사람들의 대소 문제를 항상 원만하게 판결, 처리하여 모든 사람들로부터 존경을 받았습니다. 그리하여 마을 사람들은 문제가 생기면 스승을 찾아왔습니다. 스승은 원고와 피고, 양측 이야기를 잘 들은 후 벽장에서 두터운 가죽 책을 꺼내다 놓고 오래도록 이리저리 꼼꼼하게 들추어보고는 판결을 내렸습니다. 판결은 항상 옳았고, 양측은 모두 만족하였습니다.

그런 판결이 있은 날마다 제자들은 그 책의 내용을 보여달라고 졸랐으나 스승은 아직 때가 아니니 기다리라고만 하였습니다. 참다 못한 제자들은 스승이 출타한 틈을 타서 몰래 그 책을 훔쳐다가 펴 보았습니다. 그런데 놀랍게도 그 책에는 글자 하나 없는 텅 빈 종이만 묶여 있는 책, 진짜 空冊(공책)이었습니다.

스승은 제자들이 벽장 속의 책을 꺼내 보았다는 것을 알고는 공책의 비밀을 알려주었습니다. <형식은 내용보다 더 중요할 때가 많은 법이니라!>.

사람들은 보통 자기가 하는 말의 내용에는 무척 신경을 쓰지만 자기 옷차림, 몸짓, 음성, 몸의 건강 상태에 대하여는 별로 무신경할 때가 많습니다. 그런데 1967년 미국 심리학자 엘버트 메러비언은 말의 내용과 그 말하는 사람의 태도, 음성, 몸짓, 음조가 듣는 사람에게 어떤 영향을 끼치는가 하는 문제를 연구하고 그 상관 관계를 다음과 같이 밝힌 바 있습니다.

"오케이" 라는 간단한 말 한 마디도, 낮은 음성으로 힘없이 중얼거리듯, 낮음 음성으로 다정하게, 커다란 음성으로 화난 듯이, 커다란 음성으로 자신감 있게 말 할 수 있습니다. 그리고 "오케이" 라고 말 할 때, 두 손을 맥없이 떨어뜨리고 하는 "오케이", 환히 웃으면서 고개를 끄떡이며 하는 "오케이", 문을 쾅 닫으며 하는 "오케이" 는 같은 "오케이" 지만 그 뜻이 다 다르다는 것입니다.

*정보의 55%는 신체 언어(body language), 몸의 건강 상태, 몸짓, 태도, 손짓, 얼굴 표정으로 전달된다.
*정보의 38%는 특히 말하는 사람의 음성, 音調(음조)로 전달된다.
*말의 내용 자체로 전달되는 것은 단지 7%에 불과하다.

사람들이 흔히 "말은 무슨 말인지 알아듣겠는데 어쩐지 믿음이 가지 않는다"고 하는 것은 바로 이런 이유 때문입니다. 우리는 다른 사람이 말할 때 의식적으로 귀를 기울여 듣습니다. 그러나 대부분의 정보 특히 "자기 자신이 그 말을 믿느냐? 믿지 않느냐?" 하는 가치 판단을 위한 신뢰성의 정보는 우리가 의식을 집중하여 듣는 말의 내용에 의하여 결정되는 것이 아니라, 말하는 사람의 몸짓, 손짓, 음성, 音調, 태도에 의하여 무의식적으로 결정된다는 것입니다.

· 노세, 노세, 젊어 노세! ·

포드 자동차 회사에 새로 인사관리 이사가 부임하였습니다. 그는 일 주일 동안 회사 전체 직원들의 동태를 점검하였는데 개발 부서에 근무하는 죤이라는 직원이 유독 눈에 띄었습니다. 죤은 하는 일 없이 하루 종일 책상 위에 다리를 올려놓고 졸거나, 멍하니 창 밖만 내다보고, 이 부서 저 부서 기웃거리며 잡담이나 하고, 자판기 커피나 마시며, 하루 종일 놀다가 퇴근하는 것이었습니다. 이사가 죤의 파일을 찾아보니 그의 월급은 열심히 일하는 다른 사람들보다 무려 3 배나 더 많았습니다. 아니, 이럴 수가 있나? 하고 재차 확인하였으나 틀림없었습니다.

인사관리 이사는 포드 회장에게 개발 부서의 죤을 해고해야겠다고 하였습니다. 그러자 포드 회장은 펄쩍 뛰면서 뭐? 죤을 해고 하겠다구, 말도 안 되는 소리! 하지도 말라고 하였습니다. 왜? 죤이 멍청히 창 밖을 내다보고, 이웃 부서를 기웃기웃하며 돌아다니거나, 책상 위에 다리를 올려놓고 조는 것이야 말로 우리 회사를 살리는 일이라고 하였습니다. 무슨 소리인가? 죤이 그렇게 어슬렁거리며 한가하게 지내다 죤의 마음 속에 번쩍 빛을 발한 창조적, 창의성 있는 아이디어로 회사는 수 백만 달러의 절감 효과, 수 천만 달러의 판매고를 올렸다는 것입니다.

원시 사회의 덕목은 건강한 육체와 용감성입니다. 봉건 농경 사회의 덕목은 충성, 인화입니다. 산업 사회의 덕목은 성실, 근면입니다. 그런데 우리가 사는 탈 현대화, 포스트모던, 지식정보화 사회에서 강조되는 덕목은 충성, 성실, 인내, 근면, 인화보다 새로운 지식, 새로운 정보, 새로운 기술, 창조적 아이디어, 창의성 있는 기획력이 더욱 강조되는 시대입니다.

그러면 그 창조성, 창의성이란 것은 어디로부터 오는가? 높은 아이큐에서? No!, 새벽부터 밤까지 하루 종일 맡은 일 열심히 하는데서 오는가? No!, 창의력, 창조성은 편안한 상태에서, 아무 부담 없이, 자기가 재미있어 하는 일에 몰입 할 때 번쩍번쩍 튀어나온다는 것이 현대 심리학자들의 與出一口(여출일구) 하는 소리입니다. 심리학자들에 의하면 놀이, 재미, 창조성, 창의성은 심리학적으로 동의어라고 합니다.

노세 노세 젊어서 노세, 늙어지면 못 노나니, 화무십일홍이요, 달도 차면 기우나니라, 얼씨구 절씨구 차차차, 가세 가세 산천경계로, 늙기 전에 구경 가세, 춘풍화류 호시절에 아니 노지는 못하리라 차차차, 우리가 사는 이 시대는 바야흐로 노래 가락 차차차가 각광 받는 시대가 되었구나 인정하는 이정수 목사

하나님 앞에서 먹고 마시고 춤추는 축제

본문 / 신14:22-29

1. 들어가는 이야기

2005년 마지막 달 12월입니다. 12월은 교회적으로 성탄절, 메시야 음악회, 새해 맞이 준비, 송구영신 예배, 사회적으로 망년회, 동창회, 종무식, 시무식 준비 등이 있는 祝祭(축제)의 달입니다. 축제의 달을 맞아 축제의 의미와 축제를 축제답게 누릴 수 있는 지혜를 묵상하는 가운데 은혜를 나누려고 합니다.

2. 성경에 나타난 축제의 모습들

성경에는 음식을 베풀었다, 잔치를 배설하였다, 그리고 함께 나누어 먹고 마시고 즐거워하였다 하는 말씀이 참으로 많이 나옵니다.

*모세와 아론과 나답과 아비후와 이스라엘 장로 70인이 올라가서… 그들은 여호와를 보고 먹고 마셨더라(출24:1-11). *거기 곧 너희 하나님 여호와 앞에서 먹고… 하나님께서 너희에게 복주심을 인하여 너희와 너희 가족이 즐거워할지니라 너희 자녀와 노비와 함께 여호와 앞에서 즐거워할 것이요…(신12:5-19). *무릇 네 마음에 좋아하는 것을 사되 우, 양, 포도주, 독주 등 무릇 네 마음에 원하는 것을 구하고 거기 네 하나님 여호와 앞에서 너와 네 권속이 함께 먹고 즐거워할 것이며 가난한 자들을 저버리지 말지니라(신14:22-29). *유월절에, 칠칠절에, 초막절에, 네 하나님 여호와 앞에서 온전히 즐거워할지니라(신16:1-17). *여호와의 궤가 다윗 성으로 들어 올 때에 다윗이 여호와 앞에서 뛰놀며 춤추었다(삼하:6:16). *다윗과 그의 백성들이 여호와의 전을 지을 예물을 풍족히 바친 날에 무리가 크게 기뻐하여 여호와 앞에서 먹으며 마셨더라(대상29:1-22).

예수님은 축제와 잔치를 기뻐하신 분입니다. 가나의 잔치, 삭개오, 레위, 마르다가 베푼 잔치 자리, 혼인 잔치의 비유, 열 처녀 비유, 유월절 잔치, 가난한 사람을 청하여 잔치를 베풀라(눅14:13). 그리고 마지막 날 새 하늘과 새 땅에서의 어린양의 혼인잔치(계19:9-10) 등을 보면 예수님이 축제를 얼마나 기뻐하신 분이신가를 알 수 있습니다. 그리하여 바리새인들은 예수님을 "먹기를 탐하고 포도주를 즐기는 사람" 이라고 비난할 정도였습니다(마11:19, 눅7:34). 초대 교회 사람들도 기쁨과 순전한 마음으로 떡을 떼며 음식을 나누었다고 하였습니다(행2:43-47).

2005년 12월, 축제의 달입니다. 오늘 우리 시대에는 세속적, 상업적, 정치적 목적으로 펼치는 축제, 카니발(carnival=謝肉祭=고기 기름으로 얼룩지는 날), 페스티발(festival)이 난무하고 있습니다. 그러나 이 말들의 원형은 모두 "聖日=거룩한 날=하나님의 날"에서 비롯되었다는 사실을 명심하여야 합니다. 그러므로 우리 믿는 사람들은 진정한 의미의 축제를 누리고 베풀고 즐거워하여야 할 것입니다.

3. 진정한 축제는 무엇인가?

첫째, 축제는 무엇보다 우선 넉넉히 풍성히 넘치도록 차려 놓고 먹고 마시며 즐기는 것입니다. 축제 곧 페스티발(Festival)의 어원이 "Feast=진수성찬을 차려 놓은 잔치"입니다. 쇠고기, 양고기, 포도주, 독주 등 무릇 네가 원하는 것은 무엇이든지 풍성하게 준비하여 베풀고 즐거워하라(신14:26). 또한 그것을 하나님 여호와 앞에서 너와 네 자녀와 네 성중에 거하는 레위인과 나그네, 고아, 과부와 함께 나누며 즐거워하라(신16:11)고 하셨습니다. 2005년 12월에는 교회에서, 각 가정에서 돈 아끼지 말고 멋진 식탁을 마련하여 축제다운 축제를 베풀 일입니다.

둘째, 축제는 거룩한 놀이입니다. 즉, 일상에서 완전히 벗어나는 경험을 하는 것입니다. 매일 반복되는 지루한 생활, 눈치 보느라고 하지 못하던 말과 행동, 못 입어 본 옷, 못 가본 장소, 못 만난 사람, 못 써 본 돈 등을 쓰면서 과감히 특별한 경험을 해 보는 것입니다. 한 마디로 "거룩한 미친 놈"이 되어보는 것입니다. 내가 이런 소리를 하니까 한 청년이 "그럼 청량리 588에도 가보고, 카드도 막 써 갈기고, 빠찡고도 막 해도 좋다는 뜻입니까?" 라고 묻습니다. 그래서 내가 "야, 이 놈아, 넌 어째 머리가 부정적으로만 돌아가냐? 그러니까 거룩한 미친놈이 되어보라고 하지 않았느냐!" 라고 하였습니다.

사람마다 형편이 다릅니다. 각자의 형편에 따라 창조적으로 스스로 몰입할 만한 재미있는 것으로 "일상을 벗어나는 경험"을 하라는 것입니다. 상대방이 깜짝 놀라고 감동할 만한 선물, 성경만 들고 맨몸으로 天下周遊 하기, 노숙자로 살아보기, 밤새도록 볼륨 크게 틀어 놓고 음악 듣기, 일주일 내로 성경 통독하기, 냄새나는 장애인 시설에 가서 3일 살아보기, 뭐 그런 거 있지 않으냐? 하는 말입니다. 축제마다 가면을 쓰는 이유가 바로 그것입니다. 딴 사람이 되어 보는 경험입니다. 그 결과 하나님의 거룩한 초월적 능력을 내 속에 모셔드리는 것입니다.

셋째, 축제는 나와 친한 사람뿐 아니라 전혀 알지 못하는 사람과도 거룩한 기쁨을 나누는 것입니다. 그러므로 축제는 거룩한 상상력과 창조성을 필요로 합니다. 매년 판에 박은 듯한 뻔한 프로그램이 아니라 아주 색다른 프로그램을 개발하여 기획하고 준비하여 함께 나누는 것입니다.

그런 것이 어디 있는가? 그런 것 좀 알려 줘 봐! 할 일이 아닙니다. 상상력과 창조성은 근본적으로 누군가 만들어 놓은 것을 빌려 오는 것이 아닙니다. 자기 자신의 삶의 현장을 깊이 천착하고 SCAMPER 테크닉을 이용하여 찾아내는 것입니다. 어떻게 하면 거룩한 기쁨을 만들 수 있을까? 관심을 가지고 찾기 시작하면 얼마든지 찾을 수 있습니다. 그리하여 2005년 12월은 정말 축제다운 축제를 맛보고, 누리고, 즐기고, 나누는 멋진 12월이 되시기를 주님의 이름으로 축원합니다.

창조성이란 이런 것입니다

현대를 지식정보화 사회라고 합니다. 지식은 무엇이고, 정보는 무엇인가?

정보(information)란 이 세상에 존재하는 모든 사건, 사물 가운데 각 사람 혹은 그와 연관된 사람들이 의미를 부여 할 수 있는 최소의 단위를 말합니다. 예를 들면, <내일 날씨가 맑다> 하는 단순한 일기 예보는 입원 중인 환자에게는 무의미한 정보이나, 내일 소풍 가는 어린이에게는 대단히 중요한 정보가 됩니다.

지식(knowledge)이란 정보와 정보들의 관계입니다. 즉, 해당 분야에 관심을 가진 사람들이 이 세상의 무진장한 정보들 가운데 취사선택하여 사회문화적 혹은 학문적 이론으로 각 정보를 관계지어 체계화한 것을 말합니다. 예를 들면, <내일 날씨가 맑다>는 정보는 일반 사람들에게는 단순한 일회성 정보에 그치지만 기상학자들에게는 통계적 지식의 일부로 전환됩니다.

여기서 창조성, 창의성이란 문제가 제기됩니다. 창조성이란 바로 각각의 단순한 정보들을 새로운 차원에서 읽어내는 능력이며, 정보와 정보의 관계(지식)를 재배열, 재해석, 재조명하여 사람들이 전혀 처음 본 것처럼 새롭게 낯설게 느끼도록 만들어내는 능력이라고 할 수 있습니다.

그런데 많은 사람들이 창조성의 개념을 크게 오해하고 있습니다. 사람들은 창조성이란? "생전 듣도 보도 못한 아주 처음 보는 새로운 어떤 사상, 상품, 기계, 발견, 발명, 작품을 만들어 내거나 창출해 내는 능력" 이라고 생각하고 지레 겁먹고 나는 창조성이 없는 사람이다! 하고 스스로 자기를 한계 짓습니다. 이런 생각은 창조성에 대하여 잘 못되어도 한참 잘못된 신화입니다.

해 아래 새것은 없다는 말씀은 백 번 옳은 말씀입니다. 하늘 아래 생전 듣도 보도 못한 그런 새로운 것이란 없습니다. 아인슈타인의 상대성 이론, 컴퓨터, 블랙 홀… 등이 천재적인 창조성에서 나왔다는 말은 白髮三千尺 하는 식의 과장입니다. 그 앞에 다 그걸 발견하고 만들어 낼만한 많은 기미가 있었습니다.

창조성은 단순한 정보, 정보와 정보를 체계화한 지식을 기존의 방식으로 읽는 것을 거부하고 내 나름대로 내 취향으로 내 스타일로 재배열, 재해석, 재구성해 보는 과정에서 번쩍하고 섬광 같이 빛 뿌리는 지혜의 힘입니다.

창의성 개발 훈련 "SCAMPER 테크닉"은 창조성 발전에 큰 도움이 될 수 있다 생각됩니다. SCAMPER– Substitute(바꿈)–Combine(결합)–Adapt(응용)–Modify(수정)–Put to other uses(다른 곳에 써 봄)–Eliminate(제거)–Reverse(반전 시킴).

· 골든 리트리버 ·

지난 10월 어느 날 지명교회 이기훈 집사로부터 이메일 한 통을 받았습니다. 교회에서《말씀의 샘물》제6권을 얻어다 읽었다. 은혜 많이 받았다.《말씀의 샘물》지난 호들도 보내주었으면 좋겠다. 그런 내용입니다. 선비는 자기를 알아주는 사람을 위하여 목숨을 바치고, 여인은 자기를 사랑해 주는 사람을 위하여 몸을 꾸민다(士爲知己者死 女爲說己者容)고 하지 않았는가, 그 다음 날 당장 보냈습니다.

그리고 11월 어느 날, 이메일이 또 왔습니다. 잘 읽고 있다. 책을 읽어보니 목사님이 산에 많이 가시는 모양인데 산에 갈 때 친구 삼아 데리고 다닐 개를 선물하고 싶으니 골든 리트리버나 사모에드 중 하나를 택하라는 내용입니다. 나는 개를 한 번도 키워 본 적이 없는 터라 내가 키울 수 있을까? 골든 리트리버는 뭐고 사모에드는 또 뭐야? 그리고 준다는 사람 형편도 모르는데 덥석 받아도 되는 건지? 조심스러워 지명교회 조인서 목사에게 물어보니 골든 리트리버 한 마리 보내달라고 하면 좋으리라 하여 며칠 후 골든 리트리버로 하겠다고 이메일을 보냈습니다.

12월 3일(토). 이기훈 집사, 마미선 집사 부부가 내가 사는 북한강변으로 생후 3개월 된 잘 생긴 골든 리트리버 수놈 강아지(강아지라기보다 중개 정도이다), 이동식 개집, 개 먹이, 골든 리트리버에 관한 책 일체를 싣고 왔습니다. 이 집사로부터 받은 골든 리트리버에 대한 오리엔테이션은 다음과 같습니다.

골든 리트리버는 1800년대부터 영국에서 사냥개로 개발된 품종으로 미국에는 1890년대에 처음 나타났다. 1940년 후반에 별도의 개 품종으로 인정받았다. 1974년 포드 대통령이 백악관에서 골든을 키우기 전까지 일반에는 별로 알려지지 않고 부유층이나 사냥꾼, 개 품종 경시대회 관계 사람들이 길렀다. "리트리버" 라는 이름 그대로 리트리버(retriever=사냥한 짐승을 찾아 물고 돌아오다)에 뛰어나다. 물을 좋아하여 수영을 잘 한다. 주인과 손님 구별 없이 사람을 잘 따르고 순하고 영리하다. 리트리버 동호인들은 이 개는 도둑놈이 와도 짖기는커녕 꼬리를 흔들면서 주인의 귀중품 있는 곳을 알려 줄 거라고 농담할 정도이다. 시각 장애인 안내 犬으로 유명하다. 추위를 잘 견딘다. 먹이는 찬 것으로 하루 두 번 준다.

이름을 "샘물" 로 짓고 "샘물아, 밥 먹어라!" 하며 한 일주일 밥을 주었더니 이 놈이 나를 주인으로 알아봅니다. 오전 9시, 오후 6시 하루 두 번 개밥 주는 일이 생겨 좀 귀찮기는 하나 그런 대로 개 키우는 재미에 익숙해져 가는 이정수 목사

주가 쓰시겠다 하라! -2006년 새해 목표

본문 / 마21:1-11, 마26:17-19

1. 들어가는 이야기

기독교 신문 광고 카피 중 "주가 쓰시겠다 하라!" 하는 聖具(성구) 판촉 광고를 보았습니다. 참 기발한 카피다 싶었습니다. 이 광고 문구를 보면서 나는 문득 우리 예수님은 일상 생활을 주먹구구로 되는 대로 살아가신 것이 아니라 언제나 잘 준비하고 잘 계획하고 행동하신 분이었다는 사실을 새삼스럽게 깨달았습니다.

2. 예수님은 미리 미리 목표를 세우고 계획하고 준비하신 분입니다

예수님은 예루살렘 입성 때 타실 나귀를 미리 준비하시고 제자들에게 나귀를 풀어오라고 하셨습니다. 누군가 왜 나귀를 푸느냐 물으면 "주가 쓰시겠다 하라" 하면 그들이 알아들을 것이라고 하였습니다(마21:1-11, 막11:1-10, 눅19:28-40). 예수님은 유월절 만찬을 잡수실 장소도 미리 준비 하셨습니다. 제자들이 유월절 잔치를 어디에다 준비할까요? 물었을 때 예수님은 내가 미리 마련해 둔 큰 다락방에서 하자고 하셨습니다(마26:17-19, 막14:12-16, 눅22:7-13). 이 두 사건에서 예수님의 신통력을 읽으려해서는 안 될 것입니다.

우리 주님은 준비와 계획에 참 관심이 많으신 분입니다. 열 처녀의 비유(마25:1-13), 깨어 있어 주인을 기다리는 종의 비유(막13:33-37), 망대 건축의 비유(눅14:28-30), 미리 화해를 청하는 왕의 비유(눅14:31-32)가 그러하고 "나의 때가 아니다" 혹은 "이제 나의 때가 되었다" 하신 말씀을 보아도 잘 알 수 있습니다.

3. 2006년이 내일 모레입니다

2005년 12월입니다. 이제 얼마 남지 않은 2005년을 알뜰히 야무지게 마무리지어야 할 때입니다. 뿐만 아니라 2006년 새해 목표와 계획을 세우고 새해 맞을 채비도 찬찬히 해야 할 때입니다. 연말연시라 성탄절, 동창회, 망년회, 송구영신, 종무식 등 크고 작은 모임이 많아 마음이 바쁘고 어수선하여 들뜨기 쉽고 그러다 보면 얼떨결에 2005년이 횃- 가 버리고 아직 멍한 상태에서 2006년을 시작하기 쉽습니다. 시작이 반이고, 첫 단추를 잘 끼워야 나중이 좋은 법인데 애매 몽롱한 상태에서 엄벙덤벙 새해를 시작한다면 그건 절대 안 될 일입니다. 아니 그러합니까?

목표와 계획이 있는 사람과 없는 사람은 축복과 저주만큼 다릅니다. 아우슈비츠에서 살아 남아 로고세라피를 창시한 빅터 프랭클 박사는 "죽음의 수용소에서 살아 남은 사람들은 육체적으로 건장한 사람도 아니고, 영양 상태가 좋은 사람도 아니고, 두뇌가 뛰어난 사람도 아니었다. 어찌하든 살아 남아서 하지 않으면 안 되는 꼭 해야 할 구체적이고 확실한 목표를 가진 사람들이었다. 그 목표가 그 사람들의 생명력에 끊임없이 새 기름을 공급하여 주었기 때문이다." 라고 하였습니다.

3. 2006년 내 삶의 목표를 어떻게 세울 것인가?

첫째, 조용히 앉아 자신의 삶을 들여다보아야 합니다. 집, 기도원, 교회 기도실, 산꼭대기, 강가, 들판, 바닷가, 기차 여행, 그 어디라도 좋습니다. 2006년 자기 삶에서 가장 필요한 것이 무엇인지 깊이 묵상하십시오. 건강 문제(음식 조절, 뱃살 빼기, 운동, 용모 문제…), 교양 문제(예술, 독서, 몸가짐, 말버릇, 대인 관계에서 보완할 점, 고약한 습관…), 경제 문제(직장 생활, 돈이나 카드 쓰는 습관, 낭비벽, 인색함…), 영적 문제(성경 연구, 기도 생활, 교회 생활, 내적 영성 성장…), 가정 문제 등 자기 삶에서 꼭 해야 할 일, 꼭 고쳐야 할 점 등 가장 중요하다고 생각되는 것들을 깊이 묵상하십시오.

이 때 꼭 필요한 준비물이 있습니다. 넓고 넉넉한 노트와 필기 도구입니다. 묵상한 것을 마인드 맵(mind map)으로 그려 놓고 상관 관계 있는 것끼리 그룹 짓고 최종적으로 "이것이야!" 라고 판단 한 것을 목표로 정하고 명확히 기록하십시오. 심리학자들은 목표를 세울 때 <SMART> 규칙을 참고하라고 합니다.

S(Specific : 목표의 명확성-나는 35살에 35평 아파트를 구입한다)
M(Measurable : 막연히 몸무게를 뺀다가 아니라 10Kg 뺀다)
A(Action-Oriented : 친절한 사람이 된다가 아니라 매일 아침 먼저 인사한다)
R(Realistic : 목표의 현실성. 영어 단어 하루 100개 가 아니라 10개 외운다)
T(Timely : 시간표를 잘 짠다)

둘째, 2006년 새해 목표를 책상, 지갑, 사무실, 화장실, 냉장고, 천장에 붙여 놓고 매일 읽고 보고 다짐하여 2006년 목표가 내 무의식 바닥에까지 내려 깔리도록 하여야 합니다. 목표가 없는 사람, 목표를 세운 사람, 목표를 기록한 사람, 기록한 목표를 붙여 놓은 사람, 기록한 목표를 붙여 놓고 또 가지고 다니는 사람, 목표가 육화된 사람, 그 각 사람을 학점으로 비유하면 F, D, C, B, A. A+ 입니다. 우리는 여기서 저 유명한 <쉐마 이스라엘, Shema Israel!, 신6:4 이하>의 위대함을 明澄하게 깨달을 수 있습니다.

셋째, 2006년 이정수 목사의 새해 목표

나는 이번 주 내내 2006년 나의 새해 목표를 어떻게 세울 것인가? 묵상하면서 다음과 같이 "2006년 이정수 목사 새해 결심서"를 작성하였습니다.

1. 한 달에 성경 1독하여 2006년에 12독 한다. 2. 해 뜨면 일어나고, 해 떨어지면 잔다. 3. 아침, 저녁으로 30분 명상, 묵상한다. 4.《말씀의 샘물》을 지극 정성으로 만든다. 5. 신용카드는 가지고 다니지 않는다. 6. 일 주일에 최소한 2 번 산에 간다. 7. 꼭 필요한 모임, 사람, 장소 아니면 무조건 사양한다. 8. 긍정적인 생각과 말만하고 부정적인 생각과 말은 무조건 안 한다. 9. 말씀묵상연구원의 틀 짜고 시작한다. 10. 단순하게, 단순하게, 단순하게 산다.

왜, 긍정적이어야 하는가?

부정적 사고보다는 긍정적 사고, 비판보다는 칭찬, 복잡한 것보다는 단순한 것이 더 좋다고 합니다. 왜 그런가?

하이델베르그 대학교 만프레드 찜머만 교수의 연구에 의하면 "사람 몸은 초당 천백만 비트 이상의 정보가 오감을 통하여 중추신경계로 흘러간다. 매초 당 눈은 천만 비트, 피부는 백만 비트, 귀는 십만 비트, 혀는 천 비트의 정보를 뇌로 보낸다. 그런데 사람의 깨어 있는 의식은 기껏해야 초당 40 비트의 정보를 인식하고 처리할 수 있다. 이는 외부에서 들어 온 정보의 28만 분의 1밖에 안 된다. 외부에서 들어오는 정보의 양이 축구장 만하다면 사람이 의식적으로 인식하고, 처리하고, 기억할 수 있는 정보의 양은 성냥갑 크기밖에 안 된다" 고 합니다.

사람이 하루 종일 길거리, 지하철, 버스, 사무실 등에서 스쳐 지나는 사람들은 수 만 명이 됩니다. 하루 종일 듣는 소리, 버스 안의 라디오 소리, 옆의 사람 말소리, 광고 방송, 자동차 소음 등 이루 말할 수 없을 정도입니다. 우리가 하루 종일 피부로 느낀 것, 비누, 칫솔, 손잡이, 핸들, 지갑, 책, 볼펜 등 이루 말할 수 없습니다. 그런데 우리가 하루 종일 그렇게 보고 듣고 감각한 그 모든 것을 일일이 기억하는 사람은 아무도 없습니다.

그 엄청난 정보 가운데 그 사람이 인식하고 기억하는 것은 그 사람이 좋아하고, 흥미를 느끼고, 관심을 가지고 있는 정보만이 그 사람의 의식에 각인되어 기억할 수 있을 뿐입니다. 길거리에서 수많은 사람을 스쳐 지날 때 내가 아는 누군가 비슷한 사람이 눈에 띄면 우리 인식은 금방 확인 작동을 시작합니다. 그리고 "아니구나! 잘못 봤구나!" 판단되면 곧 무관심, 무의식의 상태로 돌아갑니다. 별 의식 없이 수많은 광고문을 스쳐 지나다가도 내게 꼭 필요한 것은 눈에 확 띕니다. 그리고 기억하여 둡니다. 심리학에서는 이런 현상을 "선택적 주의 현상(selective attention phenomena)" 이라고 합니다.

바로 이 점에서 "부정적 사고보다 긍정 사고가 더 좋다" 하는 명제가 성립됩니다. 즉, 부정적 사고를 하는 사람은 그 엄청난 정보 가운데 부정적인 것들만 의식하고 기억하여 그 내면을 부정적인 것들로 채우고, 긍정적인 사람은 그 엄청난 정보 가운데 긍정적인 것들만 의식하고 기억하여 그 내면을 긍정적인 것들로 채우게 된다는 말입니다. 우리는 부정적 사고와 긍정적 사고의 결과 차이는 하늘과 땅만큼 크다는 것을 너무나 잘 알고 있습니다.

그러므로 우리는 일부러라도 부정적 사고보다는 긍정적 사고, 비판보다는 칭찬, 복잡한 것보다는 단순한 것을 추구하며 살아야 할 것입니다.

· ZIPPO 라이터 ·

세밑입니다. 성탄절입니다. 내 좋아하는 사람들에게 무엇인가 작은 선물을 하고 싶었습니다. 길거리를 걸으며 화려한 진열장을 들여다보았습니다. 백화점 안을 기웃기웃 거렸습니다. 시시한 플라스틱이나 반짝이지만 품위 없는 비닐로 만든 것은 내 마음에 들지도 않았고, 그런 선물은 오히려 받는 사람의 품위를 떨어뜨리는 큰 결례라고 생각되었습니다.

그래서 무엇이 좋을까? 어떤 것으로 할까? 곰곰이 생각하며 둘러보다가 '오, 저게 좋겠다!' 하여 가까이 가보면 어김없이 내 분수를 훨씬 웃도는 가격표가 시력 안 좋은 내 눈에도 잘 보이도록 또렷또렷하게 적혀 있었습니다. '이건 아니구나' 하고 돌아섰습니다. 또 다시, '뭔가 잊혀지지 않는 의미가 살아 있고, 소중히 간직할 수 있고, 부담도 되지 않을 만한 것 없을까?!' 한참 돌아다니며 찾았습니다. 없었습니다. 하릴없이 백화점을 나오다가 백화점 문 깐에서 '오, 저거다' 하는 것을 보았습니다. 그것은 "불"이었습니다. 그래 "불"로 하자.

그 "불"은 바로 ZIPPO LIGHTER(지포 라이터)!
지포는 그냥 단순한 라이터가 아닙니다. 내가 직접 실험 해 보았는데 지포는 한 번 켜 놓으면 35분 동안이나 밝게 불타오릅니다. 그래서 깜깜한 밤에 나 홀로 앉아 지포를 켜 놓고 한 30분 명상하기에는 그만입니다. 촛불 분위기에 댈 것이 아닙니다. 지포는 지프를 타고 가면서 켜도 바람에 꺼지지 않습니다. 삶의 폭풍이 불어 왔을 때 지포를 한 번 켜보면 내 마음의 열정도 결코 꺼지지 아니하리라 하는 빛나는 결단의 상징도 되어줍니다. 지포는 겉 디자인에 따라 가격에 큰 차이가 있습니다만 그 알맹이는 모두 똑 같습니다. 사람의 가치가 다른 듯하나 그 본질은 모두 하나라 하는 의미 심장한 철학도 있습니다. 또한 지포에는 우리의 옛 추억이 깃들어 있습니다. 세계 제2차 대전, 한국 전쟁 당시 지포는 장교라면 누구나 꼭 휴대해야 하는 필수품 중 하나였습니다. 게다가 지포는 명품 아닌가!

요즈음은 참 추운 겨울 날씨입니다. 내 좋은 사람들에게 여기 내 마음의 작은 정성과 사랑을 담아 작은 불씨 하나를 보냅니다. 추위를 녹이는 따뜻함으로써의 불, 팍팍한 삶의 추위에 식어진 나의 열정을 다시 뜨겁게 타오르게 할 불, 언제부터인지 나도 모르게 어두워진 내 영혼의 밤을 밝히는 불, 그 불 말입니다.

모든 불 끄고 단정히 앉아 ZIPPO 불 켜 놓고 묵상하는 이정수 목사

성탄절은 나도 성탄하는 날입니다

본문 / 눅2:8-14

1. 들어가는 이야기

2005년 성탄절은 주일입니다. 그것도 마지막 주일입니다. 게다가 성탄절입니다. 삼중으로 뜻 깊고 큰 기쁨의 날입니다. 이 좋은 날, 우리 모두 마음껏, 목청껏, 두 손 높이 들고 진정 참 마음으로 찬양해야겠습니다. 기쁘다 구주 오셨네. 만 백성 맞아라. 온 교회여 다 일어나, 다 찬양하여라, 다 찬양하여라. 온 세상 죄를 사하려 주 예수 오셨네. 죄와 슬픔 몰아내고 다 구원하시네. 다 구원하시네. 다 구원하시네. 성탄의 기쁨이 우리 모두에게 충만하시기를 기도 드립니다.

2. 성탄절의 의미

첫째, 성탄절은 자유(自由=freedom=Liberty)의 날입니다. 각 나라마다 대표적인 큰 명절 중 하나는 그 나라가 자유한 날입니다. 독립기념일, 해방기념일, 승전기념일이 바로 그 날입니다. 각 사람마다 큰 의미 있는 대표적인 날은 생일, 자신의 존재 이유를 깨달은 날입니다.

구약에서 가장 큰 명절은 유월절(The Passover)입니다. 애굽에서 비참한 노예 생활에서 해방되어 자유를 얻은 날이기 때문입니다. 신약에서 가장 큰 명절은 성탄절입니다. 죄와 슬픔에 얽매여 희망 없는 영적 노예 상태에서 풀려나 자유를 얻은 날이기 때문입니다. 유월절이 육체의 자유를 얻은 날이라면, 성탄절은 큰 기쁨의 좋은 소식(the good news of great joy)으로 영혼의 자유를 얻은 날입니다.

둘째, 성탄절은 기념하는 날입니다. 구약에서 하나님께서는 이스라엘 백성에게 유월절을 기념하라고 하셨습니다(출12:14). "이 후에 네 자손들이 이 기념이 무슨 뜻이냐 하거든 이는 여호와의 유월절 제사니라 여호와께서 애굽 사람을 치실 때에 애굽에 있는 이스라엘 자손의 집을 넘으사(passed over the house of Israelites) 우리의 집을 구원하셨느니라 하라(출12:26-27)".

본문에 의하면, 성탄절 새벽에 허다한 천군과 천사들이 "지극히 높은 곳에서는 하나님께 영광이요 땅에서는 기뻐하심을 입은 사람들 중에 평화로다" 라고 찬양하였다고 기록되어 있습니다(눅2:13-14). 유월절은 흠 없고 일년 된 어린양을 잡아 제사 드리는 것으로 기념하였으나, 성탄절은 크게 찬양하여 기념하는 날입니다.

셋째, 성탄절은 축제(festival=carnival)의 날입니다. 하나님은 유월절을 하나님의 절기(you shall celebrate it as a festival to the LORD)로 기념하라고 하셨습니다. 성탄절은 축제의 날이기도 합니다.

3. 성탄절은 어떻게 지켜야 하는가?

첫째, 무엇보다 먼저 성탄절을 주신 하나님께 우리 마음과 뜻과 힘과 정성을 다한 예배로 감사하여야 합니다. 우리 모두는 육체적으로는 자유인이나 영적으로, 정신적으로 죄와 불안과 절망으로 부자유한 사람들입니다. 그런데 하나님의 외아들 우리 주 예수 그리스도를 보내셔서 십자가의 보혈의 피로 우리를 죄와 사망의 법에서 자유케 하여 주신 하나님께 진심으로, 정말 진심으로 감사의 예배를 올려 할 일입니다. 나는 여기서 찬송가 518장 "신자되기 원합니다"를 "감사하기 원합니다"로 하여 마음을 담아 하나님께 찬양하기를 원합니다.

둘째, 축제를 축제답게 할 일입니다. 축제는 일상을 벗어나는 것입니다. 이 날만이라도 "최소의 투자로 최대의 이익을 내야 한다"는 자본주의적 사고에서 벗어나 내게 돌아 올 것을 잊고 내 분수에 좀 지나치다 싶게 넉넉하게, 푸짐하게, 널널하게, 넘치도록, 너그럽게 찾아보고 베풀고 나눠 줄 일입니다.

이 때 꼭 기억할 우리 주님의 말씀이 있습니다. "너희가 너희를 사랑하는 자를 사랑하면, 또 너희끼리 문안하면 무슨 상이 있으리요? 세리도, 이방인도, 도적놈도, 깡패도, 고리대금업자도 그 정도는 다 하고 살지 않느냐(마5:46-47), 네가 잔치를 베풀거든 부한 이웃을 청하지 말라. 그 사람들이 도로 갚을까 하노라. 차라리 가난한 사람, 병든 사람, 장애인들을 청하라. 그리하면 저희가 갚을 것이 없는 고로 네게 복이 되리니 부활 때에 네가 갚음을 받겠음이니라(눅14:12-14)".

셋째, 성탄절은 우리 믿는 각 사람이 성탄하는 날이기도 합니다. 聖誕節(성탄절)의 거룩할 聖(성)이란 글자는 "임금 왕(王)+들을 귀 耳(이)+말할 구, 말로 전할 구(口)"로 되어 있습니다. 즉, 성탄절이란 나의 뜻이 아니라 임금님이신 하나님의 말씀을 잘 듣고 행하시는 거룩한 분(요12:44-50)이 태어나심을 경축하는 날이란 뜻입니다. 예수님이 자기의 뜻이 아니라 하나님 아버지의 뜻을 잘 듣고 아버지의 뜻대로 십자가에 달리셔서 우리를 구원하셨기에 우리의 구세주가 되신 것입니다.

이런 의미에서 성탄절은 감사의 예배와 축제다운 축제도 중요하지만 더욱 중요한 것은 우리 각 사람이 나의 뜻이 아니라 우리 임금 예수님의 말씀을 잘 듣고 그 분의 뜻대로 살 것을 결단하고 성탄하는 날이어야 합니다. 왜냐하면 예수님은 산상수훈 결론에서 "나더러 주여 주여 하는 자마다 천국에 다 들어갈 것이 아니요 다만 (내가 너희에게 전하여 준) 하늘에 계신 내 아버지의 뜻대로 행한 자라야 들어가리라 그 날에 많은 사람이 주여 우리가 주의 이름으로 선지자 노릇을 하며 귀신을 쫓아내며 많은 권능을 행치 아니하였나이까 하리니 그 때에 내가 저희에게 밝히 말하되 내가 너희를 전혀 알지 못하니 불법을 행하는 자들아 내게서 떠나가라 하리라(마7:21-23)" 라고 하셨기 때문입니다.

고전예화 412 축제(카니발, 사육제, 페스티발, 놀이)

고대인, 중세인, 현대인, 문명인, 야만인, 미개인을 모두 통틀어 이 세상 모든 인간 공동체에는 축제가 있습니다. 인간을 놀이하는 인간(Homo Ludens)으로 파악한 네덜란드 역사학자 호이징가(Johan Huiziinga)는 인간은 본질적으로 사고하는 인간(Homo Sapiens)이므로 그 사고하는 힘에서 祝祭, 카니발(carnival), 페스티발(festival), 놀이(play, game)가 창출되었다. 축제란 그런 인간의 놀이 본성이 문화적으로 표현 된 것이며, 축제가 비록 비일상적, 비생산적인 것이지만 그 축제로 인하여 일상의 단조로움이 깨어지고 새로운 지평이 열려 더 높고 창조적인 생산성을 이루어낸다. 이런 점에서 인간에게 있어 축제는 필수불가결한 요소라고 하였습니다.

미국 신학자 하비 콕스는 "바보제"에서 모든 축제의 근원은 특정한 기간 일상을 벗어나 성스러운 존재, 초자연적인 힘, 신적 존재와의 교감 목적에서 비롯되었다. 또한 모든 축제는 평소 억압되고 터부시 되었던 감정 표현이 사회적으로 허용되는 기회이다. 사람은 일상의 이성적 사고와 축제의 감성적 욕망 사이를 넘나들며 경험과 인식의 차원을 넓히고, 그 과정에서 문화가 발달하는 것이라고 하였습니다.

祝祭, 페스티발, 카니발(謝肉祭=고기 먹을 수 있음에 감사함)이란 무엇인가?

*祝祭(축제): 동서고금을 막론하고 하늘 혹은 신께 제사를 드리고 복을 빌고 기쁨의 잔치를 베푸는 의식이다. 우리나라의 경우 영고, 무천, 팔관회, 단오제….

*페스티발(Festival): 어원은 라틴어 "Festvalis=聖日=거룩한 날" 이며, 종교적, 국가적, 개인적으로 특별히 의미 있는 날을 기념하여 큰 잔치를 베풀고 축하하는 의식을 뜻하는데 축제라 하면 일반적으로 이 말이 쓰인다(참고: Festival 은 feast=잔치=향연과 긴밀한 관계를 가지고 있다. 또한 feast의 반대말이 fast 인 것을 보면 페스티발 역시 사순절 금식 기간과 무관치 않음).

*카니발(Carnival); 어원은 라틴어 Carrus navalis(고대 로마력의 마지막 달에 배 모양의 마차를 만들어 놓고 베풀었던 정화 의식), Carnem levare(고기를 삼켜버리다), Caro valeus(고기로 배불리다)이며, 주로 카톨릭 교회 문화에서 행해지는 축제로 사순절 시작 날인 재의 수요일(Ash Wednesday) 전 10일 동안이나 특히 재의 수요일 직전의 일, 월, 화요일에 벌어지는 축제를 일컫는다. 이 가운데서도 화요일이 절정인데 이 날을 "Mardi Gras=고기 기름으로 얼룩진 화요일" 이라 부른다. 오늘 날, 브라실 리오, 독일 뮌헨, 영국, 프랑스의 무슨 무슨 카니발은 모두 현대에 와서 관광 차원에서 주조된 카니발입니다.

· 2005년 회고 ·

신화 학자 죠셉 캠벨은 “사람들은 종종 우리 인간이 궁극적으로 찾고자 하는 것은 삶의 의미라고 한다. 그런데 그 삶의 의미란 것이 도대체 무엇인가? 하는 내용은 말하지 않는다. 나는 그 삶의 의미란 <살아 있음에 대한 실존적 경험>이라고 생각한다. 그 경험은 인간의 외적 육체 활동 공간(Historical Space)과 인간 내면의 우주적 영성(Cosmic Spirituality) 혹은 우주적 통찰(Cosmic Inspiration) 이 서로 共鳴(공명)을 일으킬 때 느껴지는 恍惚(황홀=玄又玄=the root experience=the peak or plateau experience=the extreme ecstacy=Nuninous)이다” 라고 하였습니다.

2005년 마지막 주간입니다. 2005년 나의 삶의 의미는 무엇이었나? 황홀까지는 못 가더라도 그래도 내가 살아 있음을 확인할 수 있는 것은 무엇이었을까? 내게 있어 2005년의 삶의 의미라 할만 한 것을 찾아보았습니다.

1.《말씀의 샘물》제6권 출판하고 내 좋은 사람들에게 보낸 일.
2. 1977년 4월부터 나의 주민등록지였던 경기도 하남시 춘궁동 219-1을 떠나 2005년 8월 22일 경기도 양평군 서종면 정배리 171-1로 옮긴 일.
3.《말씀의 샘물》제6권 전달 대작전(8월 1일~12일)으로 주유천하 한 일.
4. 곽노수 선교사 등과 중국 단동-심양 선교지 참관(8월 22일~26일) 한 일.
5. 강원도 설악산 공룡능선 단독 종주(10월 13일) 한 일.
6. KBS 라디오, 사회교육 방송 “종교와 인생” 고정 출연자로 선임된 일.
7. 차선각, 박영원, 임동진, 강우경 목사님들과 홍콩 동신교회(김성준 목사), 마카오 한인교회(조한 목사), 상평 한인교회(유지승 목사) 선교지 참관 여행(10월 24일~28일) 한 일.
8. 2005년 성경 말씀 2독 한 일.
9. 대쉬 바둑에서 1급까지 진급한 일(그러나 12월 23일 현재 2급으로 추락).
10. 父母家族俱存 兄弟無故(부모가족 편안하고 형제들 탈 없음) 한 일.

외출하고 돌아와 옷 갈아입는데 뭔가 예감이 안 좋습니다. 아차! 골든 리트리버 “샘물”이 짖는 소리를 듣지 못했기 때문입니다. 어떤 몹쓸 놈들이 강력 절단기로 쇠말뚝을 자르고 이제 막 정들어 산에도, 강가에도 같이 다니던 “샘물”이를 훔쳐갔습니다. 아! 정말, 정말, 나쁜 놈들입니다. 진짜 진짜, 나쁜 놈들입니다! 괴로운 이정수 목사

2006년, 두려워 말라, 무서워 말라, 놀라지 말라!

본문 / 신20:1-3

1. 들어가는 이야기

2006년 丙戌年(병술년) 새해 아침입니다. 2005년은 오륙도(오십육 세에도 회사 다닌다면 그건 도둑놈이다), 사오정(사십오 세면 정년이다), 삼팔선(삼십팔 세면 명예 퇴직을 고려해 봐야 한다), 이태백(이십대 태반이 백수다)의 시대를 지나 청백전 시대(청년 백수 전성 시대)로 접어들었다고 할 만큼 우리 경제가 심히 어려웠습니다. 그리고 WTO(세계무역기구)의 쌀 개방 압력으로 우리 농민의 생존권이 심각한 위협을 받고 있습니다. 담양 정용품, 성주 오추옥 농민이 자결하였고, 고 전용철, 고 홍덕표 두 분이 경찰의 과잉 진압으로 목숨을 잃었고, 전국농민회총연맹은 홍콩 WTO 각료회장 앞 차가운 바닷물로 뛰어들어 쌀개방 반대를 외치고 있습니다. 또 지난 12월 초순부터 중순에 걸쳐 호남, 서해안, 제주 지방에 내린 유례 없는 폭설로 수많은 중소기업, 농어민들이 6,000억 원의 큰 재산 피해를 입고 대책 없는 절망 속에 한숨쉬고 있습니다. 게다가 그야말로 雪上加霜으로 황우석 교수의 논문 조작 사건까지… 정말 긴- 탄식이 절로 나옵니다.

그러나 어김없이 시간은 흘러 2006년 병술년 개띠 해의 아침이 밝았습니다. 기쁘고 신나고 희망찬 새해 아침이어야 하는데 우리의 현실은 전혀 그러하지 못 합니다. 많은 분들이 2006년 새해는 또 어찌 되려나? 하는 걱정과 어둡고 두려운 마음으로 새해 아침을 시무룩히 맞이하고 있습니다.

2. 이스라엘 백성들이 만난 엄청난 암흑, 위기, 절망, 그리고 시련들

*애굽 바로의 최정예 군대 앞에 속수무책으로 서 있던 이스라엘(출14:1-31).
*고대 사회 최대, 최고, 최강의 여리고 성 앞에 선 이스라엘(수6:1-27).
*자기 아들을 삶아 먹을 지경까지 이르렀던 이스라엘(왕하:6:24-7:20).
*히스기야 14년 앗수르 산헤립의 십팔만 오천 군사의 침공(왕하18:13-19:37).
*B.C. 586부터 바벨론에서 70년간 노예로 살았던 이스라엘(왕하24:1-25:21).
*A.D. 135 이후 예루살렘에서 추방되어 디아스포라로 살아 온 이스라엘.
*A.D. 1948년 팔레스타인 땅에 독립 국가를 세운 이스라엘.

혹자는 기독교인들은 한국 역사도 제대로 모르는 주제에 남의 역사(이스라엘)는 줄줄이 꿰고 있다고 비난합니다. 그것은 전적으로 오해입니다. 우리 믿는 사람들이 성경의 이스라엘 역사를 읽고 연구하는 것은 이스라엘 역사 자체가 아니라 이스라엘이 겪은 절체절명의 역사적 위기, 삶의 위기에서 하나님께서 어떻게 응답하셨는가 하는 그 비밀을 알고 싶은 것입니다. 즉 그 비밀을 알 수만 있다면 이스라엘이라도 좋고 다른 아무 나라라도 상관없다는 말입니다. 결론부터 말씀드리자면 이스라엘은 그 모든 위기를 극복하고 오늘 이 세계사 속에 매우 중요한 국가로 멀쩡하게 살아 있기 때문입니다. 우리는 그 비밀을 알고 싶은 것뿐입니다.

3. 하나님은 역사적 삶의 위기를 맞은 이스라엘 백성에게 무엇이라고 하셨는가?

첫째, 하나님께서는 삶의 위기를 맞은 이스라엘에게 무엇보다 먼저 *너희는 마음에 겁내지 말며, 두려워 말며, 떨지 말며, 놀라지 말라(신20:3) *너는 마음을 강하게 하라 담대히 하라 이 백성으로 내가 그 조상에게 맹세하여 주리라 한 땅을 얻게 하리라(수1:6) *두려워 말라 내가 너와 함께 함이니라 놀라지 말라 나는 네 하나님이 됨이니라 내가 너를 굳세게 하리라 참으로 너를 도와주리라 참으로 나의 의로운 오른 손으로 너를 붙들리라(사41:10) *무엇을 먹을까, 무엇을 마실까, 무엇을 입을까, 염려하지 말라(마6:25-34)고 하십니다. 역사의 위기, 삶의 위기를 만난 사람에게 주시는 살아 계신 하나님의 말씀입니다.

둘째, 하나님께서는 자기 스스로 지은 죄로 마침내 멸망 받고 바벨론으로 끌려가 노예로 살던 이스라엘에게조차 다시 시작 할 수 있는 기회를 주셨습니다. *하나님이 가라사대 너희는 위로하라 내 백성을 위로하라 이스라엘에게 정답게 말하라 그 복역의 때가 끝났고 그 죄악의 사함을 입었느니라(사40:1-5) *너희는 이전 일을 기억하지 말며 옛적 일을 생각하지 말라. 보라 내가 새 일을 행하리니 광야에 길과 사막에 강을 내리라(사45:14-25, 48:1-11) *시온을 향하여 이르기를 네 하나님이 통치하신다 하는 자의 산을 넘는 발이 어찌 그리 아름다운고! 너 예루살렘의 황폐한 곳들아 노래할지어다 이는 여호와께서 그 백성을 위로하셨고 예루살렘을 구속하셨음이라(사52:7-10) *마른뼈의 골짜기(겔37:1-14) *성전 동편 문지방에서 흘러내리는 강물(겔47:1-12), 이 모두가 역사의 멸망, 삶의 죽음을 만나 사람에게조차 새로운 기회를 다시 주시는 자비로우신 하나님 아버지의 약속입니다.

셋째, 우리 하나님께서는 "너희가 돌이켜 안연히 처하여야 구원을 얻을 것이요 잠잠하고 신뢰하여야 힘을 얻을 것이라(사30:15)"고 하셨습니다. "take easy, don't afraid!" 할 일입니다. 더 이상 겁먹지 말아야 합니다. 더 이상 절망하지 말아야 합니다. 더 이상 무서워하지 말아야 합니다. 살아 계신 우리 하나님은 역사의 위기, 삶의 위기에서 우리를 지키시는 분이며, 역사의 종말, 삶의 죽음에서조차 다시 시작 할 수 있는 자유(Freedom for begin anew)를 주시는 분인 줄 믿고 다 함께 앞으로 앞으로 나아갈 뿐입니다. 그러므로 이사야 선지자는 "너희가 믿지 아니하면 정녕 굳게 서지 못 하리라(사7:9)"고 하신 것입니다.

"삶에서 유일한 안전지대는 삶 자체가 원래 불안전하다는 사실을 깊이 인식하고 그것을 기꺼이 누리고 즐기는 것(The only real security in life lies in relishing life's insecurity)" 이라고 한 스코트 펙의 말은 진실입니다. 자, 2006년 새해 아침입니다. 저것은 오를 수 없는 벽이라고 모두 고개 떨구고 있을 때, 담쟁이 잎 하나는 서두르지 않고 담쟁이 잎 수수만만을 이끌고 한 뼘 한 뼘 앞으로 나가 마침내 그 벽을 넘는 것처럼 두렵고 무서워 보이는 2006년의 벽을 멋지게 넘는 우리 모두가 되시기를 주님의 이름으로 진심으로 축원 축원 축원합니다.

고전예화 413

우리나라 3대 살롱

살롱이 있었으면 좋겠다. 세상 살면서 문학을 이야기하고, 역사를 더듬어 보고, 철학을 토론할 수 있는 곳. 사람 사는 재미 중 하나가 각 분야의 내로라 하는 사람들과 만나 허리 띠 풀고 엎치락뒤치락 하며 그 이야기를 들어보는 것 아닌가? 술, 여자, 高聲放歌로 북적대는 룸 살롱 말고 진짜 살롱이 있었으면 좋겠다. 그런데 조용헌은 우리나라에서 그런 살롱 3 군데를 가보았단다.

하나, 강원도 춘천 한림대학 근처 소설가 이외수의 집. 당호는 격외선당(格外仙堂:풍진 세상을 떨친 신선들이 노니는 집)으로 아무 격식 없이 편안하게 만나 밤새도록 이야기 나누는 것이 특징이다. 처음에는 그의 소설 팬들이 모였지만 지금은 땅꾼, 심마니, 도사들도 모인다. 당주 이외수가 야행성인지라 저녁 9시부터 대화가 시작되면 새벽 5~6시까지 고담준론이 이어져 잠이 많은 사람은 좀 고전하는 살롱이다.

둘, 충청도 제천시 백운면 박달재 고개 너머에 시골 농가를 개조해서 만든 아담한 집으로 판화가 이철수의 집이다. 당호는 그냥 "철수네 집"이다. 작업실 겸 객방에는 단순한 삶을 동경하는 사람들이 끊이지 않는다. 객방 입구에는 강원도 원주 사람 고 장일순 선생(1928~1994)의 친필 휘호 불취어상(不取於相: 상에 붙잡히지 않는다)이 걸려 있다. 집주인의 취향인 듯하다. 목사님, 신부님, 스님들이 많이 방문한다.

셋, 전라도 나주시 금천면 화가 박태후의 집, 죽설헌(竹雪軒)이다. 공무원 생활 20년을 채우고 연금이 나올 무렵이 되자 과감하게 직장을 그만 두고 귀거래한 케이스다. 나지막한 구릉지대 3,500평 과수원 터에 자리잡은 죽설헌은 대나무 숲 속에 집이 있다하여 붙여진 당호이다. 대문을 들어서면 집주인이 30년 넘게 가꿔온 꽝꽝나무와 탱자나무가 손님을 맞는다. 이름하여 "좌꽝꽝 우탱자"다. 호남 풍류를 계승하는 살롱이다.

이 세 살롱의 공통점은 돈 많은 부잣집이 아니란 점이다. 구속받지 않는 삶을 추구하는 예술 정신에서 자연스럽게 배태된 살롱이다(참고: 조용헌 살롱, 조선일보, 2004년 10월 9일 자).

나는 조용헌의 이 칼럼을 읽고 우리 기독교 동네에는 왜 이런 살롱 하나 있다는 소문이 없을까? 참 부러웠습니다. 다른 동네는 모르겠지만 내가 속한 통합측 동네만 해도 교리, 교파, 정통, 자유주의, 보수주의, 신대원, 목연, 출신 성분, 출신 학교 등 안 따지는 듯하면서도 암암리에 철저히 따지는 판이니 그런 살롱이 생겨나기 쉽지 않겠다는 생각이 들었습니다. 그러나 그럼에도 불구하고 우리 동네에도 그런 자유로운 살롱 하나쯤은 있어야 되지 않겠나? 하는 생각이 내 속에 정언명령(Categorical Imperative)으로 각인되고 있습니다.

· 설마가 정말 사람 잡습니다! ·

"설마"가 정말 사람 잡습니다. 북한강변 내가 세 들어 살고 있는 집 거실 페치카에 장작불을 지피는데 타-닥- 하고 팔뚝에 불똥이 튀었습니다. 앗 뜨거워라, 와이셔츠 단추 두 개만큼 데었습니다. 물집이 잡히고 대단치는 않으나 따끔거립니다. "까짓 거, 금방 낫겠지" 하고 포비든(요오드 액) 몇 번 칠하고는 신경 끄고 평소처럼 목욕도 하고 아무렇지 않게 살았습니다. 그렇게 며칠 지났는데 낫기는커녕 점점 성납니다. 화상 주변이 벌겋게 달아오르고 따갑고 후끈거립니다. 어, 이거 장난이 아니네, 이번에는 신경 써서 하루에도 몇 번씩 요오드 액을 칠했습니다. 오 일이 지났는데도 아물지는 않고 오히려 불그스레한 채 곪으려고 합니다.

이빨 해 넣는다고 치과에 간 적은 있어도 몸이 아파서 병원에 간 적이 언제인가 잘 생각나지 않을 정도로 병원 출입이 거의 없는 이 몸인데, 아이고 이건 아니다 싶어 양수리 외과 병원에 갔습니다. 의사 선생님 말이 한 보름쯤 걸릴 거라고 합니다. 아니, 요만한 것 치료하는데 보름씩이나 걸린다는 말입니까? 예, 어린아이들은 금방 아무는데 나이 자신 어른들은 그 사람의 체질, 건강 상태, 당뇨, 알레르기, 등의 요인들 때문에 아무리 작은 화상이라도 가볍게 보았다가 큰 낭패 당하는 수가 있습니다. 그러니 일 주일은 매일 매일 나오셔서 치료받으세요 합니다.

간호원 아가씨가 노란 점막이 붙어 있는 화상 부위를 빡빡 닦아내고 드레싱 하는데 꽤, 아니 무지무지 아픕니다. 그렇다고 아프다고 할 수 있는가? 관운장은 명의 화타가 뼈에 스민 독을 제거하느라고 뼈를 깎아내는데도 태연히 바둑만 잘 두었다는데, 요까짓 것 가지고 아프다고 한다면 그건 대장부의 소행이 아니지 않은가! 하여, 아픈 내색 없이 점잖게 드레싱 하는 모양을 바라보았더니 간호원 아가씨 말이 "모두들 아프다고 생난리인데 안 아프세요?" 합니다. "아프지, 왜 안 아프겠어, 참는 거지. 내 팔이 아니라 남의 팔이라 여기고 보면 참을 만 해" 하였습니다.

딱 일주일 되었는데 이제 서서히 아물기 시작합니다. 다행입니다. 그간 별거 아니라고 여겨 방치했던 작은 화상을 크게 키운 바람에 몸 불편하고, 매일 병원 가느라고 시간 들고, 돈 들고, 아무튼 적잖이 자유롭지 못했습니다. 간호원 아가씨 말대로 호미로 막을 걸 포크레인으로 막았습니다. 이 일이 어찌 작은 상처에 한하겠습니까? 삶의 諸般事가 다 그러한 데도 변변치 못한 나는 항상 "까짓 거!" 하다가 포크레인 부르느라 생똥을 쌉니다. 바둑 하수는 "까짓 거" 하다 대마 다 죽이고, 바둑 고수는 "까짓 거" 잘 살펴 반 집 차로 이기는 것을 유심히 보고 맞어! 맞어! 맞어! 2006년엔 결코 절대 그런 일 없을 거야! 하는 이정수 목사

기도 없는 행동, 행동하는 기도

본문 / 눅11:1-13, 눅18:1-8

1. 들어가는 이야기

오늘 읽은 두 본문은 평소 기도하시는 예수님의 모습, 주기도문, 기도에 대한 두 가지 비유(강청하는 친구, 불의한 재판관에게 끈질기게 청원하는 과부), 세상 사람들도 너무 익숙하게 잘 알고 있는 "구하라, 찾으라, 문을 두드리라!" 는 저 유명한 말씀이 기록되어 있는 매우 귀중한 말씀입니다. 오늘은 이 가운데 특별히 기도에 관한 두 비유에 초점을 맞추어 묵상하는 가운데 은혜를 나누고자 합니다.

2. 기도란 무엇인가?

우리는 보통 "기도" 하면 우리 마음에 떠오르는 기도에 대한 이미지가 있습니다. 기도는 영혼의 호흡이다, 하나님과의 대화이다, 간절한 간구이다, 하나님의 보물 창고를 여는 열쇠이다, 하나님의 능력의 저수지 혹은 발전소에 연결되는 파이프 혹은 전선이다, 나를 하나님께 접붙여 놓는 강력 접착제이다, 가느다란 한 가닥 실이나 그것이 수십, 수백, 수천 번 올려지면 무엇으로도 끊을 수 없는 밧줄이 된다, 작정 기도(3일, 21일, 40일, 100일), 철야 기도, 금식 기도 등이 그것입니다. 이런 이미지들 모두 기도에 대한 귀한 상징으로 우리에게 깊은 감동을 주고 기도에 대한 열망을 불러일으킵니다.

3. 무엇이 기도인가?

질문에는 두 가지 형식이 있습니다. 하나는 <×란 무엇인가?> 이고, 다른 하나는 <무엇이 ×인가?> 하는 물음입니다. 즉, "기도란 무엇인가?" 하는 질문과 "무엇이 기도인가?" 하는 질문이 그것입니다. 우리는 보통 전자의 물음에 익숙합니다.

전자의 질문을 염두에 두고 본문을 읽으면 "기도란 하나님께로부터 자기의 기도 제목, 기도 목적이 응답 받고 이루어질 때까지 강청하는 친구나 끈질긴 과부처럼 낙심치 않고, 끈질기게, 거듭 거듭 간절히 빌고 간구하는 것이다" 라는 해석이 가능합니다. 물론 옳은 해석입니다. 그러나 그것만으로는 충분하다고 할 수 없습니다. 왜냐하면 "무엇이 기도인가?" 라는 질문이 아직 남아 있기 때문입니다.

"무엇이 기도인가?" 하는 물음을 품고 본문의 두 비유 말씀을 다시 한 번 꼼꼼히 자세히 읽어보십시다. 무엇이 보이십니까? 참으로 아이러니하고도 묘한 비밀이 드러납니다. 그것이 무엇인가? 참으로 놀랍게도 이 두 비유의 주인공 강청하는 친구와 끈질긴 과부는 우리가 통상 "기도" 라고 생각하는 작정, 철야, 금식 기도 같은 형식의 "기도" 는 전혀 하고 있지 않다는 사실입니다. 이 두 비유에는 그들이 어떻게 기도했다는 내용은 없고, 그들이 어떻게 행동했다는 내용만 나옵니다. 예수님은 기도의 형식이 아니라, 그들의 행동을 기도로 비유하고 계십니다.

3. 행동은 기도가 아닙니다. 그러나 기도는 행동입니다. 무슨 소리인가?

첫째, 행동 자체는 기도가 아닙니다. 믿는 사람이든 믿지 않는 사람이든 사람들은 각자 자기 삶의 목적 성취를 위하여 머리를 쓰고 작전을 짜고 공부, 운동, 사업, 예술, 문학, 인간 관계 등 온갖 행동을 합니다. 그 모든 것은 행동이며, 생활이며, 세속사일 뿐 그것 자체가 곧 기도는 아닙니다.

둘째, 그러나 행동 없는 기도는 온전한 기도가 아닙니다. 기도원에 가보면 남편, 아내, 자식, 사업, 질병, 갖가지 내적 상처와 삶의 딜레마(dilemma)로 기도하는 사람들이 많습니다. 물론 기도하여야 합니다. 그러나 그 가운데는 기도만 할 것이 아니라 당장 행동하여야 할 사람들이 하늘에서 버-버-뻔-쩍- 하는 기적이 일어나 문제가 해결되기를 바라고 마냥 엎어져 기도의 형식에 매달려 있는 사람들도 많습니다. 물론 바로 그런 깨달음과 응답을 받기 위하여 기도하는 중이라고 말할 수 있습니다. 맞는 말이지요. 그러나 그 깨달음이 너무 늦어 때를 놓치고 상황을 더욱 악화 시켜 놓고 오히려 하나님을 원망하고 믿음조차 잃어버리는 안타까운 현상이 적지 않다는 것이 기도원에서 기도하는 사람들의 현실입니다.

"구하라, 찾으라, 문을 두드리라" 하신 말씀을 금식, 철야, 작정 기도하여 강청하고 끈질기게 기도하면 이루어주신다고 해석하는 것은 잘못된 해석입니다. 왜냐하면 그 말씀에 이어서 구하는 이마다, 찾는 이마다, 문을 두드리는 이마다 받고, 얻고, 문이 열린다고 하셨기 때문입니다. 즉, 기도하면서 구하고, 기도하면서 찾고, 기도하면서 문을 두드리는 행동을 하여야 한다는 말씀입니다.

셋째, 기도란 무엇인가? 무엇이 기도인가?

우리는 기도란 무엇인가? 라고 묻고 기도의 형식에 치우치는 함정에 곧잘 빠집니다. 이제 우리는 무엇이 기도인가? 라고 묻고 행동하는 기도를 하여야 할 것입니다. "시험 합격, 직장 승진, 사업 성공, 육신의 건강, 목표 달성, 소원 성취"를 위하여 간절히 끈질기게 기도하여야 합니다. 그러나 그에 합당한 "행동"도 과감하게 끈질기게 부지런히 창조적으로 수행하여야 합니다.

4. 마치는 이야기

기도 없는 행동은 그 결말이 전적으로 공허(meaningless=empty)합니다. 행동 없는 기도는 비 없는 구름과 바람(clouds and wind without rain)입니다. 기도하면서도 근심하고 염려하고 낙심하는 것은 행동하지 않기 때문입니다. 시험 공부는 하지 않고 기도만 한다면 시험 시간이 다가오면 자연히 염려, 근심, 낙심되지 않을 수 없습니다. 그렇지 않다면 그런 기도는 기도가 아니라 광신이요, 맹신이요, 과대망상이요, 착각일 뿐입니다. 그러므로 행동은 기도가 아닙니다만 기도는 행동하는 기도여야 합니다. 등잔은 있으되 기름이 없으면 있으나 마나 한 것과 같고, 사람이면 다 사람이 아니라 사람다운 사람이 사람인 것과 같은 이치입니다.

고전예화 414

X란 무엇인가? 무엇이 X인가?

예수님의 말씀의 능력은 마귀 사탄과 죄에 물든 사람들의 논리에 대하여 치밀한 인과적 정당성을 밝혀 옴짝달싹 못하도록 有口無言토록 만드는데 있는 것이 아니라, 전혀 새로운 차원의 논리를 도입하여 急轉直下(급전직하: 상황이 갑자기 반전되어 걷잡을 수 없이 악화되어 진행됨) 하여 그들의 모든 용의주도한 논리를 묵살시키고 아무런 의미 없는 공허한 울림으로 무색케 만드는 데에 있습니다.

마귀 : 이 돌로 떡이 되게 하라.
예수님: 사람이 떡으로만 사는 것이 아니라 하나님의 말씀으로 살 것이니라.

사람들: 가이사에게 세를 바치는 것이 가합니까? 불가합니까?
예수님: 가이사의 것은 가이사에게, 하나님의 것은 하나님께 바칠지니라.

사람들: 간음한 이 여인을 돌로 쳐죽여야 합니까? 용서해야 합니까?
예수님: 너희 중에 죄 없는 자가 먼저 돌로 치라.

우리는 이 점에서 예수님의 언어에서 꼭 본받아야 할 것이 하나 있습니다. 그것은 예수님의 물음과 우리의 물음이 다르다는 점입니다. 우리는 <×란 무엇인가?> 라고 묻습니다. 그런데 예수님은 <무엇이 ×인가?>라고 물으십니다. 우리가 "인생이란 무엇인가?" 묻고 금방 "소유의 넉넉함"을 연상하는데, 예수님은 "무엇이 인생인가?" 묻고 소유뿐 아니라 하나님의 말씀이 있어야 한다고 하십니다. 우리가 "정의란 무엇인가?" 묻고 "이 세상 법대로 사는 것"을 연상하는데, 예수님은 "무엇이 정의인가?" 묻고 "이 세상 법뿐 아니라 하늘 법대로 사는 것"이라고 하십니다. 우리는 "죄란 무엇인가?" 묻고 "간음은 죄다" 라고 하는데, 예수님은 "무엇이 죄인가?" 묻고 "간음뿐 아니라 남이 알면 부끄러운 짓 모두가 죄"라고 하십니다.

우리가 일상 생활에서 우리의 질문 형식을 예수님의 질문 형식으로 바꾸어 볼입니다. 예를 하나 들겠습니다. 우리의 질문 형식대로 "행복이란 무엇인가?" 물으면 우리는 금방 재산, 학벌, 용모, 멋진 배우자, 좋은 집, 비싼 자동차, 성공 같은 것을 연상합니다만, 예수님처럼 "무엇이 행복인가?" 물으면 명랑한 아침 작은 소리 통으로 듣는 하이든의 현악 사중주 종달새, 까르르 맑게 웃는 우리 아이들 웃음소리, 시골 언니가 부쳐온 김장 김치, 마음을 가득 담고 진정으로 "야, 넌 정말 좋은 놈이야!" 하는 내 친구, 추운 겨울 밤 잔뜩 얼어 집에 돌아왔을 때 아내가 끓여 온 따끈한 커피 한 잔…. 그런 모든 것이 다 너무 진한 행복인 줄 알게 됩니다. <×>에 여러 가지 주제들 종교, 죽음, 이웃, 믿음, 사랑, 기도 등을 대입하여 "무엇이 X 인가?" 묵상한다면 전혀 다른 시각으로 보여지리라 생각합니다.

"×란 무엇인가?" 그것은 ×에 대한 전 이해에 얽매인 닫혀진 물음입니다.
"무엇이 ×인가?" 그것은 ×의 모든 가능성을 찾아내는 열려진 물음입니다.

· 양택가상학(좋은 집 고르는 법) ·

나는 여전히 하남시립도서관에 다닙니다. 이번에 <공문룡 지음, 행복을 만드는 집, 陽宅家相學(양택가상학), 백성출판사>을 읽었는데 들어 둘 소리가 많았습니다. 관상은 사람의 얼굴을 보고 길흉화복을 예견하는 것이라면 양택가상학이란 집의 관상입니다. 즉, 집터의 모양, 방향, 토질, 수맥의 유무 그리고 집의 외모, 내부 구조 등을 음양오행설에 근거한 풍수지리 이론으로 살펴 사람에게 좋은 영향을 주는 집, 악한 영향을 주는 집을 밝히는 것입니다.

*이상적인 집터는 북으로 큰산이 있고, 동서로 담장 같은 아담한 언덕이 있고, 남쪽이 낮고 넓게 트인 네모 반듯한 집터이다.
*대문이 두 개 이상인 집은 좋지 않다.
*마당이나 집안에 연못, 수족관, 분수가 있는 것은 좋지 않다.
*형제, 친구가 붙어사는 집은 좋지 않다.
*담이 너무 높은 집은 좋지 않다. 담의 기준은 150Cm 정도가 좋다.
*집은 허술한데 대문이 비까번쩍한 집은 좋지 않다.
*사는 사람은 적은데 집이 너무 크면 좋지 않다.
*무너진 담, 깨진 창문, 고장난 문이 있는 집은 좋지 않다.
*집은 작은데 마당이 너무 넓은 집, 나무가 빽빽한 집도 좋지 않다.
*부엌이 멀리 떨어져 있는 집은 좋지 않다.
*집의 중심에서 동북, 남서 방향에 대문을 둔 집은 좋지 않다.
*이유 없이 몸이 허술하면 집터에 수맥이 지나지 않는지 살펴보고, 그렇다면 3밀리 동판을 깔아두는 것이 좋다.
*옛날 풍수지리설은 강, 냇물, 우물의 방향을 중시하였는데 현대 풍수지리설에서는 도로의 크기, 방향을 매우 중시하고 있다.
*집안 인테리어, 그림, 색깔, 커튼, 식탁 모양, 전등, 가구나 책상 배치 방향 등도 풍수지리설을 원용하는 지혜가 꼭 필요하다.

지면 관계로 그 이유까지 소개 할 수는 없고 책 내용 중 내게 인상 깊은 것을 몇 가지 나열하였습니다. 참 일리 있는 소리들이었습니다. 나는 음양오행 풍수지리설의 원리 자체는 우리 조상의 지혜가 듬뿍 담겨 있는 대단히 귀중한 문화유산이라고 생각합니다. 문제는 원리 자체보다 말단지엽에 쏠려 미신적으로 맹신하거나 결정론적으로 해석하는 데 있다고 생각합니다.

2006년 1월 2일 아침 전주 56사단 군 입대한 우리 형원이를 <신20:1-3>의 말씀으로 무장시켜 파병한 이정수 목사

분노하고 울분하는 사람을 사귀지 말라

본문 / 잠22:24-25

1. 들어가는 이야기

"노를 품는 자와 사귀지 말며 울분한 자와 동행하지 말지니 그 행위를 본받아서 네 영혼을 올무에 빠칠까 두려움이니라(Do not make friends with a hot-tempered man, do not associate with one easily angered, or you may learn his ways and get yourself ensnared. 잠22:24-25)"

아름답게 목회를 마감하고 은퇴하신 존경하는 대 선배 목사님을 모시고 조촐한 만찬을 나누는 자리에서 젊은 목사들이 "한 말씀" 부탁드리자, 그 선배 목사님은 가만히 눈을 감고 잠깐 묵상하신 후 차분한 음성으로 "여러 젊은 목사님들, 그저 목회하면서 어떤 상황을 만나더라도 화(anger) 내지 마십시오. 그러면 후회 없는 목회가 되리라 생각합니다" 라고 하였습니다. 잊혀지지 않는 귀한 말씀이었습니다.

너, 나 할 것 없이 우리는 열 번 잘 하다가도 한 번 화내는 바람에 열 번 드린 공을 한 번에 날려보내는 경우가 참 많습니다. 그러므로 잠언의 지혜자는 "화(anger)"에 대하여 여러 가지 모양으로 경계하고 교훈하고 있습니다.

2. 잠언에 나타난 "화(분노, anger)" 에 대한 경계와 교훈의 말씀

*미련한 자는 분노를 당장에 나타내거니와 슬기로운 자는 수욕을 참느니라(잠12:16) *노하기를 속히 하는 자는 어리석은 일을 행하고 악한 계교를 꾀하는 자는 미움을 받느니라(잠14:17) *노하기를 더디 하는 자는 크게 명철하여도 마음이 조급한 자는 어리석음을 나타내느니라(잠14:29) *유순한 대답은 분노를 쉬게 하여도 과격한 말은 노를 격동하느니라(잠15:1) *분을 쉽게 내는 자는 다툼을 일으켜도 노하기를 더디 하는 자는 시비를 그치게 하느니라(잠15:18) *노하기를 더디 하는 자는 용사보다 낫고 자기의 마음을 다스리는 자는 성을 빼앗는 자보다 나으니라(잠16:32) *노하기를 더디 하는 것이 사람의 슬기요 허물을 용서하는 것이 자기의 영광이니라(잠19:11) *자기 마음을 제어하지 아니하는 자는 성읍이 무너지고 성벽이 없는 것 같으니라(잠25:28) *어리석은 자는 그 노를 다 드러내어도 지혜로운 자는 그 노를 억제하느니라(잠29:11) *노하는 자는 다툼을 일으키고 분하여 하는 자는 범죄 함이 많으니라(잠25:22).

잠언의 이런 말씀을 읽을 때마다 우리 모두는 별다른 설명 없어도 충분히 이해하고 은혜 받고 아멘, 아멘, 아멘! 합니다. 왜? 우리가 일상 생활에서 번번이 촉새처럼 냄비에 물 끓듯 화를 내고 겉으로는 당연히 화 낼 것을 냈다는 듯 안 그런 척 하지만 속으로는 '아, 또 괜히 화를 냈구나, 좀 참았어야 하는 건데!' 하고 후회하는 것이 우리의 현실 모습이기 때문입니다.

3 우리는 왜, 화를 내는가?

첫째, 우리의 욕심 때문입니다. 우리는 내 계획, 내 소원, 내 바람대로 되지 않고 어긋날 때 화냅니다. 밥 먹는 일, 화장실 가는 일, 집안 일, 회사 일, 관청 일, 교통 문제, 경제 문제 등 모든 것이 평소대로 일상적으로 돌아가는데 내가 바쁘고 내가 급하면 짜증내고 화냅니다. 또한 내 욕심이 들켰을 때 혹은 들킬까봐 화냅니다. 내 마음이 텅 비어 虛心(허심)하면 전혀 화 낼 일이 아닌데 내 욕심 때문에 화냅니다. 살다가 화가 나면 '지금 내가 왜 화를 내는 거지?' 하고 문득 자기 자신을 들여다보십시오. 그러면 바로 그 속에 내 욕심이 독사처럼 또아리를 틀고 있다는 사실을 발견할 것입니다. 마음을 비우면 사실 화 낼 일이 별로 없습니다.

둘째, 우리가 어리석기 때문입니다. 화가 나는 상황을 만났을 때, 그 상황의 전후 맥락을 조금만 둘러보면 화내지 않아도 될 일인데 어리석게도 즉물적으로 반사적으로 팩 하니 반응하기 때문입니다. 일상에서 이런 일이 비일비재합니다.

전에 김포공항 서점에서 목격한 일입니다. 서점 주인이 책 배달원에게 화를 내고 있었습니다. "아니, 비행기 다 떠난 지금 가져오면 어떻게 해, 장사하라는 거야, 망하라는 거야, 엉!" 책 배달원이 "사장님, 그 게 아니고…." 상황 설명하려는 것을 무지르고 길길이 화를 냅니다. 서점 주인은 실컷 화를 내 놓고 난 후 좀 진정 되었는지 "그래, 어쨌다는 거야, 말해 봐" 합니다. 책 배달원이 뭐라 뭐라 하니 그 주인 하는 말이 "그래? 그럼 진작 그렇다고 말하지 않고, 왜 지금에야 하는 거야!" 합니다. 언제 말할 기회를 주었어야 하고 말고 할 것 아닌가! 서양 속담에 "화나면 천천히 10을 세어라. 대단히 화난다면 100을 세고 나서 말하라(When angry, count ten before you speak; if very angry, a hundred)"고 하였습니다.

셋째, 우리의 몸이 부실하기 때문입니다. 우리 몸이 육체적으로, 정신적으로, 병들면 화를 잘 냅니다. 가고 싶고, 먹고 싶고, 보고 싶고, 듣고 싶고, 만나고 싶은데 몸이 마음을 따라주지 못하므로 공연히 짜증나고 별 일도 아닌데 발끈발끈 화를 내게 됩니다. 우리 교회에서는 터부시 하고 있지만 프로이드 계열의 심리학자들은 화를 내는 가장 결정적 요인으로 "원만치 못한 성생활"을 꼽고 있습니다. 그러므로 내 몸을 잘 돌보아 심신을 강건케 할 일입니다. 이건 매우 매우 중요한 일입니다.

4. 마치는 이야기

오늘 본문 말씀은 노를 품은 사람, 울분 하는 사람, 화내는 사람, 짜증내는 사람을 가까이 하지 말라고 하십니다. 지당하옵신 말씀입니다. 오히려 문제는 혹시 내가 그런 사람 아닌지? 나 자신을 깊이 들여다보아야 하겠습니다. 마음을 비울 일입니다. 상황의 전후좌우를 살필 일입니다. 내 몸을 튼튼히 만들 일입니다. 그러면 웬만해서는 화 낼 일이 별로 없으리라 생각합니다. 그래도 혹 화나는 일이라면 그런 화는 누구라도 "화 낼만 하다" 라고 인정할 수 있는 화일 것입니다.

고전예화 415

暴虎憑河者(폭호빙하자)와 놀지 말라!

《논어》述而(술이) 편에 이런 이야기가 있습니다.

子謂顔淵曰 用之則行 舍之則藏 唯我與爾 有是夫 子路 曰 子行三軍則誰與 子曰 暴虎憑河 死而無悔者 吾不與也 必也臨事而懼 好謀而成者也(자위안연왈 용지즉행 사지즉장 유아여이 유시부 자로 왈 자행삼군즉수여 자왈 폭호빙하 사이무회자 오불여야 필야임사이구 호모이성자야)

공자 門下 삼천 제자 가운데 학재와 덕행이 뛰어나기로는 안연(顔淵)을 당할 사람이 없고, 무용이 뛰어나기로는 자로(子路)만한 제자가 없다고 합니다. 어느 날 공자는 안연에게 "안연이여, 임금께 부름받아 나라 일을 볼 때 참된 道로 임금을 섬기고, 만약 부름을 받지 못하면 스스로 물러나 道를 깊이 갈무리하고 참아 기다릴 수 있는 사람은 아마 너와 나 정도일 것이니라" 라고 하였습니다.

즉, 達則兼濟天下 窮則獨善其身(달즉겸제천하 궁즉독선기신=임금의 부름을 받으면 나가 천하를 구제할 일이요, 임금께 버림받아 궁한 처지에 이르렀다면 홀로 꿋꿋하게 道를 닦아 그 몸을 바르게 한다) 하는 경지를 말한 것입니다.

옆에 있던 자로가 이 말을 듣고 하는 말이 "선생님, 道는 그렇다 치고 전쟁과 같은 위기 상황에서 삼군을 통솔할 때는 누구와 더불어 하시겠습니까?" 라고 물었습니다. 자로의 이 물음은 평상시라면 학문과 도가 높은 안연과 더불어 나라 일을 논할 것이나 전쟁과 같은 위기 상황이라면 무용이 뛰어난 자기와 더불어 나라 일을 논하게 되지 않겠는가 하는 속뜻이 담긴 것입니다. 자로는 공자 선생님이 "암, 그렇고 말고, 전쟁과 같은 위기 상황이라면 안연하고는 안되지 당연히 너와 더불어 국난을 극복해야지" 라고 칭찬하실 줄 알았습니다.

그런데 공자의 답변은 칭찬이 아니라 매우 신랄하고 준열한 책망이었습니다.

"Nein! 暴虎憑河 死而無悔者 吾不與也(폭호빙하 하고 사이무회자 와는 오불여야 니라), 나는 맨손으로 호랑이를 때려잡으려 하거나 배도 없이 맨 말(馬)로 큰 강을 건너려다가 죽게 되어도 후회가 없는 그런 무모한 사람과는 더불어 일할 수 없다. 나는 전쟁과 같은 국난을 맞았을 때 그 위기를 두려워하여 그 위기를 잘 극복할 수 있는 길을 깊이 모색하여 마침내 그 위기를 극복할 수 있는 사람과 더불어 함께 일할 것이야!" 라고 하였습니다.

사람이 위기를 만나거나, 분노하거나, 울분을 품으면 물불을 가리지 않게 됩니다. 본심을 잃습니다(Fury and anger carry the mind away). 공자는 그런 사람과는 일을 도모하지 않겠다고 갈파한 것입니다.

· 돈은 과학입니다! ·

2006년 1월 11~13일, 장로회신학대학교 동문회 참석 차 목회자신문 장병기 편집국장과 KTX 고속열차로 부산 해운대 그랜드 호텔에 내려갔다가 참 좋은 사람들을 여러분 만났습니다. 장유대성교회 한재엽 목사, 거제도 굿뉴스 복음병원 이종삼 목사, 부산 빛과 소금 교회 원형은 목사, 양산 산돌교회 한용관 목사, 장신대 총동문회 사무차장 기춘오 전도사, 남상열 전도사 등입니다.

경남 김해시 장유대성교회 한재엽 목사는 "오늘날 지역 사회와 무관한 교회는 살아남기 힘들다" 하는 목회 마인드로 5년 전 이곳에 교회를 신축할 때부터 교회 건물이 문화 공연장, 실내 운동장, 자유로운 모임 장소로 사용되어 지역 사회에 기여 할 수 있도록 설계하였고, 매년 바자회 수익금 전액을 시립도서관, 불우이웃 지원 기금으로 아무 조건 없이 김해시에 기증하고, 교회 시설을 개방하여 탁아실, 공부방, 쉼터, 무공해 음식물 거래, 40 종류의 문화 교실 무료 강좌 등을 실시함으로써 지역 사회에서 큰 호응 받는 교회가 되었습니다. 처음 300여 명 모이던 교회가 현재는 1800여 명이 모이는 교회로 성장할 수 있었다고 하였습니다.

경남 거제도 굿뉴스 병원 이사장 이종삼 목사는 목회 중심 축을 노인 문제에 두고 무료양로원 사랑의 집(60명)을 시작으로 노인 전문요양원(60명)과 2006년 올해 들어 굿뉴스 노인 요양병원(지하 1층, 지상 5층, 50 베드, 장례식장, 의사 3명, 간호사 10명)을 신축 개원하여 열심히 일하고 있습니다.

부산 빛과 소금 교회 원형은 목사는 목회 중심 축을 고통받는 민중 돕기에 두고, 지난 20여 년 동안 부산 지역 노동자와 억압받는 민중 돕는 일로 애써왔는데 그동안의 노고를 인정받아 2005년에 국가인권위원회 중앙위원(차관급) 11명 가운데 한 명으로 부름 받아 우리나라 인권문제를 위하여 수고하고 있습니다.

많은 목회자들이 더딘 교회 성장과 목회 현장의 갈등으로 스트레스 받고 있는 요즈음인데 참으로 오랜만에 신선하고 정열적인 목사님들의 목회 현장을 둘러보고 매우 상쾌, 유쾌, 통쾌하였습니다. 덤으로 거제도에서 반공포로유적지를 찾아가 유심히 잘 살펴보고 내 아버지 이기장 장로님에게 보여드리려고 사진도 여러 장 찍었습니다. 내 아버지가 바로 이 거제도 반공포로 출신이기 때문입니다.

"돈은 과학이다! 이 세상에 눈 먼 돈은 한 푼도 없다!" 이번 여행에서 얻은 기막힌 한마디에 큰 박수, 큰 웃음으로 가득한 이정수 목사

장막 터를 넓히고, 휘장을 늘이고, 말뚝을 견고히 하라

본문 / 사54:1-8

1. 들어가는 이야기

구약학자들은 이사야서가 제1 이사야(1-39장), 제2 이사야(40-55장), 제3 이사야(56-66장) 등 세 부분으로 나뉘어져 있는 대기록이라고 합니다. 본문은 제2 이사야 선지자(BC 550년 경)가 예언한 바 하나님께서 BC 597, 587, 582년 세 차례에 걸쳐 바벨론에 사로잡혀가 70년 포로 생활하는 동안 "시들어 마른 풀(사40:6-8)" 같이 변해버린 이스라엘 백성들이 장차 그 모든 억압에서 풀려나 "네가 좌우로 퍼지며 네 자손은 열방을 얻으며 황폐한 성읍들이 사람 사는 곳"으로 변하는 위대한 나라(사54:3)를 이루게되리라 하는 놀랍고 아름다운 새 희망의 소식입니다.

제2 이사야의 첫 문장 "너희 하나님이 가라사대 너희는 위로하라 내 백성을 위로하라 그 복역의 때가 끝났고 그 죄악의 사함을 입었느니라(사40:1-2)" 하신 말씀이 대변하고 있는 것처럼 출바벨론의 이 기쁘고 복된 좋은 소식의 특징은 "무조건적인 데" 있습니다. 제2 이사야는 이스라엘의 출애굽 사건이 하나님의 무조건적 축복인 것처럼 출바벨론 사건도 하나님의 무조건적 은혜라고 선포한 것입니다.

2. 복음은 인과론을 초월합니다

우리 믿는 사람들이 가장 흔히 빠지는 잘못된 생각 가운데 하나는 구원을 인과론적이고 조건적으로 생각하는 것입니다. 즉, 일반적 의미에서 성수 주일, 십일조, 구역예배, 교회 봉사를 제대로 잘 할 때는 구원의 확신이 있다가도, 그렇지 못할 때는 구원의 확신이 사라져 불안한 신앙 생활입니다. 구원의 확신이 들락날락하는 신앙 생활입니다. 그런 신앙은 복음=은혜=기쁜 소식의 신앙이 아니라 율법적=조건적=인과론적 신앙입니다. 그런 신앙은 가장 비 기독교적 신앙입니다.

출애굽, 출바벨론의 기쁜 소식은 이스라엘이 그런 복을 받을 만한 어떤 행위나 공로의 결과가 아니라 하나님의 무조건적 사랑의 결과입니다. 우리가 예수 믿고 구원받은 것은 우리가 구원받을만한 무슨 행위를 하였기 때문이 아니라 "우리가 아직 죄인 되었을 때에 그리스도께서 우리를 위하여 죽으시므로 하나님께서 우리에게 대한 자기 사랑을 확증하셨기 때문입니다(롬5:8)". 탕자의 비유에 나오는 아버지가 돌아 온 탕자를 영접하고, 시기하고 울분한 탕자의 형을 위로하고 인정한 것은 옳든 그르든 간에 아들들의 그 어떤 행위 때문이 아니라 그 둘 다 아버지의 사랑하는 "아들들" 이었기 때문입니다.

우리가 기독교인답게 살 때는 하나님의 자녀가 되고, 기독교인답게 살지 못할 때는 하나님의 자녀가 되지 못하는 것이 아닙니다. 답게 살든, 답지 못하게 살든 우리가 하나님의 자녀인 것을 분명히 自覺(자각=self-awakening)하는 것이 올바른 기독교 신앙입니다. 그러므로 기독교를 은혜=복음=기쁜 소식의 종교라고 하는 것입니다.

3. 내가 하나님의 아들 혹은 딸이라는 자각(self-awakening)이 중요한 이유?

첫째, 나의 존재 근거, 존재 이유, 존재 의미를 확립할 수 있기 때문입니다. 도연명은 歸園田居(귀원전거)에서 羈鳥戀舊林 池魚思故淵(기조연구림 지어사고연: 떠돌이 새는 고향 숲을 그리워하며, 연못에 갇힌 물고기는 옛날 놀던 물을 사모한다)이라고 하였습니다. 뿌리 없는 나무가 그 생명을 오래 지탱할 수 없듯, 자기의 존재 근거, 존재 이유, 존재 의미를 상실한 사람은 떠돌이 새, 연못에 갇힌 물고기, 바람에 나는 겨와 같습니다. 그런 사람은 살았으나 살았다고 할 수 없습니다.

나는 살아 계신 하나님의 아들 혹은 딸이라는 자각은 자기의 존재 근거, 존재 이유, 존재 의미를 멍징하게 깨달음으로 삶의 절대 허무, 절대 무의미, 절대 고독에서 벗어나 비상하는 독수리와 같은 삶을 살 수 있게 합니다.

둘째, 건강한 자존심 혹은 자존감으로 충만한 삶을 살 수 있기 때문입니다. 이 세상에는 외적, 내적 조건에 휘둘려 자기 스스로를 비하하며 사는 사람들이 많습니다(I am nothing). 반면에 외적, 내적 조건에 휘둘려 자기 스스로를 대단한 사람으로 착각하며 사는 사람도 많습니다(I am something). 둘 다 비극의 씨앗을 품고 사는 사람들입니다. 그러나 자기를 하나님의 아들 혹은 딸로 자각하며 사는 사람은 건강한 자존심 혹은 자존감으로 충만한 삶을 삽니다(I am everything).

자존심(自尊心)이라는 말에는 두 가지 의미가 있습니다. 하나는 부정적 자존심(a sense of pride=자기 자신을 너무 자랑스러워하여 타인의 비난이나 충고를 못마땅하게 여기는 심리적 태도)이며, 다른 하나는 긍정적 자존심(self respect = self esteem = 자기 존재의 강점과 약점 모두를 인정하는 넉넉한 자기 이해의 심리적 태도)입니다. 여기서는 두 번째 의미의 자존심, 자존감을 의미합니다.

셋째, "살아 계신 하나님께서 내게 관계된 것을 완전케 하시고, 주의 손으로 지은 나를 버리지 않으실 것"을 믿고 살 수 있기 때문입니다(시138:8). 그러므로 본문 말씀대로 나의 장막 터를 넓히고, 휘장을 늘이고, 말뚝을 굳게 하고 하나님께서 약속하신 축복을 받아 누릴 준비를 합니다. 그 축복이 무엇인가? 견고한 말뚝, 늘인 휘장, 넓힌 장막 안에 장차 큰 나라를 세우고, 황폐한 곳을 사람들이 살 수 있는 아름다운 성으로 변화시킬 위대한 자손들로 채워주시겠다는 축복입니다.

이 축복을 현대적으로 재해석한다면 내 인생의 사업 계획을 넓게 잘 세우고, 그 사업에 필요한 인맥과 자료를 확보하고, 마음을 견고히 하여 흔들리지 않고 기다린다는 말입니다. 그리하면 하나님께서 내가 준비한 그 모든 사업 계획 위에 축복하여 장차 그 사업이 크게 되고, 그 사업으로 인하여 많은 사람들이 유익을 얻어 풍족한 삶을 살아가는 아름다운 사업이 되게 하실 것이라는 축복입니다.

고전예화 416

가드너의 다중지능이론

사람의 뇌 세포는 생후 3개월이면 완전히 성장하고, 생후 2년 후면 학습이 가능하여 선진국들은 이때부터 공교육을 시작하고 있는데 비하여 생후 8년부터 시작하는 우리나라의 공교육은 너무 늦다고 합니다. 사람의 뇌 세포 지능의 용량은 2의 1400억 자승으로 현대의 퍼스널 컴퓨터 100 대를 합친 것 만 하다고 합니다.

현대 뇌 세포 연구자들은 이제까지 사람의 능력을 한낱 아이큐 점수로 판단하여 이러쿵저러쿵 한 것은 수면 위에 10% 정도 드러난 빙산을 빙산 자체의 크기로 보는 것만큼이나 엄청난 착각이라고 합니다. 그러므로 미국 가드너 교수는 그 보완책으로 인간의 다중지능이론을 제시하였습니다.

(1) 신체운동지능－운동 감각이 뛰어난 사람
(2) 자기성찰지능－철학자, 수도사, 종교인
(3) 인간친화지능－인간 관계를 잘 맺는 사람, 훌륭한 정치가나 사회사업가
(4) 논리수학지능－이 부분이 아이큐에 해당한다
(5) 언어지능－언어 감각이 뛰어난 사람
(6) 음악지능－음악 감각이 뛰어난 사람
(7) 공간지능－건축가, 지도 제작자, 인테리어 전문가
(8) 자연친화지능－등산가, 탐험가, 여행가

현대 뇌 세포 연구자, 심리학자들은 이구동성으로 "사람의 능력은 수리 논리 지능(아이큐)에 한정되는 것이 아니다. 가드너 교수가 제시한 위의 8 가지 다중지능이론이라는 것도 편의상 한 번 구분해 본 것에 지나지 않는다. 사람의 능력은 현대의 퍼스널 컴퓨터 100대의 용량이니 만큼 솔직히 말하자면 사람의 능력은 한이 없다고 말해야 옳다" 라고 합니다. 즉, 각 사람마다 모두 엄청난 능력을 속에 갈무리하고 있다는 말입니다. 문제는 땅 속에서 부글부글 끓고 있는 원유를 시추공으로 뚫어만 주면 원유가 땅 위로 터져 수백 길로 솟아올라 활활 불타오르듯, 각 사람 속에서 부글부글 끓고 있는 그 엄청난 능력을 누가 어떻게 뚫어 주느냐! 하는 데 있습니다.

그렇다면 그 누가 각 사람의 시추공이 되어 줄 것인가? 자기 자신, 목사님, 부모, 선생님, 선배, 후배, 사랑하는 사람, 예기치 않은 돌발 상황, 책, 영화, 스포츠, 우연한 기회 등 그 모두가 시추공이 될 수 있습니다. 그러나 불행하게도 현실적으로 대부분의 사람들에게는 그 시추공 역할을 해주는 사람이나 기회가 별로 없습니다. 아니 그러합니까?

어찌 할 것인가? 첫째, 내 속에 엄청난 능력이 있음을 믿을 일입니다. 둘째, 지극 정성으로 내 능력을 찾을 일입니다. 셋째, 하나님께 간절히 구할 일입니다.

· 찬양부흥사 김영기 목사 ·

이 글을 읽으시는 내 좋은 친구님들, 오랜만에 소리내어 찬양 한 번 해 봅시다!

<내가 산을 향하여> -내가 산을 향하여 눈을 들리라. 나의 도움이 어디서 올꼬, 천지 지으신 여호와 나의 왕이여! 영원 무궁히 지키시로다.

<주님 가신 길> -주님 가신 길, 십자가의 길, 외롭고 무거웠던 길, 골고다의 거친 언덕 길, 지치신 주님의 음성. 오, 나의 주님 용서하소서. 죄인 위해 고난 받으셨네. 이 세상에 생명 주시길 그렇게도 원하셨던 길.

<탕자처럼> -탕자처럼 방황할 때도 애타게 기다리는 부드러운 주님의 음성이 내 맘을 녹이셨네. 오 주님 나 이제 갑니다. 날 받아 주소서. 이제는 주님만 위하여 이 몸을 바치리다.

내가 참 좋아하는 복음송입니다. 이 복음송은 모두 내 좋은 친구 김영기 목사가 직접 작사, 작곡한 곡들입니다. 김영기 목사는 작년 우리 장로회신학대학 전체 총동문회에서 찬양집회를 인도하여 큰 호응을 받았습니다. 이후 많은 동문들 교회에서 김 목사를 초청하여 찬양 부흥 집회를 열었는데 종전의 말씀 중심의 부흥회와는 전혀 다른 성령님의 역사가 충만하였다는 소문이 자자합니다.

그런데 정작 나는 김영기 목사의 찬양 집회 현장에 참석하지 못하였기 때문에 찬양 집회를 도대체 어떻게 하였길래 난리인가? 하는 궁금증이 뭉게뭉게 일었던 차인데, 마침 김영기 목사와 민경석 목사가 북한강변 우리 말씀의 샘물 교회에 찾아 왔기에 김영기 목사에게 찬양 집회를 인도하여 줄 것을 부탁하였습니다. 김 목사의 피아노 반주와 함께 우리 셋이 찬송가, 복음송, CCM을 찬양하였습니다. 참 멋지고 아름답고 거룩한 찬양 시간이었습니다. 나는 무엇이 찬양 집회인지 오리지널 찬양 집회 강사로부터 개인 교수 받는 洪福(홍복)을 누렸습니다.

내 좋은 친구 목사님들께 이 소리를 했더니 그 후 손신철 목사(인천제일교회), 조인서 목사(지명교회), 노승찬 목사(한사랑 교회)가 김영기 목사를 초청하여 찬양집회를 열었는데 매우 은혜로웠다고 하였습니다.

누군가 혹 참고할까 싶어 김영기 목사 연락처(010-3043-1790, 031-897-9505)를 여기 기록하여 두는 "친절한 금자씨" 오빠 이정수 목사

우리의 찬양 속에 거하시는 하나님(1)

본문 / 시22:3

1. 들어가는 이야기

영화 "쇼생크 탈출(The shawshank Redemption/원작 : 스티븐 킹, 감독 : 프랑크 다라본트, 주연 : 팀 로빈스, 모간 프리먼)"을 본 사람들은 잔인하고 삭막하고 어두움으로 악명 높은 쇼생크 감옥에서 주인공 앤드 듀프레인이 모차르트의 피가로의 결혼 중 "저녁 산들바람은 부드럽게(Che soave Zeffiretto)"를 틀어 놓았을 때 그 음악 소리를 듣는 죄수들의 표정을 잊지 못합니다. 대단한 명장면입니다. 무엇이 음악의 힘인지를 웅변적으로 보여준 장면이기도 합니다.

음악은 어마어마하게 강력한 힘을 가지고 있습니다. 동서고금 모든 나라, 모든 종교, 모든 민족, 그리고 군대, 학교, 일 터, 사람 사는 그 어느 곳이나 음악이 있습니다. 음악이 없는 곳이 없습니다. 음악은 크게 말하면 나라를 세우기도 하고, 무너뜨리기도 하고, 작게 말하면 한 사람의 운명을 좌우합니다. 그러므로 예로부터 정나라 음악(관능적이고 음탕한 음악)을 쓰는 나라와 개인은 망하고, 주나라 음악(맑고 고상한 음악)을 쓰는 나라와 개인은 흥한다고 하였습니다.

우리 기독교 문화 전통의 가장 중요한 핵심도 시와 음악입니다. 구약의 이삭의 축복, 야곱의 축복, 미리암의 노래, 모세의 노래, 다윗의 기도, 예언서 대부분, 욥기, 잠언, 특히 시편, 신약의 마리아 찬가, 그리스도의 겸손, 신앙 고백 등이 모두 시와 음악으로 되어 있습니다. 성경의 시와 음악의 전통은 그 후 그레고리안 찬트, 미사곡, 마틴 루터, 바흐, 헨델, 모짜르트, 베토벤, 하이든, 그리고 수많은 무명 시인과 음악가들 그리고 오늘날 우리나라의 CCM(Contemporary Christian Music), 복음송, 찬송가, 국악, 작사, 작곡자들에게까지 전승되고 있습니다.

2. 신령한 노래와 찬송으로 하나님을 찬양하라!

*이스라엘의 찬송 중에 거하시는 주여, 주는 거룩하시니이다(시22:3) *찬양하라 하나님을 찬양하라 찬양하라 우리 왕을 찬양하라(시47:6). *해 돋는 데서부터 해지는 데까지 여호와의 이름이 찬양을 받으시리로다(시113:1-3). *할렐루야 내 영혼아, 여호와를 찬양하라 나의 생전에 여호와를 찬양하며 나의 평생에 여호와를 찬송하리로다(시146:1-2). *할렐루야 우리 하나님께 찬양함이 선함이여 찬송함이 아름답고 마땅하도다(시147:1). *춤추며 그의 이름을 찬양하며 소고와 수금으로 그를 찬양할지어다(시149:3). *호흡이 있는 자마다 여호와를 찬양할지어다(시150:6). *나는 여호와니 이는 내 이름이라. 나는 내 영광을 다른 자에게, 내 찬송을 우상에게 주지 아니하리라(사42:8). *이 백성은 내가 나를 위하여 지었나니 나의 찬송을 부르게 하려 함이니라(사43:21). *찬미와 신령한 노래들로 서로 화답하며 너희 마음으로 주께 노래하며 찬송하라(엡6:19, 골3:16).

3. 무엇이 신령한 노래이며 무엇이 신령한 음악인가?

첫째, 사람 중심 문화와 하나님 중심 문화가 있습니다. 사람은 누구나 육감(맛, 소리, 냄새, 안목, 촉감, 예감)이 있습니다. 사람은 이 여섯 가지 감각 기관을 사용하여 문화를 창출합니다. 그런데 이 문화는 두 가지로 나뉩니다. 하나는 세속적 문화(세상적인 것, 땅의 것, 사람 중심의 사람이 즐기는 문화)이며, 다른 하나는 신령한 문화(교회적인 것, 하늘의 것, 하나님 중심의 하나님을 섬기는 문화)입니다. 그러므로 성경(특히 모세오경)은 음식, 술, 옷, 기름, 향료, 음악, 심지어 불까지도 사람이 사용할 것과 하나님의 성전에서 사용할 것을 엄격하게 구별하고 있습니다. 그 실례로 나답과 아비후가 여호와의 명하시지 않은 "다른 불"을 사용하다가 하나님의 책망을 받고 죽었고(레10:1–2), 성전에서 쓰는 법대로 만든 기름이나 향품을 사사로이 사용하는 사람도 죽으리라고 엄중히 경고하고 있습니다(출30:22–38). 즉, 聖俗의 엄격한 구분입니다. 문학과 음악도 예외는 아닙니다.

둘째, 사람은 생래적으로 거룩한 것과 세속적인 것을 구별할 줄 압니다. 철없는 어린 아이도 시장 바닥의 흥청망청한 들뜬 분위기와 성전의 엄숙하고 거룩한 분위기를 구별할 줄 압니다. 우리 모두는 세속적인 음악과 거룩한 음악을 구별할 줄 압니다.

"하늘은 여호와의 하늘이라도 땅은 인생에게 주셨도다(시115:16)" 라고 하셨습니다. 하나님은 세속적 음악을 정죄하지 않으십니다. 예수님도 사람에게 떡이 필요 없다고 하신 것이 아니라 떡보다 먼저 하나님의 말씀을 찾으라고 하셨고, 가이사의 것은 가이사에게 하나님의 것은 하나님께 바치라고 하셨습니다. 음악도 그러합니다. 세속적인 음악을 즐기는 것보다 먼저 하나님께 거룩한 음악으로 찬양하여야 한다는 말씀입니다.

셋째, 세속 음악은 사람의 육감에서 비롯한 五慾七情(식욕, 성욕, 재물욕, 명예욕, 수면욕, 喜怒愛樂哀惡羞)을 가사로 혹은 운율로 표현합니다. 우리가 때로 세속 음악(유행가, 뉴에이지 음악, 가곡, 고전 음악, 현대 음악)에 깊이 공감하고 감동하는 것은 그 음악들이 우리 사람의 감정을 건드리기 때문입니다.

신령한 음악은 그 출발이 사람의 오욕칠정이 아니라 성경에 계시된 거룩하신 창조주 여호와 하나님, 우리를 구원하시기 위하여 십자가 고난을 받으시고 부활하신 우리 주 예수 그리스도, 우리 속에 교통하시는 성령의 役事를 찬양하고 감사하는 인간의 실존적 신앙 고백에서 출발하는 것입니다. 세속 음악이 하나님을 의식함 없이 만들어진 음악이라면 신령한 음악은 철저한 하나님 의식에 사로 잡혀 창출된 음악입니다. 사족이지만, 하나님 의식 없이 돈벌이 혹은 유행 따라 만들어진 CCM, 복음송, 찬송가, 국악이라면 그것은 신령한 음악이라 할 수 없습니다. 그 판단은 누가 하는가? 그 음악 만든 사람 그 자신이 할 것입니다(요3:18).

밤의 선생님, 미즈타니 오사부

일본 NHK, TBS에서 다큐멘터리로 제작한 "밤의 선생님, 미즈타니 오사부" 선생. 그는 야간 고등학교 교사로 벌써 12년 동안 학교 수업을 마치면 새벽까지 휘황 찬란한 네온사인이 번쩍거리는 도시의 밤거리에서 마약, 범죄, 폭주족, 조직원 똘만이, 원조 교제, 새끼 깡패, 도둑질로 헤매고 다니는 청소년을 찾아다닙니다. 다음은 그가 만난 한 소년의 이야기입니다<참고: 미즈타니 오사부, 얘들아, 너희가 나쁜 게 아냐, 에이지 21 출판사>.

고등학교에 입학한 후부터 학교에 가지 않고 집안에만 틀어박혀 그 누구와도 말하기를 거부하고 이불을 뒤집어쓰고 사는 준이치. 미즈타니 오사부 선생은 매일 밤 12시 준이치를 방문하여 아무 소리 없이 아침까지 책을 읽어 주었습니다. 그렇게 2주일쯤 지난 어느 날 준이치는 마침내 입을 열었습니다. "선생님은 왜 매일 밤 나한테 오시는 거예요?" 준이치의 마음 문이 빼꼼이 열린 순간입니다. 미즈타니 오사부 선생은 준이치에게 자기 이야기를 해 주기 시작하였습니다.

"준이치군, 나는 대학 1학년 때 집안 형편도 복잡하고 학교 다니기도 귀찮고 그 누구의 설교도 듣기 싫어 매일 밤거리를 헤매며 방황하였다. 그러던 어느 날 어머니가 집에 누가 나를 찾아 오셨으니 오늘만은 일찍 들어오라는 연락을 해 오셨다. 나는 어머니의 그 말씀을 무시하고 여느 때처럼 밤새도록 술 먹고 마약하고 돌아다니다 새벽녘에 집에 돌아왔다. 집에 돌아와 내 방문을 열고 들어서니 양복 차림에 넥타이를 맨 채 누군가 내 책상 앞에 엎드려 졸고 있었다. 나는 깜짝 놀랐다. 그 사람은 내 인기척에 문득 상체를 일으키며 따뜻한 목소리로 "오사부 군, 늦었군" 하였다. 그는 바로 내가 다니는 대학교 학과장 히데 선생님이었다. 히데 선생님은 기다란 말 없이 다만 한 마디 "오사부 군, 오늘은 매우 피곤해 보이는군, 내일부터 학교로 돌아오게. 기다리겠네" 하시고 조용히 돌아가셨다. 히데 선생님의 그 말씀 한마디가 너무나 절절이 내 마음에 와 닿았다. 나는 다음 날 학교로 돌아갔다."

마즈타니 오사부 선생은 말을 마치고 준이치에게 다시 책을 읽어주기 시작하였습니다. 그러다가 오사부 선생은 자기도 모르는 사이 꾸벅꾸벅 졸다가 깨어보니 아침이었습니다. 그런데 누워 있어야 할 준이치가 보이지 않았습니다. 정신을 차리고 둘러보니 준이치만 없어진 것이 아니라 준이치의 책가방도 함께 없어졌습니다. 마즈타니 오사부 선생은 가슴 벅찬 감동 속에 준이치의 방문을 나섰습니다.

마즈타니 오사부는 이렇게 말합니다. "내게는 아이들의 과거 같은 것은 아무래도 좋다. 현재도 상관없다. 시간이 걸려도 좋고 누군가의 도움을 받아도 좋다. 어찌하든 아이들이 자신의 뜻과 힘으로 자기의 미래를 만들어 가기를 바랄 뿐이다. 그러기 위해서 아이들은 무조건 살아야 한다. 나는 아이들이 그저 살아남아 주기를 간절히 소원한다. 그리고 어른들이 그 아이들에게 '지금까지 참 열심히 살았구나!' 라고 그 아이들의 과거와 현재를 인정하고 칭찬해 주었으면 한다".

· 건강 비법은 없습니다 ·

텔레비전에서 연세대학교 의과대학 윤방부 교수가 현대인의 건강 문제를 논하는 프로를 보았습니다. 기억해 둘 만한 이야기라 생각하여 여기 기록하여 둡니다.

*건강 비법이란 것은 없다.

우리나라 사람들은 비법을 너무 좋아한다. 무슨 무슨 건강 비법이 판치고 있다. 내가 의사의 명예를 걸고 말씀드리는데 건강에는 비법이 없다. 첫째, 건강에 특별히 좋은 음식이란 것은 없다. 시금치가 좋다, 토마토가 좋다, 헛개나무가 좋다, 매실이 좋다, 청국장이 좋다, 포도주가 좋다, 보신탕이 좋다 하지 말라. 그 모두가 좋은 것이지 그 어떤 것만 특별히 좋은 것은 아니다. 그러니 골고루 잘 잡수시라. 둘째, 특별한 건강 이론이란 것도 없다. 반신욕이 좋다, 족욕이 좋다, 물 마시는 것이 좋다, 등산이 좋다, 골프가 좋다, 테니스가 좋다, 수영이 좋다, 태극권이 좋다, 팔굽혀펴기가 좋다 하지 말라. 그 모두가 좋은 것이지 그 어떤 특별한 것만 좋은 것이 아니다. 그러니 자기에 맞는 운동을 꾸준히 하시라. 셋째, 특별히 좋은 약이란 것도 없다. 비타민 C가 좋다, 홍삼이 좋다, 뭐가 좋다 하지 말라. 제 몸에 맞아야 좋은 것이지 누구에게나 다 좋은 것이 아니다.

*그래도 건강 비법은 있다.

1. 편식하지 말고 고기, 야채, 생선, 나물, 과일을 골고루 잘 잡수시라.
2. 간식으로 피자, 과자, 라면, 빵, 햄 등을 자시는 것을 삼가 하시라.
3. 담배는 진짜 백해무익이니 금연하시라.
4. 각 사람마다 자기에 맞는 유산소 운동(걷기, 등산, 골프, 수영 등)을 꾸준히 정말 꾸준히 하시라.
5. 하루 6시간 이상은 꼭 눈감고 주무시라.
6. 금주하라는 것은 아니다. 절주 하시라. 옛말에 술은 一小三適五多七過九死(일소삼적오다칠과구사)라고 하였다. 한잔은 너무 적고, 석잔이 딱 맞고, 다섯 잔은 좀 많고, 일곱 잔은 지나치고, 아홉 잔이면 죽을 "짹" 이라고 하였다(이건 윤방부 교수 소리가 아니고 내 좋은 친구 김주윤 소리이다).
7. 각자의 주치의를 꼭 모시라. 요즈음 의료 보험 제도로 누구나 주치의를 선택하여 모실 수 있다. 이 얼마나 좋은 세상이 되었는가? 그런데 아직도 병원에 가지 않는 것을 무슨 자랑으로 아는 사람이 많으니 참 안타깝다.

KBS 라디오 교육방송 "종교와 인생" 1월 25일 2월 방송 분 녹음 마치고 늦게 귀가한 이정수 목사

우리의 찬양 속에 거하시는 하나님(2)

본문 / 시22:3, 시147:1

1. 들어가는 이야기

"이스라엘의 찬송 속에 거하시는 하나님", "해 돋는 데서부터 해 지는 데까지 여호와의 이름이 찬양을 받으시리로다", "할렐루야, 우리 하나님께 찬양함이 선함이여! 찬송함이 아름답고 마땅하도다", "호흡이 있는 자마다 여호와를 찬양할지어다" 우리는 시편의 이런 대목을 읽을 때마다 시편 기자들은 어쩌면 이렇게 장중하나 무겁지 않고, 아름다우나 연약하지 않고, 쉽지만 경박하지 않은 시적 표현을 할 수 있었을까? 하는 찬탄과 경이로움을 금할 수 없습니다(참고; 다음은 모두 "하나님을 찬송한다" 라는 뜻을 가진 단어들입니다. 讚頌(찬송), 讚揚(찬양), 讚美(찬미), 頌祝(송축), Chant, Hymn, Praise, Psalm, Psalter, 할렐루야=Hallelu Yah=Praise the Lord=여호와를 찬양하라).

2. 개인 혹은 교회 공동체의 찬양 시간을 위하여 준비 할 것들

첫째, 곡 선택의 원칙. 개인이든 공동체이든 먼저 찬양할 곡을 기도하는 마음으로 잘 선택하여야 합니다. 자기 감정과 기분에 따라 이 곡 저 곡 마음 내키는 대로 찬양할 것이 아니라 찬양할 곡을 미리 신중하게, 그리고 넉넉하게 선곡하여 두어야 합니다. 특히 교회 공동체와 함께하는 찬양 시간 때는 찬양 부를 곡의 전체 틀을 짜고 그 틀 안에서 성령의 인도하심을 받아 회중의 영적 흐름을 파악하여 먼저 부를 곡과 나중 부를 곡을 잘 선별하여 찬양하여야 합니다.

둘째, 단순성의 원칙. 찬양 곡은 찬송가, 복음송, CCM 등 다양한 장르의 곡이 매우 많습니다. 이 가운데 개인 혹은 교회 공동체가 익숙하게 잘 알고 있는 단순하고 쉬운 곡을 택하여야 합니다. 왜냐하면 가사나 멜로디가 길고 어려운 곡은 가사와 멜로디에 신경을 써야 하므로 찬양 속에 거하시는 하나님의 임재를 체험하는 데 많은 어려움이 따르기 때문입니다. 그런 곡은 따로 배워야 할 것입니다. 찬양 시간에는 눈감고도 따라 부를 수 있는 쉽고 깊고 단순한(easy, simple, deep) 찬양 곡이 바람직합니다.

셋째, 집중성의 원칙. 찬양으로 은혜 받고자 하는 찬양 시간에는 말씀보다 찬양 자체에 집중하여야 합니다. 요즈음 많은 교회의 경배와 찬양, 금요 밤 집회를 보면 찬양 반, 멘트 반, 기도 반인 경우를 흔히 봅니다. 찬양 시간에는 찬양에 집중함으로 찬양 속에 거하시는 하나님의 임재를 진정 사모하며, 찬송 중에 임하시는 하나님의 임재를 체험하는 것이 바람직합니다. 이를 위하여 찬양 가사를 한 절 한 절 깊이 묵상하면서 그 가사 말이 내 속에 차곡차곡 쌓이도록 한 번은 박수치면서, 한 번은 큰 소리로, 한 번은 허밍으로, 한 번은 누군가의 독창으로, 이렇게 여러 번 반복하여 찬양하면 찬양 속에 임하시는 하나님의 운동력을 더욱 깊이 체험할 수 있습니다.

3. 교회 공동체 찬양 시간의 몇 가지 문제점들

많은 교회의 찬양 시간을 보면 목회자는 완전 뒷짐이고 피아노, 기타, 전자 오르간, 키보드, 드럼, 그리고 마이크 잡고 찬양 인도하는 20~30대 젊은이 대여섯 혹은 열댓 명이 저들보다 훨씬 나이 많은 40~60대 성도들을 상대로 찬양 인도를 하고 있습니다. 여기 많은 문제점이 있습니다. 무엇이 문제인가?

가. 찬양은 세속 음악이 아니라 거룩한 음악입니다. 그런데 오늘 한국 교회 찬양 시간에 불려지고 연주되는 음악은 세속 음악인지 거룩한 음악인지 전혀 구별이 되지 않습니다. 오히려 세속 음악의 비율이 더 많다는 느낌입니다.

나. 나이 많은 회중들 대부분은 찬양 인도자의 음악을 제대로 따라 가지도 못하고 공감도 하지 못합니다. 일종의 문화 충돌 현상입니다. 그 실례로 내가 전에 섬기던 교회에서 어떤 집사님이 자기는 일부러 찬양 시간이 끝나는 시간에 맞추어 교회에 나온다고 하니까 그 말에 많은 사람들이 공감하는 것을 보았습니다.

다. 찬양 시간은 찬양이 중심이어야 하는데 찬양 인도자의 멘트가 너무 많습니다. 이는 신앙적, 영적, 인생 경험 면에서 미성숙한 젊은이들이 성숙한 어른들을 가르치는 우스꽝스러운 현상입니다. 듣기 거북하고 민망한 경우가 참 많습니다.

라. 목회자들이 찬양에 대한 신학적 정립이 부실하거나 무관심한 것이 문제입니다. 그 결과 찬양에 대한 기본적인 신학도 없고, 교회론적 훈련도 없고, 각 교회의 영성적 깊은 내적 흐름도 제대로 알지 못하는 사람을 악기 다루고 노래하고 음악을 좀 한다는 단순한 편리성 때문에 검증 없이 찬양 인도자로 세웁니다.

마. 그리하여 많은 교인들이 찬양 시간을 예배나 기도 시간을 위한 들러리로 생각하여 기분 전환이나 여흥 시간 정도로 인식하고 소홀히 여기는 것이 문제입니다.

4. 마치는 이야기

개인 찬양이든 교회 공동체 찬양이든 찬양 시간을 푸대접해서는 아니 될 일입니다. 무엇보다 우리 목회자들이 찬양 시간에 대한 교인들의 인식을 근본적으로 바꾸어 주어야 하리라 생각합니다. 왜? 하나님은 우리의 찬양 속에 거하시는 분이시기 때문입니다. 목회자 자신이 악기, 노래, 음악 분야에 취약하다고 찬양 시간을 찬양 인도자에게 일괄 위임할 것이 아닙니다. 목회자는 자신의 음악 재능 유무를 떠나 찬양에 대한 올바른 신학적 교육과 방향 제시할 책임이 있다고 생각합니다. 그러므로 목회자들은 찬양 인도자를 참모로 삼아 찬양 시간의 전체 기획자가 되어 "우리의 찬양 속에 하나님께서 거하실 수 있도록" 세심한 주의를 기울여야 할 때가 되었다고 생각합니다 <참고: 치유찬양선교회 김영기 목사, 찬양세미나>.

고전예화 418

바닷가 인명구조대의 역사

안개 끼고 비바람 많은 날, 자주 배가 파선되어 조난 사고가 나는 암초 많은 위험한 바닷가. 몇몇 헌신적인 사람들이 낡고 작은 보트 한 척, 밧줄, 손도끼, 튜브, 담요 몇 장의 초라한 장비를 갖추고 "작은 오두막 인명 구조대"로 활동하였습니다. 이 작은 오두막 인명 구조대는 조난 당한 많은 사람들을 살려 냈습니다.

이 작은 인명 구조대는 점점 유명해졌습니다. 구조 받은 사람들과 그 거룩한 뜻을 지지하는 많은 사람들이 모여 인명 구조대 위원회를 결성하고 이 보람된 사업을 위하여 돈과 시간을 바쳐 성능 좋은 보트, 최신식 구조 장비, 구조된 사람들이 평안히 쉴 수 있는 아름다운 건물과 의료 시설을 마련하였습니다.

맨 처음, 위원회는 인명구조의 거룩한 사명감으로 불타올랐으나 시간이 지날수록 배가 매일 파선되는 것도 아니고, 경치 좋은 바닷가에 세워진 아름다운 인명구조대 건물을 그냥 썩힌다는 것은 비효율적이라 생각되어 평소에는 이 건물을 파티 장소로 임대하여 그 임대 수입으로 더 완벽한 인명구조 장비를 갖추는 것이 현명한 일이라고 결정하였습니다. 위원회는 그 수입으로 더 좋은 시설, 더 좋은 장비, 더 아름다운 건물을 증축하였습니다. 그리고 그렇게 시간이 흘러 위원회 사람들도 바뀌고 인명 구조대의 처음 뜻도 세월 따라 점점 퇴색하였습니다.

그러던 어느 날 밤, 갑작스런 일기 악화로 그 해변 앞에서 배가 파선되어 많은 사람들이 조난 당하였으나 인명 구조대 사람들은 한 사람도 나타나지 않았습니다. 인명 구조대 건물 안에서는 환히 불 밝힌 채 즐거운 음악 소리와 아늑하고 우아한 분위기에 취한 사람들의 술잔 부딪치는 소리만 들렸습니다.

이 사건 이후 인명 구조대 위원회 안에서 내분이 일어났습니다. 인명 구조대 건물을 본래 목적대로 사용해야 한다는 사람들과 이 건물은 이제 인명 구조대 건물로 쓰기에는 너무 커졌고 아까우니 인명구조대 건물은 저 만치 따로 세우자는 사람들로 나뉜 것입니다. 투표 결과, 전자의 주장은 여지없이 묵살되었습니다.

인명 구조대 건물을 본래 목적대로 사용하자는 사람들은 위원회 측으로부터 몇 푼의 자금을 넘겨받아 해변 가에 초라한 인명 구조대 오두막을 짓고 새 마음으로 원래의 목적대로 "인명 구조"에 헌신하였습니다. 세월이 지남에 따라 이 새로 생긴 인명 구조대에도 전에와 같은 현상이 일어났습니다. 그리하여 지금 그 암초 많은 위험한 바닷가에는 아름다운 불빛 반짝이는 클럽 건물로 가득하게 되었습니다.

이 이야기는 교회를 비유한 것입니다. 이 세상에 물질적, 정신적, 영적, 불의한 권력, 거센 세속화의 물결에 빠져 조난 당한 사람들을 외면 한 채 아름다운 교회 건물 안에서 끼리끼리 모여 즐기는 교회를 비유한 것입니다. 이 비유가 우리 교회에 해당하는 것은 아닌지? 이 비유가 나에게 해당하는 것은 아닌지?

· 백일 된 귀한 아기 박규라 ·

오늘 2월 4일 입춘입니다. 2월 1일부터 입춘 추위가 몰려오더니 오늘 입춘 아침은 유난히 춥습니다. "꽤, 춥네!" 하고, 인터넷에서 날씨를 찾아보니 내가 사는 양평군 북한강변이 영하 17도입니다. 어쩐지 춥다 했습니다. 추운 건 추운 거고 마음은 밝습니다. 왜? 이제 봄이 들어선 입춘(立春)이니까 말입니다.

구정에 나의 처조카 딸 사위 경기도 포천시 군내면 승리전원교회 박재환 목사와 이슬기 사모가 이제 백일 되는 아기 "박규라"를 품고 세배 왔습니다. 아기가 건강하고 참 예쁩니다. 집안 식구 모두 아기를 둘러싸고 만져보고, 안아보고, 들여다보고 웃습니다. 꼬무락거리는 아기 손, 발, 입술, 새까만 눈, 쟁쟁한 울음소리를 듣습니다. 요즈음 아기 보기가 얼마나 어렵습니까? 정말, 정말, 오랜만에 보는 해맑은 아기 때문에 우리 모두 행복했습니다.

이런 저런 이야기 끝에 음악 이야기가 나왔는데 내가 "오디오가 없어 음악을 들어도 웅장한 소리를 제대로 듣지 못해 답답하다"고 했더니 박 목사 말이 "집에 놀고 있는 아남전자 오디오 세트가 있다. CD 플레이어가 좀 이상하지만 조금만 손보면 100평 공간도 감당치 못할 만큼 소리가 좋으니 이모부 가져다 들으시라"고 합니다. 그래? 그거 참 듣던 중 반가운 소리!

어제 포천에서, 송추 평양면옥의 포천 지점 평양면옥(031-535-4231, 포천경찰서 지나 산정호수, 철원 방향으로 한 3분 가다가 오른쪽)에서 박 목사 부부와 수육 한 접시, 평양냉면 한 그릇으로 점심을 나누었는데 냉면 맛이 송추와 다름없습니다. 오늘 내 입맛 탓인지 송추보다 오히려 나은 듯합니다. 박 목사 내외도 참 맛있다. 포천 살지만 이 집은 처음이다. 앞으로 자주 들러야겠다고 합니다.

내가 2년 전에 보았던 승리전원교회 승리수양관 모습이 많이 달라져 있습니다. 18,000평 땅 위에 예배당은 물론 전에 없던 화장실과 샤워 시설이 딸린 숙소 20동, 천리향 재배 비닐 하우스 2동, 분재 키우는 온실, 1500평 운동장 등이 새로 생겼습니다. 그 동안 박 목사 내외의 수고가 무척 컸음을 한 눈에 알 수 있었습니다. 그러니까 하나님께서 귀한 아기를 선물로 주신 것 아니겠는가!

저녁엔 이슬기 사모가 특별히 매운탕을 끓여 내었는데 양심적으로 말해서(처조카 딸이라는 점이나, 아남 오디오를 불하해 주었다는 점을 떠나서 하는 말), 썩! 괜찮았다고 인정하는 이정수 목사

우리의 찬양 속에 거하시는 하나님(3)

본문 / 시22:3

1. 들어가는 이야기

북한강변, 우리 말씀의 샘물 교회의 예배 공간은 23평 정도 됩니다. 나는 아침이면 사방 문을 활짝 열고 밤새 뭉쳐 있던 공기를 확 바꾸고, 뼈 속까지 맑게 하는 신선하고 청량한 겨울 아침 공기가 충만한 텅 빈 공간 한 가운데 우뚝 서서 소리 높여 찬양합니다. 그냥 찬양하는 것이 아니라 찬송가 멜로디와 가사가 내 마음에 울림을 주는 대로 큰 몸짓, 작은 몸짓도 하고, 허리를 구부렸다 폈다 하고, 박수도 치고, 토스카니니, 카라얀, 칼 뵘, 클라우디오 아바도, 너희들은 저만치 물렀거라! 하고 베토벤의 운명 첫 악장처럼 장중하게, 하이든의 종달새 첫 부분처럼 가볍게, 내가 소중히 여기는 몽블랑 만년필 No.149를 지휘봉 삼아 힘껏 허공을 가르고 찌르고 상하좌우로 휘젓습니다.

나의 이런 찬양은 아침에만 하는 것이 아닙니다. 마음이 심란하거나 쓸 데 없는 잡생각으로 머리가 무겁거나 뭔가 가슴이 답답할 때면 낮이든 밤이든 가림이 없습니다. 이렇게 한 30분 찬양하고 나면 내 속 마음이 날아 갈 듯 가볍고 담대한 용기로 충만합니다. 나의 찬양 속에 거하시는 하나님의 임재입니다.

2. 세속 음악과 신령한 음악의 극명한 차이를 알고 싶으십니까?

그렇다면 간단한 실험을 통하여 지금 당장 알 수 있습니다. 먼저 좋아하는 세속 음악, 유행가, 가곡, 클래식 중 무엇이든 선택하여 3곡만 정성껏 불러보십시오. 그리고 이제는 좋아하는 신령한 음악, 찬송가, 복음송, CCM 중 무엇이든 선택하여 3곡만 정성껏 불러보십시오. 자, 느낌이 어떻습니까? 세속 음악과 신령한 음악의 극명한 차이가 바로 그것입니다. 세속 음악에는 사람의 오욕칠정이 일렁입니다. 신령한 음악에는 하나님의 기운이 소용돌이칩니다.

내 개인적인 경험입니다만 언젠가 고등학교 동창들과 노래방에 갔었는데 모두들 흘러간 옛 노래, 7080 시대의 노래, 최신 유행가를 부르고 있는데 내가 가곡 "희망의 나라로"를 불렀더니 분위기가 싹 바뀌는 것을 느꼈습니다. 세속 음악에도 사람의 말초 신경을 자극하는 것과 호연지기를 자극하는 것이 있습니다. 그러나 그것 역시 사람의 오욕칠정의 한계를 벗어날 수 없습니다. 그러나 신령한 음악은 사람의 오욕칠정을 초월합니다. 신령한 음악은 육신의 정욕, 이생의 자랑, 안목의 정욕에 사로잡혀 어두워신 사람의 靈(영)을 밝히는 "거룩한 능불"입니다. 거북 등처럼 갈라져 메마른 심령을 촉촉이 적셔주는 '생명 샘물' 입니다. 찬양은 사람 속에 질기고 질긴 칡넝쿨처럼 덮여 있는 온갖 두려움, 열등감, 자기 연민, 우유부단하여 미적미적대는 비겁함, 불쑥불쑥 찾아오는 불안, 알 수 없는 답답함을 홀연히 날려 버리는 '강력한 태풍' 입니다.

3. 하나님은 우리의 찬양(spiritual song) 속에 어떻게 거하시는가?

첫째, 하나님의 전능하신 거룩한 힘(Power=Energy=Strength=Almighty)으로 거하십니다. 이스라엘 백성의 힘으로 가나안 땅의 첫 관문인 고대 세계의 최고 최대의 여리고 성 정복은 불가능한 것이었습니다. 이스라엘 백성들이 제사장을 앞세워 칠일 동안 신령한 음악으로 하나님을 찬양하며 일곱 번 돌자, 여리고 성이 무너졌습니다(수6:1-21). 바울과 실라가 빌립보 감옥에 갇혀 한 밤중에 기도하고 신령한 음악으로 하나님을 찬양하였을 때 홀연히 큰 지진이 나고 옥터가 움직이고 문이 곧 다 열리며 모든 사람의 매인 것이 다 벗겨졌습니다(행16:25-26). 무슨 뜻입니까? 우리의 찬양 속에 하나님의 거룩한 힘이 거하신다는 말입니다.

둘째, 하나님의 치유의 능력으로 거하십니다. 현대 심리학은 이즈음 음악 심리 요법(Music Psychical Therapy)의 놀라운 효능을 주장합니다만, 성경은 이미 수 천년 전에 신령한 음악 속에 거하시는 하나님의 치유의 능력을 증거하고 있습니다. 사울 왕이 악한 영에 사로잡혀 고통받을 때 다윗이 신령한 음악으로 그 악한 영을 물리쳐 주었습니다. "다윗이 수금을 취하여 손으로 탄 즉 사울이 상쾌하여 낫고 악신은 그에게서 떠나더라(삼상16:23)" 한 것이 바로 그것입니다.

그 실례로 우리 통합측 김영기 목사가 사역하고 있는 양재동 치유찬양선교회(www.jesusonlinechurch.com)에서는 찬양 속에 거하시는 하나님의 치유의 역사가 놀랍게 臨齋(임재)하고 계십니다.

전능하신 나의 주 하나님은 능치 못하신 일 전혀 없네. 우리의 모든 간구도 우리의 모든 생각도 우리의 모든 꿈과 모든 소망도. 신실하신 나의 주 하나님은 우리의 모든 괴로움 바꿀 수 있네. 불가능한 일 행하시고, 죽은 자를 일으키시니, 그를 이길 자 아무도 없네. 주의 말씀 의지하여 깊은 곳에 그물 던져, 오늘 그가 놀라운 일 이루시는 것 보라! 주의 말씀 의지하여 믿음으로 그물 던져, 믿는 자에겐 능치 못함 없네!(참고:CCM Song. 전능하신 나의 주 하나님).

셋째, 하나님은 우리의 찬양 속에 존재론적 깊은 기쁨으로 거하십니다. 공자 왈 詩三百 一言蔽之 曰 思無邪(시삼백 일언폐지 왈사무사; 시경 삼백 편을 달통한 사람은 한 마디로 그 마음에 간사함이 없다)라고 하였습니다. 거룩한 음악이 있는 곳에 악한 영이 존재할 수 없습니다(Where there's holy music, there can be no evil). 신령한 찬양이 있는 곳에 존재의 기쁨이 있습니다. 찬양하는 사람은 이렇게 숨쉬고 움직이고 살아 있어 찬양할 수 있는 그 자체만으로도 감사하고 행복하고 감격합니다. 왜? 찬양 속에 거하시는 하나님과의 일체(聖俗一如)를 경험하기 때문입니다. 찬양 속에 거하시는 하나님의 능력, 찬양 속에 거하시는 하나님의 지혜, 찬양 속에 거하시는 하나님의 사랑을 느낄 수 있기 때문입니다. 찬양하라, 찬양하라, 찬양하라, 해 돋는 데부터 해 지는 데까지 하나님을 찬양하라!

고전예화 419

네 영혼이 이끄는 대로 가라!

미국, 神話(신화=myth)학자 조지 캠벨(Joseph Campbell, 1904-1987)이 1900년 대 초 컬럼비아 대학교 대학원에 입학하였을 때 그 대학에는 그의 가슴 속에 파랗게 불타올랐던 불꽃 "신화의 세계" 관계 강의 시간은 전무하였습니다. 그는 졸업 후 가슴 속에 그 불타는 파란 불꽃을 지피기 위하여 특별한 결심을 하였습니다.

당시 神話의 세계에 심취한 사람이 일할 수 있는 직장은 없었습니다. 그는 뉴욕 주 우드스톡 숲 속에 오두막을 짓고 5년 동안 칩거하여 아침 9시부터 저녁 7시까지 그리스 신화, 로마 신화, 아메리카 인디언 신화, 동양 신화 등 '신화' 와 그 분야에 관련된 책만 집중적으로 읽었습니다. 그가 숲을 나섰을 때, 그는 신화 분야에서 누구도 따라 갈 수 없을 만큼 대단히 박식한 사람이 되어 있었습니다만 여전히 마땅한 일자리는 없었습니다. 그럼에도 불구하고 그는 자기 속에 불타는 그 파란 불꽃 "신화의 세계"를 포기하지 않았습니다.

그 후 그를 만난 사람들은 그가 말하는 신화의 세계를 듣고 신화에 대한 그의 불타는 열정과 신화를 통하여 그가 도출해 내는 지혜에 놀라움을 금치 못하였습니다. 사람들은 점점 그의 신화 연구에 관심을 가지게 되었고, 마침내 사라 로렌스 대학(Sarah Lawrence College)이 그에게 신화에 대한 초청 강연을 부탁하였습니다. 이 한 번의 강의가 또 다른 대학의 강의 초청으로 꼬리에 꼬리를 물고 이어졌습니다. 그 후 28년이 흐르는 동안 그는 자기 속에 불타는 파란 불꽃 '신화' 부문에서 <천의 얼굴을 가진 영웅, The Hero With a thousand Faces>, <신의 가면, The Masks of God>, <신화의 힘>, <신화의 세계>, <신화와 함께 하는 삶>과 같은 불멸의 저술을 남겼고, 사라 로렌스 대학의 정교수가 되었으며, 신화 부문의 세계적 권위자가 되었습니다.

그는 항상 말하기를 "당신의 마음, 당신의 영혼이 기뻐하는 것을 따르라. 그리하면 당신의 영혼은 당신을 기쁨 충만한 삶의 궤도로 인도할 것이다. 바로 그 삶이 당신이 마땅히 살아야 할 그 삶인 것이다(Let your soul take you where you long to be!)" 라고 하였습니다.

조셉 캠벨은 "누군가 자기 이웃보다 낚시, 쥐덫, 혹은 집 짓는 일을 1%라도 잘 할 수 있다면 그가 아무리 깊은 산 속에 집을 짓고 산다고 하더라도 세상 사람들은 끊임없이 그의 집 문을 두드릴 것이다" 라고 한 랄프 왈도우 에머슨의 말이 옳았다는 것을 입증해 보였습니다. <참고: 말씀의 샘물 고전예화 제386호, 제388호>

· 雪花滿乾坤-천지에 가득한 눈꽃 ·

2월 4일이 입춘, 입춘 추위가 끝나는가 했더니 2월 9일 아침에 일어나 보니 천지가 온통 하얗습니다. 간밤에 전국적으로 많은 눈이 내린 모양입니다. 산이 하얗습니다. 북한강도 하얗습니다. 북한강변 우리 교회 앞 363 지방도로도 하얗습니다. 차량 소통이 거의 없고 가끔 까치가 깍- 깍- 거릴 뿐 사방이 신성한 은빛으로 괴괴합니다. 이건 정말 거룩한 괴괴함입니다.

또 다시 눈이 내릴 듯 하늘은 잿빛입니다. 갈 데도 없지만 이렇게 눈이 많이 쌓인 날, 갈 데가 있다해도 집 떠나는 것은 무리입니다. 마침 어제 처조카 사위 포천 승리전원교회 박재환 목사로부터 무상 불하받은 아남 AA-1800 오디오를 원주 아남 서비스 센터 기술자가 출장 나와 새 것처럼 수리하고 설치하여 주고 갔는데 이런 날은 그저 음악 듣고 성경 읽는 것이 제격이라 생각합니다.

沐浴齋戒(목욕재계)하고 책상 앞에 단정히 앉아 성경을 읽습니다. 그리고 음악 CD를 넣습니다. 그 동안 쨍쨍거리는 포터블 스피커로 듣던 음악과 온 집이 떠나가라 쾅-쾅- 울리는 스피커 다섯 개로 세팅된 오디오로 듣는 음악은 그 맛이 전혀 다릅니다. 내가 듣는 CD는 모두 강우경 목사가 정성껏 복사해 준 것입니다. 하여, 아쉽게도 작곡자 이름만 적혀 있고 음악의 구체적 제목과 No는 알 수 없는 CD로 그레고리안 찬트, 바흐, 모차르트, 베토벤, 하이든, 쇼팽, 브람스, 복음송, 성가곡을 듣습니다.

천지에 하얗게 쌓인 눈, 신성한 괴괴함, 놋쇠 촛대 위에 켜 둔 촛불, 인적 끊긴 텅 빈 공간에 때로는 은근히, 때로는 잔잔하게, 때로는 웅장하게, 볼륨 있게 울려 퍼지는 선율, 카! 좋다. 행복이 별 건가 바로 이런 거지! 아니 그런가?

문득 옛글 한 구절이 새삼스럽습니다.
久在塵勞中(구재진노중: 그대, 오랫 동안 풍진 세상살이하느라)
昧却本來事(매각본래사: 본래 일, 다 잊지 않았는지?)
早早收萬行(조조수만행: 어서 어서 온갖 잡사 다 걷고)
速還靑山來(속환청산래: 서둘러 청산으로 돌아오시게)

몸은 沐浴齋戒 하였고, 눈은 거룩한 성경을 읽고, 귀는 고전 음악으로 호사하는데, 속만 변변찮은 것으로 채워주는 것이 몹시 미안한 이정수 목사

우리의 찬양 속에 거하시는 하나님(4)

본문 / 시22:3

1. 들어가는 이야기

지난 몇 주 동안 "우리의 찬양 속에 거하시는 하나님"을 주제로 묵상하고 있습니다. 오늘은 찬양을 통하여 더욱 풍성한 은혜 받을 수 있는 길을 모색하는 가운데 은혜를 나누려고 합니다.

아프리카 북부 사회주의 국가 리비아에 우리나라 동아건설이 리비아 전국토 녹색화를 위한 대수로 공사(Great Man-Made River; 사람 손으로 만드는 위대한 江)를 성공적으로 수행하였는데 이 대수로 공사 이후 참 이상한 현상이 일어났다고 합니다. 풀 한 포기 없던 리비아 사막에 水路 파이프가 매설된 길을 따라 드문드문 나무들이 자라기 시작하였다는 것입니다. 바람에 실려 사막에 날아와 떨어진 씨앗이 물 냄새를 맡고 싹을 틔우고 자라기 시작한 것입니다. 땅을 파보니 나무 뿌리들이 모두 水路 파이프를 향하여 뻗치고 어떤 나무 뿌리는 수로 파이프를 아예 칭칭 휘감고 있더라는 것입니다. 우리 믿는 사람들에게 찬양은 리비아 사막에 매설된 이 수로 파이프와 같습니다. 찬양은 메마르고 퍅퍅하고 기쁨이 사라진 영혼을 촉촉이 적시는 샘물이며 영혼의 상처를 치유하는 길르앗의 유향입니다.

2. 찬양 묵상을 위한 세 가지 지혜

첫째, 短調(a minor scale: 슬픔, 우울, 회개, 고통, 쓸쓸한 분위기) 찬양 곡으로 시작하여 長調(a major scale: 밝고, 힘차고, 기쁨, 승리의 분위기) 찬양 곡으로 마치는 것이 좋습니다. 왜냐하면 성경의 기본 흐름이 음악적으로 말해서 단조적 분위기로부터 출발하여 장조적 분위기로 진행되고 있기 때문입니다.

창세기 1장의 천지창조 기사를 보면 "땅이 혼돈하고 공허하며 흑암이 깊음 위에 있고 하나님의 신은 수면에 운행하시니라. 하나님이 빛이 있으라 하시매 빛이 있었고 그 빛이 하나님 보시기에 좋았더라. 하나님이 빛과 어두움을 나누사 빛을 낮이라 어두움을 밤이라 칭하시니라. 저녁이 되며 아침이 되니 이는 첫째 날이라(창1:2-3)" 하셨습니다. 우리는 하루를 아침부터 저녁까지라고 합니다만 성경은 하루를 저녁부터 아침까지라고 하십니다. 왜, 그렇습니까? 이 세상 맨 처음 태초의 하루는 아침부터 시작한 것이 아니라 어둠에서부터 시작된 것이기 때문입니다. 빛(장조)이 먼저 있었던 것이 아니라 어둠(단조)이 먼저 있었다는 말입니다. 야곱은 얍복강에서 죽음과 절망의 어두운 밤을 지나 브니엘의 환한 아침을 맞았습니다. 예수님은 할 수만 있거든 이 잔이 내게서 지나가게 하옵소서 하오나 내 뜻대로 마옵시고 아버지의 뜻대로 하옵소서 라고 절규할 만큼 어둡고 참혹한 겟세마네 동산의 어두운 밤, 십자가의 고난, 죽음의 골짜기를 지나 부활의 새 아침을 일구어 내셨습니다. 단조 분위기에서 장조 분위기로 향한 흐름입니다.

둘째, 찬양 묵상이 더욱 풍성한 은혜로 넘치는 시간이 되기 위하여 각자 사모하는 말씀이나 마음 속에 떠오르는 말씀을 먼저 읽고 말씀과 더불어 함께 찬양하는 것이 중요합니다. 우리의 찬양 속에 거하시는 하나님의 말씀을 마음 속에 잘 갈무리 하고 찬양할 때 더욱 은혜가 넘치기 때문입니다. 특히, 시편 말씀을 눈으로 읽고, 소리내어 읽고, 그 가운데 心琴(마음 속 거문고 줄)을 울리는 말씀을 마음에 깊이 간직하고 찬양하는 것이 좋습니다. 훌륭한 찬양 사역자들의 멘트가 대부분 시편을 인용하고 있다는 사실을 보아도 잘 알 수 있습니다.

*여호와께서 내게 이르시되 너는 내 아들이라 오늘 날 내가 너를 낳았도다. 내게 구하라 내가 열방을 유업으로 주리니 네 소유가 땅 끝까지 이르리로다(시2:7-8). *내가 평안히 눕고 자기도 하리니 나를 안전히 거하게 하시는 이는 여호와시니이다(시4:8). *여호와여 주의 분으로 나를 견책하지 마옵시며 주의 징계로 나를 징계하지 마옵소서. 여호와여 돌아와 나의 영혼을 건지시며 주의 인자하심을 인하여 나를 구원하소서(시6:1, 4). *여호와여 주의 이름을 아는 자는 주를 의지하오리니 이는 주를 찾는 자들을 버리지 아니하심이니이다(시9:10). *여호와는 나의 빛이요 나의 구원이시니 내가 누구를 두려워하리요 여호와는 내 생명의 능력이시니 내가 누구를 무서워하리요, 너는 여호와를 바랄지어다 강하고 담대하며 여호와를 바라지어다(시27:1, 14). *그 노염은 잠깐이요 그 은총은 평생이로다. 저녁에는 울음이 기숙할지라도 아침에는 기쁨이 오리로다(시30:5)… 이루 말 할 수 없습니다.

셋째, 찬양 중에 마음에 강한 울림이 오는 찬양이 있다면 그 찬양 곡을 깊이 반복하여 오래도록 찬양하는 것입니다. 이 곡, 저 곡, 계속 새로운 찬양 곡을 선택하는 것보다 은혜 되는 찬양한 곡을 계속 반복하여 찬양할 때 놀라운 은혜가 임합니다. 찬양 곡 가운데는 1절 보다 2절, 3절 혹은 맨 마지막 4절 가사에 큰 은혜가 넘치는 곡이 많습니다. 나의 경우에는 499장 3절, 503장 2절, 545장 3절 등입니다. 그런데 이 곡, 저 곡, 찬양 곡을 자꾸 새것으로 바꾸어 부르다보면 찬양하는 행동 그 자체에 사로잡혀 찬양 속에 거하시는 하나님께서 주시는 큰 은혜를 놓치는 어리석음에 빠질 우려가 있습니다. 마치 예수님의 말씀보다 예수님 대접하는 일에 매달렸던 마르다 처럼 말입니다(마르다의 일이 중요하지 않다는 뜻은 결코 아닙니다). 바로 이 점에서 은혜 되는 찬양 한 곡을 오래도록, 깊이, 기도하는 마음으로, 찬양 곡의 가사 말과 나의 실존을 일치시키며 반복하여 찬양하는 것이 매우 중요합니다.

3. 마치는 이야기

음악을 할 줄 아는 개인, 가정, 교회라면 오케스트라, 사부합창, 찬양 사역자, 지휘자, 일반성도 모두 마음을 하나로 하여 찬양할 일입니다. 감사하고 기쁜 일이지요. 그러나 음악적 재능이나 시설, 여건이 미흡한 개인, 가정, 교회라도 마음을 하나로 하여 깊이(Deep), 반복(Repeat)하여 찬양하는 그 가운데 우리 하나님의 임재가 충만히 거하시리라 믿습니다. 할렐루야! 할렐루야! 할렐루야!

고전예화 420

개성 천재, 마산 천재의 대결

친구들과 속초 바닷가 어물전에 갔다가 갖가지 물고기를 보고 문득 전에 읽은 자칭 인간 국보 제1호 무애 양주동 선생의 글이 생각나서 친구들에게 말해 주었더니 모두들 크게 웃었습니다. 다음은 그 이야기 요약입니다.

개성 출신 무애 양주동과 마산 출신 노산 이은상은 두 사람 모두 1903년 생, 일본 와세다 대학교 출신입니다. 두 사람은 아주 친한 친구였으나, 한편 무애는 자칭 개성 천재라 하고, 이에 질세라 노산은 마산 천재라 하고 둘은 누가 진짜 천재인가를 겨루는 선의의 라이벌이기도 하였습니다.

하루는 무애가 노산의 하숙집에 놀러 갔는데 노산이 개성 천재하고 마산 천재하고 누가 진짜 천재인지 내기를 하자고 제의하였습니다. 내기 조건은 상대방이 30개의 단어를 임의로 선정하여 죽 불러 주면 그 걸 다 듣고, 들은 그 30개 단어를 그대로 기억하여 맞추는 것입니다. 벌칙은 지는 사람이 천재 소리 포기할 것, 그리고 한 턱 걸지게 낼 것, 두 가지입니다. 무애가 좋다! 하고 먼저 30개 단어를 선정하여 노산에게 불러주었더니 노산은 하나도 틀리지 않고 30 단어를 모조리 따박따박 모두 맞추었습니다. 다음은 무애 차례인데 무애는 열 댓 개쯤 맞추다가 헷갈리기 시작하였습니다. 노산 승, 무애 패.

그 후 무애가 노산의 하숙집을 찾아갔는데 마침 노산이 집을 비웠습니다. 노산을 기다리는 동안 무애가 노산의 책상 위에 놓인 책들을 이리저리 펼쳐보다가《연상기억술법》이란 책을 보았습니다. 노산의 승리 비법이 바로 그것이었습니다. 무애는 그 책을 몰래 가져다가 읽고 그 비법을 터득한 후 그 책을 도로 제자리에 가져다 두었습니다. 그리고 무애는 시치미 뚝 떼고 노산에게 "한 번 진 것으로 천재 소리를 포기한다는 것은 너무 억울하니 한 번만 더 시합을 하자"고 재대결을 신청하였습니다. 그리고 무애가 덧붙여 하는 소리가 이번 시합에는 누가 진짜 천재인지 공정하게 심판 볼 친구들도 여러 명 부르자고 하였습니다. 이 재대결이 무애의 흉계인 줄 까맣게 모르는 노산은 흔쾌히 좋다! 고 하였습니다.

재대결 하는 날, 이번에는 노산이 먼저 30개의 단어를 선정하고 불러주었는데, 놀랍게도 무애는 30단어 모두 맞추었습니다. 이번에는 무애가 30개 단어를 선정하여 불러주었습니다. 노산은 열 댓 개쯤 맞추더니 그만 헷갈리기 시작하였습니다. 노산 패, 무애 승, 그 날 노산은 바가지 옴팍 썼습니다.

어떻게 된 일인가? 무애가 불러 준 단어 30개가 좀 묘했기 때문입니다. 무애가 선정한 단어 30개는 붕어, 숭어, 송어, 복어, 고등어, 광어, 잉어, 다랑어, 전어, 문어, 붕장어, 농어, 청어, 상어, 뱀장어, 빙어, 오징어 였습니다. 연상기억술법이란 것이 단어와 단어 사이에 이야기 거리를 붙여 연상하는 것인데 온통 "어" 로 끝나는 고기 이름뿐이니 마산 바닷가 출신 천재도 어쩔 수 없었던 것이지요.

· 존재의 고유가치(Intrinsic Value) ·

나는 이 세상의 모든 존재는 그 존재의 고유의 가치(intrinsic value)가 있다고 믿습니다. 내게는 존재 가치가 없다고 생각되는 것이 누군가에게는 필수 불가결한 존재 가치로 자리 매김 되는 것이 있습니다. 그 역도 성립되는 것이 세상 이치입니다. 그러므로 나는 天下萬事皆有意(천하만사개유의: 이 세상 모든 일은 각각 모두 그 나름대로의 의미를 가지고 있다)라는 말에 전적으로 동의합니다.

한 때 우리나라 사람들은 음악, 미술, 의상, 운동, 연극, 문학, 식생활, 같은 예술, 스포츠, 음식 분야를 업신여기고 무가치하다 보고 그 분야 사람들을 환쟁이, 깽깽이, 풍각쟁이, 글쟁이, 깡패 비슷한 아류, 소리꾼, 딴따라 라고 불렀습니다. 왜냐하면 그 분야의 사람들은 당장 먹고사는 데 필요한 물질적인 것과 거리가 먼 것들, 안 봐도 되고, 안 들어도 되고, 안 읽어도 되는 무형의 것을 추구하는 사람들이었기 때문입니다. 오늘 우리는 우리의 그 같은 판단이 얼마나 가소로운 짓이었는가를 신문, 방송, 잡지, 인터넷을 접하면서 매일 매일 실감합니다. 왜? 우리가 업신여기던 그 분야 사람들이 바로 이 시대의 주인공이 되었기 때문입니다.

요즈음 우리나라는 청백전 시대(청년 백수 전성 시대)라고 합니다. 집집마다 대학을 졸업하고도 백수로 놀고 있는 아들, 딸 문제로 고민이 많습니다. 본인들은 물론이고 드러내 놓고 말은 못 하지만 속으로 걱정하는 부모들이 많습니다. 우리 집도 예외는 아닙니다. 그러나 진짜, 거짓 없이, 진실로, 탁! 까놓고, 솔직히 말해서 나는 이런 문제로 걱정, 근심, 염려하지 않습니다. 왜? 훗날 우리 아이들 인생에서 지금 이 청년 백수 시절의 고민, 상처, 갈등, 답답함, 열등감, 아픔들이 저들의 인생에서 가장 의미 깊은 시간으로 평가받을 날이 오리라고 믿기 때문입니다.

그 좋은 증거가 바로 우리들입니다. 가끔 내 좋은 친구들과 만나 이야기하다보면 대개 전날 백수로 고통 받던 그 때 이야기가 대부분입니다. 그리고 잔잔히 웃으며 맺는 결론이 "그래도, 그 때가 좋았어!" 입니다. 아니 그러합니까?

삶을 보는 안목은 하나, 현재의 삶에서부터 앞으로 닥쳐 올 죽음까지를 보는 눈. 둘, 죽음의 자리에서 지금 자기의 삶을 보는 눈. 셋, 자기 자신의 전체 과거, 현재, 미래를 통째로 보는 눈. 그 중 제일은 세 번째라 여기는 이정수 목사

우리의 찬양 속에 거하시는 하나님(5)

본문 / 시22:3

1. 들어가는 이야기

오늘 아침, "우리의 찬양 속에 거하시는 하나님" 이라 하는 주제 말씀을 마지막으로 한 번 더 묵상하는 가운데 은혜를 나누려고 합니다.

찬양하라, 찬양하라, 찬양하라! 전능하신 여호와 하나님을 찬양하라! 해 돋는 데서부터 해지는 데까지, 호흡이 있는 자마다, 살아 계신 우리 하나님을 찬양할지어다. 이는 하나님이 우리의 찬양 속에 거하시기 때문입니다. 아멘! 할렐루야!

2. 내 아버지 이기장 장로님의 찬양법

내 아버지, 영락교회 은퇴 장로 이기장 장로님의 주민등록 앞자리 수는 <170721>입니다. 지금 아주 강건하십니다. 내 아버지는 10년 이상 동안 아침, 저녁으로 찬양합니다. 큰 소리로, 박수치면서, 찬양합니다. 아버지는 매일 부를 찬양곡 일람표를 두 장 만들어서 하나는 찬송가 속에 또 하나는 지갑 속에 넣고 다닙니다. 찬양 일람표에는 찬송가 장수와 찬송가 가사 첫 부분이 적혀 있습니다. 예 : 503장, 고요한 바다로 저 천국 향할 때 하는 식입니다.

내 아버지, 이기장 장로님의 찬양법이 이렇습니다.

하루 8곡을 찬양한다. 그 8곡을 다 외워서 부를 수 있을 때까지 찬양한다. 8곡을 다 외워서 찬양할 수 있으면 또 8곡을 선택한다. 그리고 앞에 8곡과 다음 8곡을 외워서 부를 수 있을 때까지 찬양한다. 16곡이 다 외워지면 또 8곡을 선택한다. 그리고 같은 방법으로 반복 찬양한다. 그리하여 2006년 2월 현재 1절부터 4절까지 완전히 외워서 부를 수 있는 찬양 곡이 56곡, 100% 완전하지는 않지만 90% 이상 외워서 부를 수 있는 곡이 24곡. 합계 80곡. 앞으로 목표는 100곡.

정말 그러한가? 싶어 내가 아버지의 찬송일람표 중 무작위로 골라 불러보시라 하니 과연 척척입니다. 정말이네!!! 나는 매우 놀랐습니다. 정말 대단하였습니다. 솔직히 말해서 나는 찬송가 1절 정도 외우는 것은 몇 장 있어도 1절부터 4절까지 몽땅 외워 부를 수 있는 곡은 한 장도 없습니다. 큰 도전을 받았습니다.

아버지는 "내가 지금까지 이렇게 별 탈 없이 건강하게 사는 것이 아침, 저녁으로 매일 찬양하는 데 있나 봐!" 하십니다. 백 번 옳으신 말씀! 백 번 지당하신 말씀! 이라고 인정하지 않을 수 없었습니다. 오늘도 내 아버지는 찬양합니다. 출타하여 지하철이나 버스를 타고 어디를 갈 때는 수첩을 꺼내 찬양일람표를 보고 그 날 부를 찬송을 속으로 찬양합니다. 1절부터 4절까지 눈감고 부를 수 있는 곡이 80곡이나 되니 찬송가가 따로 필요 없습니다.

3. 다시 생각하는 찬양의 유익함

첫째, 찬양은 우리의 영혼을 밝고 투명하게 합니다. 종교와 종파를 불문하고 산 속에서 도 닦는 분, 수도원에서 기도하는 분, 가부좌하고 명상하는 분, 깊은 신학을 탐구하는 분들의 공통점은 그 분들의 영혼이 참 투명하다는 점입니다. 그런데 한가지 아쉬운 것은 그 분들이 우리에게 주는 느낌은 어딘가 무겁고 엄숙한 분위기는 있으나 밝음, 기쁨, 맑음, 즐거움, 웃음과 같은 분위기는 좀체로 찾아보기 어렵다는 점입니다. 나는 道 혹은 眞理가 투명하기는 하나 무겁고 엄숙하기만 하다면 뭔가 좀 모자라는 도, 뭔가 좀 빠진 진리 아닌가 생각합니다. 무엇인가 좀 모자라는 그 것, 무엇인가 좀 빠진 그 것을 채워 圓融(원융)한 도, 온전한 진리가 되게 하는 것이 바로 찬양이라고 생각합니다.

우리의 신앙 생활도 그러합니다. 성경 연구와 쉬지 않고 드리는 기도가 우리의 영혼을 투명하게 한다고 하면 찬양은 우리의 영혼을 밝고, 맑고, 기쁨이 충만하게 합니다. 그러므로 성경 연구, 기도, 찬양은 셋 아닌 하나입니다.

둘째, 찬양은 우리의 생각을 긍정적으로 변화시킵니다. 마음이 외롭고, 괴롭고, 낙심되고, 쓸쓸하고, 우울합니까? 찬송하여 보십시오. 지금 당장 소리 높여 억지로라도 찬송하여 보십시오.

488장, 내 영혼에 햇빛 비치니 주 영광 찬란해. 이 세상 어떤 빛보다 이 빛 더 빛나네. 주의 영광 빛난 그 빛 내게 비춰주시옵소서. 그 밝은 얼굴 뵈올 때 나의 영혼 기쁘다. 493장, 나 이제 주님의 새 생명 얻은 몸, 옛 것은 지나고 새 사람이로다. 그 생명 내 맘에 강같이 흐르고 그 사랑 내게서 해같이 빛난다. 영생을 맛보며 주 안에 살리라 오늘도 내일도 주 안에 살리라. 495장, 높은 산이, 거친 들이 초막이나 궁궐이나 내 주 예수 모신 곳이 그 어디나 하늘나라. 할렐루야 찬양하세 내 모든 죄 사함 받고 주 예수와 동행하니 그 어디나 하늘나라.

어떠합니까? 찬송하는 가운데 하나님의 영이 임하셔서 우리의 부정적이고 어두운 생각을 긍정적이고 밝은 생각으로 변화시켜 주신다는 사실을 알 수 있지요? 아멘!

셋째, 찬양은 우리 몸을 건강하게 합니다. 내 아버지 이기장 장로님의 간증처럼 찬양은 우리 몸을 건강하게 합니다. 내가 아는 어떤 권사님은 20년 전 그 남편 되는 분이 공사 현장에서 담이 무너져내려 척추를 다쳐 장애인이 되었습니다. 그 날부터 권사님은 北風寒雪 몰아치고, 숨막히는 더위를 무릅쓰고 지금까지 시장 한 모퉁이에서 떡볶기 장사를 하고 있습니다. 권사님은 그 모진 삶의 辛苦(신고)를 찬양으로 이겨냈고, 지금도 찬양 속에 임하시는 하나님의 위로와 사랑으로 살아간다고 하였습니다. 장장 20년 넘도록 아침부터 밤늦게까지 장사하지만 한 번도 아프지 않고 마음이 낙심되지 않은 것이 찬양 속에 임하시는 하나님의 은혜로 알고 감사하고 있다고 고백하였습니다.

고전예화 421

"앗!"

요즈음은 많이 달라졌다고 하지만 간간이 난폭, 짜증, 철부지 버스 운전자가 눈에 띕니다. 전에 어느 날 시내 버스를 탔는데 버스 운전자는 교대 시간이 촉박했던지 사람 태우는 것보다 빨리 가는 것이 더 급한 터라 내리는 사람이 없으면 사람이 기다리고 서 있는 정류장도 지나치고 막 달립니다.

그런 중인데 다음 정류장이 가까워 오자 한 청년이 좌석에서 일어나 머뭇머뭇합니다. 우리도 초행길에 가끔 그런 경우를 당하지만 그 청년도 이번 정류장이 내릴 곳인지 다음 정류장이 내릴 곳인지 헷갈리는 모양입니다. 청년이 머뭇거리자 버스 운전자는 정류장에 멈추는 듯하다가 곧 바로 출발하면서 "내리려면 내리고 아니면 가만히 앉아 있든지 할 것이지 바빠 죽겠는데 되게 신경 쓰게 하네" 하였습니다. 그리고 계속 이어서 뭐라고 쑹얼쑹얼하였습니다. 승객 모두 그 청년에 대한 버스 운전자의 말투가 좀 지나치다고 생각하였습니다.

그 청년은 아무 소리 않고 서 있었습니다. 버스가 왱- 하고 출발하여 몇 바퀴 굴러 간 후 청년은 바로 여기서 내려야 한다는 걸 알았나 봅니다. 청년은 한껏 미안해하며 "아저씨 미안합니다. 여기 잠깐 좀 세워 주세요!" 하였습니다. 그러자 버스 운전자는 "아, 진짜 열 받네. 오늘 정말 왜 이래, 진작 말했어야지" 합니다. 청년은 몇 번이나 미안하다고 하였습니다. 그런데도 버스 운전자는 계속해서 뭐라뭐라 쑹얼쑹얼 거렸습니다. 버스 승객 모두 "저런 못된 놈이 있나! 시내버스 타다 보면 누구나 그런 작은 실수가 있는 법인데 그걸 가지고 저렇게 계속 청년을 무안하게 만드는 저 놈 아주 못된 놈이구만!" 하는 말 없는 공감대가 형성되었습니다. 누군가 "이제 그쯤 해 두시오!" 할 만하였습니다.

버스가 서자 청년이 막 내리려는데 버스 운전자는 또 뭐라고 쑹얼댔습니다. 승강장 손잡이를 놓고 막 뛰어내리려던 청년이 홱 몸을 되돌려 버스 안으로 뛰어 들어왔습니다. 그리고 "아, ××놈! 오늘 참으려 했는데 도저히 못 참겠네!" 하며 웃통을 확 벗고 버스 운전자에게 달려갔습니다. 그 청년의 상체에는 검은 용 문신이 꿈틀대고 있었습니다. 청년의 벗은 몸에 꿈틀거리는 용 문신을 본 버스 운전자의 입에서 나온 말은 "앗!" 하는 외마디였습니다.

그러나 때는 이미 늦었습니다. 청년은 버스 운전자 멱살을 바짝 쥐고 달랑 들어 버스 밖으로 끌어냈습니다. "야, 이 ××놈아! 내가 뭘 그리 잘못했냐?" 하면서 원투 스트레이트, 어퍼컷으로 버스 운전자를 쥐어박았습니다.

승객 중 몇 사람이 뛰어내려가 두 사람을 뜯어 말려 떼어놓자, 청년은 웃통을 입고 사라지고, 버스 운전자는 신나게 얻어터지고, 하릴없이 버스를 몰아야했습니다. 순식간에 일어난 해프닝이었습니다. 초라해진 버스 운전자를 보니 짠한 생각이 없지 않았으나 맞아도 싸다 하는 생각도 지워지지 않았습니다.

· 반가운 사람-박현규 ·

지난 주일 아침 일찍, 반가운 사람이 내가 사는 북한강변으로 찾아온다고 전화가 왔습니다. 서둘러 일어나 사방 문을 활짝 열고 집안을 쓸고, 닦고, 촛불 켜고, 향 피우고, 페치카에는 장작불을 활- 활- 피워 놓았습니다. 내 좋은 친구 박현규 사장입니다. 박현규 사장은 부산에서 수산업을 하고 있습니다. 서울에 노모와 LG 건설 경제팀에 근무하는 아들, 용인 정신 병원에 간호사로 근무하는 딸, 남매가 있어 특별한 일없으면 주말에 서울 집으로 올라옵니다.

내가 작년 7월에 이곳으로 옮긴 후 몇 차례 내 집에 오려고 했다가 토요일, 일요일 아침이면 양수리-양평 6번 도로가 꽉 막히는 바람에 집을 나섰다가 되돌아 갔습니다. 그리하다가 2월 12일 아침, 2006년 독일 월드컵 대비 한국 대 코스타리카 축구 평가전 때문에 길이 한적하리라 보고 집을 떠났더니 과연 그러하였다 합니다. 우리나라의 축구 열기는 참 대단하다 아니할 수 없습니다. 덕분에 우리는 반갑게 만날 수 있었습니다. 따뜻한 중국 차 한잔을 마시며 페치카 장작불 앞에 앉아, 내가 사는 이야기, 박현규의 자녀 혼사 문제, 사업 이야기, 간암으로 투병 중인 친구 등 우리 주변 친구들 이야기를 나누었습니다.

작별의 시간, 박현규는 이사 온 집에 빈손으로 왔는데 "선물 할 거 뭐 없는가?" 묻습니다. 내가 하는 말이 "우리 집사람 친구네 집에서 쓰던 텔레비전을 보고 있는데 좀 신통치 않아 그러니 똑똑한 텔레비전 하나 있었으면 좋겠다" 하였습니다. 박현규 하는 소리가 "요즈음 텔레비전만 보는 사람이 어디 있어? DVD, VCR도 있어야지" 합니다. "그래? 그것 참 훌륭한 생각"이라고 하였습니다.

몇 날 후, LG 물류 센터에서 텔레비전, DVD, VCR을 배달한다는 전화가 왔습니다. 그런데 가만 생각해 보니까 그걸 놓을 받침대가 마땅치 않습니다. 그래서 받침대도 추가해서 갖고 오라고 하였습니다. 2월 19일, 마침내 아주 아주 똑똑하고 넓고 시원한 텔레비전, DVD, VCR, 받침대가 도착하였습니다.

어제 2월 23일 한국방송공사 KBS 종교와 인생 프로그램 3월분 녹음 갔다가 KBS 본관 앞 좌판에서 2만원 주고 '노인과 바다, 카사블랑카, 초원의 집, 야니 실황 녹화' 등 DVD 9장을 사다 틀어 보니 요즘 말로 "카! 정말, 끝내 줍니다!".

북한강변 청평댐에서부터 남북으로 늘어선 뾰루봉(710M)-화야산(750M)-고등산(610M)엔 아직 눈이 덮여 있음을 현장 답사하고 보고 드리는 이정수 목사

생각의 틀(Thought Form)

본문 / 잠4:23(11:14, 15:22, 23:7, 24:6)

1. 들어가는 이야기

우리 각 사람이 가지고 있는 생각의 틀(Thought Form=觀)은 우리 민족의 靈山 백두산 꼭대기에 떨어진 빗방울과 같습니다. 빗방울 하나가 떨어져 왼쪽으로 기울면 바로 그 순간부터 그 빗방울은 東海로 갑니다. 빗방울 하나가 떨어져 오른쪽으로 기울면 바로 그 순간부터 그 빗방울은 西海로 갑니다. 각각의 빗방울은 백두산 꼭대기에 떨어진 그 순간의 지극히 작은 차이로 인하여 빗방울 하나는 동해 바다 물이 되고, 또 다른 빗방울 하나는 서해 바다 물이 됩니다. 떠오르는 태양[日出]의 바다에서 사느냐? 지는 해[日沒]의 바다에서 사느냐? 하는 엄청난 결과로 이어집니다. 이 빗방울들처럼 우리 각 사람의 일생을 결정하는 것은 각 사람이 품고 사는 생각의 틀입니다. 인생에서 생각의 틀(Thought Form=觀)이 얼마나 중요한 것인가(특히, 젊은이들에게)를 큰 제금을 울리고 큰 나팔을 불고 큰 종을 울려서 널리널리 알려야 한다고 생각합니다.

2. 양자역학의 불확정성 원리와 생각의 틀

1915년 아인슈타인이 발견한 일반 상대성 이론(general theory of relativity)과 1927년 하이젠베르그가 발견한 양자역학의 대원리–불확정성 이론(uncertainty principle)은 현대 물리학의 양대 산맥입니다. 일반 상대성 원리는 "모든 물질은 각각 고유의 특성(reality)을 갖고 있다" 하는 고전 물리학의 대전제 위에 세워진 것이고, 불확정성 원리는 "모든 물질은 각각 고유의 특성(reality)을 갖고 있다고 할 수 없다" 하는 혁명적 물리학 이론입니다(불확정성의 원리가 모든 물질은 각각 고유의 특성을 가지고 있는 것이 아니다 라고 딱 잘라 말 못하는 것은 아직 완벽한 실험 결과를 제시하고 있지 못하기 때문입니다). 이 모순되는 두 이론은 현재 물리학에서 한참 논쟁 중인데 현대 이론 물리학자 브라이언 그린은 요즈음 추세로 실험 기기와 기술이 개발되면 수년 내에 후자의 이론을 입증하는 실험 결과가 나올 것이라고 낙관하고 있습니다(참고: 브라이언 그린, 박병철 옮김, 우주의 구조, THE FABRIC OF THE COSMOS, 승산출판사).

나는 여기서 현대 물리학을 말하고자 하는 것이 아닙니다. "이 세상의 모든 물질, 바위, 물, 보석 등이 각각 고유의 특성을 처음부터 가지고 있는 것이 아니라 미시 세계의 양자에 가해지는 온도, 속도, 운동 등 환경 변화에 따라 양자의 구조에 변화가 일어나 혹 바위, 혹 물, 혹 보석이 된다" 하는 불확정성 원리의 중요성 때문입니다. 즉, 오늘 현대 물리학에서 바위, 물, 보석 같은 물질은 원래 처음부터 그런 양자 구조를 가지고 있다 하는 고전 물리학의 결정론은 이미 폐기 처분된 터인데, 하물며 하나님의 형상(Image of God)과 하나님의 생기(the breath of life)로 지음 받은 사람을 어찌 결정론(운명론, 사주팔자, 유아기 환경설 등)으로 설명할 수 있겠는가! 하는 점을 말씀드리고 싶은 것입니다.

3. 무엇이 생각의 틀(Thought Form=觀)인가?

첫째, 무신론적 생각의 틀과 유신론적 생각의 틀이 있습니다. 무신론적 생각의 틀을 가진 사람은 사람의 육감으로 직접 보고, 듣고, 냄새 맡고, 맛보고, 느끼고, 예감할 수 있는 것만 믿을 수 있다고 생각합니다. 유신론적 생각의 틀을 가진 사람은 사람의 육감을 초월한 신의 세계가 분명히 있다고 생각합니다.

성경은 무신론적 생각의 틀을 가지고 사는 사람을 어리석은 사람, 악인이라고 합니다. 악인은 그 모든 사상에 하나님이 없다 하나이다(시10:4). 어리석은 자는 그 마음에 하나님이 없다 하도다(시14:1, 53:1). 무신론적 생각의 틀을 가진 사람은 그 결과 부패하며, 가증한 악을 행하며, 더러운 자가 되며, 선을 행하지 않으며, 마침내 바람에 나는 겨와 같이 되어 소멸한다고 하셨습니다.

성경은 유신론적 생각의 틀을 가진 사람을 의인, 지혜로운 사람, 복 있는 사람이라고 합니다. 여호와의 눈은 의인을 향하시고 그 귀는 저희의 부르짖음에 기울이시는도다(시34:15), 의인은 기뻐하여 하나님 앞에서 뛰놀며 기뻐하고 즐거워합니다(시68:4). 유신론적 생각의 틀을 가진 사람은 그 결과 시냇가에 심은 나무가 시절을 좇아 과실을 맺으며 그 잎사귀가 마르지 아니함 같으니 그 행사가 다 형통하는 복을 받고 누리며 산다고 하셨습니다.

둘째, 부정적 생각의 틀과 긍정적 생각의 틀이 있습니다. 유명한 술병의 비유가 그것입니다. 술이 반병 담겨 있는 술병을 보고 부정적인 사람은 "술이 반 밖에 안 남았네!" 합니다. 긍정적인 사람은 "술이 아직도 반이나 남아 있네!" 합니다. 별거 아니라고 생각되는 이 차이는 백두산 꼭대기에 떨어진 빗방울과 똑 같습니다.

율리우스 카이사르는 "사람은 자기가 보고 싶은 것만 보고 듣고 싶은 것만 듣는다"고 하였습니다. 현대심리학은 이런 현상을 선택적 주의집중(selective attention)이라고 합니다. 부정적인 생각의 틀을 가진 사람은 무슨 일을 할 때 많고 많은 것 가운데서 그 일의 장애물, 일이 실패할 경우의 후유증, 안 되는 것, 곤란한 것, 위험한 것, 예상되는 비용 등 꼭 부정적인 것들만 보고 듣습니다. 긍정적인 사람은 그 일을 이룰 수 있는 방법, 예상되는 비용이 아니라 투자, 그 일이 이루어졌을 때 오는 기쁨 등 많고 많은 것 가운데 꼭 긍정적인 것만 보고 듣습니다. 그 결과는 삼척 동자라도 不問可知(불문가지)입니다!

셋째, 닫힌 생각의 틀과 열린 생각의 틀이 있습니다. 닫힌 생각의 틀을 가진 사람은 흑백논리(나는 옳고 너는 틀렸다), 제로섬 게임(zero-sum game: 일정한 빵을 누가 더 차지하느냐 하는 게임), 레드 오션(red ocean:무한 경쟁 시장의 바다), 새로운 것에 대한 저항감에 익숙합니다. 열린 생각의 틀을 가진 사람은 윈-윈 논리(나도 옳고 너도 옳다), 블루 오션(blue ocean: 나만이 할 수 있는 창조성으로 창출하는 경쟁 없는 시장의 바다), 새로운 것에 대한 유연성에 익숙합니다.

고전예화 422

생각 틀(Thought Form)의 힘

태국 사람들의 코끼리 길들이는 법을 보았습니다. 어린 코끼리를 쇠말뚝에 묶어둡니다. 여러 날 아기 코끼리는 쇠말뚝에서 벗어나려고 기를 씁니다. 쇠말뚝이 뽑힐 리가 없습니다. 그렇게 몇 달 지내다 보면 코끼리는 "쇠말뚝은 절대, 결코, 영원히 뽑을 수 없는 것!" 이란 생각의 틀이 확고하게 뼈 속까지 새겨져서 작은 나뭇가지에 묶어놔도 오, 쇠말뚝이구나! 저것은 뽑을 수 없는 것! 하고 잠잠합니다.

깊은 산 속에 집도 없고 절도 없는 산길에 한 남자가 등에 지게를 지고, 한 손에는 지게 작대기를 쥐고, 한 손에는 암탉 한 마리를 들고 길을 갑니다. 길 가던 남자가 뒤에서 나는 인기척에 돌아보니 한 여자가 보따리를 머리에 이고 걸어오고 있었습니다. 조금 후 여자가 남자 곁을 지나쳐 앞서 가기 시작하였을 때, 남자는 여자에게 "여보시오, 깊은 산중이고, 길은 멀고, 적적한데 서로 이야기라도 나누면서 길을 가면 피차 심심하지도 않고 얼마나 좋겠습니까?" 하였습니다.

그러자 여자는 싫다고 하였습니다. 남자는 "아니 왜 그러시오? 내가 당신에게 무슨 해라도 끼칠까보아 그러십니까?" 하였습니다. 여자는 "그럼요!" 하였습니다. 남자는 "이것 보시오. 당신 눈에는 내 모양이 보이지도 않소? 내가 그럴 사람도 아니지만은 설사 해를 끼칠 생각이 있다 해도 나는 지금 등에는 지게를 졌지, 한 손에는 지게 막대기를 들었지, 또 한 손에는 암탉을 들고 가는 판에 어찌 해를 끼칠 수 있다는 말이오?" 하였습니다.

그러자 여자가 "그걸 누가 안답니까? 당신이 지게를 내려놓고, 지게 막대기로 지게를 받치고, 암탉은 지게 앞다리에 묶어 두고 나서, 얼마든지 나를 해칠 수 있는 것 아니겠어요" 라고 말하고는 종종걸음으로 앞서 갔습니다. 얼마 후, 남자는 그 여자가 일러준 대로 지게를 내려놓고, 지게 막대기로 지게를 받쳐두고, 암탉을 지게 앞다리에 묶어 두고, 한 걸음에 앞서가던 여자에게 달려가 그 여자가 걱정하던 꼭 그대로 그 여자에게 해주었습니다. 그리고 두 사람은 그 산 속에서 오순도순 행복하게 살았답니다.

여자가 남자의 생각의 틀을 깨어주기 전까지 그 남자는 나뭇가지에 묶여 있는 코끼리처럼 나는 쇠말뚝에 묶여 있다! 즉 나는 지게를 졌고, 한 손은 지게 작대기, 한 손은 암탉을 쥐고 있으니 나는 아무 것도 할 수 없다! 하는 생각의 틀을 가지고 있었습니다. 여자가 남자의 생각의 틀을 깨지만 않았던들 그 여자에게는 아무 일도 일어나지 않았고, 남자도 수굿하게 자기 길을 갔을 것입니다.

그 남자는 코끼리가 아니라 사람입니다. 이제까지 "무엇무엇 때문에 나는 할 수 없다!" 하는 생각의 틀에 사로잡혀 있던 그 남자는 "그 무엇 무엇이 별게 아니라는 것을 알고 나자, 오, 나도 할 수 있다!" 하는 생각의 틀로 변해 버린 것입니다. 이것이 생각의 틀(Thought Form)이 가진 무서운 힘입니다. 나는 코끼리가 아닙니다. 너도 코끼리가 아닙니다.

말씀의 샘물 제 423 호 (2006. 3. 6)

· 타라의 악어 찾기 집념 ·

고대 이집트 사람들은 나일강의 악어를 신성시하고 숭배하였으며 그 제사장을 <소백>이라고 불렀다는 기록이 있습니다. 최근 이집트 고고학자 <에다>는 사하라 사막 모래 속에서 고대 신전 하나를 발굴하였는데 그 신전은 악어를 기르고 숭배하는 "크로코딜로포리스" 신전이었습니다. 신전 안에는 악어의 미라, 악어 알 부화장, 부화하지 못한 2000년 전 악어 알 30개가 고스란히 남아 있었습니다.

오늘날 생태학자들은 지구의 환경 변화와 나일강의 생태계 변화로 나일강과 아프리카 북부 지역에는 악어가 완전히 멸종되었다고 생각하고 있었습니다. 그런데 아일랜드 출신 27세의 미모의 생태학자 <타라>는 아프리카 북부 사막 지역을 여행하던 중 사막 원주민들로부터 사하라 사막 서쪽에 있는 모리타니 사막에서 악어를 보았다는 風聞(풍문)을 듣고 악어를 찾아보기로 결심하였습니다.

<타라>는 원주민들에게 물어 물어가며 일년이 넘도록 모리타니 사막을 헤매고 다닌 끝에 마침내 사막 한 가운데 물웅덩이에 살고 있는 50여 마리의 악어와 새끼 악어들을 찾아냈습니다. 타라가 크로코딜로포리스 신전에서 발견된 악어 미라의 DNA와 사막 한 가운데 악어의 DNA를 비교하였더니 둘은 별종이었습니다. 아마도 2000년이 넘는 동안 별종으로 진화한 것 같다고 합니다. 그런데 한 가지 의문은 사하라 사막 한 가운데 이 물 웅덩이와 주변 습지는 3~4월 우기일 때만 얼마 동안 물이 있고 그 후 다음 우기 때까지 7~8 개월 동안은 물이 전혀 없는 사막이며, 그늘이라 하더라도 섭씨 50도가 넘는 이런 곳에서 그 많은 악어들이 도대체 어디 숨어 있다가 물이 생기면 다시 나타나는 것일까? 하는 것입니다.

원주민들은 악어들이 큰 나무의 움푹 파진 구멍 속에 들어갔다가 물이 생기면 거기서 기어 나온다고 하였으나 그런 것 같지는 않았습니다. <타라>는 전자 자동 장난감 탱크에 카메라를 매달고 주변 동굴 속을 탐사하였습니다. 놀랍게도 악어들은 땅 속 20미터 아래까지 굴을 파고 거기 죽은 듯 잠자고 있었고, 새끼 악어들도 어미 곁에서 잠자고 있었습니다. 많은 생태학자들이 아프리카 북부 나일강과 사막 지역에는 악어가 없다고 보았는데 <타라>는 아프리카 북부 모리타니 사막에 악어가 살고 있다는 놀라운 사실을 밝혀낸 것입니다(참고 : Animal Planet, 3월 2일).

비가 내려 물이 차 오를 때까지 무려 7~8 개월을 20미터 땅 속에 죽은 듯 기다리는 악어들의 생존법칙(潛龍之水 : 장차 하늘을 오르려는 용은 개천에 누워 천년을 기다림)을 보고 크나큰 감동을 받은 이정수 목사

생각의 틀(Thought Form)은 선택입니다

본문 / 잠4:23(잠11:14, 15:22, 23:7, 24:6)

1. 들어가는 이야기

사람은 생각하는 동물입니다(Homo Sapiens). 르네 데카르트의 기본 명제는 '나는 생각한다. 고로 존재한다(Cogito Ergo Sum!)' 입니다. 플라톤의 아카데미 현판에는 "기하학을 모르는 사람은 이 문을 통과할 수 없다"고 기록되어 있습니다. 토마스 카알라일은《영웅숭배론》에서 이 세상 모든 영웅은 그 생각의 틀이 보통 사람과 달랐다는 점을 강조하고 있습니다.《손자병법》에 迂直之計(우직지계 : 바쁠수록 돌아가라는 뜻)가 있습니다. 급하다고 생각 없이 대처하면 이것저것 빠뜨리는 것이 많아 시행착오 하느라 걸리는 시간이 많다. 그러므로 천천히, 충분히 생각하고 난 다음에 대응하는 것이 결과적으로 보면 오히려 더 빠르다는 것입니다.

이 모두가 뜻하는 것은 사람은 그가 품은 생각의 틀(Thought Form)의 수준, 즉 그 생각의 깊고 옅음, 그 생각의 폭, 그 생각의 평범함과 탁월함, 그 생각의 창조성의 정도에 따라 평가받는 존재라는 것입니다. 생각의 틀이 얼마나 중요한가를 강조 또 강조하고 있습니다.

2. 생각의 틀(Thought Form)은 선택하는 것입니다

성경은 우리들에게 다음과 같이 말씀하고 있습니다. *무릇 지킬만한 것보다 더욱 네 마음(생각)을 지키라. 생명의 근원이 이에서 남이니라(잠4:23). *의논이 없으면 경영이 파하고 모사가 많으면 경영이 성립하느니라(잠15:22). *대저 그 마음의 생각이 어떠하면 그 위인도 그러하도다(잠23:7). *너는 모략(생각)으로 싸우라. 승리는 모사가 많음에 있느니라(잠24:6). 믿음이 없이는 기쁘시게 못하나니 하나님께 나아가는 자는 반드시 그가 계시는 것과 또한 그가 자기를 찾는 자들에게 상 주시는 이심을 믿어야 할지니라(히11:10).

오늘 선택한 본문 말씀은 그저 몇 가지 사례에 불과합니다. 성경 말씀 전체의 파노라마-천지창조-출애굽-이스라엘 왕국의 역사-예수 그리스도의 오심-죽으심-부활하심-재림하심-대심판-새 하늘과 새 땅, 성경의 이 모든 흐름이 말씀하는 것은 무신론적 생각의 틀, 부정적 생각의 틀, 닫힌 생각의 틀을 버리고, 유신론적 생각의 틀, 긍정적 생각의 틀, 열린 생각의 틀을 선택하여 살라고 하십니다.

그런데 많은 사람들이 이렇게 말합니다. 유신론적, 긍정적, 열린 생각의 틀을 가지고 살라는 말! 거, 참 좋은 말이야, 그런데 그런다고 달라지는 것이 뭐 있어? 그런 생각만으로 행복해지고, 부자가 되고, 축복이 온다면 어느 누가 그런 생각의 틀을 가지고 살지 않겠어? 문제는 구체적 대안이 없지 않은가 말이야! 좋아진다, 축복 받는다 하는 말뿐이지 현실적으로 아무런 대책이 없잖아. 그것 모두 구름 잡는 소리일 뿐이야. 그래 봤자 달라지는 것은 아무 것도 없어! 안 그래? 합니다.

3. 긍정적 생각의 틀(Thought Form=觀) 속에 숨겨진 엄청난 보물들

성경은 바로 그런 소리를 하는 사람들을 악인, 어리석은 사람, 무지한 사람, 지혜 없는 사람이라고 합니다. 성경 말씀대로 유신론적, 긍정적, 열린 생각의 틀을 선택하고 사는 그것 자체만으로 충분히 축복이며, 행복이요, 부자며, 성공이며, 대책입니다. 왜? 그 속에 엄청난 보물들이 숨겨져 있기 때문입니다.

첫째, 유신론적, 긍정적, 열린 생각 틀로 생각하면 그 순간부터 건강의 축복을 받습니다.《뇌내혁명》의 저자 하루야마 시게오는 뇌 호르몬에는 사람을 밝고, 지혜롭고, 건강하게 하는 뇌내 모르핀, 베타 엔돌핀, 알파 뇌파 등이 있고, 사람을 우울하고 소극적이고 부정적으로 만드는 노르아드레날린, 도파민, 아드레날린 등이 있다. 부정적 생각의 틀을 가진 사람 뇌에서는 부정적인 뇌 호르몬이 분비되고, 긍정적 생각의 틀을 가진 사람 뇌에서는 긍정적 뇌 호르몬이 분비된다는 것을 실험으로 밝혀냈습니다(참고 :《말씀의 샘물》 제2권 고전예화 제77호 뇌내혁명).

둘째, 유신론적, 긍정적, 열린 생각의 틀로 생각하면 그 순간부터 人福(인복)을 받습니다. 모든 존재는 類類相從(유유상종: 믿는 사람끼리, 불신자끼리, 부자끼리, 가난뱅이끼리, 도둑놈끼리, 고스톱끼리, 골퍼끼리, 일류끼리, 멍청이끼리)입니다. 생각이 변하면 행동이 변하고, 행동이 변하면 습관이 변하고, 습관이 변하면 운명이 변한다고 하였습니다. 옳은 말입니다. 생각이 변했는데 행동이 변하지 않을 수 없습니다.

예를 들어, 내가 A를 참 좋게 생각하였는데 그 A가 알고 보니 사기꾼이었다면 그를 대하는 나의 행동이 당장 달라질 수밖에 없습니다. 이와 같이 나의 생각의 틀이 유신론적, 긍정적, 열린 생각의 틀로 변하면 내 주변에 그런 생각의 틀을 가진 사람들이 모여들게 마련입니다.

셋째, 유신론적, 긍정적, 열린 생각의 틀로 생각하면 그 순간부터 開眼(개안)의 축복을 받습니다. 눈이 열리는 것입니다. 엘리사의 사환 게하시가 靈眼(영안)이 열리자 이제까지 보이지 않던 수수만만의 천군 천사들의 불 말과 불 병거가 엘리사가 거하는 도단 성을 지키고 있는 것을 볼 수 있었던 것처럼 부정적 생각의 틀을 버리고 긍정적 생각의 틀로 보면 이제껏 보이지 않던 것이 보입니다. 아울러 모든 것이 전에 와는 전혀 다르게 보이기 시작합니다(왕하6:8-17).

일을 보는 눈과 태도가 달라집니다. "누군가 하겠지", "다음에 하지", "자리 옮기고 나서 하지 뭐!" 하던 태도가 "내가 하지 않으면 누가 하랴!", "여기서 하지 않으면 어디 가서 하랴!", "지금 하지 않으면 언제 하랴!" 합니다. 뿐만 아니라 "받은 만큼만 한다!"에서 "감동할 때까지 한다!" 로 변합니다. 사람 보는 눈이 달라집니다. 무모하게 보이던 사람이 용감한 사람으로 보입니다. 사물을 보는 눈이 달라집니다. 危機(위기)로 보이던 것이 機會(기회)로 보입니다. 눈이 열린 것입니다.

고전예화 423 상황이 아니라 생각의 틀입니다

공병호가 쓴《공병호의 10년 후 세계》를 읽고 저자 공병호 박사에게 보낸 한 엘리트 사원의 이메일 요약입니다.

나는 29세, 나의 아버지는 택시 기사로《부자 아빠, 가난한 아빠》에 나오는 전형적인 가난한 아빠입니다. 그래도 다행히 나는 일류대학교를 졸업하고 일류 대기업에 취직하였습니다. 나는 요즈음 나같이 빽 없고, 돈 없고, 나만이 할 수 있는 일이라고는 전혀 없는 평범한 직장인은 삼팔선, 사오정, 오륙도라고 하는 불안한 미래 사회에서 어떻게 살아남는가? 하는 걱정으로 잠을 이루지 못 합니다. 마치 찰리 채플린의 영화 모던 타임스에 나오는 컨베어벨트 앞에서 나사 조이는 노동자와 다름없는 나의 현실에서 보면 공병호 박사가 말하는 '자기 계발, 나만의 트렌드를 가지라, 창조 신화의 주역이 되라, 인생을 책임지는 것은 오직 나 자신뿐이다' 등등의 충고는 한낱 공허한 메아리처럼 들립니다.

내 입사 동기 중 한 명은 지난 주일 회사에 사표를 내고 미국 유학을 갔습니다. 또한 새로 입사하는 친구들 보면 집안이 장난이 아니게 짱짱합니다. 얼마 전 마광수 교수가 "예쁜 아이들이 공부도 잘한다"고 하였다는데 그 말이 백 번 옳습니다. 세상이 그렇게 변한 것 같습니다. 이제 더 이상 현대 그룹의 정주영 회장 같이 "맨 손으로 일어나기" 는 불가능한 시대인 듯합니다.

선진국처럼 공정한 기회가 부여된다면 도전해 보고 싶은데 집안, 빽, 돈으로 완전 무장한 내 주변 친구들과 겨루기에는 나 같은 평범한 직장인으로는 정말 방법이 없습니다. 공병호 박사님의 말은 다 맞습니다만 현실은 그러하지 못한 것 같습니다. 지금 한국의 방향은 문제가 없지 않으나 차라리 "좌향좌"의 세상이 되었으면 좋겠습니다. 오늘은 날씨도 우중충하고 일도 손에 안 잡히고 우울합니다. 10년 후, 그리고 내가 우리 아버지 나이가 되었을 때 택시 운전이라도 할 수 있을지 걱정입니다. 내 친구는 나더러 당장 내일 일 걱정하는 사람이 대부분인데 10년, 20년 후 걱정을 하는 네 놈은 행복한 놈이라고 하더군요. 앞으로 이 험난한 세상을 어떻게 살아가야 할지 걱정이 앞섭니다.

이 이메일에 대하여 공병호는 이렇게 말하고 있습니다. 나보다 무려 15년 이상의 세월을 가진 젊은이의 글이 너무 우울했다. 주위가 깜깜하게 보이던 나의 처음 직장 생활을 되돌아보면 이해되는 부분도 있지만 이 청년의 글 전체 흐름은 "내 삶은 내가 산다" 하는 생각은 전혀 없고 "나의 주변 상황이 나를 결정하고 있다"는 것이다. 나는 이 청년에게 정작 고민해야 할 것은 상황이 아니라 생각이라고 말하고 싶다. 즉, 공병호는 무엇무엇 때문에 안 된다는 생각의 틀을 벗어나 무엇무엇 때문에 될 수 있다 하는 생각의 틀(Thought Form)로 전환하는 것이 더욱 중요하다고 말하고 있는 것입니다. <참고: 공병호, 부자의 생각, 빈자의 생각, 해냄출판사, 15~21쪽>

· 삼태봉 잣나무 군락지 ·

3월 3일(금), 꽃샘추위로 눈 내린 다음 날 내 좋은 친구들과 유명산(862M)에 올랐습니다. 2월 4일이 입춘이었으나 春來不似春(춘래불사춘)이라, 봄은 왔다지만 아직 봄은 아닙니다. 산골짜기와 능선 북편은 하얀 눈이 그대로 쌓여 있어 발이 푹푹 빠집니다. 산 속엔 우리 일행뿐 아무도 없습니다. 아무도 밟지 않은 새하얀 눈길, 뽀드득 뽀드득 눈 밟히는 소리, 소나무, 잣나무 숲에서 불어오는 바람 소리, 눈 덮인 첩첩 산맥들이 사방으로 휘날리는 정상의 풍경은 겨울 산에서만 볼 수 있는 멋진 풍류입니다. 산은 정말 겨울 산입니다.

3월 6일(월), 개구리가 튀어나온다는 경칩 날 아침, 정배초등학교 명달리 분교 뒤에 있는 삼태봉(682M)을 개척하기로 하고 한국의 명산 사이트를 참고하여 지도 공부를 하였습니다. 명달리 분교 뒤로 난 길을 한참 올라가니 숲 속 냇물가에 그림 같은 팬션들이 많습니다. 여름철엔 사람들이 꽤 많이 모여들리라 짐작됩니다. 산 속 林道를 따라 30분쯤 걷다 왼쪽으로 난 삼태봉 등산로를 발견하였습니다.

삼태봉 골짜기 냇물은 거의 다 녹았고, 맑기가 수정 같습니다. 낙엽이 바싹 말라 있어 밟으면 바삭바삭 부스러집니다. 가파른 7부 능선쯤 햇살에 파랗게 빛나는 잣나무 군락 숲이 매우 웅장합니다. 오호, 이런 곳도 있구나! 하였습니다.

삼태봉(682M) 정상에서 통방산까지 1Km 라고 하는 안내판을 분명히 보았는데 하산 지점은 엉뚱하게도 유명산 주차장 쪽 가평군 설악면 방일리입니다. 이 지역은 교통이 아주 불편합니다. 차를 명달리 분교 앞에 세워두었는데 난감합니다. 난감한 건 난감한 거고 오후 3시 반이라 배가 고파 죽을 지경이라 우선 뭘 좀 먹어야겠습니다. 길가에 KBS, SBS 출연 방일리 해장국집이란 간판이 보이는 집으로 들어갔습니다. 해장국, 곱창 전골, 맛이 제법입니다. 뜻밖에 좋은 맛집 하나를 발견하였습니다. 돌아오는 길은 하는 수 없이 20,000원 주고 서종면 택시를 호출하여 명달리 분교까지 갔습니다.

옛말에 形不勞則怠惰易弊(형불로즉태타이폐: 몸을 수고롭게 형성하지 않으면 태만하여 몸이 허물어지기 쉽다) 라고 하였습니다. 산을 오르면 무엇보다 지구력이 좋아진다는 것을 나는 직접 체험하고 있습니다. 지금 힘 있을 때 부지런히 산에 오를 것을 간곡히 권면하는 이정수 목사

생각의 틀(Thought Form)은 생명입니다

본문 / 잠4:23(11:14, 15:22, 23:7, 24:6)

1. 들어가는 이야기

'생각' 이란 말은 순수 토종 우리말입니다. 나는 이 '생각' 이라는 우리말을 한문으로 표기하면 '生覺(날 생+ 깨달을 각)' 이라 쓰는 것이 좋지 않을까 여깁니다. 왜냐하면 우리 사람이 생각하는 것은 영적 문제, 경제적 문제, 인간 관계 문제, 건강 문제 등 무엇인가 자기 자신 앞에 부닥친 문제를 해결할 수 있는 길을 찾으려는 정신 활동이니 만큼 '生覺=깨달음이 생겨나는 마음 활동' 이라 풀이해 본 것입니다. 사람은 작은 일이나 큰 일이나 문제가 생기면 생각합니다. 그리고 그 생각에서 얻어진 결론=깨달음에 따라 행동합니다. 그 생각이 제대로 된 생각이면 다행이지만 그 생각이 잘못된 생각이라면 事案(사안)에 따라 그 사람 자신에게 돌아가는 폐해가 적지 아니할 것입니다.

제임스 앨런은 <위대한 생각의 힘>에서 "사람을 세우거나 무너뜨리는 것은 그 사람 자신이 가지고 있는 생각의 틀이다. 어떤 생각의 틀은 사람을 무기력, 우울, 자포자기, 절망하게 하여 마침내는 짐승 이하의 삶을 살게 하고, 어떤 생각의 틀은 사람을 기쁨, 용기, 비전, 투지, 활력이 넘치게 하여 그 사람을 우뚝 세우고 신의 성품에까지 이르도록 한다. 이 양 극단의 생각의 틀 사이에 온갖 등급의 인격, 인품, 인간의 가치가 결정된다" 라고 하였습니다. 옳은 말입니다. 생각의 틀은 곧 그 사람의 생명입니다.

2. 생각의 틀은 전적으로 그 사람 자신의 몫입니다

하이젠베르그의 양자 역학-불확정성의 원리는 이 세상 모든 물질은 처음부터 그 물질 고유의 양자 구조로 된 것이 아니라 양자가 어떤 충격(Impact : 속도, 온도, 질량 등)을 받았는가에 따라 양자 구조가 변화되어 혹 돌이 되고, 혹 금강석이 되고, 혹 쇠가 되기도 한다는 것을 밝혀내었습니다.

양자 역학의 이 발견은 곧 사람의 생각의 틀에 그대로 적용할 수 있습니다. 양자는 생각할 수 있는 능력에 해당하고, 양자의 구조는 생각의 틀에 해당하는 것입니다. 정상적인 사람이라면 누구나 생각할 수 있는 능력(思考力=양자)이 있습니다. 그 생각할 수 있는 능력을 가지고 어떠한 생각의 틀(혹 돌, 혹 금강석, 혹 쇠가 되는 양자의 구조)을 만들어 내는가 하는 문제는 전적으로 그 사람 자신의 몫입니다. 그 누가 대신 만들어 줄 수 없습니다. 그러므로 좋은 환경에서 자란 사람이 쓰레기 같은 삶을 살기도 하고 개천에서 용이 나기도 하는 것입니다.

그러므로 공자님도《논어》위령공 편에서 "내가 어이하여야 훌륭한 군자가 될 수 있을까? 간절한 마음으로 깊이 생각하지 않는 사람은 나도 어찌 할 수 없다(不曰如之何如之何者 吳末如之何也已矣)" 고 였습니다.

3. 올바른 생각의 틀은 지극히 단순합니다

로마는 하루 아침에 세워진 것이 아닙니다(The rome was not built in a day). 화려하고 우아한 유럽의 귀족 사회의 처음 모습은 거칠고 조악하였습니다. 콜럼버스의 아메리카 대륙 발견, 종교개혁, 빌 게이츠의 마이크로소프트, 하워드 슐츠의 스타벅스 커피 등 이 세상의 모든 위대한 인물, 집안, 사업, 작품, 문화를 창출한 사람들이 처음부터 구체적인 대책과 대단한 생각의 틀을 가지고 출발한 것이 아닙니다. "나는 나라를 세우겠다!", "나는 군자가 되겠다!" "나는 부자로 살겠다!", "나는 최고가 되겠다!" "나는 전도자가 되겠다!" 하는 지극히 단순한 생각의 틀로부터 시작한 것입니다. 이런 사상이 서양 속담이 되어 아직껏 남아 있습니다. "그들이 할 수 있었넌 것은 그들이 할 수 있다고 생각하였기 때문이다(They can because they think they can!)", 이 얼마나 단순합니까!

*고전 영화 "바람과 함께 사라지다"에서 주인공 스카렛 오하라는 먼지 풀풀 날리는 밭에서 풀뿌리를 캐다가 하늘을 우러러 "오, 하나님! 나는 이제 이후 결코 가난하지 않을 겁니다. 나는 이제 이후 절대 굶지 않을 겁니다!" 라고 절규합니다. 그리고 그녀는 더 이상 가난하지도 굶지도 않았습니다. *헤밍웨이의《노인과 바다》에서 노인은 아프리카 바닷가와 사자들 꿈(생각)을 꿉니다. 그리고 엄청나게 큰 위대한 다랑어를 잡았습니다. *학교에 도저히 갈 수 없는 지지리 가난한 흑인 가정의 7살짜리 꼬마 부커 T 워싱턴(1856~1915)은 "나는 학교에 갈 꺼야!" 라고 합니다. 그리고 흑인 최초로 미국 터스키기 농과대학교 총장이 되었습니다. *6 · 25 한국전쟁 중 나라에서 피난민에게 밀가루 배급으로 일반 가정은 1 포대, 과부 가정은 2포대 주었습니다. 일반 가정 사람들 가운데는 동회 직원에게 뇌물을 주고 과부 가정으로 조작하는 사례가 흔하였는데, 내가 잘 아는 그 할머니는 당시 남편이 전쟁 중 이북으로 납북되어 생사를 알지 못하는 상황임에도 동회 기록부에 남편이 있는 것으로 기재하고 밀가루 1 포대만 받았습니다. 왜? "내 남편은 살아 있어! 나는 가난하지 않을 꺼야!" 라는 생각의 틀을 가지고 있었기 때문입니다. 그리고 그 생각의 틀대로 되었습니다.

4. 마치는 이야기

성경은 내가 네 앞에 생명과 사망, 축복과 저주를 두었은 즉 너와 네 자손이 살기 위하여 생명을 택하라(신30:19), 가라, 네 믿음대로 될지어다(마8:13). 믿는 자에게는 능치 못 할 일이 없느니라(마9:23). 라고 하십니다. 또한 오늘 본문 말씀을 보십시오. 무릇 지킬 만한 것보다 더욱 네 마음을 지키라. 생명의 근원이 이에서 남이니라(Above all else, guard your heart, for it is the wellspring of life) 하셨습니다. 무슨 뜻입니까? 그 무엇보다 하나님은 살아 계시다 하는 유신론적 생각의 틀, 긍정적인 생각의 틀, 열린 생각의 틀을 지키라! 그리하면 여호와의 궁정에 심겨진 나무와 같이 흥왕하여 늙어도 결실하며 진액이 풍족하고 빛이 청청한 축복된 삶을 살게 되리라 하신 말씀입니다. 아멘, 할렐루야!

고전예화 424 생각의 틀=자아 이미지(self-image)

1960년 초판 이래 삼천만부가 팔린 맥스웰 몰츠(그는 성형외과 전문의 출신이다)의《성공의 법칙》의 키워드는 사이코사이버네틱스(psycho-cybernetics)입니다. 이 말은 그리스어로 '정신, 영혼을 뜻하는 psyche + 배의 키를 뜻하는 kybernetes' 의 합성어로 "우리 인생의 길잡이" 라는 뜻이 됩니다.

이미 고전이 된 이 책의 제1장의 주제는 "너의 자아 이미지부터 바꾸라" 입니다. 그가 이 책의 첫 출발점을 "자아 이미지 전환"에 두고 있다는 것은 매우 의미심장합니다. 자아 이미지가 바뀌지 않는 한 그 어떤 변화도 있을 수 없기 때문입니다. 여기서 자아 이미지(self-image)란 자기 스스로 "나는 이러이러한 사람이다" 라고 자기 자신을 규정하고 있는 생각의 틀을 말합니다.

그는 임상 실험에서 한 개인의 모든 활동, 감정, 능력, 습관은 그 사람 자신의 자아 이미지와 항상 일치하였다는 점을 발견하였습니다. 왜냐하면 사람은 자기 자신이 생각하고 있는 자아 이미지와 반대되는 행동을 할 수 없는 존재이기 때문입니다. 사람은 긍정적이든 부정적이든 자기가 생각하는 생각의 틀대로 행동할 수밖에 없다는 말입니다. 자아 이미지는 그 사람의 인격 전체와 행동, 습관, 환경을 결정하는 기초이며 밑바탕입니다.

맥스웰 몰츠는 성형 수술로 외적 자아이미지(outward-self-image)가 변화되면 그 사람의 내적 자아 이미지(inward-self-image)가 바뀌는 사람이 있다. 성형 수술로 외적 자아 이미지가 완전히 변화되었어도 그 사람의 내적 자아 이미지는 전혀 바뀌지 않는 사람도 있다는 것을 발견하였습니다. 여기서 그는 매우 중요한 결론에 도달하였습니다. 문제는 내적 자아 이미지(inward-self-image=thought form), 즉 그 사람의 생각의 틀이 변하지 않으면 외적 자아 이미지나 환경 변화(수술, 로또 당첨, 가족과 친구들의 헌신…)가 아무 소용이 없다는 사실이었습니다.

맥스웰 몰츠는 성형외과 의사 임상 실험을 통하여 "사람의 내적 자아 이미지는 변화한다!" 하는 확고한 의학적 증거 토대 위에 서서 내적 자아 이미지를 변화시킬 수 있는 방법을 제시하고 있습니다. 그리하여 제1장에서 "너의 내적 자아 이미지(inward-self-image=thought form=생각의 틀)부터 바꾸라! 그리하면 성공=행복할 수 있다!" 는 사실을 明明白白(명명백백)하게 전제하고, 그 다음 제2장 진정한 자아 혁명, 제3장 상상력을 이용하라, 제4장 잘못된 믿음을 버려라. 제7장 성공과 행복은 정신적 습관이다. 제14장 승리를 확신하라에서 구체적으로 내적 자아 이미지를 전환 할 수 있는 자세한 지침을 제시하고 있습니다.

모든 위대한 출발은 나 자신에서부터입니다. 성공의 법칙=사이버네틱스(인생의 성공 길잡이)=내적 자아 이미지=행복=깨달음=구원=하나님 나라=이 모든 위대한 완성의 출발은 나의 생각의 틀이 그 출발점입니다.

· 일품 짜장면 ·

지난 주일에는 평양노회 남시찰회(3월 14일), KBS 종교와 인생 4월 분 녹음(3월 16일) 등 몇 가지 중요한 일 때문에 오늘(3월 18일)이 토요일인데도《말씀의 샘물》을 미처 만들지 못한 터라 마음이 바빠 아침밥도 거르고《말씀의 샘물》을 만들고 있는데 누군가 문을 두드립니다. 나가보니 중국집 배달원이 철가방을 들고 서 있습니다. 아랫집에 갈 것을 잘못 찾아온 것입니다. 문득 시계를 보니 오후 1시 반입니다. 벌써 한시가 넘었습니다. 배가 고프다는 의식이 들었습니다. 그래서 되돌아서 가는 배달원을 불러 세우고 "자장면 한 그릇도 배달하느냐?" 물으니 "한다" 고 합니다. 그럼 한 그릇 갖다 달라고 하였습니다.

다시 책상에 앉아《말씀의 샘물》을 쓰고 있는데 또 문 두드리는 소리가 납니다. 짜장면이 온 겁니다. 내가 "빨리도 왔네!" 하니 배달원 하는 소리가 "웬 걸요, 늦어서 미안한데요!" 합니다. 나의 실존 시간은 빠르다고 느꼈는데 배달원이 가진 객관적 시간으로는 오히려 늦은 모양입니다. 오호, 내가《말씀의 샘물》쓰는 일에 빠져서 시간 가는 줄 몰랐던 겁니다.

짜장면이 참 맛있습니다. 이렇게 맛있는 짜장면을 언제 먹어봤더라? 생각하니 전에 대학 다닐 때 신촌 굴다리 앞 당구장에서 친구들과 당구 치면서 시켜 먹었던 짜장면, 종로 기원에서 바둑 두다가 시켜 먹은 짜장면이었습니다. 무슨 일에 푹 빠져 몰입하다 먹는 짜장면 맛은 잘하는 집 것이든 신통치 않은 집 것이든 객관적 맛에 상관없이 모두 일품입니다. 오늘 짜장면 맛이 그 때 그 맛이었습니다.

또 무엇이 일품 맛인가?

꽃 피는 봄 4월 눈부신 햇살에 반짝이는 동해 푸른 물결 그리고 한갓진 바닷가 방파제에 앉아 현장 낚시꾼에게 직접 사서 그 자리에서 회 쳐먹는 숭어회 맛이 일품입니다. 6월 장마철, 부슬부슬 하염없이 비 내리고 으스스 할 때 노릇노릇하고 따끈한 녹두지짐 한 접시가 일품입니다. 깊은 가을 날, 찬바람에 이리저리 낙엽 구르는 오후 7시 퇴근 무렵 무교동 근처 낙지볶음과 시원한 조개탕이 일품입니다. 추운 겨울 눈 덮인 산꼭대기까지 올랐다가 하산하여 산악회에서 마련한 돼지고기 넣은 김치찌개 안주에 좁쌀 막걸리 한 잔이 일품입니다.

상일동 나무시장에서 왕벚꽃 10주, 목련 10주, 매화 5주, 살구 5주 묘목을 사다 식목 준비를 마쳐 놓은 이정수 목사

생각의 틀(Thought Form) : 10년법칙

본문 / 잠4:23(11:14, 15:22, 23:7, 24:6)

1. 들어가는 이야기

잠언23:7에 보면 "대저 사람의 생각이 어떠하면 그 위인도 그러하다" 라고 하셨습니다. 즉, <A=긍정적=positive thinking> 라는 생각의 틀을 가진 사람은 <A> 방향으로 살아가는 사람이 되고, <B=부정적=negative thinking)> 라는 생각의 틀을 가진 사람은 <B> 방향으로 살아가는 사람이 된다는 말씀입니다.

미국 심리학회가 쌍둥이들의 의식 흐름과 그들의 생활을 연구하였습니다. 그 중 술주정뱅이 알콜 중독자이며 주위 사람들에게 피해만 주는 아버지를 둔 쌍둥이 형제가 있었습니다. 그 쌍둥이 형제를 추적하여 보니 형은 그 아버지와 꼭 같은 상황으로 살고 있었습니다. 그런데 동생은 성공한 사업가요 지역 유지로 이웃 사람들로부터 큰 존경을 받고 있었습니다. 그 두 사람을 인터뷰하였는데, 형은 "내 인생도 별 수 없겠다. 아버지가 저런 모양이니 나라고 별 수 있겠어!" 라고 생각하였고, 동생은 "나는 절대 아버지처럼 살지 않을 꺼야!" 라고 생각하였다는 것입니다.

2. 생각의 틀이 그 사람의 인생을 결정합니다

우리는 유아기 환경론, 결정론, 운명론, 유전자론을 주장하는 사람들의 이론에도 충분히 공감합니다. 그러나 그 분들의 이론에 의하면 정신병자, 노숙자, 자폐증, 알콜 중독자, 낙오자, 자살, 범죄자, 깡패, 거지, 정서불안, 잘해야 지극히 별 볼일 없는 무지렁이로 살아가야 마땅할 만큼 가정적(지독한 결손 가정)으로, 사회적(노예, 가난, 하류 인생)으로, 육체적(장애인, 만성 질병)으로, 지능적(낮은 아이큐, 초라한 학벌)으로, 열악하고 깜깜한 상황에 태어나서 자란 어둠의 자식들이 우리 역사와 사회의 각 분야에서 눈부시게 찬란한 금자탑을 세워 놓은 것을 역사는 물론이고 우리가 살고 있는 지금 이 시대 우리 곁에 우리 두 눈으로 똑똑히 볼 수 있는 사람들도 있습니다.

광개토대왕, 이순신 장군, 다산 정약용, 고산자 김정호, 김구 선생, 주기철 목사, 징기스칸, 링컨, 헬렌 켈러, 루드비히 반 베토벤, 도쿠가와 이에야스, 사카모도 료마 등등 역사 속의 유명한 인물들은 물론입니다. 그리고 오늘 지금 당장 찾아가도 만날 수 있는 사람들《빵 굽는 CEO》(김영모/김영사), 《10년 법칙》(공병호/21세기북스), 《영혼이 있는 승부》(안철수/김영사), 《KBS 인간승리, 팔도 김치 사나이》, 《혼자 밥 먹지 말라/Never Eat Alone》(키이스 페라지, 탈 라즈/랜덤하우스) 등이 바로 그런 사람들입니다. 또한 우리 주변에는 "어쩌면 저럴 수 있나? 아, 정말 대단한 사람이다!" 라고 저절로 탄성이 나오는 삶을 사는 사람들도 참 많습니다. 그 분들 모두 분야와 모양은 달라도 한 가지 공통점은 생각의 틀 <A>를 품고 사는 사람들이라는 점입니다.

3. 그렇다면 생각의 틀 〈A〉를 품고 사는 사람들의 특징은 무엇인가?

첫째, 생각의 틀 <A>를 품고 사는 사람들은 "심은 대로 거둠"의 창조 질서를 믿고 삽니다. 한 가지 묻겠습니다. 여러분은 하나님의 축복, 天佑神助(천우신조), 偶然(우연), 運(운)이라는 말을 어떻게 이해하시는지요? 보통 사람들은 어쩌다가 재수가 좋아서 잘 풀리는 것으로 생각합니다. 즉 구하지 않아도, 찾지 않아도, 문을 두드리지 않았는데도 하나님이 알아서 잘 베풀어주시는 은혜로 이해합니다. 그러나 생각의 틀 <A>를 가진 사람들은 철저히 神人協同(하늘은 스스로 돕는 자를 돕는다)의 개념으로 생각합니다. 즉 구하지 않으면 얻을 수 없고, 찾지 않으면 찾을 수 없고, 문을 두드리지 않으면 열리지 않는다고 이해합니다.

둘째, 생각의 틀 <A>를 품고 사는 사람들은 "10년 법칙-The ten years rule"을 믿고 삽니다. 박지원의 소설 <허생전>에 남산골 허 생원이 10년을 작정하고 공부하였다는 대목이 나옵니다. 스톡홀름 대학교 앤더스 엘릭슨 교수는 "어떤 분야에서든지 최고 수준의 성과와 성취에 도달하려면 최소한 10년 동안 집중적으로, 지속적으로, 정교한 사전 준비와 훈련을 쌓아야 한다" 라고 하였습니다. 다중지능 이론으로 유명한 하버드 대학교 하워드 가드너 교수는 심리학(프로이드), 회화(피카소), 음악(이고르 스트라빈스키), 시(T.S.엘리엇), 무용(마사 그레이엄), 정치(마하트마 간디) 분야의 거장들을 연구하고 나서 "인지심리학에 의하면 한 사람이 어느 한 분야를 통달하는데 필요한 시간은 10년이다. 10년의 준비와 훈련기간이 지났을 때 위대한 내적 힘이 분출하여 폭발한다. 위의 일곱 사람들도 약간의 차이는 있지만 대략 10년을 주기로 창조적 도약을 이루었다" 라고 하였습니다<참고: 공병호, 10년 법칙, 21세기북스, 44~48쪽>.

이규태(신문기자), 엄기영(앵커), 김영모(제빵), 안철수(컴퓨터), 공병호(컨설팅), 팔도 김치 사나이(김치찌개), 전무송(연극), 안성기(영화), 정경화(바이올린), 조용헌의 方外之士(정신세계원 출판), 고수기행(랜덤하우스중앙 출판)에 나오는 그 모든 대단한 사람들의 실존적 고백도 한결 같이 10년 법칙이었습니다. 그 분들 모두 각자 자기 분야에서 10년쯤 전력 투구하고 난 후에야 "아, 이 동네가 이런 것이로구나!" 하는 느낌이 오더라는 것입니다.

셋째, 생각의 틀 <A>를 품고 사는 사람들은 이 세상에는 고정된 것, 안정된 것, 편안한 것, 쉬운 것, 저절로 되는 것, 지름길, 누군가의 도움, 변하지 않는 것, 안전 지대란 없다, 한 마디로 "공짜란 절대(absolutely) 없다" 라고 믿고 삽니다. 그러므로 인생에서 확실한 것은 아무 것도 없다. 그냥 너의 가슴이 원하는 것을 따르라(In life as a human being, nothing is secure, just follow your heart). 네 육체와 영혼 속에 불타오르는 각성의 불빛이 이끄는 대로 가라. 그리하면 그 무엇도 너의 삶을 방해하지 못 할 것이다(Let your soul take you where you long to be). 인생에서 유일한 안전은 삶 자체가 원래 지극히 불안전하다는 사실을 직시하여 받아들이고 불안전 그 자체를 기꺼이 즐기는 것이다(The only real security in life lies in relishing life' s insecurity) 라는 생각을 품고 삽니다.

고전예화 425 정언명령(Categorical Imperative)

임마누엘 칸트(1724−1804)의 定言命令(Categorical Imperative), 제1명제는 "네 의지의 준칙(기준=격률=표준=criterion)이 보편적 입법 원리에 타당하도록 행동하라(Act only according to that maxim by which you can at the same time will that it should become a universal law). 제2명제는 네 인격이든 다른 사람의 인격이든 사람의 인격을 수단으로 삼아서는 결코 안 된다. 오직 목적으로 대하여야 한다고 하였습니다. 공자는 이것을 己所不欲 勿施於人(기소불욕 물시어인; 내가 원하지 않는 일, 내가 하고 싶지 않은 일이라면 다른 사람에게도 시켜서는 아니 될 일이다) 라고 하였습니다.

안철수가 쓴《CEO 안철수의 영혼이 있는 승부》(김영사, 41쪽)에서 다음과 같은 인상적인 글을 읽었습니다.

"나는 우주에 절대적인 존재가 있든 없든, 사람으로서 당연히 지켜나가야 할 중요한 가치가 있다면 아무런 보상(천국, 극락, 구원 같은)이 없더라도 그것을 따라야 한다고 생각한다. 내세에 대한 믿음만으로 현실과 치열하게 만나지 않는 것은 나에게 맞지 않는다. 또 永遠(영원)이 없다는 이유만으로 살아있는 동안에 쾌락에 탐닉하는 것도 너무나 허무한 노릇이다. 다만 언젠가는 같이 없어질 동시대 사람들과 좀더 의미 있고 건강한 가치를 지켜가면서 살아가다가 별 너머 한 조각 먼지로 돌아가는 것이 인간의 삶이라 생각한다"

나는 이 글을 읽고 '임마누엘 칸트의 정언명령을 현대적으로 참 잘 표현해 주었구나' 생각하였습니다. 하나님이 있다, 하나님이 없다, 깨달음이 있다, 깨달음이 없다 하는 종교적 논의를 떠나 칸트적인 너무나 칸트적인 표현이라고 생각합니다.

안철수는 이 책에서 (주)안철수 연구소 회사 창립, 창립과정의 시행착오, <CEO>로서의 인간적 갈등과 고뇌, 회사의 핵심 가치(Built to Last) 제정−영혼이 있는 기업, 사회에 대한 책임 의식, 등 잘한 일과 실수한 일들을 가감 없이 솔직히 드러내고 있습니다. 2001년 8월 1일에 초판이 나왔는데 2001년 9월 22일, 정확히 53일 만에 18쇄가 찍힌 것을 보아도 이 책이 현대인들에게 특히 벤처 기업을 꿈꾸는 젊은이들에게 얼마나 큰 호소력을 보여 주었는가를 짐작할 수 있습니다.

나는 이 책을 덮으면서 세 가지 강력한 느낌을 받았습니다. 하나, 인간 안철수는 참으로 지독하게, 치열하게 열심히 사는구나 하는 것. 둘, 안철수는 '하늘은 스스로 돕는 자를 돕는다'는 말이 무슨 소리인가를 온 몸으로 증거하고 있구나 하는 것. 셋, 안철수는 너무 빡빡하게 산다, 풍류가 없다, 그래서야 어디 제 명대로 살 수 있겠나? 하는 느낌이었습니다.

결론적으로 말해서 그래도 안철수는 참 훌륭한 사람입니다.

·山行=人生·

只留淸氣滿乾坤(지류청기만건곤: 맑은 기운이 하늘과 땅에 가득한 이 자리!), 아침 저녁으로 조금은 쌀쌀하다 싶지만 동녘으로 아침해가 떠오르자마자 하늘과 땅은 곧 바로 맑고 따사로운 기운으로 가득한 완연한 봄입니다. 내가 사는 북한강가 버드나무에 물이 올라 연둣빛 싹이 뾰족뾰족 솟아나고 있습니다.

지난주에는 배낭 꾸려 메고 雲岳山(운악산 936M), 明智山(명지산 1267M)에 올랐습니다. 능선 북쪽 산비탈과 산꼭대기에는 아직 잔설이 남아 있습니다만 철- 철- 철- 소리내며 흐르는 하 맑고 깨끗한 계곡 냇물 한 움큼 떠서 양치질하고 세수하니 겨우내 묵었던 속 때가 말갛게 씻겨나가는 기분입니다.

나는 산에 오를 때마다 산을 오르는 일이 우리 삶의 여정과 어쩌면 그리도 절묘하게 꼭 닮았는가! 합니다. 산 들머리는 약간 비스듬할 뿐 힘도 들지 않고 넓은 냇물, 푸른 숲이 뿜어내는 맑은 기운으로 상쾌합니다. 그리하다가 산 능선을 향한 비탈에 접어들어 오르다보면 숨차고, 다리 아프고, 비 오듯 땀 흐르고, 입에서는 연방 "아이고 힘들어 죽겠다" 하는 소리가 나도 몰래 튀어나옵니다.

그래도 어찌하는가? 죽으나 사나 올라야지 중얼거리며 악을 쓰고 빡빡 한참이나 오르고 오르다보면 파란 하늘이 보입니다. 산 능선입니다! 어느 산이나 산 능선에 이르는 비탈길이 힘듭니다. 그러나 일단 산 능선까지 오르고 나면 아, 힘든 과정은 끝났구나 하는 안도감, 능선에서 내려다보는 산 아래 드넓은 전망, 정상이 바로 저기로구나 하는 희망으로 새 힘이 솟습니다.

그리고 또 다시 오릅니다. 頂上(정상)이 빤히 보이는데도 정상에 도달하는 것이 쉽지 않습니다. 저기가 정상인가? 하고 기껏 올라보면 그 앞에 또 한 고개가 있고, 저기는 정말 정상일 거야! 하고 올라보면 그 앞에 또 한 고개가 있습니다. 그렇게 몇 차례 속고 나서는 정상 짐작하기를 아예 포기하고 가다보면 언젠가 나오겠지! 하고 오르고, 오르고, 또 오르다보면 전혀 갑자기 예기치 않게 어느덧 정상에 서 있는 나 자신을 보게 됩니다. 오, 정상이로구나. 마침내 내가 산꼭대기에 섰구나! 하는 깨달음과 말할 수 없는 기쁨이 솟아납니다.

정상=행복=성공=깨달음=진정한 자아 실현은 나의 짐작과 나의 목표 의식의 범위를 초월하여 존재하는 것, 나는 오직 한 걸음, 한 걸음, 한 걸음 걸을 뿐! 그 한 걸음 걷지 않는 사람은 평생 정상에 도달할 수 없다고 믿는 이정수 목사

예수님의 생각의 틀(Thought Form)

본문 / 빌2:5-11[잠4:23,11:14, 15:22, 23:7, 24:6]

1. 들어가는 이야기

올해 사순절은 2006년 3월1일부터 4월 16일(부활주일)까지입니다. 우리 교회는 사순절 기간 동안 예수 그리스도의 생애-말씀-고난-십자가의 죽음-부활을 깊이 묵상하며 예수 그리스도를 닮아 가는 삶을 살기 위하여 힘씁니다. 그러면 예수 그리스도를 닮아 가는 삶이란 무엇인가? 그리고 무엇이 예수 그리스도를 닮아 가는 삶인가? 하는 문제에 대하여 성경은 말씀이다, 사랑이다, 믿음이다, 소망이다, 구원이다, 희생이다, 봉사다, 경건이다, 기도다, 자기 십자가를 지는 것이다, 하나님과의 화해다 등등으로 다양한 모양으로 설명하고 있습니다.

月印千江(월인천강)이란 말이 있습니다. 한 밤 중 창천에 높이 뜬 달이 수많은 강물을 비춘다는 말입니다. 즉, 달은 원래 하나이나 그 모양이 여러 가지로 비추인다는 뜻입니다. 성경의 모든 말씀도 이와 같습니다. 한 분 예수 그리스도를 각 나라와 문화, 각 사람의 이해 정도에 맞게 두루두루 모양을 달리하여 설명하여 주신 것입니다. 본문 말씀은 그 가운데서도 가장 유명한 말씀입니다.

너희 안에 이 마음(생각의 틀=태도)을 품으라 곧 그리스도 예수의 마음이니 그는 근본 하나님의 본체시나(하나님과 본질이 같은 분이셨으나), 하나님과 동등한 존재가 되려 하지 않으시고 오히려 자기를 비어 종의 신분을 취하셔서 우리와 똑 같은 사람이 되셨습니다. 뿐만 아니라 당신 자신을 낮추시어 십자가에 달려 죽기까지 복종하셨습니다. 그러므로 하나님이 그를 지극히 높여 모든 이름 위에 뛰어난 이름을 주사 하늘에 있는 자들과 땅에 있는 자들과 땅 아래 있는 자들로 모든 무릎을 예수의 이름에 꿇게 하시고 모든 입으로 예수 그리스도를 주님이시라 찬미하며 하나님께 영광을 돌리게 하셨느니라(빌 2:5-11).

2. 본문 이해

본문은 원래 서술문이 아니라 초대 교회의 예수 그리스도에 대한 찬양 시(hymn, 엡5:14, 골1:15-20, 딤후2:11-13 등과 같이)였던 것을 바울 사도가 인용한 것으로 보입니다. 본문의 배경에는 하나님의 형상=하나님과 같은 본질=the form of or image of God을 부여받은 첫째 아담은 하나님과 동등 되고자 하다가 멸망하였고, 둘째 아담이신 예수는 하나님과 동등 되고자 아니하시고 오히려 자기를 낮추시고 죽기까지 복종하시므로 하나님께서 그를 온 우주의 그리스도(메시아=구세주)가 되게 하셨다는 구약성서적 믿음이 전제되어 있습니다(롬5:12-21). 첫째 아담은 자기 스스로 하나님이 되고자 하는 자기 중심적 사람이었고, 둘째 아담 예수는 하나님으로 하나님 되시게 하는 하나님 중심의 사람이었다는 말입니다. 그러므로 하나님처럼 되려던 사람은 망하고, 하나님으로 하여금 하나님 되게 하신 예수는 그리스도가 되셨다는 말씀입니다(참고: NJB, pp.1941-1942).

3. 예수 그리스도의 마음(생각의 틀)은 무엇이었는가?

첫째, 예수 그리스도의 마음(생각의 틀)은 주기도문(The Lord' s prayer)에 잘 나타나 있습니다(마6:9-13). 연세대학교 한태동 교수는 예수님이 가르쳐주신 주기도문은 구약성경의 십계명(The Decalogue : 출20:1-21, 신5:6-21)을 발전적으로 재해석한 것이라고 하였습니다. 즉, "무엇무엇 하지 말라" 라고 부정적 형태로 된 십계명, 하나님과 사람의 관계(제1계명-4계명), 사람과 사람의 관계(제5계명-8계명), 사람과 물질의 관계(제8계명-10계명)를 "무엇무엇 하라" 라고 긍정적 형태로 발전시키셨다는 것입니다.

둘째, 예수님의 마음(생각의 틀)은 안목의 정욕, 육체의 정욕, 이생의 자랑을 추구하는 인간 중심적 마음이 아니라 "내 뜻대로 마옵시고 아버지의 뜻대로 하옵소서" 하는 하나님의 나라, 하나님의 뜻을 앞세우는 하나님 중심의 마음(생각의 틀)이었습니다. 그러므로 이 세상의 메시아가 되라고 하는 베드로와 제자들의 강청을 단호히 물리치셨고(마16:13-28), 예수님을 강제로 자기들의 임금으로 옹립하려고 하는 사람들을 피하셨고(요6:1-15), 인간적 생각으로라면 얼마든지 피할 수 있었던 십자가 고난을 하나님의 뜻대로 받아들이시고 죽기까지 순종하신 것입니다.

셋째, 예수님의 마음(생각의 틀)은 사회적 제도, 문화적 관습, 종교적 전통조차 무시하고, 때와 장소를 가리지 않으시고, 어떻게 하든지 무슨 수를 쓰던지 배고픈 사람, 곤란을 당한 사람, 병들어 죽어 가는 사람, 심지어 죽은 사람까지도 살려내고야 말겠다는 마음이셨습니다. 그것이 사랑이라고 하셨습니다(잃은 양의 비유, 잃은 동전의 비유, 돌아 온 탕자의 비유, 선한 사마리아 사람의 비유).

먹을 것이 없어 굶주린 사람들을 먹여 주셨습니다(막6:30-44, 14:13-21). 길거리에서 우연히 만난 소경 거지를 고쳐주셨습니다(요9:1-12). 안식일 아침 회당 안에서 만난 18년 동안 꼬부라진 채 간신히 살고 있는 여인을 고쳐 주셨습니다(눅13:10-17). 야이로의 딸, 나인성 과부의 아들, 마리아의 오라비 나사로를 살려주셨습니다. 심지어 로마 병정과 바리새인과 대제사장의 하인들이 몰려와 예수님을 사로잡아 가는 처절하고 긴박한 상황 속에서도 예수님은 귀가 잘려나간 말고의 귀를 고쳐주셨습니다(요18:10). 이것이 예수님의 마음(생각의 틀)이었습니다.

4. 마치는 이야기

사람은 하나님의 형상=Imago Dei=하나님의 본질=the breath of life=하나님의 생기를 부여받고 지음 받은 生靈(생령=A living being)입니다. 첫째 아담처럼 인간 중심적 마음(생각의 틀)을 가지고 살면 망할 수밖에 없습니다. 둘째 아담 예수 그리스도의 마음(생각의 틀)처럼 하나님 중심으로 사는 사람은 영원한 축복을 받습니다. 이것이 신구약 성경이 우리에게 주시는 명백한 메시지입니다. 너희는 이 마음을 품으라. 곧 그리스도 예수의 마음이니 그는 근본 하나님의 본체이시나 하나님과 동등됨을 취할 것으로 여기지 아니 하셨도다. 아멘! 할렐루야!

생각의 틀은 곧 상상력입니다

요즈음 우리나라 대학 입시나 대기업에서 사람을 뽑을 때 중점적으로 보는 부분이 그 사람의 생각의 틀=상상력=창의력이라고 합니다. 그리고 나폴레옹 힐의 《나의 꿈, 나의 인생》, 톰 피터스의 《경영혁명》, 맥스웰 몰츠의 성공의 법칙, 《공병호의 10년 법칙》, 이민규의 《1%만 바꿔도 인생이 달라진다》, 이장우의 《미래 경영 미래 CEO》, 김정운의 《노는만큼 성공한다》 등 이 모든 현대 경영학과 자기 계발 관계 서적에서 한결같이 가장 강조하고 있는 항목도 생각의 틀=상상력=창의력입니다.

Think the unthinkable!
Nothing you imagine is absolutely impossible!

생각할 수 없는 것을 생각하라.
상상력이 없는 사람은 절대로 새로운 것을 창출할 수 없다.

그러면 생각의 틀=상상력=창의력이란 무엇인가? 많은 사람들이 상상력하면 이제까지 전혀 듣도 보도 못 하던 것을 만들어내는 능력이라고 생각합니다. 상상력도 사람의 생각에서 나오는 것인데 듣도 보도 못한 무의 상태에서 무엇을 생각해 낼 수 있겠습니까? 상상력에 대한 크나 큰 오해입니다. 상상력은 어느 날 갑자기 平地突出(평지돌출) 하는 것도 아니고, 어느 날 갑자기 번개 불처럼 하늘에서 기적적인 방법으로 계시하여 주는 것도 아닙니다.

현대사회를 "지식정보화사회"라고 합니다. 정보(information)란 이 세상의 존재하는 모든 사건과 사물들 가운데 의미를 부여할 수 있는 최소의 단위를 말합니다. 지식(knowledge)이란 정보와 정보를 관계(networking) 지어 인간 사회에서 그 의미가 통하도록 만들어 낸 인식 체계를 말합니다. 예를 들면, 일출 · 일몰 현상은 하나의 정보입니다. 월출 · 월몰 현상도 하나의 정보입니다. 이들 정보를 관계지어 일식과 월식 현상을 밝혀낸 것이 지식입니다.

바로 이것이 상상력입니다. 생각의 틀=상상력=창의력이란 일출, 일몰, 월출, 월몰이란 단순한 정보를 관계지어 일식 · 월식 현상을 밝혀내는 능력을 의미합니다. 이것을 정리하여 말하면 다음과 같습니다.

(1) 각각 따로 놀던 정보와 정보들을 연결짓는 능력.
(2) 기존의 정보와 정보 사이의 관계를 변형(축소, 배열, 확대, 역순, 중복 등)하여 새로운 의미 체계를 구축하는 능력.
(3) 각각의 정보를 재해석하여 새로운 의미를 밝혀내는 능력.

전화+카메라+계산기+TV, 북극에 맞는 냉장고, 작은 것이 아름답다, 왕후장상의 씨가 따로 없다, 개천에서 용 난다, 블루오션(blue ocean), 허허 벌판에 세운 교회, 10년 법칙(골목 풍경 사진, 물방울 그림, 김영모의 빵, 총각네 가게), 스노보드(snow board), 평생 교육 제도, 퓨전 음식 등등.

· 곽노수 선교사의 홈스테이 ·

우리나라 교육 역사를 보면 삼국 시대부터 1910년대까지는 중국어, 1910년부터 1945년까지는 일본어, 1945년 이후부터는 영어가 관심의 대상이었습니다. 각 시대마다 중국어 혹은 일본어, 영어가 중심이었는데, 오늘날은 이 세 언어 모두 관심의 대상이 되고 있습니다. 우리 시대는 중국어, 일본어, 영어, 이 세 언어 중 어느 것 하나라도 제대로 딱 부러지게 잘 할 수 있는 사람이 사회적 우위를 점할 수 있는 국제화, 세계화 지구촌 시대가 되었습니다.

1995년 이래 10년 이상 중국 선교사업에 힘쓰고 있는 곽노수 선교사가 잠시 귀국하였습니다. 곽노수 선교사는 중국 심양과 단동에 있는 선교 센터 아파트에서 중 · 고등학교 유학생 홈스테이, 방학 기간 동안 중, 고, 대학, 일반인을 대상으로 중국어 귀 뚫기, 입 뚫기 1개월 코스 홈스테이 과정을 운영하기 시작하였다고 합니다. 운영 지침은 다음과 같습니다.

1. 중 · 고등 유학생을 위한 홈스테이 서비스: 심양 아파트에서 2인 1실, 숙식 제공, 조선족 아닌 중국인 교사에게 2개월 간 귀, 입 뚫기 개인 교습 후 중국학교에 입학시켜 줌(2개월 수업료 40만원은 별도), 신앙적 가정적 생활 지도, 경비는 매달 50만원(단, 1년 분 전체 통산하여 600만원을 일시불로 받음).

2. 여름 · 겨울 방학 기간 중 홈스테이 서비스 : 단동 아파트에서 2인 1실, 숙식 제공, 3일 관광, 조선족 아닌 중국인 교사에게 1개월 간 귀, 입 뚫기 집중 개인 교습, 수업료 포함하여 총 경비는 100만원.

3. 유학생 비자 요금, 왕복 교통비는 각자 부담한다.

내가 작년 2005년 8월 22일~26일 동안 곽 선교사의 심양, 단동의 선교 센터 아파트에서 하루씩 묵었는데 새로 지은 건물들이라 아주 맑고 깨끗하였습니다. 30년 전에 미래학자 앨빈 토플러가 향후 20~30년 후면 중국이 세계 최강국이 되리라 하였을 때 그게 무슨 소리야? 말도 안 되는 소리! 하였는데, 지금 분위기를 보니 '어, 정말 그럴 수도 있겠네!' 하는 느낌이 팍! 오고 있습니다. 곽노수 선교사 연락처(한국/019-553-3043, 중국/단동, 86-415-213-5599, 심양/ 86-24-2982-6220).

산새 소리 가득한 봄 산길(春山一路鳥空啼) 묵묵히 걷고 있는 이정수 목사

고난을 넘어 환희로!

본문 / 마16:13-28

1. 들어가는 이야기

본문 말씀은 "주는 그리스도시오 살아 계신 하나님의 아들이십니다!" 라고 한 베드로의 신앙고백과 "그리스도는 고난의 십자가를 짊어져야만 한다!" 하신 예수님의 예언적 선언이 기록되어 있는 너무나 유명하고 중요한 말씀입니다.

2. 본능의 삶이냐? 본능 초월의 삶이냐?

이 세상 모든 생명체는 본능대로 삽니다. 사람도 생명체입니다. 그러나 사람이 이 세상 모든 생명체와 유달리 다른 한 가지는 사람은 본능대로 살기도 하지만 또한 본능을 초월할 수 있는 존재라는 점입니다. 성경은 이것을 여러 가지로 달리 말씀하고 있습니다. 육과 영, 땅의 것과 하늘의 것, 사람의 일과 하나님의 일, 사람의 뜻과 하나님의 뜻, 육체로 사는 삶과 성령으로 사는 삶(갈5:16-26), 옛 사람과 새 사람(엡4:17-24) 등입니다. 예수님은 이것을 본문에서 "누구든지 제 목숨을 구원코자 하면 잃을 것이요 누구든지 나를 위하여 제 목숨을 잃으면 찾으리라" 라고 하셨습니다. 즉, 본능대로 사는 사람은 죽을 것이요, 예수님처럼, 예수님 말씀대로 본능을 초월하여 사는 사람은 영원한 생명을 얻을 것이라는 약속입니다.

그런데 여기 큰 문제가 있습니다. 우리 사람은 누구나 甘呑苦吐(감탄고토: 달면 삼키고 쓰면 뱉는다)합니다. 고난은 싫어하고 영광은 좋아합니다. 그 대표적인 예가 바로 본문에 나오는 베드로입니다. 베드로는 3년 동안 예수님을 모시고 살면서 예수님의 놀라운 말씀, 기적적인 능력, 말할 수 없는 지혜를 보고 듣고 체험하고 예수님이야말로 하나님께서 구약성경을 통하여 약속하신 메시아=그리스도=구세주이신 것을 깨닫고 "주는 그리스도시오 살아 계신 하나님의 아들이십니다!" 라고 고백하였습니다. 예수님은 이 고백을 크게 칭찬하셨습니다(마16:17-19). 그리고 예수님은 당신께서 장차 받으실 십자가 고난과 부활의 영광을 예언하셨습니다. 그러자 베드로는 강력하게 "그리 마옵소서" 하였습니다. 이에 대하여 예수님은 "사단아, 내 뒤로 물러가라! 너는 나를 넘어지게 하는 자로다. 네가 하나님의 일을 생각지 아니하고 사람의 일을 생각하는도다" 라고 크게 책망하셨습니다.

무슨 말씀입니까? 베드로는 십자가 고난 없는 이 세상의 영광을 원하였습니다. 그러나 예수님은 십자가 고난 없는 이 세상의 영광은 없다! 고 살라 말씀하신 것입니다. 사람은 누구나 쉽고, 편하고, 넉넉하고, 행복하고, 안락한 삶을 원합니다. 그것이 본능입니다. 그런데 그 본능대로 살다보면 죽을 수밖에 없다는 것이 예수님의 말씀입니다. 왜? 모든 사람이 각각 자기 본능대로 살면 "만인의 만인에 대한 투쟁"이 일어나 결국 모두 죽을 수밖에 없기 때문입니다. 그러므로 예수님은 산상수훈 그리고 십자가의 고난을 감수하는 삶을 통하여 즉, 본능을 초월하는 삶을 살 때만이 영원히 살 수 있다고 가르치신 것입니다.

3. 본능 초월의 삶이란 무엇인가?

첫째, 甘呑苦吐(감탄고토) 하는 우리 육체의 요구를 거부하는 삶입니다. 절제 있는 생활(음식, 오락, 성, 물질 등), 규칙적인 운동, 영적 묵상과 기도 생활을 하는 것이 얼마나 좋은 일인지 모르는 사람은 없습니다. 그러나 그 좋은 것을 매일 하려면 엄청난 인내와 고통이 다릅니다. 그러므로 우리 육체는 그다지 심각한 상태도 아니니 천천히 하자, 다음에 하자, 나중에 하자고 합니다. 그렇게 육체가 바라는 대로 살다보면 그 어느 날 갑자기 내가 어디서부터 잘못되었는지조차 가늠할 수 없을 만큼 비참한 상태로 몰락하게 됩니다. 그러므로 성경은 육체가 하자는 대로 살 것이 아니라 성령이 이끄시는 대로 육체의 본능을 초월하는 삶을 살기 시작하라고 명령하고 있습니다.

둘째, 십자가 고난 없는 영광의 부활은 없다는 사실을 徹頭徹尾(철두철미) 명심하고 사는 것입니다. 영적, 정신적, 물질적 그 어느 면이든 위대한 영광을 소유하려는 사람은 많은 고난을 감수하여야 한다는 사실을 당연한 것으로 여겨야 합니다.

No cross no crown(십자가 없는 부활은 없습니다).
No work no wages(무노동은 무임금입니다).
No risk no returns(위험을 감수하는 투자 없이 이윤을 얻을 수 없습니다).
No sweat no sweet(땀 흘리는 노력 없이 달콤한 성공은 없습니다),
No pay no service(대가를 지불하지 않으면 즐거운 서비스도 없습니다).

셋째, 자기를 부인하고 자기 십자가를 지고 예수님을 따라가는 삶입니다. 자기 본능을 초월하려는 끊임없는 자기 질서 확립, 자신의 육체적, 정신적, 영적 장애와 약점(육체적 장애, 못된 성격, 열등감, 두려움, 의타심, 죄)을 극복하는 노력, 자신을 둘러싸고 있는 인간 관계(가족, 친구, 회사, 교회, 국가)에 대한 책임 등과 같은 자기 십자가를 성실하게 짊어지고 오직 주님만 바라보며 주님의 말씀대로 한 걸음, 한 걸음 살아가는 삶입니다.

사람은 육체와 영혼의 존재입니다. 진정 건강한 사람은 건강한 육체와 건강한 영혼을 소유한 사람입니다. 그런데 참으로 역설적인 것은 우리 육체와 영혼이 원하는 대로 살면 그 육체와 영혼이 점점 죽게 되고, 우리 육체와 영혼이 싫어하고 괴로워하는 삶을 살면 그 육체와 영혼이 오히려 점점 강건해 진다는 사실입니다.

4. 마치는 이야기

아브라함(갈 바를 알지 못하고 떠남, 이삭을 제물로 바침), 야곱(돌베개, 얍복강의 씨름), 모세(I am something, I am nothing, I am everything), 출애굽(광야 40년, 큰 전쟁들), 교회(유대인의 핍박, 로마의 핍박, 공산주의의 핍박), 바울(몸의 가시, 전도의 고난) 신 · 구약 성경은 개인이든, 가족이든, 국가이든 "고난 없는 영광은 없다" 라고 분명히 선언하고 있습니다. 고뇌를 넘어 환희로!

고전예화 427

사람 살려내는 일

하남시 신장 재래 시장 안에는 허름하지만 맛있고 양도 많이 주는 순대국집들이 있습니다. 추운 겨울 날 저녁 어름에 김이 문문나는 순대국 한 그릇 맛은 일품입니다. 나는 이 집들 가운데 마음씨가 참 후덕한 한 아주머니 집에 가끔 들릅니다. 주변 사람들 말로는 신장 교회 권사님이라나 집사님이라나 합니다. 마침, 어제 그 아주머니 집에 갔다가 따뜻한 이야기 하나 들었습니다.

어느 날, 가끔 찾아오는 사십대 초반 손님이 왔답니다. 그 사람은 배움이 전혀 없고 한글도 제대로 깨우치지 못한 듯하며 공사장에서 막노동 노가다 생활로 하루하루를 그야말로 연명하는 모양이었습니다. 그런데 바람불고 춥디추운 날, 그 사람은 힘이 하나도 없이 풀이 죽어 찾아와 자기 신세를 하소연하더랍니다. "아줌마, 난 배움도 없고, 집도 없고, 돈도 없고, 요즈음은 날이 추워서 일거리도 없어서 너무 힘들어요. 이렇게 살 바엔 차라리 죽는 게 나을 것 같아요. 요즈음 같아선 정말 죽고 싶어요".

아주머니가 보니 그 날 그 남자는 4000원짜리 순대국 한 그릇 사 먹을 돈도 없어 보였습니다. 그리고 "이 사람은 이대로 돌아가서 정말 꼭 죽을 것 같다!" 는 느낌이 가슴에 짠하게 전해왔습니다. 아주머니는 그 사람의 하소연을 처음부터 끝까지 잘 듣고 나서 "이봐, 아무리 그래도 젊은 사람이 그런 소리하면 어떻게 해, 그런 소리하는 거 아냐, 그럼 못써, 힘 내!" 라고 하였습니다. 그리고 검정 비닐 봉지에 김밥 2줄+막걸리 한 병을 넣어 손에 들려주면서 "이봐, 이거 들고 저 팔당 다리 밑 사람 없는 데 가서 먹고 마시고 저 흘러가는 한강 물에다가 네 마음껏 화내고, 소리치고, 울고, 확 풀어버리고 힘내서 살어! 알아 들었어?" 하였습니다.

그 사람은 아주머니가 싸준 김밥 2줄, 막걸리 한 병을 들고 어깨를 축 늘어뜨린 채 휘적휘적 시장 골목을 걸어 나갔습니다. 아주머니는 사라져 가는 그 사람 뒷모습을 보면서 저 사람 저러다 죽으면 어쩌나 싶어 영 마음이 좋지 않았습니다. 그 후 아주머니는 순대국 끓여내면서 하루하루 사느라고 그 일을 잊었습니다.

한 달쯤 지났을까? 그 사람이 찾아왔습니다. 아주머니는 너무 반갑고 고마웠습니다. "아이구, 살아 있네, 살아 있어! 그래 어떻게 지내나?" 물었습니다. 그 사람 하는 소리가 "아줌마, 고마워요. 그 날 아줌마가 시키는 대로 팔당 대교 다리 밑에 가서 김밥 먹고, 막걸리 마시고, 한강 물에다가 화도 내고 욕도 하고 막 소리 질렀어요. 한참, 그러고 나니까 죽고 싶은 생각이 없어지더라구요. 그래서 집으로 가서 잤지요, 뭐. 요즈음은 일거리도 좀 있어서 그냥 그냥 살아요" 하더랍니다.

바람 불고 차가운 그 날, 순대국집 아주머니의 따뜻한 위로와 김밥 2줄, 막걸리 한 병이 천하보다 귀한 한 생명을 살려냈습니다! 그 아주머니의 活人之行(활인지행)을 듣고 돌아오는 길, 나는 과연 어떠한가? 부끄러웠습니다.

· 여행의 필수-여행지 가이드 책 ·

꽃피는 봄 사월입니다. 제주도, 섬진강, 진해, 남녘에는 꽃이 화사하게 피었다는데 내가 사는 북한강변에는 버드나무가 파릇파릇한 정도이고 아직 꽃 소식이 없습니다. 바다가 보고 싶고, 꽃이 보고 싶어, 두둥실 두리둥실 배 떠나간다. 물 맑은 봄 바다에 배 떠나간다. 이 배는 달 맞으러 강릉 가는 배. 어-기-야, 디-어-라-차 노를 저어라! 2006년 4월 2일 오후, 강릉 경포대로 떠났습니다.

여행 안내 책(이진경, Just Go 강원도, 시공사, 199쪽)에 이르기를, 강릉 경포대에 가면 海邊 횟집 골목에 즐비하게 서 있는 숙소보다 좀 떨어져 있는 시에스타 모텔에서 숙박하는 것이 좋다 하여 물어 물어 찾아갔습니다. 모텔에 들어가 보니 여느 모텔과 다를 바 하나도 없습니다. 여행 작가와 모텔 측이 짜고 치는 고스톱 아닌가? 싶습니다. 그건 그렇고 먼 길 달려왔더니 피곤하고 배도 고픈 판이라 여장을 풀고 밤 바닷가를 거닐고 저녁을 먹고 돌아와 눈감고 잤습니다.

이른 아침, 창문을 여니 맑게 반짝반짝 빛나는 동해 바다 위로 커다란 불덩이가 불끈 솟아오르고 있습니다. 오, 멋진 거!!!

어제 숙소에 들었을 때는 밤이라 몰랐는데 오늘 아침에 보니 해변에 즐비한 다른 모텔들은 다닥다닥 붙어 있어 시야가 좁고 답답한데 이 모텔은 강릉관광호텔 뒤편 들판에 서있는지라 산아래 집 마당에 피어난 매화, 개나리, 대나무 숲이 정답고, 바다가 훤히 보이고 한적하여 여행의 풍류를 한층 더합니다. 짜고 치는 고스톱이 아니었습니다. '오, 그래서 이진경이가 시에스타 모텔을 강력 추천하였구나' 이제 이해가 되었습니다. 다음부터는 어디를 가든지 여행 안내 책을 믿어 의심치 않고 좀 귀찮더라도 안내자가 추천하는 집으로 가야겠다고 마음먹었습니다.

맑고 투명한 하늘, 파란 동해 바다 해변 도로를 따라 묵호항 어달리로 갔습니다. 납작납작 올망졸망하던 횟집들을 싹 쓸어 없애고 콘크리트 건물에 집단 수용하여 놓았습니다. 옛 정취가 없어진 것이 좀 아쉽기는 하나 일출공원까지 조성해 놓은 주변 환경이 깨끗하고 깔끔합니다(특히, 화장실). 난생 처음으로 명한식당에서 러시아산 대게(킹크랩) 찜을 먹고 천천히 북한강변으로 되돌아 왔습니다.

다시 북한강가 내 책상 앞에 차분히 앉아 4월 9일 오후 4시 서부제일교회 헌신예배 설교 준비하고 있는 이정수 목사

부활(resurrection)=변화(transformation)

본문 / 요11:25-27

1. 들어가는 이야기

참으로 맑고 밝은 2006년 부활주일 아침입니다. 할렐루야!

웹스터 사전은 부활(resurrection)의 의미를 크게 두 가지로 설명하고 있습니다. 하나는 죽었다가 다시 살아나신 예수님(the rising of christ from the dead), 다른 하나는 잃어버린 생명력, 활동력, 탁월함을 다시 되찾음(a rising again into life, activity, or prominence)입니다. 웹스터 사전은 객관적 시각에서 이 두 의미를 따로따로 구분하고 있습니다만 우리 기독교는 이 두 의미 사이에는 끊을 수 없는 깊은 관계성이 있다고 믿습니다. 왜냐하면 우리 각 사람이 잃어버린 생명력, 활동력, 탁월함을 다시 되찾을 수 있는 유일한 길(부활)이 예수님이시기 때문입니다. 소경이 소경을 인도할 수 없듯 죽어 본 사람만이, 그리고 그 죽음을 극복하고 부활한 사람만이 부활의 길로 인도할 수 있기 때문입니다.

2. 부활 사건에 대한 객관적 시각과 종교적 시각

예수님의 부활 사건을 과학적으로, 객관적으로 입증할 수 있는 방법은 없습니다. 예수님의 부활 사건은 종교적으로 신앙적으로 체험되는 믿음의 사건입니다. 만약, 예수님이 부활하시어 본디오 빌라도, 로마 병정, 대제사장, 사두개인들 앞에 나타나셔서 "자, 나를 보라! 내가 이렇게 다시 살아나지 않았느냐!" 하셨다면 그 사람들이 "오, 예수님이 정말 부활하셨구나! 우리가 잘못했습니다. 회개합니다!" 하였을까요? 천만에 말씀입니다. 그들은 "아차, 확인 사살하지 못했구나, 우리 실수다!" 하고 또 다시 잡아죽이고 확인, 확인, 확인 사살하였을 것입니다.

우리 믿는 사람들은 예배 때마다 "예수께서 본디오 빌라도에게 고난을 받으사 십자가에 못 박혀 죽으시고, 장사한지 사흘 만에 죽은 자 가운데서 다시 살아나시며, 하늘에 오르사 전능하신 하나님 우편에 앉아 계시다가 저리로서 산 자와 죽은 자를 심판하러 오시리라" 고 사도신경을 고백합니다. 이 고백은 객관적, 과학적 고백이 아니라 종교적, 신앙적 믿음의 고백입니다.

나는 우리 믿는 사람도 예수님의 부활 사건이 객관적, 과학적으로는 믿어지지도 않고 믿을 수도 없다고 생각합니다. 왜냐하면 부활 사건은 객관적, 과학적 검증 대상이 아니기 때문입니다. 그렇다고 예수님의 부활 사건을 초대교인들의 집단 환상 현상으로 보지도 않습니다. 나는 예수님의 부활 사건은 하나님의 초과학적 섭리에 속한 것이라 믿습니나(현내물리학의 초끈이론은 11개의 차원을 설정하고 있다!). 우리가 주님과 얼굴과 얼굴을 대하여 보는 날, "아하, 그랬었구나!" 하리라 믿습니다. 나는 예수님의 聖杯, 壽衣, 십자가 조각으로 예수님의 부활을 입증하려는 모든 시도는 부질없다고 생각합니다. 나는 객관적, 과학적 예수님을 믿는 것이 아니라 나를 위하여 피 흘려 나를 구원하신 사랑의 예수님을 믿습니다.

3. 그렇다면 예수님의 부활 사건이 우리에게 주시는 메시지가 무엇인가?

첫째, 부활(영생=eternal life)은 생물학적 생명의 永續(영속)이 아닙니다. 본문을 자세히 읽어보십시오. "나는 부활이요 생명이니 나를 믿는 자는 죽어도 살겠고, 무릇 살아서 나를 믿는 자는 영원히 죽지 아니하리라(요11:25-26)". 죽어도 살겠고, 살아서 믿는 자는 영원히 죽지 않는다는 말씀은 모순입니다. 살아서 믿는 사람은 영원히 죽지 않는다고 하시고, 살아서 믿는 사람이 죽는다고 하셨으니 말입니다. 예수님이 모순된 말씀을 하실 터가 없습니다. 여기서 "산다(live)" 라는 말씀은 생물학적인 육체의 생명이 아니라 영적 생명을 의미하는 것입니다.

부활의 삶(영생)은 본능, 육체, 옛 사람, 사람의 생각, 넓은 길, 안목의 정욕, 이생의 자랑, 육체의 정욕에 따라 사는 삶이 아니라 좁은 길, 성령, 새 사람, 속 사람, 신령한 것, 자기 십자가를 지는 것, 하나님의 뜻, 하나님의 일을 하면서 사는 삶을 의미합니다. 그 삶이 바로 부활의 삶이며, 영생이며, 물 댄 동산, 강가에 심겨진 나무, 과실을 많이 맺는 삶, 하나님의 자녀 된 삶이란 뜻입니다.

둘째, 부활(영생)의 삶은 죽음의 고난 후에 오는 것입니다. No cross No crown입니다. 십자가 없는 부활은 없습니다. 부활(영생)의 삶은 감나무에 감이 익으면 저절로 떨어지는 것과는 전혀 다르다는 말입니다. 가진 것을 다 팔아 귀한 진주를 산 사람, 쟁기를 잡은 사람, 구하고, 찾고, 문을 두드리는 사람만이 소유할 수 있다고 하신 것입니다. 디트리히 폰 훼퍼가 말한 바 값비싼 은혜입니다.

꿈틀거리던 징그러운 벌레가 황금 날개 짓 하는 나비가 됩니다. 캄캄한 흙 속 굼벵이가 초록의 하늘가 빛나는 나무에 앉아 이슬을 마시는 매미가 됩니다. 깊은 웅덩이 속 이무기가 찬란한 여의주를 움켜쥐고 승천하는 용이 됩니다. 꼼짝 못하고 정지되어 있던 계란이 노란 병아리가 되어 움직입니다. 봄바람은 삭막하게 얼어붙은 대지에 화사한 꽃을 피워냅니다. 하나의 차원에서 또 다른 차원에로 승화하기 위하여 죽음 같은 고난, 고통, 고독의 시간이 없을 수 없다는 말씀입니다.

셋째, 부활(영생)의 삶은 지극히 작은 변화(transformation)로 나타나야합니다.

山不在高 有仙卽名(산부재고 유선즉명)
水不在深 有龍卽靈(수부재심 유용즉영)

옛 사람이 "산이 높아서 명산이 되는 것이 아니라 그 산 속에 신선이 사는 산이라야 유명한 산이 되는 것이며, 물이 깊어서 신령한 물이 되는 것이 아니라 그 물 속에 용이 사는 물이라야 신령한 물이 되는 법이다" 라고 하였습니다. 부활(영생)의 삶은 이론이 아닙니다. 명상이 아닙니다. 변화된 행동입니다. "나더러 주여 주여 하는 자마다 천국에 다 들어 갈 것이 아니요 다만 하늘에 계신 내 아버지의 뜻대로 행하는 자라야 들어가리라(마7:21-23)" 하셨습니다. 부활의 삶은 지금까지와는 차원을 달리하는 변화된 삶입니다(transformation of life)! 아멘!

부활=변화(transformation)

부활(resurrection)이란 "죽었던 것이 다시 살아나는 것"을 의미합니다. 예수님께서 십자가 고난을 받아 죽으시고 무덤에 묻혔다가 삼일만에 다시 살아나신 것이 바로 부활입니다. 즉, 죽음이 변하여 생명이 되신 것입니다. 이런 의미에서 <부활=resurrection=변화=transformation>입니다.

예수님을 영접하고 기독교 교인이 된 철수가 오랜만에 친구를 만났습니다.

친구: 오, 자네 기독교인이 되었다지?
철수: 그래, 나는 예수님을 영접하고, 믿고 기독교인이 되었다네.

친구: 그럼, 기독교에 대하여 뭘 좀 배웠겠구먼. 그래, 예수의 가르침의 요점이 무엇인가? 기독교에서 가장 중요한 것이 무엇인가?
철수: 나, 아직 그런 것은 잘 모르네.

친구: 예수님의 사회적 출신 성분이 어떻게 되시는가?
철수: 그것도 잘 모르겠는데…

친구: 그럼, 자네 예수가 동정녀 마리아에게서 태어났다, 예수가 부활하였다, 예수가 하늘로 올라갔다 하는 기독교의 주장을 그대로 믿는가?
철수: 솔직히 말해서 나는 그런 것에는 별로 관심이 없어 잘 모르네.

친구: 아니, 자네는 기독교인이 되었다면서 자기가 믿는 종교에 대한 가장 기초적인 것도 모른다는 게 말이 되는가? 그러면서도 기독교인이 되었다니 도대체 무슨 소리인지 이해가 가지 않는구먼.

철수: 부끄럽네. 하지만 내가 분명히 아는 것이 한 가지가 있네. 자네도 잘 알다시피, 3년 전 나는 술주정뱅이였네. 빚도 많았지. 가정도 파탄 직전이었어. 저녁마다 내 아내와 아이들은 내가 집에 들어오는 것을 끔찍이 싫어하고 무서워하고 피하였네.

그런데, 내가 예수님을 영접하고 교회에 나가기 시작한 이후 나는 술을 끊었네. 빚도 다 갚았어. 지금 우리 가정은 화목이 넘치네. 뿐만 아니라 내 아내와 아이들은 저녁마다 내가 일찍 집으로 돌아오기를 기다리고 있다네.

나는 성경, 기독교 교리, 기독교 역사에 대하여는 아직 잘 모르네, 하지만 내가 예수님에 대하여 분명히 아는 것은 <예수님을 영접하면 삶이 변한다!> 하는 이 한 가지 사실이네.

·方外之士(방외지사)·

조용헌의《方外之士》(방외지사, 정신세계원, 1. 2),《高手紀行》(고수기행, 랜덤하우스, 내용상으로는 방외지사 3이다)을 참 재미나게 읽었습니다. 방외지사란 예전에는 산 속에 숨어사는 도인들을 지칭하던 말이었는데 현대에는 고정관념과 일반 사회의 조직 경계선 너머의 삶을 추구하는 사람을 의미합니다. 조금 구체적으로 말하면 方(방)은 테두리, 경계선, 고정관념, 조직사회를 의미하며 또한 방은 노래방, 빨래방, 찜질방 같은 닫힌 공간, 구획이 정해진 공간을 의미합니다. 따라서 방외지사란 그런 테두리나 닫힌 공간에서 벗어나 자기가 살고 싶은 삶을 사는 사람을 의미합니다. 보통 사람들이 보기에는 별나게 희한하게 사는 사람들입니다.

집도 없이 절도 없이 중고 할리데이비슨 오토바이 타고 지리산 이 골짜기 저 골짜기로 떠돌며 사는 시인, 대학 졸업하고 광주 너브실의 3500평 넓이의 남의 종가 집 고택을 관리하며 매일 산책하고 놀고 사는 사람, 서울 명문 대학을 나와서 월급도 없이 남의 문중 산을 지키며 밭 일궈 먹고 사는 사람, 뗏목 타고 동해, 서해를 돌아다니는 사람, 장장 2000Km 의 남한의 강이란 강은 모두 답사하며 사는 사람, 전남 곡성 폐교에서 춥고 배고파도 전통 소목장(문갑, 반닫이, 책장 등 가재 도구를 짜는 목수)을 고집하는 사람… 이런 사람들입니다.

조용헌은 방외지사 자격을 이렇게 말하고 있습니다.
첫째, 매일 정해진 시간에 출퇴근하지 않는 사람. 조직에 매인 사람은 방외지사가 될 수 없다. 월급쟁이 치고 인생을 자유롭게 사는 사람은 없다.

둘째, 마음 내키면 언제라도 길 떠날 수 있는 사람. 讀萬卷書 行萬里路 交萬人友(독만권서 행만리로 교만인우), 만 권 글을 읽고, 만 리 길을 걷고, 만인을 벗 삼을 수 있는 사람.

셋째, 되도록 많이 두 발로 걸어 다닐 수 있는 사람. 자동차를 타고 다니는 것은 참 여행이 아니다. 두 발로 산천을 걸어다녀야 스파크가 튀고, 스파크가 튀어야 삶이 깊어지기 때문이다. 방외지사들이 받는 질문 0 순위 "무얼 먹고 사는가?" 에 대하여 모든 방외지사들은 與出一口하여 "나, 이렇게 살아 있잖아!" 라고 합니다.

제164회 평양노회(2006. 4월 17~19일, 구리시 동화고등학교 예배실)는 한국교회의 신사참배와 주기철 목사의 순교와 관련하여 하나님 앞과 주기철 목사 앞에 참회와 용서를 비는 예배를 드렸음을 기록에 남겨두는 이정수 목사

부활=내적 변화(inner transformation)

본문 / 롬12:1-2

1. 들어가는 이야기

부활(resurrection)은 근본적으로 죽음에서 생명에로의 변화(transformation)입니다. "죽음에서 생명에로의 변화"를 성경은 다양하게 표현하고 있습니다. 옛 사람과 새 사람, 겉 사람과 속 사람, 육과 영, 썩을 몸과 신령한 몸, 마귀의 자녀와 하나님의 자녀, 땅의 나라와 하나님의 나라, 중생, 거듭남 등입니다.

이 변화를 단어 변형으로 말해보면, "자살"에서 "살자", "evil(악마)"에서 "live(생명)", "no-where(어디에도 없음)" 에서 "now-here(바로 여기 있음)", "roma(힘의 제국)" 에서 "amor(사랑의 제국)" "dog(개 같은 삶)" 에서 "god(하나님의 신성에 참예하는 삶)" 에로의 전환을 의미합니다.

이 변화를 차원적으로 말해보면, 벌레에서 황금 나비, 굼벵이에서 매미, 계란에서 노란 병아리, 이무기에서 용(魚變成龍), 氣化點(기화점-the evaporation point), 發火點(발화점-the ignition point), 臨界點(임계점-the critical point), 春夏秋冬 등으로 어느 한 차원에서 전혀 다른 차원에로 변화하는 것입니다.

2. 여기서 내적 변화란 내적 관계의 변화를 의미합니다

사람은 본질적으로 관계의 존재입니다. 이 관계에는 4 가지 차원이 있습니다. 첫째, 나와 나 자신과의 관계입니다. 이 관계가 깨어지면 정서 불안, 자폐 증상, 자기 불안, 자기 혐오, 열등감 등의 인격 장애가 일어납니다. 둘째, 나와 하나님과의 관계입니다. 이 관계가 깨어지면 죄책감, 죽음의 공포, 존재론적 불안, 삶의 무의미, 절대 허무, 절대 고독의 늪에 빠져 어둠 속에 갇힙니다. 셋째, 나와 이웃 사람들과의 인간 관계입니다. 이것이 깨어지면 긴장감, 오해, 갈등, 미움, 분노, 왕따, 외로움으로 고통받게 됩니다. 넷째, 나와 물질과의 관계입니다. 이것이 깨어지면 경제적 가난, 생활고, 사회적 박탈감, 절망으로 치닫게 됩니다.

이 4 가지 관계를 원만하고 아름답게 가꾸는 과정을 靈性修鍊(영성수련), 경건의 연습, 도 닦음, 혹은 내적 변화(inner transformation)라고 합니다. 그리고 올바른 내적 변화를 찾아 나서는 사람을 구도자라 합니다. 그렇다면 그 내적 변화는 어디로부터 시작되는가? 동서고금을 막론하고 이 변화의 주체는 언제나 나 자신으로부터 시작됩니다. 그러므로 우리 각 사람이 맺고 있는 위의 4가지 관계 가운데 가장 중요한 관계는 나와 나 자신의 관계입니다. 왜냐하면 나와 나 자신과의 이 관계는 그 누구도 대신하여 줄 수 없는 나 자신만의 고유한 내적 성찰, 내적 깨달음[觀], 내적 자아 이미지(inner self imagination)의 영역이기 때문입니다. 그리고 무엇보다 올바른 내적 변화, 내적 깨달음의 근원이 바로 예수 그리스도의 말씀과 삶과 죽음과 부활이라는 것이 우리 기독교 가르침의 중심입니다.

3. 올바른 내적 변화의 불꽃을 타오르게 하는 힘은 무엇인가?

첫째, 현대인을 왜소하고 무기력하게 만든 세계 3대 과학 이론은 코페르니쿠스의 지동설(지구는 우주의 변두리에 속한 보잘것 없는 하나의 별에 불과하다), 찰스 다윈의《진화론》(사람은 원숭이의 후예다), 지그문트 프로이트의 정신분석이론(신이란 인간의 무의식 속에 있는 공포심이 만들어 낸 허위 의식) 이라고 합니다. 현대를 사는 우리는 알게 모르게 이 같은 이론에 영향을 받아 인간의 존엄성과 신성에 대한 믿음이 흔들리고 있습니다. 이런 현상은 과학과 종교를 혼동하는 데서 기인합니다. 과학과 신앙은 모순 관계가 아니라 공존 관계입니다. 과학은 종교의 미신적, 광신적, 맹신적 오류를 제거합니다. 종교는 과학의 비인간적 독단을 억제하고 과학의 올바른 방향을 제시합니다.

나는 과학이론을 인정합니다. 그리고 나는 하나님의 형상으로 지음 받은 존재다, 내 속에는 하나님의 거룩한 생기가 돌고 있다, 나는 하나님의 아들이다, 나는 하나님의 딸이다 라는 사실 또한 믿습니다. 이 믿음이 중요합니다. 나는 부조리한 이 세상에 내팽개쳐진 원숭이의 후손이 아니라 하나님께서 나를 사랑하시어 이 시대 이 현장에 특별한 뜻이 계시어 나를 보내셨다는 것을 믿어 의심치 않는 것이 신앙입니다. 우리 속에 올바른 내적 변화를 시작하신 이는 우리 주 예수 그리스도시며(빌1:6), 우리 안에서 행하시는 이는 하나님이시니 자기의 기쁘신 뜻을 위하여 우리에게 소원을 두고 행하게 하신다는 것을 의심치 않는 믿음(빌2:13)이 바로 신앙입니다. 이 믿음에서 거룩한 내적 변화의 불꽃이 불타오르는 것입니다.

둘째, 살아 계신 하나님은 인간의 위대한 과학 이론을 초월하여 실재하시는 분이라는 사실을 믿는 것입니다. 현대인은 과학을 절대시하는 과학 맹신에 사로잡혀 있습니다. 과학은 절대적인 것이 아닙니다. 과학을 초월하는 것이 이 세상에는 얼마든지 있습니다. 우주 창조의 기원, 생명의 기원, 아가페 사랑, 사람의 마음의 신비 등은 과학을 초월하는 대표적인 사례들입니다. 과학이 절대가 아닙니다. 살아 계신 하나님이 절대입니다. 이 지극히 단순한 사실을 마음으로 믿고 입으로 시인하고 살 때 올바른 내적 변화의 불꽃이 타오르기 시작합니다.

셋째, 경건의 연습, 영성수련, 修道(수도: 도 닦음)에 힘써야 합니다. 옛말에 눈에 익고 손에 설다, 이론과 현실은 다르다, 마음 따로 몸 따로 라고 하였습니다. 무슨 소리입니까? 온전한 앎, 진실한 깨달음, 흔들리지 않는 믿음은 머리로 이론으로 "이치가 그렇겠구나" 하는 추측이나 짐작이 아닙니다. 각 사람이 눈, 귀, 코, 혀, 입, 촉감으로 이해한 것을 마음을 다하고 뜻을 다 하고 힘을 다하고 지극 정성을 다 하여 몸 전체로 수련하고, 체득하고, 터득할 때 각 사람의 깊은 내면에서 '아하, 그렇구나!' 하는 실존적 앎에 도달한 상태를 말합니다. 히브리 사람들은 이런 앎을 "야다=성 관계로 깊이 아는 앎" 라고 합니다. 그런 앎=깨달음=得道의 과정에서 사람은 진정한 내적 변화가 불타오르기 시작합니다. 그 수도의 내용은 무엇인가? 성경 연구, 기도, 찬양입니다. 이 세상 모든 위대한 영혼들의 수련 과정에 이 외에 다른 무엇이 있었다는 소리는 아직 듣지 못하였습니다.

고전예화 429

남자는 남자! 여자는 여자!

한 고고학자가 고대 유적지 발굴 터에서 램프를 하나 발견하였습니다. 램프를 닦자니까 연기가 피어오르며 램프의 마왕이 나타났습니다.

마왕 : 오, 고맙네. 그대가 나를 구해주었으니 그 보답으로 한 가지 소원을 들어 주겠노라. 무엇이든 말해 보라.

고고학자: 영국과 프랑스를 잇는 대교를 만들어 주십시오.

마왕: 이봐, 내가 지금껏 수 천년 동안 이 작은 램프에 갇혀 있다 방금 나온 터인데 그런 무리한 부탁을 하다니, 너무 한 거 아닌가? 영국과 프랑스가 얼마나 먼 거리인데 그 걸 잇는 대교를 만들어 달라니 말도 안 돼, 그리고 그건 현대 건축학적으로도 불가능한 일이야! 그 거 말고 다른 소원을 말하게.

고고학자: (한참 생각을 하고 나서), 그렇다면 어떻게 하면 여자 마음을 잘 알 수 있는지 그 비법을 좀 가르쳐 주십시오.

그러자, 마왕의 얼굴 표정이 창백해졌습니다. 그리고 약간 비굴한 웃음을 지으며 고고학자에게 다정하게 말했습니다.

"이봐, 아까 말한 영국과 프랑스간 대교 말이야, 2 차선으로 하는 게 좋을까? 아니면 4 차선으로 하는 게 좋을까? 어서 말해 봐!"

현대의 많은 가정이 부부 사이의 갈등으로 파행을 걷고 있습니다. 그 가장 큰 이유가 남자나 여자 모두 '상대방도 나와 같겠지!' 하는 선입견을 가지고 추측하고 말하고 행동하기 때문입니다. 현대 심리학자들 연구에 의하면 남자와 여자는 사람이라는 같은 種(종)일 뿐 남자와 여자는 육체적으로, 심리적으로, 두뇌학적으로 전혀 다른 구조와 신경 회로 시스템을 가진 별 세계에서 살고 있다고 합니다. 남자는 힘, 성취, 그리고 섹스를 원합니다. 여자는 관계, 안정, 그리고 사랑을 원합니다. 남자는 남자! 여자는 여자! 남자와 여자는 근본적으로 다르다! 하는 이 지극히 작은 사실 하나만이라도 명심하고 산다면 부부 사이의 갈등은 많이 해소될 수 있으리라 생각됩니다.

공자가《논어》에서 여성에 대하여 언급한 곳이 양화 편에 딱 한 군데 있습니다.

唯女子與小人爲難養也 近之卽不孫 遠之卽怨(유여자여소인위난양야 근지즉불손 원지즉원 : 여자와 소인은 다루기 어려우니 가까이 하면 기어오르고 멀리하면 원망하느니라, 陽貨 25편) 라고 하였습니다. 남자와 여자는 다르다! 하는 이 작은 사실을 몰랐기에 천하의 공자님도 여자 문제만 나오면 쩔쩔 맸던 모양입니다.

· 나 죽은 뒤 사람들이 뭐라고 할까? ·

《단절의 시대》,《미래의 기업》,《미래의 조직》,《미래의 결단》,《21세기 지식 경영》의 저자이며, 세계적인 미래학자, 경영학자인 피터 드러커(1909~2005)는 95세로 LA Claremont 자택에서 임종하기까지 "나에게 은퇴란 없다. 나는 내가 지금까지 쓴 그 어떤 책보다 더 훌륭한 책을 내기 위하여 구상 중에 있다" 고 하였습니다. 그의 책 가운데 <피터 드러커, 이재규 역, 프로페셔널의 조건, 청림출판>은 2001년 1쇄 이후 2006년 현재 64쇄나 찍었습니다. 대단한 베스트셀러입니다.

21세기의 지식정보 시대의 사회 조직 속에 살고 있는 사람이라면 누구나 꼭 한번은 읽어두어야 할 책이라 생각됩니다. 이 책은 드러커란 한 사람이 거의 60년 세월을 자기 분야에서 일가를 이룬 인생 高手(고수)의 면모를 담담히 드러내고 있어 경영 관리, 컨설턴트, 조직관리, 생산성 향상과 같은 분야에 관심이 없는 사람에게도 큰 유익이 있으리라 생각합니다. 예를 들면 이런 대목입니다.

나는 13세 살 때 필리글리 신부님께 종교 과목을 배웠는데, 어느 날 신부님은 교실에 들어오자마자 우리 학생 한 사람, 한 사람에게 "너는 네가 죽은 뒤에 후세 사람들이 너를 어떤 사람으로 기억하여 주기를 바라느냐?" 고 물었다. 물론 그 질문에 대답할 만한 아이는 우리 가운데 아무도 없었다. 조금 후, 신부님은 껄-껄- 웃으시며 다음과 같이 말했다. "나는 너희들이 나의 질문에 대답할 수 있으리라 기대하지 않았다. 그러나 너희가 50세가 되었을 때도 여전히 이 질문에 대답할 수 없다면 그 사람은 인생을 잘못 살았다고 봐야 할 거야!"

60년 후 우리는 동창회로 모였다. 그 날 모인 동창들은 모두 필리글리 신부님의 그 질문을 기억하고 있었다. 그리고 그 질문이 자신들의 인생을 크게 바꾸어 놓았다고 하였다. 비록 40세까지도 그 질문의 의미를 잘 이해하지 못했지만 말이다. "내가 죽고 난 뒤 사람들은 나를 어떤 사람으로 기억할 것인가?" 내 나이 90이 넘었어도 나는 지금도 이 질문을 하고 있다.

번역자 이재규 교수(http//www.jklee.com)는 드러커 박사와의 인터뷰에서 드러커 박사 스스로 "사람들이 자기 자신들의 목표를 설정하는데 그리고 그 목표를 달성할 수 있도록 도와준 사람!" 으로 기억되기를 원하였다고 전하고 있습니다.

피터 드러커 박사가 2005년 11월에 별세하셨다는 소식을 알려주신 용인 원삼교회 임황빈 목사님께 감사 드리는 이정수 목사

부활=내적 변화(Inner transformation)의 핵심

본문 / 사43:1-7, 롬8:31-39

1. 들어가는 이야기

부활(resurrection) 신앙의 본질은 우리 삶의 변화(transformation)입니다. 지난 주일, 우리는 삶의 내적 변화를 불타오르게 하는 動因(동인)이 무엇인가를 묵상하였습니다. 오늘 아침에는 그 내적 변화의 구체적인 내용(contents)이 무엇인가? 하는 문제를 묵상하는 가운데 은혜를 나누려고 합니다.

2. 본문 연구

우리 사람은 민족적으로, 개인적으로 행복=구원=기쁨[樂]=자아 실현=깨달음=생명=靈肉(영육)의 만족=보람=의미 있는 인생을 살기를 원합니다. 우리 중 어느 누구도 불행=저주=슬픔=어리석음=죽음=무의미=가난=고통스러운 인생을 살기를 원치 않습니다. 그런데 우리 공동체와 각 사람의 삶의 현실은 행복보다는 불행이 엄청나게 많습니다. 그러므로 아담 이후 이 세상 모든 사람들은 離苦得樂(이고득락-고통을 벗어나 기쁨을 얻는다), 避凶推吉(피흉추길-흉한 것을 피하고 길한 것을 추구한다)합니다. 어떻게 하면 불행을 넘어 행복의 나라로 갈 수 있을까? 고심합니다.

본문은 바로 이 문제에 대한 하나님의 약속(covenant= 그런데 여기서 약속은 하나님의 무조건적 구원 약속이 아니라 하나님과 사람 사이의 쌍방 간의 계약적 약속이다)입니다. 오늘 이사야 본문은 이스라엘 공동체의 출바벨론(행복) 약속이며, 로마서 본문은 부활하신 예수 그리스도께서 각 사람의 구원(행복)을 약속하신 것입니다. 오늘 본문 말씀을 마음을 다하여 깊이 집중하여 읽어보시기 바랍니다. 신구약 성경 이 두 곳 말씀의 핵심=공통점이 무엇이라고 생각하십니까?

*야곱아 너를 창조하신 여호와께서 이제 말씀하시느니라. 이스라엘아 너를 조성하신 자가 이제 말씀하시느니라. 너는 두려워 말라 내가 너를 구속하였고 내가 너를 지명하여 불렀나니 너는 내 것이라(사43:1).

*다른 아무 피조물이라도 우리를 우리 주 예수 그리스도 안에 있는 하나님의 사랑에서 끊을 수 없으리라(롬8:39).

본문 말씀의 공통점은 하나님을 믿고 섬기는 우리 각 공동체와 각 사람은 하나님이 창조하시고 지으시고 지명하며 너는 내 것이라 하신 존재이며(사43:1), 예수 그리스도 안에 있는 하나님의 사랑으로 영원히 맺어진 존재라는 것(롬8:39)입니다. 매일 듣는 표현이라 너무나 진부할는지 모르지만 우리 각 사람은 하나님의 아들, 하나님의 딸이라는 사실입니다. 또 다시 너무나 진부한 표현입니다만 하나님이 우리 각 사람의 "아버지" 라는 말씀입니다. 부활 사건은 하나님께서 예수 그리스도의 삶=가르침=고난=죽음이 길=진리=생명이라는 진리를 만천하에 재확인하여 주신 복음=기쁜 소식=Good News 입니다.

3. 부활을 믿는 사람들의 내적 변화의 핵심은 무엇인가?

첫째, 나는 "하나님의 자녀다", "하나님은 나의 아버지이시다" 라는 사실을 깊이 깊이 깊이 깨닫는 것입니다. 내가 잘 났든 못 났든 빈부귀천, 학벌 유무, 재능 유무, 미모 유무 등 무엇무엇 하는 삶의 조건에 관계없이 나는 하나님의 자녀라는 의식에 투철해 지는 것입니다. 내가 비록 잃은 양 한 마리, 잃어버린 드라크마, 집 나간 탕자, 구제불능의 밑바닥 인생을 살고 있다고 할지라도 그래도 나는 하나님의 자녀라는 사실을 굳게 믿는 믿음입니다.

동양 사람들은 이것을 天上天下唯我獨尊(천상천하유아독존: 나는 천지간에 유일한 존재이며 나는 역사 이래 오직 나밖에 있어본 적이 없는 존귀한 존재다), 天地萬物最人貴(천지만물최인귀: 천지만물 중 사람보다 귀한 것은 없다)라고 하였습니다.

'나는 하나님의 자녀다, 나는 하나님의 천지창조 이래 나는 唯一無二한 존재다, 하나님 나라에 가서도 나라는 존재는 나 하나밖에 없다' 라는 覺醒(각성)이 부활을 믿는 사람의 내적 변화의 핵심입니다. 다시 말하자면 '나는 하나님이 보낸 사람이다, 나는 사명 있는 사람이다, 나는 존재 가치가 있다, 나는 의미 있는 삶을 살 권리가 있다, 나는 하나님의 축복 받은 사람이다' 라는 자각 말입니다.

둘째, 너도 하나님의 자녀다 라는 사실을 깊이 깊이 깊이 깨닫는 것입니다. 나의 존재 가치에 대한 각성과 함께 너의 존재 가치를 인정하는 각성입니다. 우리는 흔히 類類相從(끼리끼리)의 습관에 익숙하여 <나와 다른 것=나에게 해로운 것> 이란 아주 아주 못된 습관을 가지고 삽니다. 그 대표적 사례가 인종 차별, 보수주의와 진보주의, 여행을 바다로 가자는 사람과 산으로 가자는 사람, 채식주의자와 보신탕 애호가 등입니다. 小品種多量(소품종다량) 생산 시대에서 多品種小量(다품종소량) 생산 시대인 현대 사회에서는 더욱 그러합니다.

까만 벤츠, 빨간 벤츠, 하얀 벤츠가 있습니다만 다 같은 벤츠이듯, 백인종, 황인종, 흑인종 모두 사람입니다. 내가 하나님의 자녀이듯 너도 하나님의 자녀입니다. 내가 천상천하유아독존이듯 너도 천상천하유아독존입니다. 내가 좋아하는 것과 네가 좋아하는 것을 철저히 인정하고 사는 것이 내적 변화의 핵심입니다.

셋째, 그러므로 나와 너 사이에 "아나바다(아껴주고, 나누어주고, 바꾸어 생각해보고, 다시 스스로 돌아보는 것)" 의 사랑이 불 일 듯 일어나도록 힘쓰는 것이 내적 변화의 핵심입니다. 우리 기독교의 사랑은 감정적, 명상적, 철학적, 감상적, 동정적인 사랑이라기보다 의지적, 행동적, 희생적 사랑입니다. 예수님은 병든 자, 주린 자, 어리석은 자를 만나 불쌍히 여기시기만 한 것이 아니라 고치시고, 먹이시고, 만지시고, 가르치시고, 마지막에는 자기 몸을 떡덩이처럼 부수고 마지막 한 방울 피까지 쏟아 부어주셨습니다. 행동적 사랑입니다. 우리가 예수님처럼은 할 수 없지만 '아나바다 사랑' 은 해야되지 않겠는가 생각합니다.

첫 키스

만해 한용운은《님의 침묵》에서 "날카로운 첫 키스의 추억은 나의 운명의 지침을 돌려놓았다"고 하였습니다. 첫 키스, 첫 사랑, 첫 인상은 그만큼 중요합니다. 왜?

심리학에 초두 효과(Primacy Effect)라는 것이 있습니다. 사람 심리의 정보처리 과정에서 맨 처음의 초기 정보(그것이 긍정적이든 부정적이든)가 나중에 오는 후기 정보보다 훨씬 중요하게 각인되는 현상을 말합니다. 예를 들면, 우리 마음이 밤새 내린 눈으로 하얗게 덮인 들판이라 하십시다. 그 때 그 눈을 사박사박 밟고 온 첫 사람! 그것이 바로 첫 인상이라는 말입니다. 그 후 누군가 또 오겠지만 그 다음부터는 그런 날카로운 맛이 떨어진다는 말입니다.

심리학자 <애시>의 실험

애시는 두 집단의 사람들에게 <홍길동>을 소개하였습니다. 애시는 두 집단의 사람들에게 <홍길동>의 성격 특성 여섯 가지를 다음과 같이 들려주었습니다.

집단 A.

홍길동은 똑똑합니다 – 부지런합니다 – 즉흥적입니다 – 비판적입니다 – 고집이 셉니다 – 시기심이 많습니다.

집단 B.

홍길동은 시기심이 많습니다 –고집이 셉니다 – 비판적입니다 – 즉흥적입니다 – 부지런합니다 – 똑똑합니다.

애시는 두 집단 사람들에게 홍길동이라는 사람에 대한 첫 인상이 어떠한가를 설문 조사하였습니다. 그러자 참 묘한 결과가 나왔습니다. A 집단 사람들은 홍길동이 참 좋은 사람이다, 사귈만한 사람이다, 라고 평가하였습니다. 그런데 B집단 사람들은 홍길동이 별로다, 그런 사람은 사귀고 싶지 않다 라고 평가하였습니다.

애시는 A 집단 사람들에게 홍길동의 긍정적인 성격 특성을 먼저 들려주고, 부정적 특성은 나중에 들려주었고, B 집단 사람들에게는 홍길동의 부정적 성격 특성을 먼저 들려주고, 긍정적 특성은 나중에 들려 준 차이밖에 없는데 A 집단과 B 집단의 홍길동에 대한 인상이 이렇게 판이한 이유가 무엇인가? 그것이 바로 초두 효과(Primacy Effect) 라는 것입니다.

사람과 사람 사이의 첫 인상이 각인되는 것은 대면 후 첫 3초 동안이라고 합니다. 그 첫 3초가 상대방에 대한 감정적 느낌을 결정한다는 것입니다. 그러니 성형수술 하는 사람 탓할 것 조금도 없다고 생각합니다. 아, 성형수술 안 해도 되는 선남선녀는 얼마나 좋을까? 돈 안 들지, 시간 안 들지, 고민 없지, 첫 인상 좋지, 이 땅의 선남선녀여! 하늘을 우러러 찬양할지어다!

· 묵방산 산지기 이우원 ·

어떤 책을 읽다가 20여 년 전 만난 뒤 감감 무소식인 내 친구(이우원)가 전라북도 부안군 보안면 월천리 태인 허씨 문중 묵방산 齋室(재실)에 산다는 소식을 듣고 정확한 주소도 전화 번호도 모른 채 무작정 찾아 나섰습니다.

보안면사무소에 가서 친구가 살고 있다는 재실 위치를 물어 물어 찾아가 당도한 것은 저녁 어스름이었습니다. 재실 왼편 장지문을 열고 툇마루에 나선 내 친구는 나를 보더니 "어? 정수 아냐! 아니, 이게 웬일이야?" 합니다.

마당에 만개한 매화, 도화, 꽃잎이 바람에 꽃비[花雨]되어 흩날리는 봄 저녁, 군불 뜨뜻하게 지핀 아랫목에 작은 찻상 앞에 두고 마주 앉아 지난 20년 과거사를 나누었습니다. 들어보니 참 파란만장합니다. 밤이 이슥하여 13년 전 재혼하였다는 친구의 부인이 겉저리 김치, 쇠고기 볶음으로 정갈한 저녁상을 내왔습니다. 저녁상을 물리고 내 친구, 그의 부인, 초등학교 4학년 딸 아이, 마실 온 이웃 사는 목포댁과 그녀의 두 딸 아이들과 함께 놀고, 무덤가를 산책하고, 총총 빛나는 별을 보고, 노래하고, 밤늦도록 이야기꽃을 피웠습니다.

내 친구가 사는 태인 허씨 재실에서 보낸 이 봄밤에 느낀 점이 참 많습니다.

내 친구 부부는 이혼한 전처와 전처 소생 아이들에 대하여 아무 스스럼없이 이야기한다는 것, 보통은 터부시하는 부부 관계에 대한 이야기도 이 집 사람들은 아주 자유스럽다는 것, 이 집 딸 아이 <이도경>은 체조 운동을 하는 것도 아닌데 코마네치 마냥 양 다리가 짝 찢어져 땅에 닿는다는 것, 13년 전 이 재실에 처음 들어올 때 단 돈 300만원 쥐고 들어왔는데 몇 년 전부터 묵방산 들국화 차를 개발하여 신세계, 롯데 백화점, 인사동 茶 집에 납품하면서부터 지금은 살만하다는 것, 전남 보성 차밭 축제, 강원도 평창 메밀꽃 축제 모양으로 전북 부안군에서 이 집에서 개발한 묵방산 들국화 차를 부안군 들국화 축제 차원으로 지원하게 되었다는 것, 그리고 내 친구도 원래 한 성격 하는 사람인데 오늘 그 재혼한 부인과 딸 아이와 사는 모습을 보니 그 한 성격이 어디로 갔는지 아주 잔잔하다는 것 등입니다.

옛날부터 구경하면 불 구경, 물 구경, 사람 구경, 그 중 제일은 사람 구경이라 하였는데, 태인 허씨 문중 묵방산 재실에서 傳語風光共流轉(전어풍광공유전: 산바람, 빛나는 햇빛, 은은한 달빛과 더불어 함께 흘러가는 삶) 하며 아름다운 제2막 인생을 살고 있는 내 좋은 사람을 구경하고 돌아 온 이정수 목사

부활=외적 변화(External transformation)

본문 / 딤전2:8-10, 3:1-13

1. 들어가는 이야기

부활(resurrection) 신앙의 본질은 우리 삶의 변화(transformation of life)입니다. 우리 교회는 이 삶의 변화라는 말을 통상 영적이며 내적인 변화로 해석하고 그렇게 가르치고 강조하였습니다. 물론 지당합니다. 그러나 이 변화라는 말 속에는 내적 변화(inner transformation)뿐 아니라 외적 변화(external transformation)도 포함되어 있다는 사실을 간과해서는 안 될 것입니다. 囊中之錐(낭중지추), 주머니 속에 들어 있는 송곳이 밖으로 삐져 나오는 것은 당연합니다. 구심력과 원심력은 비례합니다. 속이 변했는데 어찌 겉이 변하지 않을 수 있겠습니까?

성경은 부활신앙을 믿는 초대교회 사람들은 그들의 내적 삶의 변화뿐 아니라 그들의 외적 삶도 완전히 변화되었다고 증거하고 있습니다. 그리하여 초대교회 사람들은 교회 밖의 사람들로부터 칭송을 받았다고 하였습니다(행2:47). 바울 사도도 믿지 않는 사람들에게도 선한 증거를 얻어야 한다(딤전3:7)고 하셨습니다.

오늘은 바울 사도께서 그 신앙의 아들 디모데에게 부활신앙을 믿는 사람들의 외적 변화가 구체적으로 어떻게 나타나야 하는가를 교훈 하신 본문 말씀을 묵상하는 가운데 은혜를 나누려고 합니다.

2. 본문 연구

본문에는 부활신앙을 믿는 사람들의 외적으로 변화된 모습이 외부로 어떻게 나타나야 하는가에 대하여 다양하게 말씀하고 있습니다만 나는 그 핵심 키워드가 딤전3:4, 8, 11절에 반복하여 나타나는 <단정한 생활 태도=worthy of respect=셈노스> 라고 생각합니다.

본문에서 '端正(단정)하다=흐트러짐이 없이 경우에 합당하여 바르다' 라는 말은 희랍어 본문 셈노스(semnos)를 번역한 말입니다. 이 말이 뜻하는 범주는 명예롭고 존경할 만하다, 고상하고 위엄 있다, 거룩하고 숭고하다, 존귀한 가치가 있다, honorable, worthy, respect, sublime, noble 등입니다.

바울 사도는 부활신앙을 믿는 사람들의 일상 생활에 나타나는 모든 외적 변화는 한 마디로 '端正(단정) 함' 을 기반으로 한다고 갈파한 것입니다. 옷차림, 말하는 것, 음식 먹는 것, 술 마시는 것, 돈 쓰는 것, 修身齊家治國平天下(수신제가치국평천하) 하는 것, 심지어 다른 사람과 시비를 가리는 분쟁이 일어났을 때도 '단정히 하라!' 는 것입니다.

3. 부활신앙을 소유한 사람들의 외적 단정함의 핵심은 무엇인가?

첫째, 겉모습(옷차림, 화장, 얼굴 표정, 말투)의 변화입니다. 우리는 보통 겉보다 속이 더 중요하다고 말합니다. 그러나 실제 일상 생활에서는 속보다 겉이 더 중요한 평가 지표가 되고 있는 것이 사실입니다. 왜냐하면 겉은 당장 눈에 보이지만 속은 오래 두고봐야 보이기 때문입니다. 그것도 겨우 말입니다. 특히 우리가 살고 있는 현대 사회는 速度(속도=speed) 사회입니다. 참 유감스러운 일이지만 현대를 살고 있는 우리는 두고 볼 시간이 별로 없습니다.

물론 겉보다 속이 더 중요합니다. 그렇다고 겉을 소홀히 하면 알찬 속을 드러내 보일 기회조차 얻지 못하는 경우가 참 많은 것이 현실입니다. 《삼국지》에 보면 臥龍(와룡) 제갈공명과 버금가는 鳳雛(봉추) 방통이라는 사람이 나옵니다. 제갈공명은 겉과 속이 모두 알찼습니다. 방통은 속은 꽉 찬 사람이었으나 겉이 너무 초라하여 처음에 많은 수모를 당하였습니다. 일부러 수모를 당할 필요가 있을까? 생각합니다. 그러므로 바울 사도는 디모데에게 "누구든지 네 연소함을 업신여기지 못하게 하고 오직 말과 행실과 사랑과 믿음과 정절에 대하여 믿는 자에게 본이 되라(딤전4:12)" 고 하셨습니다. 겉모습도 중요하다는 것입니다.

둘째, 겉모습이 雅淡(아담=modestly)하게 변화합니다. 분수를 지키는 생활로 변화한다는 말입니다. 경제적으로, 사회적으로, 학문적으로, 신앙적으로 척하지 않는다는 뜻입니다. 있는 데도 없는 척, 없으면서 있는 척 하지 않고 있으면 있는 대로 없으면 없는 대로 자기 분수에 맞게 조촐하고 산뜻하게 산다는 말씀입니다. 있는 사람이 꾀죄죄하고 초라하게 窮狀(궁상)떠는 것이나 없는 사람이 금가락지에 명품으로 휘감고 돌아 치는 것 모두 아담한 겉모습이 아닙니다.

있는 사람은 있는 사람답게 베풀고 나누며 살고, 없는 사람은 없는 사람답게 내일을 준비하며 조촐하게 사는 것이 아담한 겉모습입니다.

셋째, 사람(가족, 이웃, 나그네)을 편안하게 대하는 것입니다. 본문 딤전2:10, 3:1, 3:7에 보면 <선행, 선한 일, 선한 증거> 라는 말씀이 나옵니다. 나는 이 말씀을 사람을 편안하게 대하는 것이라 해석합니다. 사람을 편안하게 대할 수 있는 것이 쉬운 일이 아닙니다. 속이 꽉 찬 사람만이 사람을 편안하게 대할 수 있습니다. 속이 부실한 사람은 척하느라고 사람을 편안하게 대할 수 없습니다. 오히려 사람을 불편하고 짜증나게 합니다.

옛 사람은 이것을 小人之交熱熱(소인지교열열: 소인의 사귐은 뜨겁다)이요, 君子之交淡淡(군자지교담담: 군자의 사귐은 담담하다)이라고 하였습니다. 즉, 소인의 인간 관계는 서로 척(있는 척 없는 척)을 기본으로 하기 때문에 처음에는 형님 먼저 아우 먼저 하면서 뜨겁다가 잠시 후 상대방의 실상을 파악하고 금방 식어지지만, 군자의 인간 관계는 처음부터 있는 그대로의 자기 모습을 드러내기 때문에 별스럽게 요란을 떨지 않으나 항상 담담하여 그 관계가 오래고 깊다는 것입니다.

고전예화 431 하나님은 속을, 사람은 겉을 봅니다

우리는 사람의 겉보다 속이 더 중요하다고 합니다. 겉치장보다 속을 알차게 하여야 한다고 합니다. 옳은 말입니다. 말은 그런데 실제 일상 생활에서는 어떠한가? 과연 그런가? 몇 몇 심리학자들이 간단한 실험을 하였습니다.

(실험 1)
심리학자 빅맨의 실험이다. 공중 전화 박스에 동전을 일부러 떨어뜨려 놓았다. 그리고 누군가 공중 전화를 걸고 나오면 실험 보조원이 그 사람에게 다가가서 "제가 여기 동전을 흘린 것 같은데 혹시 못 보셨나요?" 라고 물었다. 이 때 실험 보조원 A 는 말쑥한 정장 혹은 산뜻한 양장 차림, 보조원 B 는 허름한 작업복 혹은 집에서 막 입는 옷차림이었다. 200명을 관찰한 결과 B 보조원보다 A 보조원에게 동전을 되돌려준 경우가 2배가 넘었다.

(실험 2)
심리학자 블레이크의 실험이다. 횡단보도 정지 신호 때 사람들이 멈추어 섰을 경우다. 실험 보조원 A 는 말쑥한 정장 혹은 산뜻한 양장 차림, 보조원 B 는 허름한 작업복 혹은 집에서 막 입는 옷차림이었다. 실험 결과는 놀라웠다. 허름한 옷차림의 B 가 무단횡단 하였을 때 정지 신호에 멈춰 섰던 사람 중 그를 따라 무단횡단한 사람은 불과 4%였다. 반면에 말쑥한 정장 차림의 A 가 무단횡단 하였을 때는 무려 4 배나 많은 사람들이 그를 따라 무단횡단하였다.

(실험 3)
심리학자 비크맨의 실험이다. 실험 보조원 A 는 평상복을 입고 무작위로 지나가는 사람에게 "저기 저 종이를 주워 쓰레기통에 넣으시오!" 하였다. 그러자 그 말을 들은 사람들은 A를 정신 나간 이상한 사람으로 여겼다. 실험 보조원 B 는 경찰복을 입고 무작위로 지나가는 사람에게 똑 같이 "저기 저 종이를 주워 쓰레기통에 넣으시오!" 하였다. 대부분의 사람들이 순순히 그 말에 따랐다.

이처럼 말쑥한 정장 차림, 경찰복, 의사 가운, 군복 등 상대방의 옷차림에 따라 사람들의 태도나 행동이 달라지는 것을 심리학 용어로 권위효과(Authority Effect)라고 한다. <참고: 이민규, 끌리는 사람은 1% 다르다, 더난출판, 36~40쪽>

"옷차림이란 편하면 됐지 신경 쓸 것 없어! 사람 속이 중요하지 겉이야 아무려면 어때! 아, 우리 동네 한 아저씨는 매일 허름한 잠바 차림으로 다니는데 실은 수 백억 알부자야, 사람이 속이 차야지 겉만 번지르르 하면 뭘 해!" 라고 말하는 사람을 가만히 보십시오. 십중팔구 겉도 속도 부실한 경우가 대부분입니다. 그런 소리하는 사람에게 진정으로 드리는 말씀인데 값비싼 옷차림이 아니라 경우에 맞는 정갈한 옷차림을 하라는 것입니다. 왜냐하면 하나님은 사람의 중심을 보십니다만 미련한 우리는 사람의 겉만 보기 때문입니다.

· 야, 나 다 올라왔어!-초록의 합성 ·

지난 4월 중순, 내가 사는 북한강변 집 텃밭에 벚나무, 매화, 살구, 목련, 상추, 케일, 고추를 심고 매일 아침 저녁으로 물을 줍니다. 이렇게 물을 주면서 북한강물을 보고 건너편 금남산을 봅니다. 매일 매일 물을 주면서 강물과 산 모습을 보니 무엇인가 조금씩 달라지고 있다는 느낌을 받았습니다. 아침에 보는 강물이 다르고, 저녁에 보는 강물이 다릅니다. 아침에 보는 산이 다르고 저녁에 보는 산이 다릅니다.

무엇이 달라진 걸까? 내가 발견한 것은 무엇보다 초록이 이동하고 있다는 사실입니다. 초봄에 초록이 강변과 산기슭을 연둣빛으로 물들이기 시작하였지만, 산 중턱, 산꼭대기는 어두운 갈색으로 침침하였는데 매일 매일 물을 주면서 보니 그 초록이 점점 높이 올라가고 있다는 것을 알아차린 것입니다. 그러다 오늘 아침 텃밭에 물을 뿌리다가 문득 산을 보니 푸른 초록이 모든 산꼭대기까지 올라간 것이 보였습니다. 푸른 초록이 "야! 나 다 올라왔다!" 소리치는 듯합니다.

초록은 산 아래로부터 산꼭대기로 올라가고, 단풍은 산꼭대기로부터 산 아래로 내려온다는 이 평범한 사실을 '이치가 그렇겠거니' 하고 아는 것이 아니라 내 눈으로 직접 초록은 산아래 개울가 강기슭에서부터 산꼭대기로 올라간다는 사실을 알게 된 것입니다. '앎이란 바로 이런 것이구나' 하였습니다.

성공회대학교 신영복 교수가 이런 소리를 하였습니다. 기와집을 그려보십시오 하면, 대부분의 사람들은 까만 색연필로 고래등 같은 기와를 얹고, 그 아래 통통한 소나무 기둥을 세우고, 듬직한 주춧돌, 마지막으로 돌계단을 그려 넣습니다. 그런데 평생 집을 짓고 살아왔다는 늙은 목수더러 기와집을 그려보라고 하였더니 그 목수는 우리 보통 사람들과는 전혀 반대로 그리더라는 겁니다. 땅바닥, 주춧돌, 기둥, 창문, 그리고 맨 나중에 기와를 그려 넣더라는 것입니다. 그것을 보고 신 교수는 우리의 앎이란 것이 얼마나 피상적인가를 뼈저리게 느꼈다고 하였습니다.

우리들의 신앙 생활도 그러합니다. 재물, 자녀, 승진, 혹은 건강의 축복을 받은 사람을 보고 우리 보통 사람들은 그가 그 축복을 받기 위하여 얼마나 오랜 동안 애쓰고 기도하고 정성을 들였겠는가 하는 것보다 그가 받은 축복 그 자체를 부러워합니다. 산 전체가 처음부터 초록이 아니고, 멋진 기와집은 처음 기와부터 얹는 것이 아니고, 축복은 가만히 앉았는데 '금 나왔다, 뚝딱!' 현상이 아니라는 것을 산꼭대기에서 외치는 푸르른 초록의 합성을 듣고 새삼 절감하는 이정수 목사

이렇게 양육하라

본문 / 잠22:6, 엡6:4

1. 들어가는 이야기

초록이 온 산을 덮은 파란 오월입니다. 가정의 달 오월에는 어린이날, 성년의 날, 부부의 날, 어버이날, 스승의 날이 제정되어 있습니다. 오늘 어린이 주일을 맞아 자녀 양육 문제를 묵상하는 가운데 은혜를 나누려고 합니다.

2. 본문 이야기

*마땅히 행할 길을 아이에게 가르치라. 그리하면 늙어도 그것을 떠나지 아니하리라(잠22:6). *아비들아 너희 자녀를 노엽게 하지 말고 오직 주의 교양과 훈계로 양육(the training and instruction)하라(엡6:4). 오늘 신 · 구약 본문 말씀의 공통점은 "자녀를 가르치라!" 입니다.

중세 때 한 군주가, 사람이 말하는 것은 본능인가 배움인가? 하는 문제를 알아보려고 실험을 하였습니다. 갓난 아이 6명을 일체 사람 말을 들을 수 없는 상황에서 좋은 환경, 좋은 음식으로 3년을 길렀습니다. 실험 결과 아이들은 아무 말도 하지 못한다는 것을 알았습니다. 사람은 본능적으로 아는 것이 아니라 배워야 아는 존재입니다. 군주는 남녀의 짝짓기 행위는 본능인가 배움인가? 하는 문제도 실험하였는데 실험 결과 본능이었다고 합니다.

맹자의 어머니가 아들 교육을 위하여 세 번 이사하였다는 孟母三遷之敎(맹모삼천지교) 라는 고사가 있습니다. 한석봉의 어머니가 아들 교육을 위하여 불을 끈 깜깜한 방안에서 가지런히 떡을 썰었다는 고사도 있습니다. 어린아이가 훗날 훌륭한 인물이 되거나 손가락질 받는 인간이 되는 것이 팔자 소관으로 저절로 그리 되는 것이 아니라 언제, 어디서, 누구에게, 무엇을 배웠는가에 달려있다는 사실을 강조하고 있는 이야기들입니다.

먹고, 싸고, 잠자고, 생식하는 일은 본능입니다. 사람의 동물적 부분입니다. 그러나 사람이 다른 동물과 구별되는 사람다움, 즉 말하고, 생각하고, 예절을 지키고, 창조(종교, 예술, 제도, 과학, 富 등)하는 일은 본능이 아닙니다. 가르침과 배움이 없으면 전혀 불가능합니다. 그러므로 고대사회로부터 현대사회에 이르기까지 <어린 아이의 양육 문제>는 국가, 집안, 가정의 가장 중요한 핵심 사항이었습니다. 피터 F 드러커는 "신분 제도가 엄격하였던 19세기까지 보통 사람은 신분 이동을 할 수 없었다. 왜냐하면 귀족 계급이 가르침과 배움의 유통과정을 완전히 독점하고 통제하였기 때문이다. 그러나 20세기에 들어와 시민사회 성립과 자연과학 발달로 그 통제가 해체되어 지금은 누구나 배움으로 신분 상승이 가능한 시대가 되었다" 고 하였습니다. 이런 의미에서 이 시대를 사는 어린아이들은 모두 축복 받은 사람들입니다(단, 배움을 기뻐하는 어린 아이들에게만).

3. 어린 아이 양육의 3 가지 핵심

첫째, 하나님을 섬기도록 양육하라. 이 문제를 첫번 째로 거론하는 것은 내가 목사이기 때문일 것입니다. 그러나 객관적으로 보아도 인류 역사 이래 동서고금을 막론하고 지혜 있는 선각자들은 한결같이 하나님 섬기는 것을 자녀양육의 첫 항목으로 꼽았습니다. 동 · 서양의 모든 나라 문화에서 가장 중요한 것이 <제사와 제사장 제도였다!>는 사실을 상기하시면 쉽게 이해할 수 있을 것입니다.

미국 석유 재벌 록펠러 1세(1839~1937)는 어머니의 10가지 유훈을 잘 지킨 사람으로 유명합니다. *하나님이 너의 친아버님이신 줄 믿고 살아라. *목사님을 하나님 다음으로 섬겨라. *오른쪽 주머니에는 십일조를 보관하라. *예배드릴 때는 제일 앞자리에 앉아라. *매일 아침 그 날 목표를 하나님께 아뢰라. *매일 밤 오늘 하루를 하나님께 감사하라. *남을 도울 때는 네 있는 힘을 다하여 정성껏 도와라. *주일 예배는 반드시 본 교회에서 드려라. *아침에 일어나면 꼭 성경을 읽어라.

둘째, 꽃으로도 때리지 말라. 무조건 사랑하라. 어른의 입장에서 판단하지 말고 어린 아이의 눈높이로 판단하고 어린 아이의 편이 되라. 인정해 주라. 칭찬해 주라. 야곱, 다윗처럼 아버지의 권위로 아이를 매일 축복하라는 것입니다. 혹 누군가 그러다 막가파로 자라면 어떻게 하느냐? 할 분이 있을 것입니다. 염려 놓으십시오. 사랑 받고 자란 아이는 결코 막가파 인생이 될 수 없습니다.

암부로시우스 목사님은 아우구스티누스의 어머니 모니카에게 "많은 눈물과 기도로 자란 아이는 결코 잘못될 수 없다(the son of so many tears and prayer is not lost)" 라고 하였습니다. 한신대 정태기 교수는 "공부가 신통치 못한 아들에게 공부 하라는 말은 결코 하지 않았다. 그저 매일 새벽 잠 자는 아들 침대 곁에서 축복 기도한 것뿐이다. 그런데 아들에게 놀라운 변화가 일어났다." 고 간증합니다.

셋째, <돈> 귀한 줄 가르치라. 우리 교회는 돈 문제에 대하여 매우 이중적입니다. 앞에서는 "돈은 일만 악의 뿌리" 라고 외치면서 뒤로는 "돈은 일만 축복의 근원"이라고 합니다. 그 실례로 새벽 기도, 삼일 기도회에 충성인 사람보다 헌금 많이 하는 사람이 제일 대접받는 곳이 교회입니다. 그리고 세상 사람(건축업자, 식당 아줌마, 택시 기사 등)들 소리를 들으면 교회 사람들이 불교나 천주교 사람들에 비하여 제일 짜고 쩨쩨하고 치사하다고 합니다. 솔직히 실제로 아니 그러합니까?

우리 사회는 자본주의 사회입니다. 자본주의 사회에서 가장 중요한 것은 돈입니다. 나는 어린 아이 때부터 돈에 대한 올바른 가치관을 철두철미하게 잘 가르쳐야 한다고 생각합니다. "개처럼 벌어서 정승처럼 쓰라"는 속담은 잘못된 것입니다. 정승처럼 벌어서 정승처럼 써야합니다. 그러므로 우리 교회가 정승처럼 돈 버는 방법, 정승처럼 돈 쓰는 방법을 연구하여 구체적으로 가르쳐야 한다고 생각합니다.

고전예화 432 어? 우리말이 아니라 한자말이네

나는 매주일 하남시립도서관에서 2주일 8권을 빌려다봅니다. 지난 주 <김언종 지음, 한자의 뿌리, 문학동네>를 빌려다보다가 평소 우리말인 줄 알았다가 어? 우리말이 아니라 한자말이네! 하는 것이 새삼 눈에 띠어 여기 소개합니다.

1. 과녁: 날아가는 화살의 표적을 뜻하는 과녁은 한자어 貫革(관혁)이 관역을 거쳐서 정착된 말이다.

2. 김치: 꼼짝없이 우리말인 줄 알았는데 소금물에 담가 절인 채소란 뜻으로 우리 조상들이 만든 한자어 沈菜(침채)가 변한 말이다.

3. 답답하다: 우리가 흔히 가슴이 답답하다, 아이고 이렇게 답답한 사람 봤나 등으로 아주 흔하게 쓰는 말인데, 이 말은 한자로 沓沓(답답)이다. 원 뜻은 쓸데없는 말 때문에 속이 시끄럽다는 뜻이다.

4. 동네: 이 분은 우리 동네 사람이야, 얼마나 정다운 말인가! 그런데 이 동네는 한자말 洞內(동내)의 변형이다.

5. 동무: 어깨동무, 위원장 동무, 아바이 동무 등으로 북한이 즐겨 쓰는 말이라 순수 토종 우리말인줄 알았더니, 조선 시대 문헌에 함께 춤추는 사람이라는 '同舞(동무)' 에서 비롯한 것이라고 기록되어 있다.

6. 동생: 우리는 친구에게 "야, 내 동생 철수야" 라고 소개합니다. 그런데 이 동생은 원래 한자말 同生(동생)으로 '한 부모에게서 난 형제' 란 뜻이다.

7. 안주: 술안주할 때 술은 분명히 우리말이지만 按酒(안주)는 누를 按(안) 술 酒(주)로 술기운이 지나치지 않도록 억제하는 음식을 의미하는 한자말이다.

8. 억장: '한민족 오 천년 역사에 38선은 우리 민족의 억장을 무너지게 하였다' 할 때 억장은 가물가물하게 높이 쌓아 一億(일억) 丈(장) 쯤 높아 보이는 一億之城(일억지성)의 줄임말에서 왔다.

9. 한심: "거 참 한심한 놈이구만" 할 때 한심은 한자말 寒心(한심)이다.

10. 흐지부지: 일을 딱 부러지게 마무리짓지 않고 흐리멍덩하게 얼버무리고 넘어가는 것을 '흐지부지' 라고 하는데 이 말은 한자어 꺼릴 諱(휘), 갈 之(지), 숨길 秘(비), 갈 之(지), 諱之秘之(휘지비지)에 뿌리를 둔 말로 '어떤 일을 싫어하고 꺼려서 비밀로 돌려두다' 는 뜻에서 유래한 말이다.

· 이정수 목사 KBS 라디오 고정 출연 마감 ·

5월 6일, 새벽인데 무슨 소리가 들립니다. 무슨 소리인가? 이불 속 잠결에 귀기울이니 개골-개골-꺅-꺅-걜-걜- 하는 개구리 두꺼비 울음소리입니다. 그런데 그것말고 또 다른 소리가 들립니다. 뭐지? 봄비 내리는 소리입니다. 오, 봄비가 오십니다! 얼른 일어나 이부자리 개고 세수하고 스킨 찍어 바르고 머리 빗고 청소하고 따끈한 커피 한 잔 끓이고(Taster' s Choice Original Coffee), 책상 앞에 단정히 앉아 커피를 마시며 봄비 내리는 소리를 듣고 있습니다.

나는 새벽이든, 한낮이든, 밤이든, 비만 오시면 좋습니다. 나는 매년 은근히 장마철을 기다립니다. 땅위에, 나무에, 지붕에, 숲에, 빗방울 떨어지는 소리가 우선 듣기 좋습니다. 비 내리는 날은 커피가 제 맛이라 좋습니다. 약속이 없으니 한가하게 방바닥에 누워 책 보고, 음악 듣고, 비디오 보고, 집사람이 붙여주는 부침개 먹고, 그러다 또 멍하니 비 내리는 소리 듣는 것이 좋아서입니다.

淸(청)나라 때 시인 戴熙(대희)의 시를 찾아 읽었습니다.

空山春雨圖(공산춘우도)

空山足春雨(공산족춘우: 빈 산에 봄비 하염없이 내리고)
緋桃間丹杏(비도간단행: 복숭아꽃, 살구꽃, 화사하게 피었다)
花發不逢人(화발부봉인: 아름다운 꽃 피었으나 빈 산 중이라 보는 이 없어)
自照溪中影(자조계중영: 꽃은 맑은 계곡 물에 화사한 제 모습 비추고 있다)

내가 세 들어 살고 있는 500평 대지에 지어 놓은 50평 북한강변 집에는 집주인이 심어 놓은 진달래, 목련, 개나리, 자홍련, 영산홍, 철쭉, 각종 나무들이 그득합니다. 시인 戴熙(대희)가 사는 깊은 산중은 아니나 찾아오는 사람 드물고 한가하여 이렇게 봄비 오시는 날 풍치는 深山(심산)과 다름없어 시인이 느낀 空山足春雨(공산족춘우) 분위기를 알아듣기에 너무 충분합니다.

KBS 라디오 사회방송 김선동 아나운서 진행 '종교와 인생' 에 2005년 11월 첫 주부터 2006년 4월 마지막 주까지 6개월 총 27회 고정 출연(출연료 1회 61,000원X 27회=1647000원)하고 이번 봄철 프로 개편으로 마감한 이정수 목사

이렇게 성장하라

본문 / 시126:5-6, 딤전4:6-16

1. 들어가는 이야기

온갖 꽃이 활짝 피어 빛나고(萬化方暢), 파란 하늘, 신선한 초록으로 찬란한 산과 들, 해맑은 웃음 웃는 아이들, 건강한 청년들의 화려한 축제가 있는 오월을 계절의 여왕으로 칭하는 데 탈잡을 사람 하나도 없으리라 생각합니다.

우리 대한민국은 1973년 대통령령 제6615에 의거 문화관광부 주관으로 만 20세가 된 젊은이들을 대한민국의 책임 있는 국민으로 인정하고 축하하는 기념일을 제정하고, 1985년부터 매년 오월 셋째 월요일을 '成年(성년)의 날' 혹은 '成人(성인)의 날' 로 지키고 있습니다. 올해는 1986년 생 젊은이들이 성년이 됩니다. 오늘은 '成年(성년)의 날' 의미를 묵상하는 가운데 은혜를 나누려고 합니다.

2. '성년의 날' 제정 의미

첫째, 헤르만 헷세는 그의 자서전적 소설《데미안》에서 성년의 의미를 다음과 같이 썼습니다. "새는 알을 깨고 세상 밖으로 나온다. 알은 곧 세계다. 태어나려는 자는 한 세계를 파괴하지 않으면 안 된다. 새는 신을 향하여 날아간다. 그 신의 이름은 아프락시스다". 성년이 되었다는 것은 미성년 보호법이란 알을 깨고 사회법의 세계로 진입하였다는 것입니다(참고:《말씀의 샘물》제5권, 181쪽).

둘째, 동물의 세계를 보면 사자, 호랑이, 원숭이 등은 새끼를 일정 기간 키운 뒤 생식 능력 가능 시점에 이르면 단호히 무리에서 추방합니다. 추방된 새끼는 자연법(natural law)에 따라 자기 스스로 독립 생존을 시작합니다.

사람도 동물인 이상 예외가 아닙니다. 서양 사람들은 자녀가 18세가 되면 당연히 스스로 독립하여 사는 것을 부모 자식 일반 사회 모두 당연시하고 있습니다. 우리 한국 사회는 유교 문화 전통이 많이 남아 있어 아직까지는 가족 관계가 끈끈합니다만 점차 서구적 가족 관계로 이동하고 있음을 우리 모두 피부로 느끼고 있습니다. 성년이 되었다는 것은 육체적, 정신적, 경제적으로 독립하여 자기 삶을 꾸릴 때가 되었다는 의미입니다. 성경은 이것을 "이러므로 남자가 부모를 떠나 그 아내와 연합하여 한 몸을 이룰지로다(창2:24)" 라고 하셨습니다.

셋째, 성년이란 법적 용어입니다. 법은 '19세 미만 사람은 술, 담배를 살 수 없다' 고 규정하고 있습니다. 성년은 이 규정의 저촉을 받지 않습니다. 한 마디로 말해서 성년은 自由(그 누구의 외적 내적 억압을 받지 않고 스스로 그러함)하게 된 사람이란 뜻입니다. 자기의 말, 행동, 사상, 인생, 경제, 스타일, 인간 관계 등 자기 삶 전체를 스스로 결정하고 스스로 책임지고 살 수 있는 한 개인이 되었음을 그가 속한 사회 공동체가 인정하는 사람이 되었다는 말입니다.

3. 성년이 된 젊은이가 알아두어야 할 3가지 전제

첫째, 처음부터 나의 인생 방향은 "이것이다!" 라고 한 사람은 한 사람도 없었다는 사실입니다. 이제 성년이 된 사람은 자기 인생의 방향성, 직업, 배우자 문제로 두려워합니다. 스스로 자유롭게 결정하고 책임져야 한다는 갑작스런 현실을 매우 부담스러워합니다. 그런 사람들에게 성경은 "너희는 무엇을 먹을까? 무엇을 마실까? 무엇을 입을까? 염려하지 말라!" 고 하십니다. 성년이 된 사람들은 그 무슨 말씀인가? 어떻게 염려하지 않을 수 있는가? 합니다.

진정 염려하지 마십시오. 성경의 인물, 일반 세상의 인물 모두를 포함하여 이 세상 그 어떤 대단하다는 사람도 처음부터 "내 인생은 이거야!" 하고 시작한 사람은 단 한 사람도 없습니다. 그 사람들 모두 去去去中知 行行行裏覺(거거거중지 행행행리각: 가고 가고 가다 보니 알게 되었고, 행하고 행하고 행하다 보니 깨닫게 되었다) 하였을 뿐입니다. 누군가 나는 예외야 하는 사람이 있다면 그것은 새빨간 거짓말입니다. 왜? 그 사람 자체의 출생부터 자기 의지가 아니었기 때문입니다.

둘째, 처음부터 자기 분야에서 '잘난 사람' 도 없다는 사실입니다. 가다 보니 알게 되었고, 행하다 보니 깨닫게 되어 결정한 자기 인생 분야(이 결정이야말로 자기 선택이다!)에서 처음부터 "잘난 사람!" 은 없습니다. 生而知之(태어날 때부터 앎) 하는 사람도 없습니다. 강조하거니와 단 한 사람도 없습니다. 혹 누군가 5살에 한시를 지었다는 김시습, 7살에 작곡을 하였다는 모차르트 같은 사람을 거론할 수 있을 것입니다. 내가 보기에 그런 사람은 긍정적으로 말하면 천재지만 부정적으로 말하면 장애인입니다. 영화 아마데우스를 보면 모짜르트가 얼마나 정신적으로 사회적으로 미숙아였는가를 잘 알 수 있을 것입니다. 역사 속의 자기 분야에서 "잘난 사람"으로 기록되어 있는 사람들의 그 처음은 모두 신통치 않았습니다.

셋째, 오직 매사에 전심전력=열심=열정=집중(devote yourself wholly to) 이 있을 뿐입니다. 바울 사도는 본문에서 디모데에게 "전심전력을 다 하라"고 간곡히 교훈하고 있습니다. 나중에 내 인생의 방향성을 결정한 후에 전심전력을 다 할 것이야! 하는 사람이 있습니다. 미안한 말씀이지만 그런 사람은 평생 자기 인생의 방향성을 찾지 못한 채 미적미적 살다가 소멸할 확률이 매우 매우 매우 높습니다.

성경에 달란트의 비유, 울며 씨를 뿌리는 자는 기쁨으로 그 단을 거두리로다, 맡은 자에게 구할 것은 충성이니라 하신 말씀의 의미가 무엇입니까? 그 어떤 일에서든지 전심전력을 다 하다보면 내 속에 감춰진 보물(순발력, 창조력, 인내력, 인간 관계, 예술성, 문학성, 음악성, 리더십, 체력, 지력, 인품, 내가 좋아하고 싫어 하는 것 등)이 무엇인지 밝혀진다는 것입니나. 그러면 나를 알게 되어 나의 방향성을 올바로 결정할 수 있습니다. 반면에 전심전력하지 않으면 자기 자신 속의 보물을 발견할 기회가 처음부터 원천 봉쇄되어 자기 방향성을 찾을 수 없다는 사실을 깊이 명심하여야 할 것입니다.

대한민국에서 부자 되는 법

며칠 전 신문을 보니 2000년대 한국의 대학문화는 낭만, 철학, 사랑, 투쟁, 의식화로 대변되던 70~80년대 대학과는 아주 판이하게 달라졌다고 합니다. 오늘의 대학사회는 대학에 입학한 학생들이 입학하자마자 자기 전공 학과 공부는 뒷전이고 사법고시, 행정고시에 매달리는 학생이 많고, 10억 만들기 동아리, 30세 30평 동아리, 부자 아빠 · 가난한 아빠 연구 동아리 등 극히 현실적이고 물질적 문화가 만연되어 있다고 하였습니다. 또한 그에 걸맞게 부자 되는 법에 대하여 쓴 책들이 인기라고 합니다.

그럼 대한민국에서 부자 되는 법이 무엇인가? 궁금하여 이 계통에서 인기 있다는 책들을 찾아 읽어 보았습니다. 요즈음 출판사들이 책이 안 팔린다고 난리인데 이 계통 책들은 날개 돋친 듯 잘 팔리고 있습니다.

한상복, 《한국의 부자들 1, 2》, 위즈덤하우스, 19쇄.
조성근, 《한국형 땅 부자들》, 한국경제신문, 13쇄.
김혜경, 《집은 없어도 땅은 사라》, 국일 증권경제연구소, 4쇄.
노용환, 《32세, 32평 만들기》, 국일 증권경제연구소, 10쇄.
박용석, 《한국의 젊은 부자들》, 토네이더, 6쇄.

이런 책들을 읽어보니 저자들 모두 한결같이 <대한민국에서 부자 되는 법>에 대하여 약속이나 한 듯 공통된 논리를 펴고 있습니다.

첫째, 이 책들의 저자들은 대한민국에서 부자(20억 이상) 소리 듣는 사람들을 만나 인터뷰하여 보니 대부분 일류 학벌, 일류 직장, 부모 유산과는 거의 무관한 사람들이었다. 한국의 부자들 대부분은 자수 성가 형이었다. 그리고 특기할 것은 각각의 부자들은 각자 나름대로의 <아주 특별한 부자 마인드!> 가 있었다.

둘째, 이 책에 소개된 부자들은 모두 식당업, 제조업, 세일즈맨, 운송업, 슈퍼마켓, 착실한 월급쟁이 등으로 부자 된 사람은 정말 한 사람도 없었습니다. 한국의 부자들은 처음 아르바이트, 수입의 50% 혹은 80%까지 무조건 저축, 자동차나 멋진 외식 포기, 근검 절약 등으로 무진 고생하여 악착같이 종자돈(부자들은 각각 조금씩 차이는 있으나 이 대목이 가장 힘들다고 하였다!)을 마련하고 주식, 채권, 부동산, 부동산 임대업, 사채놀이로 부자가 되었다.

셋째, 이 책들은 대한민국에서 부자가 되려면 열심히 공부해야 한다는 것으로 요약되고 있습니다. 자연과학, 인문과학, 문학, 예술 같은 공부가 아니라, 부동산 법, 경매 법, 관계 세법, 땅 보는 법, 주식과 채권 시장의 동향, 부자들 사이의 인맥 맺는 법 등을 면밀히 공부하여야 한다는 것입니다. 우리 사회도 지식정보화 사회가 되었다는 단적 증거를 여기서 볼 수 있었습니다.

· 가슴 아픈 편지 ·

《말씀의 샘물》을 인연으로 지난 주간에 참으로 가슴 아픈 편지 두 통을 받았습니다. 감옥으로부터 온 편지들입니다.

한 분은 사형선고를 받고 14년 째 서울 구치소에서 복역하고 있는데 설상가상으로 간암 말기로 항암 치료 중이라고 합니다. 감옥에 수감된 후 성북구 어느 교회 권사님의 전도로 예수님을 영접하고 신앙 생활을 하고 있으며 어떤 모양으로든지 주님의 도구로 쓰임 받기를 간절히 기도하고 있다고 합니다. 필체가 아주 훌륭한 편지였습니다.

또 한 분은 유성은혜교회 주종우 목사님을 통하여 전해 받은《말씀의 샘물》을 읽었으며, 무기징역을 선고받고 현재 대전교도소에서 징역을 살고 있으며, 예수님을 영접한 지 2년쯤 되었는데 아직 하나님에 대하여 잘 알지 못하며 기도도 할 줄 모른다고 하였습니다. 있는 그대로 솔직히 꾸밈없이 쓴 편지였습니다.

두 분의 편지를 읽어보니 잠시 잠깐의 큰 실수로 자유를 상실하고 갇힌 몸이 되어 징역을 살고 있으나 그 마음은 여느 누구나 다름없습니다. 징역을 살면서 예수님을 영접한 것을 큰 기쁨으로 여기며, 권사님, 목사님의 따뜻한 관심과《말씀의 샘물》같은 보잘 것 없는 작은 책에도 크게 감사하며 하루 하루를 살고 있습니다. 오랜 감옥 생활로 육체적, 정신적, 영적으로 자꾸만 추락하려는 자기 자신을 말씀과 기도로 곧추 세우려고 눈물겨운 내적 자기 수련을 하고 있는 두 분입니다.

하나님 아버지!
이 두 분 머리 위에 두 손 얹어 하나님께서 친히 축복하여 주옵소서.
믿음 안에서 시작한 이 내적 자기 수련을 낙심치 말고 끝까지 행하게 하옵소서.
그리하여, "내가 어떠한 형편에서든지 자족하기를 배웠노니 내가 비천에 처할 줄도 알고 풍부에 처할 줄도 알아 모든 일에 배부르며 배고픔과 풍부와 궁핍에도 일체의 비결을 배웠노라. 내게 능력 주시는 자 안에서 내가 모든 것을 할 수 있느니라(빌4:11-13)" 고 하신 바울 사도의 고백이 이 두 사람의 고백이 되게 하옵소서.
자비하신 우리 주 예수님의 이름으로 간절히 축원하며 기도 올리옵나이다.

"立處皆眞 隨處作主(입처개진 수처작주: 네가 서 있는 그 자리가 곧 진리의 자리이니, 그 곳이 궁궐이든 초막이든 감옥이든 감옥 밖이든 그 어디이든 종으로 살지 말고 스스로 주인이 되어서 살라)" 아주 옳으신 말씀이라고 인정하는 이정수 목사

이렇게 늙어가라

본문 / 신34:7, 시92:1-15

1. 들어가는 이야기

5월 가정의 달을 맞아 어린이주일에는 "이렇게 양육하라", 성년주일에는 "이렇게 성장하라" 는 제목으로 설교하였습니다. 오늘 어버이주일에는 네 부모를 "이렇게 공경하라" 는 제목이 되어야 할 것이나 평소 내가 보기에 우리 교회와 우리 가정의 자녀들은 그만하면 어버이를 잘 공경한다고 생각되어 오히려 우리 어버이 된 사람들이 어떻게 잘 늙어 갈 것인가 하는 문제를 묵상하는 것이 더 의미 있다고 생각되어 설교 제목을 "이렇게 늙어가라!" 로 정하였습니다.

로고세라피(의미요법=logotherapy=the will to meaning)의 창시자 정신의학자 빅터 프랭클은 불면증, 섹스 불안증, 뭔가 잘해 보려고 하면 오히려 더 역효과가 일어나는 정서불안증 환자들에게 역설적 의도 치료법(paradoxical intention)이 큰 효과가 있었다고 하였습니다. 즉, 잠자려고 애쓰지 말고 일하고, 되면 되고 말면 말고 되는 대로 내버려두고, 무신경하게 행동하도록 유도하였다는 것입니다.

어버이주일에 자녀 된 사람에게 네 부모를 "이렇게 공경하라" 하여 효도의 의무를 강조하는 것보다 어버이 된 사람 스스로 잘 늙어 감으로써 역설적으로 진정에서 우러나는 효도가 이루어지리라 생각되기 때문입니다.

2. 늙음이란 무엇인가?

문명사학자 슈펭글러는 인류 문명을 발생기-성장기-성숙기-쇠퇴기로 보았습니다. 일년의 계절은 봄-여름-가을-겨울로 순환합니다. 사람은 태어나서부터 유아기(1~15세)-청년기(16~35세)-장년기(36~60세)-노년기(61세 이후)를 거쳐 마침내 하나님의 품으로 돌아갑니다. 이 세상 모든 생명 있는 것이 그러합니다. 예외가 없습니다. 천지창조 때 하나님께서 "너는 흙이니 흙으로 돌아가라(창3:19)" 하셨기 때문입니다. 우리는 가끔 <젊은 늙은이>와 <늙은 젊은이>를 대비하여 말하지만, 젊은 늙은이는 한 생각 고쳐 먹으면 언제라도 젊은 청년이 될 수 있습니다. 그러나 늙은 젊은이는 아무리 젊은이 같은 비전과 기상으로 똘똘 뭉쳐 있다고 할지라도 늙음 그 자체를 없이 할 수 없습니다. 늙음은 늙음입니다. 늙음 그 자체를 인위적으로 부정하거나 갖가지 수식어나 자기 세뇌로 늙음 아닌 것처럼 포장할 필요도 없습니다. 성경은 젊은 자의 영화는 그 힘이요 늙은 자의 아름다운 것은 그 백발이니라(잠20:29)라고 하십니다. 젊음은 젊음대로 좋고(애3:19-28, 전11:9-10, 시18:29-34), 늙음은 늙음대로 좋다(잠16:31)는 것입니다.

어린이는 어린이답게 양육할 일이고, 젊은이는 젊은이답게 성장할 일이고, 늙은이는 늙은이답게 늙어 가는 것이 하나님께서 태초부터 정하신 자연법칙이요 창조 질서입니다. 늙음은 자연스러운 것으로 참 좋은 것입니다.

3. 아름답게 늙어 가는 3 가지 지혜

첫째, 우선 무엇보다 내가 늙었다는 사실을 스스로 인정해야 합니다. 늙음은 두려워하거나, 슬퍼하거나, 괴로워하거나, 후회하거나, 억울해 할 일이 아닙니다. 늙음은 지극히 당연하고 자연스러운 일입니다. 내 탓이오 네 탓이오 할 필요도 없습니다. 지난 세월 동안 수많은 고난과 환난 중에도 죽지 않고 지금 내 모습 이대로 여기까지 늙어 온 것을 하나님께 감사하고 받아들일 일입니다.

둘째, 건강하게 늙어 가야 합니다. 모세가 120 세에 죽을 때에 눈이 흐리지 않았고 기력이 쇠하지 않았다고 하였습니다(신34:7). 무슨 뜻입니까? 횡설수설, 치매 끼, 혼수상태에서 임종을 맞은 것이 아니라 의식이 분명한 상태에서 한 지루 촛불 다 타듯 깨끗한 임종을 맞았다는 것입니다. 동양적 표현으로 坐脫立亡(좌탈입망) 하였다는 말입니다. 얼마나 아름다운 임종입니까? 이런 임종을 맞기 위하여 평소 스스로 자기 건강을 잘 관리할 일입니다.

위대한 자연주의자 스코트 니어링(1883~1983). 그는 분명한 의식을 지닌 채 하나님 나라로 가기를 원하였습니다. 그리하여 그의 나이 100살 되는 생일을 한 달 앞두고 스스로 곡기를 끊었습니다. 1983년 8월 24일 아침, 그의 부인 헬렌 니어링이 불러주는 노래를 들으면서 나무에 붙어 있던 마른 잎 하나 떨어지듯 숨을 멈추었습니다(참고:《말씀의 샘물》제3권 고전예화 158. 스코트 니어링의 유언장).

셋째, 하나님의 궁전(집)에 심겨진 나무처럼 늙어 가야 합니다. 옛 글에 이르기를 羈鳥戀舊林 池魚思故淵(기조연구림 지어사고연: 떠돌이 나그네 새는 옛 고향 숲을 그리워하고, 연못의 물고기는 나서 자라던 옛 물을 그리워한다)고 하였습니다. 늙음이란 複雜多難(복잡다난)한 세상을 사노라고 밀쳐두었던 인생의 본질적 목적 문제를 해결할 때가 되었다는 것을 의미합니다.

우리 장로교회 헌법 요리문답에 보면 "제1문. 사람의 제일 첫째 되는 목적이 무엇입니까? 답. 하나님을 영화롭게 하고 영원히 그를 즐겁게 하는 것입니다. 제2문. 그 방법은 무엇입니까? 답. 그 유일한 법칙은 신약과 구약에 들어 있는 하나님의 말씀입니다." 라고 하였습니다. 즉, 하나님의 궁전에 심겨진 나무 같이 늙어도 결실하며 진액이 풍족하고 빛이 청청한 인생은 하나님의 궁전=집=교회에 충성하고, 하나님의 말씀을 읽고 배우고 연구하여, 순종하는 가운데 하늘로부터 내려오는 축복입니다. 그것이 곧 하나님을 영화롭게 하는 일입니다.

4. 마치는 이야기

옛날이 오늘보다 나은 것이 어찜이냐 하지 말라 이렇게 묻는 것이 지혜가 아니니라(전7:10)고 하셨습니다. 젊음은 젊음대로 좋고, 늙음은 늙음대로 좋은 것입니다. 또한 늙은 자에게는 지혜가 있고 장수하는 자에게는 명철이 있느니라(욥12:12)고 하셨습니다. 제 아무리 천재라도 늙음에 이르지 아니하면 알 수 없는 것이 있습니다. 그것이 늙은이가 가진 지혜요 명철입니다. 또한 특권입니다.

고전예화 434

90세 엄마와 70세 아들

우리나라의 65세 이상 노인 인구는 2000년 기준으로 전체 인구의 7%, 작년 2005년에는 9.1%로 증가하여 본격적인 고령화 사회로 진입하였습니다. 전문가들은 향후 이런 추세가 계속되면 2020년에는 15.7%, 2030년에는 24.1%, 2040년에는 32%, 2050년에는 37.3%가 될 것이라고 전망하고 있습니다. 우리나라 국민 열사람 가운데 네사람이 65세 이상 노인이라는 뜻입니다. 55세부터 계산한다면 10명 중 여섯사람 이상이 노인이라는 말입니다. 매우 심각한 문제입니다.

일산에 74세의 노인이 살고 있습니다. 그 노인은 매주 일산에서 용인까지 손수 왕복 운전합니다. 용인 노인 요양원에 계신 94세의 어머니를 찾아뵙기 위하여서입니다. 3년 전까지 집에서 모셨는데 치매가 심해져서 매월 100만원의 경비를 지불하고 노인 전문 요양원에 위탁한 것입니다.

일산－용인 간, 교통 사정이 좋으면 왕복 2~3시간 거리지만, 교통 체증에 걸리면 3~4시간 걸립니다. 74세 노인 아들이 94세 노인 어머니를 찾아뵙고, 이것 저것 이야기하고, 특별히 준비한 음식을 먹여드리고, 돌아오는 길이 점점 힘이 부친다고 합니다. 그런데 어머니가 치매 상태는 그대로인 채 육신만은 오히려 날로 건강해지는 것 같다고 합니다. 74세 노인 아들의 간절한 기도 제목은 "94세 노인 어머니가 74세 아들 노인보다 하루 먼저 돌아가시는 것" 이라고 하였습니다. (참고: 원종구 목사, 늘빛강단, 2005년, 므두셀라를 생각하라)

이런 현상이 남의 일이 아닙니다. 이제 10년만 지나면 우리 주변에 흔히 있는 일상사가 될 것입니다. 노인이 노인을 돌보아야 하는 기막힌 세상이 된 것입니다. 80세 아들이 100세 어머니를 돌보거나, 100세 아버지가 75세 아들을 돌보아야 하는 세상 말입니다. 그러므로 노후 문제가 심각하게 제기되고 있습니다. 그런데 오늘 우리들의 노후 문제에 대한 접근 방식이 대체로 <노후 문제=돈 문제>입니다. 물론 돈이 있어야 하겠지요. 그러나 노후에야말로 돈이 다가 아니라고 생각합니다. 돈도 돈이지만 노후 문제를 위하여 꼭 준비할 것이 있다는 생각이 듭니다.

첫째, 지극 정성으로 섬기는 자기 신앙이 있어야 합니다.

둘째, 나 혼자서 돈 없이도 충분히 즐기고 몰입할 수 있는 취미 혹은 일거리(걷기, 여행, 듣기, 읽기, 만들기, 쓰기, 모으기, 기르기, 배우기, 돕기, 그리기 등)를 미리미리 터 잡아 두어야 하리라 생각합니다.

셋째, 품위 있는 삶이 중요하듯 품위 있는 죽음도 중요하다는 것을 깊이 인식하여, 스스로 生死觀을 뚜렷이 하고, 평소 나는 임종을 이렇게 맞겠다고 가족과 친구들에게 미리 분명하게 일러두는 것입니다. 坐脫立亡(좌탈입망)은 더욱 좋겠지요.

· 白樂天-無優無樂者 ·

5월 22일, 내가 사는 북한강변으로 이광오 목사가 찾아왔습니다. 전날 약속한 대로 오늘밤은 내 집에서 묵고 내일 아침 가평 도성고개-강씨봉(830M)에 오르기로 한 것입니다. 좋은 친구가 모처럼 오셨는데 무엇을 대접할까? 문호리에 새로 생긴 농협 하나로 마트 정육점에서 한우 고기 한 근(18,000원) 사고, 텃밭에 심은 상추, 케일, 부추, 쑴바귀, 민들레 잎을 따고 금방 지은 하얀 이밥으로 간소하고 정갈한 저녁상[淸齊]을 차렸습니다.

창문 활짝 여니 저녁 산새들 돌아오는 소리 들리고, 오랜만에 베토벤 제3번 · 5번 · 9번 교향곡을 들으며, 채소와 곁들여 질 좋은 한우 고기를 구워 잘 먹었습니다. 이광오 목사 말이 "어, 참 좋다! 시장에서 사다 먹는 채소와는 확실히 다르구만" 합니다. 내가 하는 말이 "암!, 다르고 말고 내가 매일 아침 저녁으로 김매고 물 주어 기른 것인데 약 뿌리고 따서 비닐 봉투에 담아 자동차로 실어다 슈퍼마켓이나 마트에 진열하여 둔 며칠 지난 채소와 어찌 비교할 수 있겠는가?"

食後(식후) 따끈한 커피 한 잔 마시며, 음악 들으며, 잘 나가는 친구, 딱한 친구, 아이들 문제, 월드컵 축구, 교회 돌아가는 이야기를 나누고 밤이 이슥하여 자리 펴고 그냥 잤습니다. 唐 詩人 白居易(백거이 722~846, 字 樂天)가 <食後>를 지은 것은 오늘 우리와 같은 심경이었던 모양입니다.

食罷一覺睡(식파일각수: 밥 먹고 한숨 자고)
起來兩　茶(기래양구다: 일어나 차 한 잔 마신다)
擧頭看日影(거두간일영: 머리 들어 해 그림자 바라보니)
已復西南斜(이부서남사: 어느새 해가 서남쪽 산마루에 걸렸구나)
樂人惜日促(낙인석일촉: 즐거운 사람은 하루해가 너무 짧고)
優人厭日　(우인염일사: 괴로운 사람은 하루해가 너무 길다)
無優無樂者(무우무낙자: 즐거울 것도, 괴로울 것도 없는 나는)
長短壬生涯(장단임생애: 하루가 길든 짧든 그런 대로 지내노라)

내 좋은 친구 송파 김지태 치과 원장의 후의에 깊이 감사하고 있는 이정수 목사

이렇게 사랑하라

본문 / 창2:21-25, 엡5:22-33

1. 들어가는 이야기

사회의 기초는 한 남자와 한 여자가 만나 결혼함으로 성립되는 가정입니다. 통계청과 언론 보도에 의하면 한 해 이혼율이 30%다, 아니다 실제로는 10%다 하는 소리를 흔히 듣습니다. 30%든 !0%든 우리나라 이혼율이 급속히 높아진 것은 사실입니다. 이혼율 급증 원인은 남녀평등의 법률 제정, 경제구조의 변화, 자본주의의 확장, 개인주의의 활성화, 통신수단의 혁명, 다양한 문화 유입으로 인한 기존 사회 질서와 도덕 기준의 붕괴 등이 거론되고 있습니다. 실제로 예전에는 집안에 이혼한 사람이 있으면 쉬-쉬- 하였으나 지금은 이혼? 그랬어? 그만한 사정이 있었겠지 뭐, 하는 정도로 매일 듣고 보고 만나는 보통 일이 되었습니다.

동서양을 막론하고 지금 세계는 심각한 가정의 위기를 맞고 있습니다. 그야말로 피부로 느낍니다. 그 명백한 증거로 대한민국 국회가 2004년부터 매년 5월 21일을 "부부의 날" 로 정하고 국가기념일로 선포하였다는 사실입니다. 이 부부의 날 산파역은 "장미를 든 목사" 로 알려진 권재도 목사입니다. 10여 년 전 권 목사는 우연히 어린이 날 프로를 보다가 한 어린아이가 "내 소원은요, 엄마와 아빠가 함께 사는 거예요!" 라고 한 말에 충격을 받고 부부 사랑 캠페인(부부의 날에 남편은 아내에게 붉은 장미꽃, 아내는 남편에게 분홍 장미꽃 선물하기, 부부 걷기 대회, 부부 편지 쓰기, 부부 포크 댄스, 남편 자랑, 아내 자랑 3분 스피치 대회 등)을 벌인지 10년 만에 5월 21일(둘이 하나 되는 날)을 국가기념일로 제정하는 데까지 이르게 된 것입니다. 그만큼 가정 문제가 심각해 진 것입니다.

2. 한 남편과 한 아내의 사랑

"사랑" 이란 말보다 쉽고도 어려운 말은 없을 것입니다. 육체적 사랑, 정신적 사랑, 탐닉, 자비, 仁, 에로스, 필리아, 아가페, 집착, 몰입, 미치도록 보고 싶은 그리움, 안타까움, 간절함, 희생, 미워도 다시 한 번, 외로워 외로워서 못 살겠어요, 천만 번 더 들어도 또 듣고 싶은 말 등등 이 모두 사랑의 범주 안에 드는 표현들입니다.《춘향전》,《변강쇠전》,《님의 침묵》,《백범일지》, 플라톤의《향연》,《로미오와 줄리엣》,《젊은 베르테르의 슬픔》, 스탕달의《연애론》,《나르치스와 골드문트》,《생의 한 가운데》, 에리히 프롬의《사랑의 기술(The Art of Loving)》,《사서삼경》,《팔만대장경》, 그리고 신구약《성경》의 모든 주제가 사랑입니다.

그렇다면 한 가정의 남편과 아내의 사랑은 어떠한 것일까? 그 구체적 내용은 무엇인가? 나는 위에 말씀드린 모든 것 그리고 그 외에 사랑이라 이름 붙일 수 있는 모든 것이라고 생각합니다. 사람의 四端七情 모두, 사람의 이성, 감성, 지성, 야성, 오성 모두가 합하여 오묘한 조화를 이룬 것이 사랑입니다.

3. 그 많은 것 중에서 꼭 말해 두어야 할 3가지 요소

첫째, 아내들아, 남편에게 복종하라. 남편들아, 아내를 사랑하라는 말씀입니다. 매일 듣는 뻔한 소리로 들립니까? 구 시대의 남존여비 사상으로 들립니까? 복종, 순종, 경외라는 언어 표현에 얽매이지 않도록 주의하십시오. 이 말씀은《화성 남자, 금성 여자》, "士爲知己者死, 女爲說己者容: 남자는 자기를 알아주는 사람을 위하여 목숨을 바치고, 여자는 자기를 사랑해 주는 사람을 위하여 몸을 꾸민다" 라는 말입니다. 즉, 남편은 자기 아내를, 아내는 자기 남편을 잘 연구하여 서로 받들고 살라는 말씀입니다. 한마디로 남자와 여자는 근본적으로 다른 종족이니 상대를 잘 연구하여 맞추어 가는 것이 사랑의 묘약이라는 말입니다.

둘째, 남편들아, 아내들아, 부모를 떠나 독립하라는 말씀입니다. 오늘 우리 사회를 보면 육체적으로는 독립하였지만 정신적, 경제적, 영적으로 부모 그늘에 살고 있는 사람들이 참 많습니다. 영화, 소설, 유행가, 텔레비전 드라마와 같은 대중예술은 그 시대의 자화상입니다. 우리 시대의 대부분의 대중 예술의 주제가 무엇입니까? 힘있는 부모 세대와 힘없는 자녀 세대 그리고 양쪽 집안간의 갈등입니다.

부모의 돈 몇 푼에 기대어 시시하게 빌빌거리며 눈치보며 사는 젊은 남편과 젊은 아내가 너무 많습니다. 가슴 아픈 일입니다. 부모를 떠나 독립하라! 우리 시대의 참 독립은 경제적 독립이라고 해도 과언이 아닙니다.

셋째, 가정 제단을 쌓으라는 말씀입니다. 육체적 매력이 영원할 수 없습니다. 정력도 쉬 고갈합니다. 매일 좋은 일만 생기는 것도 아닙니다. 예로부터 인생은 태어나고, 늙고, 병들고, 죽는, 生老病死(四苦)의 고생바다라고 하였습니다. 요즈음은 新四苦의 시대라고 합니다. 즉, 工白離破(공백이파: 공부하는 괴로움, 백수의 괴로움, 이혼의 괴로움, 파산의 괴로움)의 고생바다입니다.

우리는 월트 디즈니가 만든 해피엔딩 신데델라에 익숙합니다만 원본 신데렐라의 종말은 왕자와 신데렐라의 신분, 문화, 환경, 취미, 시각 차이로 결국 비극적으로 끝난다고 들었습니다. "그래서 왕자님과 공주님이 오래 오래 행복하게 살았답니다!" 로 끝나는 동화 이야기는 문자 그대로 童話(어린아이들에게 들려주는 이야기)일 뿐입니다. 삶의 현실은 동화가 아닙니다. 삶의 현실은 실망, 좌절, 고통, 슬픔, 열등감, 두려움, 패배감, 불안, 스트레스의 고생바다입니다.

한 남편과 한 아내가 이 모든 현실의 苦海을 극복하고 그 사랑을 지키고 누리고 아름다운 가정을 세울 수 있는 참으로 귀한 길은 매일 저녁 가정 제단을 쌓는 일입니다. 처음엔 둘이, 조금 후엔 아이들과 함께, 좀 더 후엔 손자와 손녀와 함께 가정 제단을 쌓는 것입니다. 가정 제단은 세파에 떠밀려 어두운 바다 속으로 끌려가는 배와 같은 가정을 굳게 붙들어주는 강철 동아줄입니다.

사랑하는 법(the art of loving)

우리 시대의 고전으로 평가받고 있는 에리히 프롬은 그의 저서《사랑의 기술 혹은 사랑하는 법(The art of loving)》에서 다음과 같이 말하고 있습니다.

1. 사랑은 자연 발생적이며 한 사람이 어떤 사람, 상품, 사물, 경치 등 무엇인가 만나거나 보면 자연스럽게 각 사람의 기질에 따라 사랑하게도 되고 싫어하게도 된다는 생각은 자본주의 시장 경제에서 파생된 상품 구매 의식이 사랑의 대상에게까지 파급된 현상이다.

2. 사랑은 자연발생적인 것이 아니라 사람이 어떤 분야(축구, 야구, 영어, 중국어, 그림, 음악, 문학, 사업 등)에 익숙하려면 해당 분야에 대한 이론 공부와 직접 현장에서 몸으로 훈련하여야 하듯, 사랑하는 것 역시 사랑의 이론 공부하고 그 이론을 삶의 현장에서 실천할 때 사랑 받을 수 있고, 사랑할 수 있다.

3. 사랑하는 법(The art of Loving)의 원리

첫째, 사랑은 정신 집중에서 나오는 것이다. 사랑하는 사람들은 옆에 벼락이 떨어져도 의식하지 못한다. 그런 상태가 곧 정신 집중이다. 정신 집중이란 지금 현재에 깨어 있는 것, 지금 현재를 철저히 의식하는 것(start from you are!)이다. 몸은 현재에 있으면서 마음은 콩밭에 가 있는 것이 아니라 몸이 있는 그 곳에 마음도 같이 있는 것이다. 정신 집중은 홀로 있음, 명상, 남의 말을 의식적으로라도 경청하기, 나 자신의 현재를 스스로 객관적으로 파악하기 등의 훈련을 통하여 체득된다.

둘째, 사랑은 자기 중심적 사고 방식, 즉 나르시시즘(Narcissism: 자기 자신 속에 존재하는 것만을 현실로 인식하고, 외부 조건에 대하여는 내게 유익한가? 유해한가? 라는 입장에서만 판단하는 것)의 극복이다. 사랑은 철저히 객관적 사고 방식에서 나온다. 철저한 객관성이란 虛心(허심)이다. 자기 자신을 항상 객관적으로 보는 것이다. 내가 지금 무슨 생각, 무슨 말, 무슨 행동을 하고 있는지 스스로 의식하는 것이다.

셋째, 사랑은 합리적 신뢰에서 나온다. 나 자신에 대한 그리고 외부 세계에 대한 신뢰 말이다. 나는 사랑할 수 있고, 사랑 받을 수 있다는 것을 믿는 것이다. 이 믿음이 비로 진정한 참 용기이다 폴 틸리히는 이것을 '존재에의 용기(courage to be)' 라고 하였다.

에리히 프롬은 사랑은 감정, 느낌, 필(feel), 열정, 연애 감정 이상이라고 말하고 있습니다. 사랑은 존재에 대한 태도라고 말하고 있습니다.

· 명품 설교 ·

우리 한국 교회 목사님들은 누구나 설교에 부담을 느낍니다. 설교가 너무 많기 때문입니다. 일주일 동안 목사님이 해야 하는 설교를 보면, 주일 낮 설교, 주일 오후 설교, 삼일 기도회 설교, 목요 구역장 권찰 설교, 금요 철야 기도회 설교, 매일 새벽 기도회 설교 등 필수 설교만 12회입니다. 그 외, 가정 심방 설교, 병원 심방 설교, 약혼, 결혼 주례 설교, 백일, 생일, 환갑, 장례 설교, 무슨 무슨 축하 설교 등 조금 과장하여 말하면 일주일에 20회 설교를 해야 합니다.

부목사님이나 전도사님이 계신 큰 교회 목사님들은 그래도 좀 여유(?)가 있겠지만 목사님 한 분만 계신 교회 목사님들에게 설교는 참으로 큰 부담이 아닐 수 없습니다. 하나님께서 특별히 설교 잘하는 은사를 내려주신 목사님은 예외지만 우리 보통 목사님들은 그 많은 설교 때마다 교인들에게 가슴이 찡하고 눈물이 핑 도는 감동적 명설교를 한다는 것은 현실적으로 무리라고 고백할 수밖에 없습니다.

며칠 전 <판화가 이철수, 가만 가만 사랑해야지 이 작은 것들, 이철수의 나뭇잎 편지, 도서출판 삼인>을 읽다가 이런 대목을 보았습니다.

"나는 오늘 큰 항아리 하나를 보았습니다. 정말 참 잘 생겼다고 감탄하였습니다. 그림을 그리면서, 판화를 만들면서 느끼는 거지만 정말 좋은 물건은 장인의 솜씨만으로는 안됩니다. 하다 보면 어느 순간 이거다! 하는 작품이 나타납니다. 내가 만든 것이 아니라 문득 나타나는 것 같은 기분이 드는 겁니다. 그렇게 만나는 것을 두고 우리는 물건! 이라고 부릅니다. 그런 물건을 만나려면 늘 부지런히 일하고 살아야 합니다. 그 기회가 언제 올지 모르는 거니까요. 조용히, 열심히!"

일주일에 20회 설교 모두가 물건! 이 될 수는 없습니다. 힘들더라도, 고통스럽더라도, 부끄럽더라도, 조용히, 열심히 준비하여 설교하다 보면 그 중 하나가 물건이 되리라 믿습니다. 일주일 20회 설교 중 물건이라 할만한 설교 한편이 없어도 좋습니다. 두 주일 40회 설교 중 물건이라 할만한 설교 한편이 없어도 좋습니다. 석 주일 60회 설교 중 물건이라 할만한 설교 한편만 나온다면 교인들은 그것 하나로 실패작 설교 59편은 싹 잊고 그 물건 설교 한편을 두고 두고 기억하며 은혜 속에 살아가리라 믿습니다.

봄, 여름, 가을, 겨울로 물건이라 할만한 설교 한편만 나온다면 그 목사님은 아주 명 설교자라고 생각하는 이정수 목사

빚지지 말고 살라!

본문 / 롬12:8

1. 들어가는 이야기

우리 대한민국 빚이 2005년 기준으로 202조 5945억원입니다. 2004년 GDP 약 700조 대비 국채발행 비율이 29%입니다. 전문가들은 선진국의 국채발행 비율 50%에는 못 미치지만 우리나라처럼 부존자원이 없는 경우는 위험 수위에 도달한 것으로 보아야 한다고 경고하고 있습니다(파이낸셜뉴스, 2005. 8. 17).

그리고 우리나라 신용불량자는 400만 명 수준이며, 빚을 갚지 못해 법원에 파산 신청한 사람들(2005년 현재 6900명)의 이혼율은 21%로 우리나라 평균 이혼율 9% 보다 두 배가 넘습니다. 경제 문제 때문에 파괴되는 가정이 급속히 증가하고 있습니다. 가정 파괴는 해당 가정의 불행으로 끝나는 것이 아니라 사회 부담(아이들 양육, 복지 시설, 주거 공간 확보 등)과 살고 싶다고 애원하는 세 아이를 14층 아파트 아래로 뿌려버린 손 모 여인, 일가족 4명이 자동차 안에서 동반 자살, 그리고 최근 한나라당 박근혜 대표 테러 사건에서 보듯 범죄, 자살 등 사회 불안의 암적 요소로 확산된다는 것입니다(YTN TV 2005. 4.19). 이 모든 원인이 무엇입니까? 빚 때문입니다.

2. 빚 문제에 대하여 성경은 무엇이라 말씀하시는가?

*빚을 갚고 남은 것으로 너와 네 두 아들이 생활하라(왕하4:1-7). *부자는 가난한 자를 주관하고 빚진 자는 채주의 종이 되느니라(잠22:7). *너는 남의 빚에 보증을 서거나 담보를 서지 말라(잠22:26). *너를 송사하는 자와 길에 있을 때에 급히 사화 하라… 진실로 네게 이르노니, 네가 마지막 한 푼까지 다 갚기 전까지 결단코 거기서 나오지 못하리라(마5:25-26). *피차 사랑의 빚 외에는 아무에게든지 아무 빚도 지지 말라(롬13:8). *도적질하는 자는 다시 도적질하지 말고 돌이켜 빈궁한 자에게 구제할 것이 있기 위하여 제 손으로 수고하여 선한 일을 하라(엡4:28). *누구든지 일하기 싫어하는 자는 먹지도 말게 하라. 종용히 일하여 자기 양식을 먹으라(살전3:6-12). *또 너희에게 명한 것 같이 종용하여 자기 일을 하고 너희 손으로 일하기를 힘쓰라. 이는 외인을 대하여 단정히 행하고 또한 아무 궁핍함이 없게 하려 함이라(살전4:11-12). *빚진 자의 비유(마18:22-35).

위에 열거한 성경 말씀들은 한 마디로 빚지지 말고 살라는 것입니다. 종용히 자기 손으로 일하여 자기 양식을 먹으라고 하십니다. 일하기 싫은 자는 먹지도 말라고 하십니다. 사랑의 빚 외에는 그 누구에게라도 그 어떤 상황 그 어떤 형편에서라도 빚지지 말고 살라고 하십니다. 그런데 현실은 옛날이나 지금이나 빚 때문에 집을 잃고, 자녀를 팔고(엘리사의 생도 아내의 경우 왕하4:1, 포주에게 사로 잡혀 있는 여인들), 노숙하며, 고통 당하는 사람들의 신음 소리로 가득합니다.

3. 어떻게 빚으로부터 해방될 수 있는가? 어떻게 빚지지 않고 살 수 있는가?

첫째, 무엇보다 빚지지 않고 살겠다! 는 결단입니다. 빚이 있다면 빚을 갚고 결코 빚지지 않고 살겠다! 는 결단이 있어야 합니다. 살다보면 그야말로 피치 못할 사정으로 빚을 질 수밖에 없는 상황이 있을 수 있습니다. 인정합니다.

그런데 파산 신청자 6,900명 중 한창 일할 나이인 30대가 38%(2,622명)이며, 그 중 1,364명(52%)이 신용카드 3장, 839명(32%)이 신용카드 6장을 사용한 것을 보면 그야말로 피치 못할 사정으로 진 빚이라고 보기는 어렵다는 느낌입니다. 즉, 파산 신청의 원인이 <피치 못할 사정 때문에 진 빚>이 아니라, <얼마든지 피할 수 있는 빚>이었음에도 불구하고 무절제, 사치, 분위기에 휩쓸림, 유행 등 자기 관리 부실에 있었다고 볼 수 있습니다. 이제 결단할 때입니다. 지금도 늦지 않았습니다. 문제는 마음입니다. <나는 결코 빚지지 않고 살겠다!> 결단하십시오!

둘째, 八竹詩(팔죽시) 대[竹]로 사는 것입니다.
此竹彼竹化去竹(차죽피죽화거죽: 이런 대로 저런 대로 되어 가는 대로)
風打之竹浪打竹(풍타지죽낭타죽: 바람 부는 대로 물결치는 대로)
粥粥飯飯生此竹(죽죽반반생차죽: 죽이면 죽, 밥이면 밥, 생기는 대로)
是是非非看彼竹(시시비비간피죽: 시비를 구별 않고 보이는 대로)
賓客接待家勢竹(빈객접대가세죽: 아무리 귀한 손님 접대라도 집안 형편대로)
市井賣買歲月竹(시정매매세월죽: 물건값은 그때 그때 시세대로)
萬事不如吾心竹(만사불여오심죽: 세상 만사 내 뜻대로 안 풀리면 안 풀리는 대로)
然然然世過然竹(연연연세과연죽: 그렇게, 그렇게, 그렇게, 세상 돌아가는 대로)

참 오묘한 시입니다. 외유내강의 엄격한 자기 질서가 담긴 시입니다. 깊이 음미하여 보십시오. 보면 볼수록 엄청난 기운이 담겨진 시입니다. 죽이면 죽 밥이면 밥 생기는 대로 다른 사람과 비교하지 않고 원망 없이 살 수 있는가? 귀한 손님이 오셨을 때 허세부리지 않고 과연 내 집 형편대로 대접 할 수 있는가? 물건을 사고 팔 때 욕심부리지 않고 시세에 맞는 값에 사고 팔 수 있는가? 이렇게만 살 수 있다면 빚 질 일은 거의 없을 것이라 생각합니다.

셋째, 누구든지 일하기 싫어하거든 먹지도 말라! 명심할 말씀입니다. 무서운 말씀입니다. 먹지도 말라? 무슨 뜻입니까? 일하기 싫거든, 남에게 빚지고, 부담 주면서 살려거든, 차라리 죽으라! 는 말씀입니다. 그러므로 바울 사도는 네 손으로 일하여 궁핍함이 없게 하라고 강권하십니다(엡4:28, 살전4:11-12).

예수님은 하나님의 일군이 저 먹을 것을 받는 것이 마땅하니라(마10:10) 하셨지만 바울 사도는 그것마저 사양하고 아무에게도 누를 끼치지 않으려고 빚지지 않으려고 밤과 낮으로 애써 일하여 자기 먹을 것을 스스로 해결하였습니다(살전2:9, 살후3:8-9). 이런 각오로 사는 사람에게 빚은 있을 수 없습니다.

고전예화 436

이철수의 나뭇잎 편지

1. 다 같은 사람인 듯하지만, 살다보면 태산 같은 존재가 있습니다. 흔들림 없이 무겁고 의젓한 사람이 있습니다. 가끔은 그런 존재에게로 가서 기대고 싶은 유혹을 느낍니다. 기대고 의지하면 조금은 위로가 되고 수월해지기도 하겠지요. 그러나 인생은 어차피 혼자지요. 그러니 힘들어도 혼자서 견디고 이겨야 하는 거라고 생각하고 기다립니다. 허전하고 외로운 상황을 짐짓 모른체 하고 엎드려 기다립니다. 기다리면 지나가기 마련! 소나기 같은 것이지요. 처마 밑이 싫으면 우산 하나 준비하세요.

2. 한 동안 자주 가게 된 동네 칼국수 집에서, 마침 밀다 둔 칼국수 반죽이 펼쳐져 있어 보게 되었습니다. 안반 위에 얹어 홍두깨로 밀었을 넓은 반죽이 사람 두엇 누워도 될 만큼 컸습니다. 구멍난 데 하나 없이 고르고 둥글게 민 솜씨가 예사롭지 않았습니다. 긴 세월을 익힌 솜씨가 어련하랴 싶으면서도 자꾸 눈이 가고 참 놀랍다 싶습니다.

–대단한 솜씨네요. 어떻게 해야 이렇게 잘 밀 수 있어요? 하고 여쭈어 보면, 돌아오는 대답은 간단합니다.

–기술은 무슨 기술이래요. 그냥 미는 거지유! 기냥 밀어유!

옳거니!

명인들은 그렇게 단순 명쾌하신 법! 그냥!

3. 어둠 속에서 책을 읽으실 수 있나요? 칠흑 같은 어두운 밤에 반딧불이 만한 불빛도 없이 책을 읽으실 수 있어요?

– 그럴 수 있다면 대단한 일이지요?

–그런 굉장한 기계장치가 발명 되었느냐고요?

그건 아니고요, 충주 성모 학교에 가서, 맹아들 공부하는 것 돌아보고 오는 길에 교장 수녀님으로부터 전해들은 이야기입니다. 맹인 학생들은 불 꺼진 방, 이불 속에서도 손으로 점자책을 더듬어 온갖 책을 다 읽을 수 있다고 하였습니다. 눈썹 밑의 눈도 눈이지만 맹인들 손끝도 놀라운 눈인 줄 처음 알았습니다.

4. 건빵에 바늘구멍 두 개는 바람 빠지라고 뚫어놓은 거라지요? 부풀어 망가지지 말고 차분하게 익으라고 바늘로 꼭꼭 찔러준 흔적이 사람의 눈 같습니다. 건빵 몇 알 집어먹다가 농담 같은 생각을 하게 되었습니다. – 사람 얼굴에는 눈 두 개, 귀 두 개, 콧구멍 두 개, 입 하나. 왜 뚫어 두었겠어? 바람 들어 부풀지 말고, 얌전히 잘 사시라는 뜻이겠지.

<이철수, 이철수의 나뭇잎 편지, 삼인>

· 초여름 점심 상차림 ·

우리 목사님들은 매주 월요일이 휴일입니다. 6월 5일(월) 11시 모처럼 도봉산 교회 이기남 목사, 대치동 교회 한만식 목사가 내가 사는 북한강변으로 찾아왔습니다. 마침 점심 때라 두 목사님들이 나더러 이 동네에서 제일 맛있고 좋은 집으로 안내하라고 합니다. 내가 하는 소리가 "우리 셋이 이 동네 잘 한다는 음식점에 가면 무조건 6~7만원은 줘야 해. 텃밭에 잘 자란 상추, 케일, 고추, 씀바귀에 삼겹살 굽고 전기 밥솥에 밥 끓이면 푸짐한 점심이 되는데 뭣 땜시 돈을 쓰려고 하는가" 하였습니다.

한만식 목사는 텃밭 담당, 이기남 목사는 상차림 담당, 나는 농협 하나로 마트 삼겹살 담당. 셋이서 역할 분담하여 상 차려 놓으니 멋진 점심상이 되었습니다. 두 분 목사님들이 입을 모아 하는 소리가 "유명하고 좋다는 식당 밥 먹는 것보다 이렇게 직접 차려 먹으니 정갈하고 훨씬 더 좋으네요" 합니다. 점심 밥 먹으며 나눈 이야기가 이러합니다.

*한만식 목사는 미국 유타주 솔트레이크에 있는 한인교회(교인 수가 한 70여 명)로부터 청빙 받아 내달 7월 즈음 미국으로 떠날 예정입니다.

*지금 강남 많은 부모들이 자녀 교육 문제에 대하여 재고하고 있다고 합니다. 수입의 많은 부분을 자녀 교육에 쏟아 부었는데, 자녀들이 성장한 후 늙은 부모의 노후 대책에는 아무런 도움이 못되고 있다는 정서가 서서히 일고 있다는 것입니다. 왜냐하면 자녀 교육에 올인(all-in)한 부모들의 노후가 비참해지는 경우가 점점 늘고 있기 때문이라고 합니다.

*목사의 노후 대책 문제. 대부분의 목사님들은 재테크 문제에 대하여 무관심하거나 혹 관심이 있더라도 하나님과 재물을 겸하여 섬길 수 없다 하신 예수님의 말씀 때문에 일종의 죄의식을 가지고 있다. 그러나 현실적으로 교회가 목사의 노후를 책임지는 것도 아니어서 매우 곤혹스럽다. 목사로서 노후 대책을 위하여 재테크에 힘써야 하는가? 아니면 재테크에 신경 딱 끊고 하나님께 맡길 것인가?

*우리나라 경제 사정이 안 좋다는 것을 교인 가정에 심방을 가보면 피부로 느낄 수 있습니다. 얼마 전까지만 해도 그런 대로 살던 교인들이 요즈음 들어 너무나 어렵게 살고 있는 가정들이 많아졌다고 합니다. 그러므로 우리 목사들이 사랑, 용서, 위로, 용기, 비전을 주제로 설교하여야 할 때라고 하였습니다.

惟恕則情平 惟儉則用足(유서즉정평 유검즉용족 : 너그러우면 화목하고, 검소하면 씀에 부족함이 없다). 참 씹을수록 맛있는 말씀이라고 여기는 이정수 목사

인생은 축복입니다

본문 / 창1:1-31, 요16:21

1. 들어가는 이야기

2006년 5월 31일 기초단체장 선거 결과, 열린우리당이 참패하고 한나라당이 압승하였습니다. 그 원인의 핵심이 국가 경제 침체에 있다고 합니다. 각종 언론 매체들은 우리나라의 경제 위기를 앞다투어 보도하고 있습니다. 경제 전문가(삼성경제연구원, LG경제연구원, 현대경제연구원, 한국경제연구원)들은 "지금 한국 경제는 호재는 찾아 볼 수 없고 유가 상승, 환율 인하, 주가 폭락 등 악재들만 산적해 있는 사실상 비상 상황" 이므로 올 하반기 경제는 더욱 어려워질 것이라고 이구동성으로 예고하고 있습니다(2006. 6. 1. 조선일보). 개인파산 신청자가 2000년-329명, 2001년-672명, 2003년-3,856명, 2004년-1만 2,317명, 2005년-3만 8,773명, 기하급수로 증가하고 있습니다(2006. 5.15. 조선일보). 이렇게 우리 사회의 전반적 분위기가 흐리고 어둡다보니 많은 사람들의 세상을 보는 눈이 매우 비관적이고 부정적입니다.

그래서 그런지 세상 사람들은 인생을 苦海(고생 바다)라고 합니다. 불교는 八苦(生, 老, 病, 死, 愛別離苦-사랑하는 사람 못 만나는 괴로움, 怨憎會苦-보기 싫은 사람 만나야 하는 괴로움, 求不得苦-원하는 것을 이루지 못하는 괴로움, 五蘊盛苦-삶의 허무에 대한 괴로움)를 말합니다.

그러면 오늘 이 거룩한 주일 아침 여러분 한 분 한 분에게 여쭙겠습니다. 여러분은 어떠합니까? 사는 것이 행복합니까? 평안합니까? 인생은 축복이라고 생각합니까? 아니면 인생은 정말 고생 바다로 여기십니까? 어떠합니까?

2. 성경 말씀의 기본적 입장은 무엇인가?

*태초에 하나님이 천지를 창조하시니라… 하나님이 그 지으신 모든 것을 보시니 보시기에 심히 좋았더라(it was very good! 창1:31). *여자가 해산하게 되면 그 때가 이르렀으므로 근심하나 아이를 낳으면 세상에 사람 난 기쁨을 인하여 그 고통을 다시 기억하지 아니하느니라(요16:21).

하나님께서는 이 세상을 고생 바다로 창조하신 것이 아닙니다. 좋은 것으로, 그것도 그냥 보통 좋은 것이 아니라 아주 아주 very good! 으로 창조하셨습니다. 불교는 사람이 세상에 태어남[生]을 八苦의 원인으로 보아 괴로움의 시작으로 보았습니다. 그래서 부처님은 야수다라 부인이 그의 아들을 해산하였을 때 이름을 라훌라(Rahulla=障碍=거침돌)라고 지었습니다. 그러나 예수님은 사람이 이 세상에 태어남을 큰 기쁨으로 보셨습니다. 신 · 구약 성경을 통하여 하나님께서는 창조=태어남=인생=존재를 very good!, 기쁨, 축복이라고 하셨습니다.

3. 인생이 왜 축복인가?

첫째, 인생은 생명이므로 축복입니다. 이 세상 모든 철학, 예술, 문학, 사회, 종교의 본질은 생명=삶=존재에 대한 해석입니다. 생명 자체가 없다면 그 모든 이론, 학설도 없었을 것입니다. 생명이 있기에 그것에 대한 갖가지 論과 說이 난무하는 것입니다. 그런데 우리 인생은 논설이 있기 전에, 긍정, 부정이 있기 전에, 이미 그 자체가 생명입니다. 그러므로 우리 조상은 대단히 해학적으로 그러나 매우 의미심장하게 말합니다. "개똥밭에 굴러도 이승이 좋다!"

둘째, 인생은 열려진 가능성과 자유가 있기에 축복입니다. 다윗이 남북 이스라엘 통일 왕국의 왕으로 등극하고 하나님께 올린 기도의 서두는 가로되 나는 누구오며 내 집은 무엇이관대 나로 이에 이르게 하셨나이까!(삼하7:18-29)라고 하였습니다. 사울 왕이 다윗을 부마로 삼으려 하였을 때 다윗은 나는 가난하고 천한 사람이다(삼상18:23), 사울 왕이 다윗을 잡으려고 엔게디 광야에 갔을 때 다윗은 스스로 나는 죽은 개나 벼룩 같은 존재라고 하였습니다(삼상24:14).

무슨 뜻인가? 가난하고 천한 집안 출신의 죽은 개나 벼룩과 같은 존재가 이스라엘 통일 왕국의 임금이 되는 놀라운 열려진 가능성으로 충만한 것이 인생이란 말입니다. 이보다 더 큰 축복이 어디 있습니까?

셋째, 인생은 긍정적 사고를 할 때부터 축복이 됩니다.
에덴 동산에서 선악과를 따먹도록 하와를 유혹한 뱀은 생물학적인 뱀(snake)이 아니라 영적 의미의 뱀(serpent)입니다. 웹스터 사전은 이 뱀을 땅바닥을 기어다니며 쉬-익- 소리를 내며 정신적, 영적으로 해독을 끼치는 유해한 생물(a noxious creature that creeps, hisses)이라고 하였습니다. NIV 성경주석은 이 뱀을 욥기의 사단(욥1:7, 2:2), 계시록의 용, 옛 뱀, 마귀(계12:9)라고 하였습니다.

나는 뱀=사탄=마귀가 하와를 유혹하였다고 하였을 때 그 유혹의 구체적 모습을 '부정적 사고=의심=불신앙=교만=열등감=두려움' 이라고 생각합니다. 하나님은 처음 창조 때 사람에게 긍정적 사고를 주셨습니다. 그런데 뱀이 사람에게 부정적 사고를 심어 놓았습니다. 즉, 에덴 동산은 긍정적 사고의 세계이며, 부정적 사고가 들어온 후 이 세계는 저주받은 땅이 되었다는 말입니다. 뒤집어 말하면 사람이 부정적 사고에서 긍정적 사고로 전환하면 어느 때 어떤 환경에서라도 저주의 땅이 에덴 동산=하나님 나라로 변화할 수 있다는 말입니다. 예수님은 이것을 알곡과 가라지의 비유로 말씀하셨습니다(마13:24-30).

4. 마치는 이야기

이 세상에는 언제나 두 가지 유형의 사람들이 있습니다. 긍정적 사고=인생은 축복이다=인생은 살만한 가치가 있다고 믿고 사는 사람과 부정적 사고=인생은 고해다=인생은 허무하다고 믿고 사는 사람입니다. 선택은 자기 몫입니다.

쟁이(職人)의 철학

에이 로구스케가 일본 장인들을 인터뷰하고 쓴 <職人(직인) = 쟁이>에 나오는 들어 둘만한 소리를 <전우익, 사람이 뭔데, 현암사, 29~36쪽>에서 재인용합니다.

*쟁이란 그가 "어떤 일을 하고 있는가?" 보다 "그가 어떻게 살고 있는가?" 가 더 중요하다. *직업에 귀천이 없다. 그러나 삶의 모습에는 귀천이 있다. *사람이란 출세하였는가? 못하였는가? 가 아니라 치사하냐? 떳떳하냐? 가 문제다. *일이란 인맥이다. 인맥 속에서 금맥을 찾으라. 금맥 속에서 인맥을 찾을 수는 없다. *목수가 말했다. 200년 된 나무는 200년 동안 쓸 수 있도록 일을 해야 합니다. 그렇게 하지 못하면 나무에게 부끄럽지요. *과자 만드는 쟁이가 말했다. 보고 반해서 먹는 걸 잊어버릴 만큼의 그런 과자를 만들고 싶습니다. *지휘자가 말했다. 지휘봉을 고르는데 마음에 드는 걸 만나려면 수 십 개의 지휘봉을 휘둘러보아야 한다. 지휘봉 만든 쟁이와 파장이 딱 맞을 때가 있다. 그런 지휘봉으로 지휘할 때 음악이 살아난다.

*전통 공예로 인정받으려면 100% 전통 방법으로 해야 한다. 쟁이의 일에는 진보가 없다. 진보해서는 안 된다. 연장도 옛 것으로 해야 한다. *쟁이들은 기계를 안 쓴다. 순전히 손과 재래 연장으로 아날로그 방식으로 일한다. 기계와 연장의 차이가 무엇이냐? 물으면 쟁이들은 나는 쟁이라서 그런 어려운 건 잘 모른다고 한다. *쟁이는 뭐 할 일 없어요? 물으면 안 된다. 쟁이는 아무 소리 없이 제 할 일 찾아서 한다. *쟁이는 제가 한 일로 말하면 된다. 일 이외에 쓸데없이 아양 떨어서는 안 된다. 헌데 요즈음 쟁이 중에는 백화점에서 실기 보인답시고 구경거리 노릇 하며 아양 떠는 것을 보면 참 가엾다.

*쟁이 세계의 도제 생활은 비인간적이다. 도제로서 담금질 당하는 동안 엄청난 공부를 한다. 그러나 그 공부의 각자 내공 수위는 각자 몫이다. *어떤 쟁이는 자기가 받은 비인간적 대우를 철폐하고 자기 수하의 도제들을 인간적으로 대우하였다. 결과는 실패였다. 그의 도제들은 모두 어중간한 얼치기 쟁이가 되었다.

*쟁이는 명성과 돈을 쫓아가지 않는다. 명성과 돈은 쟁이로 살아가는 동안 그 뒤를 따르는 법이다. *비평에 귀기울이지 마라. 기울여 봤자 덕될 것 하나 없다. *요즈음 예술가는 모두 지친 표정이다. 왜 그럴까? 보나마나 예술가인 체 하니까 그렇다. *나는 팔려고 물건 만드는 적 없다. 그런데 참 이상하게도 공들여 만든 물건은 순식간에 팔려 나간다. *만들어졌을 때가 가장 아름다운 것이 있다. 쓰면 쓸수록 아름다워지는 것이 있다. 어떤 것은 10년, 절집 같은 것은 1000년이 걸리기도 한다. 나무다리나 마루는 사람이 써야 오래간다. 문화재 건물에 출입금지 하는 것은 잘못이다. 안 쓰면 오히려 느슨해지고 빨리 허물어진다.

· 사노라면 속 시끄러울 때가 있습니다 ·

사노라면 속 시끄러울 때가 있습니다. 이럴 땐 배낭 둘러메고 훌쩍 어디론가 한 바퀴 휘젓고 휑-돌아다니다 오는 것이 상책입니다. 지난 주 며칠 충청도 서산, 태안, 해미, 홍성, 전라도 군산, 변산, 고창, 지역을 무작정 돌아다녔습니다.

백제의 미소로 이름난 서산 마애삼존불상, 보원사지, 태종-세종 임금 때 세워진 충청도 방위군 사령부 격인 해미읍성, 이름 그대로 누구나 마음 문을 열 것 같이 단아하고 조촐한 분위기의 開心寺, 태안 해변에 비까번쩍한 팬션 단지로 도배된 신두리 해수욕장, 기독교환경운동연대 주최 새만금 갯벌 살리기 현장 기도회 현수막이 빛이 바랜 채 펄럭이고 있는 새만금 방조제 출발점인 변산의 해창 갯벌, 드넓은 만경 평야 끄트머리 서해 바닷가에 호젓이 서 있는 망해사, 동백꽃은 없고 진초록 동백 숲만 무성한 선운사 등을 구경하였습니다.

나는 혼자 돌아다니는 것이 참 좋습니다. 누구 눈치보고 신경 쓸 일 없이 가고 싶으면 가고, 머물고 싶으면 머물고, 먹고 싶으면 먹고, 자고 싶으면 자고, 무한히 자유롭기 때문입니다. 그런데 군산에서 어느 모텔에 묵었는데 그 방에 경고문이 하나 붙어 있습니다. <주의! 주무실 때는 선풍기, 에어컨을 꼭 끄십시오. 산소 부족으로 사망할 수도 있습니다>. 더럭 겁이 나면서 전도서 말씀이 생각났습니다.

“두 사람이 한 사람보다 낫다. 누군가 혹 넘어지면 그 하나가 동무를 일으키려니와 홀로 있어 넘어지면 붙들어 줄 자가 없어 화가 있으리라. 두 사람이 함께 누우면 따뜻하나 한 사람이면 어찌 따뜻하랴? 한 사람이면 패하겠거니와 두 사람이면 능히 당하나니 삼겹줄은 쉽게 끊어지지 아니하느니라(전 4:9-12)”. 아멘!

선운사에 갔더니 마침 ‘제2회 고창 복분자 축제’가 열리고 있었습니다. 대한민국 안에 봄, 여름, 가을, 겨울로 지역마다 무슨 무슨 축제라 하는 것이 수 백 가지나 됩니다. 그런데 내용은 천편일률입니다. 복분자는 뒷전이고 엿장수, 파전, 통돼지 바베큐, 순대, 김밥, 번데기, 동동주, 1,000원 짜리 공산품, 칡차, 귀청 떨어지게 짖어대는 스피커 노래 소리…. 모두 그렇고 그런 것들로 북적북적대면서 축제라 합니다. 뭔가 좀 달라져야 하는 거 아닌가? 하는 느낌입니다.

선운사 寺下村은 풍천 장어구이가 유명한데, 그 중 유달식당(063-562-2231/ 맛도 맛이지만 별실 풍광이 참 좋다. 1인분 풍천 장어는 25,000원, 양식 장어는 14,000원이다)을 강추하는 이정수 목사

먹을 것과 입을 것이 있은 즉 족한 줄 알라

본문 / 딤전6:6-10

1. 들어가는 이야기

사람들은 가끔 어떻게 사는 것이 바르고 좋은 삶인가? 스스로 자문할 때가 있습니다. 이 물음에 대한 동서고금의 종교와 철학은 참으로 묘하게도 일치합니다.

孔子: 飯疏食飮水 曲肱而沈之 樂亦在其中 不義而富且貴 於我如浮雲(반소식음수 곡굉이침지 락역재기중 불의이부차귀 어아여부운 : 변변찮은 밥과 물을 먹고 마시며, 침상도 없는 초라한 집에 팔을 베고 잠을 자더라도 그 가운데 즐거움이 있나니 불의로 얻은 부귀는 내게 뜬구름과 같이 허망할 뿐이다. 논어 술이 15)

에피쿠로스: 가장 아름다운 삶(至高善=Attaraxia=highest good)은 내적으로 조금도 흔들리지 않는 정서적 고요를 확립하는 것. 탁월한 지성적 기쁨을 유지하는 것. 그리고 영원하고 지속적인 즐거움을 얻기 위하여 말초적이고 일시적 쾌락을 억제하고 조촐하고 담백하게 사는 것이다(참고:《말씀의 샘물》 고전예화 제379호).

지족(知足=自足=self contentment)하는 마음이 있으면 경건이 큰 이익이 되느니라. 우리가 세상에 아무 것도 가지고 온 것이 없으매 또한 아무 것도 가지고 가지 못하리니. 우리가 먹을 것과 입을 것이 있은 즉 족한 줄로 알 것이니라(딤전6:6-8).

2. 지족=자족이란 무엇인가?

우리가 살고 있는 민주주의, 자본주의, 과학주의, 성공 지향, 기술 정보 사회는 끊임없는 발전, 급속한 변화, 무한 경쟁을 추구합니다. 그러므로 지족=자족=자기 만족=守分之敎(자기 분수를 앎) 라는 말은 곧 '퇴보' 라는 뜻으로 곡해되기 쉽습니다. 그러나 지족=자족은 퇴보가 아니라 견고한 자기 질서를 의미합니다. 현대적인 말로 표현한다면 '엄격한 자기 관리' 라고 할 수 있습니다.

오늘날 많은 사람들이 다른 사람들의 부동산, 주식, 1인 기업, 프로 스포츠 선수, 수 억대 연봉수혜자 등의 성공 신화에 사로잡혀 자기 처지, 자기 형편, 자기 실력, 자기 분수를 망각하고 무리수를 행하다 문자 그대로 敗家亡身(집인이 무너지고 자기의 몸을 망침)는 경우가 얼마나 많은지 모릅니다. 패가망신한 사람들은 성공한 사람들의 '성공 과정' 에 주목하기보다는 성공이라는 그 결과물만 보고 부러워하였기 때문입니다. 경제, 학문, 예술, 스포츠, 언론, 정치 등 이 세상 모든 분야에서 성공한 사람들이야말로 철저히 지족=자족=자기 분수를 알고 지킨 사람들이었다는 사실을 분명히 알아야 합니다.

3. 어떻게 지족=자족(self sufficient, self contentment)할 것인가?

첫째, 자기 성찰입니다. 나 자신의 경제적, 지적, 인격적, 육체적, 영적 상태를 철저히 파악하고 만족하든 부족하든 간에 그 자체 있는 그대로의 나 자신을 인정하고 긍정하는 것입니다. '지족=자족=守分之敎' 란 긍정적이든 부정적이든 지금 현재 상태에 만족하여 발전할 생각을 하지 말라는 것이 아닙니다. 지금 현재 상태를 다른 것 혹은 다른 사람과 비교하여 自虐(자학), 自暴自棄(자포자기)하거나 혹은 自慢(자만)에 빠지지 말고 자기 자신의 있는 그대로를 직시하고, 긍정하고, 인정하고 산다는 것을 의미합니다.

지족=자족=守分(분수를 지킴)하는 사람은 무리하지 않습니다. 오버(over)하지 않습니다. 주눅들지 않습니다. 불안하지 않습니다. 자기가 할 수 있는 것과 할 수 없는 것을 분별합니다. 소나무는 소나무대로, 민들레는 민들레대로, 풀잎은 풀잎대로의 가치가 있음을 자각하고 사는 것입니다.

둘째, 현재에 충실하는 것입니다. 과거와 미래에 사로잡혀 지금 현재에 살지 못하는 사람들이 많습니다. 좋았던 과거에 사로잡혀 현재의 처지를 원망하고 탄식하며 사는 사람이 있습니다(노숙자, 알콜중독자, 현실 부적응자 등). 미래에 대한 불안 때문에 현재를 근심 걱정으로 사는 사람이 있습니다(그럭저럭 사는 사람, 마지못 해 사는 사람, 노후 불안 증후군 등).

지족=자족=守分이란 긍정적인 과거든 부정적인 과거든 과거에 붙잡혀 살지 말고, 미래에 대한 염려와 불안에 매몰되지 말고 오늘 현실의 나 자신의 사명, 직업, 가정, 운동, 여가에 충실하는 것입니다. 예수님이 "내일 일은 내일 염려할 것이요 한 날 괴로움은 그 날에 족하니라(개역성경 마6:34)" 하신 말씀이 바로 그 뜻입니다. 스피노자가 "내일 지구의 종말이 온다고 할지라도 나는 오늘 한 그루 사과나무를 심겠다" 고 한 것도 그런 맥락의 말입니다.

셋째, 하나님께 범사에 감사하는 것입니다. 지족=자족=분수와 감사하는 마음은 정비례합니다. 지족=자족=분수를 아는 사람은 저절로 하나님께 감사하지 않을 수 없습니다. 문득 자기 자신을 돌아보십시오. 감사할 것이 정말 얼마나 많습니까? 우리 주 예수 그리스도의 십자가 구원의 은혜, 교회, 나의 생명, 건강한 몸, 직업, 가정, 친구, 대한민국, 건전한 정신, 좋은 책, 재미있는 텔레비전 프로, 인터넷, 식탁에 올라온 음식, 아름다운 봄, 여름, 가을, 겨울, 밤하늘의 별, 꽃, 놀라운 동물, 식물, 신묘막측한 천지자연…. 진실로 아니 그러합니까?

진정한 행복, 성공, 기쁨, 至高善, 아름다운 인생은 지족=자족=守分으로부터 출발합니다. 그렇다면 지족=자족=수분의 기본은 무엇인가? 오늘 본문 말씀은 먹을 것과 입을 것만 있다면 언제나 지족할 수 있다고 하셨습니다.

고전예화 438

끝나지 않은 강의

서울대학교 명예교수 회고담 모음집 <끝나지 않은 강의, 서울대학교출판부>에 미대 조소과 최종태 교수가 기고한 글이 참 마음에 와 닿았습니다.

◈ 나는 여러 학교에서 강의하였다. 그러다가 나의 모교 서울대학교에서 강의하면서부터 내가 가장 좋았던 것은 내가 무슨 소리를 해도 학생들이 잘 알아듣는다는 점이었다. 이들은 시시껄렁한 군더더기 잡소리 서론 빼고 바로 본론을 말해도 곧바로 잘 알아들었다. '역시 서울대학교 학생들이 다르구나' 하는 흐뭇함이 있었다.

◈ 학생들은 빨리 예술가가 되려고 한다. 나도 그랬다. 미대 3학년만 되면 세계적인 작품을 할 것 같았다. 3학년이 되었을 때 '그게 아니구나' 하였다. 그리고 졸업 후 5년쯤 지나면, 10년쯤 지나면… 하였으나 그 때가 되고 보면 번번이 그게 아니었다. 내 나이 40세가 되었을 때 지평선을 바라보자. 되고 안 되고는 하늘에 맡기고 오늘에 충실하자 좋은 작품 못해도 할 수 없다 어차피 내게 다른 길은 없으니 이 길을 가되 "언제까지" 라는 카운트는 포기하기로 하였다.

◈ "書法長江萬里(예술의 길은 끝이 없다)" 라는 완당의 글을 보고, "그래, 서두르지 말자, 서두르지 말자" 하였으나 그게 잘 안 되었다. 그러나 이 일밖에는 달리 할 일이 없었으니 다른 길을 넘성댈 것도 없었다. 사람 나이 40이 넘으면 이름도 고치지 않는다는 말이 생각났다. 참으로 철없이 살았다. 그 엄청난 예술의 길을 3년, 5년, 10년, 후에는 하고 조급증을 떨었던 것이 부끄럽기 짝이 없다.

◈ 내 나이 50 줄에 들어 하루 종일 생각하는 것이 무엇을 만들까? 어떻게 만들까? 예술이란 무엇인가? 최고의 가치란 무엇인가? 어떻게 살 것인가? 하나님은 누구신가? 見性(견성)이란 무엇인가? 아름다움이란 무엇인가? 삶이란? 죽음이란 무엇인가? 하는 끝없는 물음이었다. 아무리 생각해도 알 수 없었다. 그 모든 물음은 끝없는 물음이었다.

그러던 어느 날 나는 엉뚱한 해답을 얻었다. "그 모든 물음은 모르는 것이다!" 라는 깨달음이 번개 치듯 내 마음 속을 꿰뚫었다. 이 놀라운 깨달음을 얻은 다음 날 아침 나는 서둘러 학교에 갔다. 그 날 첫 시간 대학원 학생들을 불러모으고 중대 발표를 하겠다고 하였더니 학생들 모두 바짝 긴장하였다. 학생들에게 "이 모든 물음은 원래 알 수 없는 것, 끝이 없는 것, 모르는 것이다" 하는 나의 깨달음을 말해 주었더니 모두들 와- 하고 웃었다. 그 웃음은 중대 발표라는 게 '겨우 그런 거야' 하는 냉소적 웃음이 아니라 각자 나름대로 고민하고 있던 문제에 대한 내 나름의 깨달음을 축하하고 공감하는 그런 웃음이었다.

◈ 최종태 명예교수는 카톨릭 신자로 명동성당의 예수상, 길상사의 관음보살상을 조각하였다(참고: 《말씀의 샘물》 제6권 고전예화 361, 예수님 상과 부처님 상).

· 10년 꿈 ·

묵방산 산지기 이우원은 산 속에서 산지 10년 즈음에 별일이 생겼다고 합니다. 묵방산 들국화 차를 개발하였는데 이것이 평창 메밀꽃 축제, 제주도 유채꽃 축제, 보성 차밭 축제 모양 부안군 들국화 축제로 자리 매김 되고 있다고 합니다.

四柱八字를 컴퓨터로 풀어내는 프로그램을 개발한 전주 김상숙은 10년을 생각하고 또 생각하니 귀신과 통하여(思之思之 鬼神通知) 이 난해한 작업을 매듭지을 수 있다고 하였습니다.

《당쟁으로 본 조선 역사》,《우리 역사의 수수께끼》,《운부》,《누가 왕을 죽였는가?》등을 통하여 전문적이고 난삽한 우리 역사를 쉽게 풀어 씀으로써 역사와 일반 대중 사이를 잇는 징검다리 역할을 하는 전업 문필가 이덕일은 어느 분야든지 자기 분야에서 한 몫을 담당하려면 한 10년 내공을 쌓는 것이 기본이라고 하였습니다.

서울대학교 미대 조소과 최종태 명예교수, 세계적인 바이올리니스트 정경화,《익숙한 것들과의 결별》,《낯 선 곳에서의 아침》을 쓴 구본형,《10년 후 한국》,《부자의 생각, 빈자의 생각》을 쓴 공병호 등도 자기 분야에서 한 10년 즈음 몰입하고 나니까 뭔가 좀 알 것 같다고 하였습니다.

묵방산 산지기 이우원, 사주팔자 프로그래머 김상숙, 문필가 이덕일, 조각가 최종태. 바이올리니스트 정경화, 경영 컨설턴트 구본형, 공병호 등 각각 일하는 분야가 전혀 달라도 입을 모아 하는 말인 즉 '10년' 입니다. 이 세상 모든 분야에서 뭔가 좀 알만한 경지, 그리하여 그것으로 먹고 살만한 자리, 쉽게 말해서 '프로' 에 입문하려면 '10년' 이란 세월이 필요하다는 뜻입니다.

'꿈은 이루어진다!' 맞는 말입니다. 그런데 그 꿈은 '10년' 이란 시간을 필요로 합니다. 그러므로 '꿈은 이루어진다!' 라는 말은 그 앞에 '10년' 이란 말을 덧붙여 '10년 꿈은 이루어진다!' 라고 고쳐 써야 하리라 생각합니다.

'10년 꿈' 꾸는 것은 나이, 용모, 학벌, 출신, 재력 같은 것과 아무 상관없습니다. 사랑은 無罪(무죄)! 10년 꿈꾸는 것도 無罪! 無罪! 無罪!

올 2006년부터 "10년 꿈" 꾸기 시작한 이정수 목사

주의 종을 잘 섬기는 사람이 받는 복

본문 / 마10:40-42

1. 들어가는 이야기

사람들은 요즈음 시대는 "선생은 있으나 스승은 없고, 학생은 있으나 제자는 없는 시대" 라고 합니다. 공감 가는 말입니다. 그런데 내가 보기에는 그렇지만도 아니합니다. 우리 시대에도 성공하는 사람들, 잘 나가는 사람들, 축복 받고 사는 사람들은 이 세상의 자기 직업 분야에서, 그리고 교회에서 한결같이 스승과 제자의 도리를 잘 지키고 있다고 생각됩니다. 스승이 무엇입니까? 스승이란 눈에 보이는 물질적 혜택을 주는 분이 아니라 정신적 · 영적 혜택을 주시는 분입니다. 즉, 자신의 삶을 일깨우고 이끌어 주는 분입니다. 이 때 스승이란 제도권 학교의 선생님만이 아니라 목사님, 신부님, 스님, 집안 어른, 좋은 친구, 선 · 후배, 古典(고전) 등을 모두 포함한 의미입니다.

대한민국 부자 동네 일번지 강남 대형 교회 부목사로 시무하는 내 후배 목사님으로부터 이런 소리를 들었습니다. "형님, 사실 나는 강남 부자 교회에 대하여 평소 매우 비판적이었습니다. 그런데 이 교회에 와서 몇 년 일해 보니까 '그렇게 볼 것도 아니구나' 하는 느낌을 많이 받았습니다. 여기 사람들을 보니까 정말 복 받을 짓을 하고 살아요. 세상에 나가면 하나하나가 자기가 속한 조직에서 한 마디 하는 유명짜한 사람들인데 우리 담임 목사님이 내가 보기에도 좀 無理(무리)다 싶은 소리를 해도 두 말 없이 순종하는 겁니다. 참 놀랐어요!" 합니다.

2. 성경은 스승에 대하여 무엇이라 하셨는가?

*너희를 영접하는 자는 나를 영접하는 것이요, 나를 영접하는 자는 나 보내신 이를 영접하는 것이니라. 선지자의 이름으로 선지자를 영접하는 자는 선지자의 상을 받을 것이요, 의인의 이름으로 의인을 영접하는 자는 의인의 상을 받을 것이요, 또 누구든지 제자의 이름으로 이 소자 중 하나에게 냉수 한 그릇이라도 주는 자는 내가 진실로 너희에게 이르노니 그 사람이 결단코 상을 잃지 아니하리라(마10:40-42, 마10:10, 눅10:7).

*복음을 전수 받은 자들은 복음을 전한 자들에게 영적 빚진 자들이니 복음을 전수 받은 자들이 복음을 전한 자들에게 물질로 섬기는 것이 마땅하니라(롬15:27). *성전의 일을 하는 이들은 성전에서 나는 것을 먹으며 제단을 모시는 이들은 제단과 함께 나누는 것을 너희가 알지 못하느냐. 이와 같이 주께서도 복음 전하는 자들이 복음으로 말미암아 살리라 명하셨느니라(고전9:1-18). *가르침을 받는 자는 말씀을 가르치는 자와 모든 좋은 것을 함께 하라(갈6:6). *잘 다스리는 장로들을 배나 존경할 자로 알되 말씀과 가르침에 수고하는 이들에게 더 할 것이니라. 성경에 일렀으되, 곡식을 밟아 떠는 소의 입에 망을 씌우지 말라 하였고, 또 일군이 그 삯을 받는 것이 마땅하다 하였느니라(딤전5:17-18).

3. 스승을 잘 섬기는 사람이 받는 축복이 무엇인가?

첫째, 자기가 가야 할 길의 방향을 잃지 않는 축복을 받습니다. 카오스 이론에 나비효과(the butterfly effect)라는 것이 있습니다. 북경의 한 마리 나비의 날갯짓에서 일어난 아주 미미한 파동이 점점 퍼져 나가 나중 뉴욕에서는 폭풍이 된다. 즉, 최초의 지극히 작은 차이가 나중 엄청난 차이로 나타난다는 이론입니다.

스승은 자기가 가야 할 방향에서 그 최초의 대수롭지 않은 지극히 작은 방향성의 오차를 바로 잡아주는 분입니다. 스승을 잘 섬기는 사람만이 그 가르침을 받을 수 있습니다. 스승을 섬기지 않는 사람은 그 가르침을 받을 수 없습니다. 축복과 저주의 갈림길입니다. 그러므로 우리 옛 선조들은 君師父一體(군사부일체), 一日之師 百歲之父(일일지사 백세지부: 하루 스승의 가르침이 백년 어버이의 가르침이 된다) 라고 하였던 것입니다.

둘째, 자기 분야의 高手(고수)들과 인맥을 맺는 축복을 받습니다. 허준의 《동의보감》은 스승 유의태와 스승의 고수 친구들의 영향으로 드러난 결과물입니다. 한국 문인화의 대가 小痴 許鍊(소치 허련, 1808~1893)의 작품은 스승 秋史 金正喜(추사 김정희, 1786~1856)와 스승의 고수 친구들의 가르침으로 성취된 것입니다. 심리학자 칼 구스타프 융은 자기를 찬양하는 사람들에게 “나는 지그문트 프로이트라는 거인의 어깨 위에 올라앉은 난쟁이에 불과하다” 라고 하였습니다.

人事가 萬事입니다. 獨不將軍(병졸 없는 장수 없다)입니다. 平地突出(평지돌출)은 없습니다. 아니 땐 굴뚝에서 연기날 리 없습니다. 이 세상 모든 분야에서 크든 작든 일가를 이룬 사람들은 한결 같이 그 스승과 스승의 친구나 후배 高手들과 인맥을 맺고 그들의 영향을 받아 성장하였습니다.

셋째, 정신적, 영적 도의 깊은 세계에 입문하는 開眼(개안)의 축복을 받습니다. 종교는 물론이고 이 세상 모든 분야, 즉 정치, 경제, 군사, 문학, 예술, 스포츠, 학문 등의 지극한 경지는 정신적, 영적 도의 세계와 연결되어 있습니다. 각 분야에서 졸부, 소인배, 잔재주군, 삯군, 땡중, 얼치기, 사이비 등으로 호칭되는 사람들은 자기 분야에서 뭘 알긴 아는 것 같은데 그 지극한 경지 곧 정신적, 영적 도의 세계와 연결되어 있지 않은 사람들을 일컫는 말입니다. 스승을 잘 섬기는 사람만이 그 정신적, 영적 도의 세계에 개안할 수 있습니다. 어느 분야에서든지 이보다 더 큰 축복은 없다고 생각합니다. 더욱이 우리 주 예수 그리스도의 복음의 영적 세계에 대한 개안의 축복은 일러 무삼 하리오!

여기서 스승을 잘 섬긴다는 것은 오늘 본문 말씀대로 가르침을 받는 자들은 가르치는 자들과 모든 좋은 것을 함께 하는 것입니다(갈6:6). 그리하는 자는 그것이 비록 냉수 한 그릇이라도 그 상을 잃지 않을 것이라고 하셨습니다.

고전예화 439 10년 법칙(the ten-year rule)

한 분야에서 지극한 경지에 오르기 원하는 사람이라면 그 자신의 마음=두뇌=의식 속에서 조용한 혁명이 선행되어야 합니다. 이런 조용한 혁명을 스톡홀름 대학교 앤더슨 에릭슨 박사는 <10년 법칙=the ten-year rule>이라고 하였습니다.

한 분야에서 최고 수준의 성과와 성취에 도달하려면 최소 10년 정도 그 분야에서 지속적이고 집중적이고 정교한 훈련을 해야 한다는 말입니다. 실제 사회 경험으로 보아도 자기 분야에서 한 획을 긋는 인물로 성장하려면 최소한 10년 동안의 선행 투자가 필요하다는 것을 알 수 있습니다. 그런 노력 없이는 결코 성공할 수 없습니다. 이것은 직업인(프로)으로서의 절대불변의 법칙입니다.

하워드 가드너는 심리학(지그문트 프로이트), 물리학(앨버트 아인슈타인), 회화(파블로 피카소), 음악(이고르 스트라빈스키), 시(T.S. 엘리엇), 무용(마사 그레이엄), 정치(마하트마 간디) 등 각 분야의 거장들을 연구한 결과를《열정과 기질》이라는 책으로 펴냈는데 여기서 그는 다음과 같이 썼습니다.

『한 분야에 정통하려면 최소한 10년은 꾸준히 노력하여야 한다. 창조적 도약을 이루려면 그 분야의 지식에 달통하여야 한다. 나는 본 연구 수행 과정에서 창조성의 10년 법칙을 발견하였다. 위의 일곱 명의 창조적 인물들은 분야마다 조금의 차이는 있으나 대략 10년을 주기로 창조적 도약을 이루었다.

인지심리학의 연구 결과를 보면, 한 사람이 어떤 분야에 통달하는 데 필요한 시간은 '10년' 이다. 피카소처럼 네 살에 시작하면 10대 후반에 거장이 될 수 있다. 10대 후반에 창조적 노력을 시작한 스트라빈스키 같은 작곡가, 그레이엄 같은 무용가는 20대 후반이 되어 비로소 창조성의 본 궤도에 올랐다.

10년 간의 견습 기간을 거쳐야 중대한 혁신을 이룰 수 있다. 이러한 도약은 대개 일련의 시행착오를 거쳐 이루어지는 것이지만, 일단 도약하게 되면 과거와는 완전히 그 차원이 달라지는 것이다.』

<大學>에서는 이것을 至於用力之久而一旦 豁然貫通焉(지어용력지구이일단 활연관통언: 한 분야에 오랫동안 힘쓰고 노력하다보면 어느 날 아침 문리가 확 트이는 경지에 이른다) 라고 하였습니다. '한 분야에서 오랫동안 힘씀' 이라는 말에서 '오랫동안' 이란 조금 막연한 시간을 앤더슨 에릭슨, 앤드류 카슨, 하워드 가드너 등 이 분야의 전문가들은 '10년' 이라고 구체화 시켰습니다. 그리고 '10년 법칙=the ten -year rule' 이라고 명명한 것입니다.

<참고:공병호, 명품 인생을 만드는 10년 법칙, 21세기 북스>

· 못 먹어도 Go! ·

나는 꿈(dream)=비전(vision)=계획(plan)=희망(hope)=포부(ambition)=전망(prospect)=설계(design)=창조(creation) 등의 말은 同族語(동족어)라고 생각합니다. 내 주변의 목사님들, 사업가들, 직장인들, 학생들, 전업 주부에 이르기까지 꿈이 있는 사람과 꿈이 없는 사람은 정말 天壤之差(천양지차)입니다. 하루의 꿈, 일 주일의 꿈, 한 날의 꿈, 일 년의 꿈, 10년 꿈, 그리고 자기 인생 전체에 대한 평생 꿈이 있는 사람과 없는 사람은 너무 너무 다릅니다.

내 경험에 의하면 지금 현재 성공했거나 성공하지 못 했거나 간에 꿈 있는 사람들은 첫째, 정말 좋은 의미에서 말이 많습니다. 아는 것도 많고 기차고 희한한 아이디어가 많으니 말이 많을 수밖에 없으리라 생각됩니다. 둘째, 용감합니다. 씩씩합니다. 밝습니다. 활기찹니다. 못 먹어도 Go! 입니다. 그렇다고 막가파는 절대 아닙니다. 셋째, 긍정적입니다. 정말 긍정적입니다. 뭘 보고 들어도, 부정적인 것에서조차 긍정적인 것을 찾아내고야 맙니다.

꿈 없는 사람들은 첫째, 별로 말이 없습니다. 조용합니다. 도가 깊어서 조용한 것이 아니라 속에 든 것이 없고 할 말이 별로 없으니까 조용할 수밖에 없습니다. 나쁘게 말하면 답답한 거지요. 둘째, 제 밥그릇도 못 챙겨 먹습니다. 신사의 젠틀맨 십이나 숙녀의 고상하고 우아한 귀족적 태도에서 나오는 양보, 희생, 겸손이 아니라 순발력이 떨어지거나 주제 파악이 제대로 되지 않은 결과로 나온 띨빵한 엉거주춤 때문입니다. 셋째, 부정적입니다. 정말 부정적입니다. 뭘 보고 들어도 매우 매우 긍정적인 것에서조차 부정적인 것을 찾아내고야 맙니다.

꿈 있는 사람과 꿈 없는 사람에 대한 이런 평가는 나의 편견일 수 있음을 인정합니다. 그런데 나만 그런 것이 아니라 다른 사람들도 그렇게 느꼈다는 것을 확인할 수 있는 것으로 보아 나의 편견이 말도 안 되는 편견은 아닌 것으로 생각합니다. 솔직히 말해서 나는 큰 꿈이든 작은 꿈이든 꿈꾸는 사람이 좋습니다.

나는 억지로라도 꿈꾸어야 한다고 생각합니다. 꿈이 있어야 관심이 생기고 관심이 있어야 뭐라도 들여다보고 찾아보고 움직일 것 아닙니까? 아니 그러합니까?

장마비 소리 들으며 커피 끓여 마시고 이리 뒹굴 저리 뒹굴 방바닥 굴러다니며 일 년 꿈, 10년 꿈, 평생 꿈 디자인하며 게으른 하루 보내고 있는 이정수 목사

나실인 서원 기도의 현대적 의미

본문 / 민6:1-21

1. 들어가는 이야기

본문 말씀은 성경에 유일하게 나타나 있는 나실인의 서원 규례 부분입니다. 나실(Nazir)이란 히브리어로 "성별하다", "가르다", "거룩하게 바친다" 라는 뜻이며 나실인의 서원 규례는 이스라엘 사람들의 일상적 종교 활동(안식일, 십일조, 유월절, 칠칠절, 장막절, 수장절…) 외에 자기 자신의 삶에 일어난 어떤 특별한 위기, 열정, 감사, 소원을 계기로 하여 일정 기간 혹은 자기의 평생을 구별하여 자기 자신을 하나님께 바치기로 서원한 사람이 지켜야 할 것을 규정한 것입니다.

2. 나실인의 서원 규례의 내용

나실인의 서원 규례는 세 부분으로 규정되어 있습니다.

하나, 포도주, 독주, 식초 등 자극성 있는 음료를 마시지 않는다. 사람의 몸 가운데 하나님의 생명력이 가장 뚜렷이 나타나는 머리털을 자르지 않는다. 주검을 가까이 해서는 안된다. 형제자매의 주검도 예외가 아니다(민6:2-8).

둘, 나실인 서원 기간 중 우연히 돌발적 사고로 주검을 가까이 하여 부정케 된 경우에는 지금까지의 서원 기간은 무효이며 새로 시작하여야 한다(민6:9-12).

셋, 나실인이 자기 몸을 구별한 날이 찼을 때, 즉 서원 기간이 끝났을 때, 나실인은 하나님께 드릴 번제물로 흠 없는 일 년 된 수양 하나, 속죄 제물로 흠 없는 일 년 된 암양 하나, 화목 제물로 흠 없는 숫양 하나, 무교병 한 광주리, 과자들, 무교 전병들, 그 소 제물, 전 제물을 가지고 회막문에 가서 머리털을 밀고, 그 머리털을 화목 제물 불 위에 태워야 한다(민6:13-21).

본문의 나실인의 서원 규례를 보면, 나실인 서원은 남자나 여자 모두 할 수 있으나 아무 때나 마음 내키는 대로 쉽게 할 수 있는 것이 아니라는 것을 알 수 있습니다. 고대 이스라엘 사람들의 생활 속에는 포도주, 독주, 식초가 일상 생활인데 그것을 먹지 말라는 것은 금욕 생활하라는 것입니다. 머리털을 자르지 말라는 것은 외모를 꾸미지 말라는 뜻으로 객관적으로 모든 사람들이 저 사람은 "나실인의 서원 중에 있는 사람이구나" 하는 것을 밝히라는 것입니다. 마지막으로 하나님께 바쳐야 하는 제물입니다. 레위기에 보면 하나님께 드릴 번제물로 양 혹은 숫양을 바칠 수 없는 가난한 사람들은 산비둘기나 집비둘기로 해도 좋다고 하였습니다. 그런데 나실인 서원의 규례에 규정된 최소한의 제물은 그리 만만한 것이 아닙니다.

무슨 뜻입니까? 나실인 서원은 함부로 할 것이 아니라 깊이 생각하고, 깊이 기도하고, 바쳐야 할 제물도 잘 준비한 후에 해야 한다는 말입니다.

3. 나실인 서원 기도의 현대적 의미

첫째, 서원 기도는 인간의 신념에 우선한다는 것입니다. 사람은 자기 삶에서 어떤 위기 의식을 느끼면 스스로를 돌아보고 자기 삶의 재정립을 도모하게 됩니다. 여기서 나오는 것이 결단, 결심, 결의, 신념 등입니다. 그런데 이런 결단, 결심, 결의, 신념들은 자기 자신과의 대화 자기 스스로의 사고방식의 결과이므로 동일한 과정을 거쳐 그 모든 것들이 폐기되거나, 마음으로는 그렇게 해야지 하면서도 의지가 약하여 그 모든 결심들이 부서지고 作心三日 되기 쉽습니다.

그러나 서원 기도는 다릅니다. 서원 기도는 연약한 사람의 의지에 맡겨두는 것이 아니라 능력의 근원인 거룩하신 하나님과 관계되는 것이므로 힘들다거나 상황이 바뀌었다거나 하여 사람이 제멋대로 파기할 수 없는 하나님과 사람 사이의 쌍방 계약=약속입니다. 따라서 서원 기도는 사람의 내적 신념이나 결단보다 우선하며 하나님의 규례를 지켜야 하는 의무가 발생하게 되는 것입니다.

둘째, 서원 기도 기간 동안 지켜할 규례(독주, 포도주, 식초 등을 마시지 말라=금욕생활, 머리털을 자르지 말라=서원 기도 중인 것을 객관적으로 밝힘. 주검을 가까이 하지 말라=철저한 내적 청결 유지)를 현대적으로 해석한다면

(가) 음식, 음료, 성생활 등을 특별히 절제한다.

(나) 기도 제목을 목사님, 가족, 친구들에게 알리고 중보 기도를 부탁한다.

(다) 침묵, 정결, 성경 묵독, 심플한 주변 환경을 유지한다.

셋째, 서원 기도의 종결과 감사 예배입니다. 우리 주변에는 일정 기간 동안 여러 가지 서원 기도 혹은 작정 기도(3일, 7일, 21일, 40일 금식기도, 아침 혹은 저녁 식사 금식 기도, 새벽 특별 기도, 산 기도 등)를 올리는 분들이 있습니다. 그 분들에게 나실인 서원 기도의 규례가 매우 주요한 지침을 제시하고 있습니다.

(가) 본문에 의하면 나실인 서원 기도를 마쳤을 때 흠 없는 일 년 된 숫양, 암양, 무교병 한 광주리 등을 바치라고 하였습니다. 현대적 의미로 본다면 하나님 앞에 자기 힘껏 정성을 다하여 감사 예물을 드리라는 뜻입니다.

(나) 본문에 보면 화목 제물을 드리라. 그 후에는 나실인이 포도주를 마실 수 있느니라(민6:17-20)고 하였습니다. 무슨 뜻인가? 나실인 서원 기도를 마친 날, 하나님께는 속죄제, 번제를 드리고 난 후 또 하나님께 화목 제물을 드리라고 하였는데 이 때의 화목 제물은 감사 잔치 예배를 의미하는 것으로 서원 기도를 마친 사람은 제사장, 이웃 친구들과 더불어 즐거운 감사 잔치를 베풀라는 뜻입니다.

(다) 이로 보건대 서원 기도는 그 속성상 나 혼자만의 개인적 기도인 것은 분명하나 교회 공동체(제사장, 목사님, 전도사님 등), 이웃 공동체(구역 식구, 친구들)와 힘을 합하여 드리는 기도라는 것이 성경의 기본입장입니다.

고전예화 440

따뜻한 한 마디 말의 힘

1930년대 미국 대공황 때 사회적으로 경제가 매우 어려워 일자리 얻기가 하늘의 별 따기 정도가 아니라 하늘에 별 심기였습니다. 다행히 마리아는 고급 보석, 액세서리 가게에 취직할 수 있었습니다. 마침 크리스마스 때였습니다.

마리아가 보석과 액세서리 진열장을 정리하고 있는 중인데 옷차림이 추레한 한 남자가 가게문을 열고 들어섰습니다. 마리아는 정리 중이던 보석함을 카운터에 올려둔 채 "무슨 물건을 찾으시는가" 물었습니다. 남자는 "그냥 구경 좀 하겠다"고 하고는 가게 안을 이리저리 기웃거렸습니다.

마침 그 때 전화벨이 울렸습니다. 마리아는 전화를 받고 일어서다 진열대 위에 올려놓았던 고급 반지 6개가 든 보석함을 떨어뜨렸습니다. 놀란 마리아는 바닥에 떨어진 반지들을 주워 모았습니다. 5개는 찾았는데 여섯 번째 반지 하나는 도무지 찾을 수 없었습니다. 그런 와중에 그 남자는 슬며시 가게문을 열고 나가려고 하였습니다.

그때 마리아는 부드러운 음성으로 "미안합니다. 손님." 하고 그 남자를 불렀습니다. 그 남자는 "무슨 일인가요?" 하였습니다. 마리아는 "손님, 저는 오늘 처음 이 가게에 출근하였습니다. 손님, 요즈음 일자리 구한다는 것이 얼마나 어려운가를 잘 아시지요?" 하였습니다.

그 남자는 왼손으로 가게문 손잡이를 쥔 채 돌아서서 말없이 한참이나 마리아를 바라보았습니다. 그러다가 마침내 그 남자는 계면쩍은 미소를 띄면서 "그렇습니다. 정말 그렇죠. 나도 일자리가 없어 요즈음 괴롭습니다. 그러나 아가씨는 참 잘 되었군요. 아가씨는 이 가게에서 오래도록 일을 잘 할 겁니다" 라고 말하면서 손잡이에서 손을 떼고 마리아에게로 다가왔습니다.

그리고 오른 손을 내밀면서 "메리 크리스마스" 하였습니다. 마리아도 손을 내밀어 그 남자 손을 잡았습니다. 마리아의 손과 그 남자의 손이 합쳐졌습니다. 마리아는 조용히 "메리 크리스마스, 당신에게 하루 속히 좋은 일자리가 나서기를 기도하겠습니다" 라고 하였습니다. 그 남자는 "고맙다"고 말하고는 천천히 몸을 돌려 가게문을 열고 거리로 사라져갔습니다.

마리아는 문밖으로 사라지는 남자를 눈으로 배웅하고, 진열장으로 돌아와 여섯 번째의 보석 반지를 보석함에 잘 갈무리하였습니다.

장발짱을 감동시킨 것은 엄격한 법이 아니라 신부님의 따뜻한 말 한 마디였습니다. 마리아의 따뜻한 말 한마디가 그 남자의 마음을 녹인 것이지요. 나는 이런 상황에서 어떻게 하였을까?

· 離合集散(이합집산) ·

이른 아침 창문 앞 나뭇가지에 통통하게 살이 오른 수십 마리의 참새 떼가 모여들어 쉴새 없이 재잘거립니다. 한 마리가 어디론가 날아 오르면 그 뒤를 이어 다같이 후-르-륵- 떼지어 날아가고, 잠시 후 어디선가 한 마리 내려앉으면 그 뒤를 이어 또 후-르-륵- 떼지어 내려앉아 이 가지 저 가지 사이로 종종걸음치며 짹-짹- 거립니다. 한참 지저귀다가 한 때는 산 쪽으로 날아가고 또 한 때는 논 쪽으로 패가 갈려 각각 날아갑니다. 그야말로 離合集散(이합집산: 떠나고, 합치고, 모이고, 또 흩어집니다)입니다.

하필 그 나뭇가지에 참새 떼가 모여든 이유를 나중에야 알았는데 그 나무 아래 내가 가끔 음식물 찌꺼기를 내다 놓았기 때문입니다. 요놈들이 고걸 쪼아먹느라고 그 나무를 중심으로 모여든 것입니다. 옛 사람이 잘 말한 바 사람의 일도 정말 그러합니다. 무엇인가 필요한 것이 있는 나뭇가지, 즉 가정이라는 가지, 학교라는 가지, 교회라는 가지, 직장이라는 가지, 동호인이라는 가지, 맛있는 음식점이라는 가지, 友情이라는 가지, 戀人(애인)이라는 가지에 깃들어 이런 소리 저런 소리로 쉴새없이 짹-짹- 거리다가 그 필요했던 것이 다하면 갖가지 이유로 헤어지고 흩어져 제각기 자기가 필요로 하는 또 다른 관계의 나뭇가지로 날아갑니다.

衆鳥同枝宿(중조동지숙: 뭍 새들은 같은 나뭇가지에서 하룻밤 묵고)
明朝各飛散(명조각비산: 다음 날 아침 각기 흩어져 제 갈 길로 날아간다)
人事亦如是(인사역여시: 사람의 일도 역시 이와 같거늘)
何故淚點依(하고누점의: 어찌하여 옷자락에 눈물을 적시는가?)

"내가 그렇게 잘 해 주었는데 네가 그럴 수 있어!" 라고 화내지 말아야 합니다. "나 어떻게, 너 갑자기 떠나가면, 나 어떻게, 나 어떻게, 나 어떻게!" 라고 오열하지 말아야 합니다. "자식놈들 다 필요 없어, 머리 커지면 저 혼자 큰 줄 알고 부모 알기를 우습게 안단 말이여!" 라고 괘씸하게 여기지 말아야 합니다.

컴퓨터 자판을 두드리고 있는 바로 지금도 또 다른 참새 떼가 날아와 짹-짹- 거리다가 한 때는 북쪽으로, 한 때는 남쪽으로 각기 흩어져 날아갔습니다. 이합집산을 비난하지 말아야 합니다. 섭섭해하지도 말아야 합니다. 우리 모두 "다 그런 거지 뭐 그런 거야 그러길래 미안 미안 해!" 중얼거리며 離合集散한 적이 있기 때문입니다. 모둠살이 형법 제1조, 이합집산 죄 전과 9 범, 이정수 목사

하나님의 일(The work of God)

본문 / 요4:31-34, 6:1-71

1. 들어가는 이야기

바울 사도는 "너희 온 영(spirit)과 혼(soul)과 몸(body)이 우리 주 예수 그리스도 강림하실 때에 흠없게 보전되기를 원하노라(살전5:23)" 라고 하셨습니다. 사람은 몸+혼+영으로 구성된 존재입니다. 그러므로 사람에게 있어서 <일/work> 이란 사람이 각자 자기 삶에서 필요로 하는 것, 바라고 원하는 것, 하고 싶은 것 등을 얻고 채우기 위하여 몸(body), 혼(soul), 영(spirit)을 기울여 지향하는 모든 활동(activity)입니다. 그렇다면 <하나님의 일은 무엇인가?>, 오늘 아침에는 이 주제를 묵상하는 가운데 은혜를 나누려고 합니다.

2. 지금 현재 일하시는 하나님

성경에 보면 하나님을 여러 가지로 비유하여 묘사하고 있습니다. 구약 성경에서는 '여호와 닛시(하나님은 승리의 깃발이시다), 여호와 이레(하나님께서 준비하신다), 여호와 라파(하나님이 치료하신다), 여호와 삼마(하나님께서 우리와 함께 가신다), 여호와 샬롬(하나님은 평화이시다).' 신약 성경에서는 '하나님은 빛이시다, 하나님은 사랑이시다, 하나님은 영이시다' 등입니다. 하나님에 대한 이 모든 비유적 묘사에서 발견되는 공통점은 그 모든 비유가 이미 확정되고 고정된 지나간 과거나 관념이 아니라, 그 하나님은 오늘 현재 지금도 그 비유적 묘사 그대로 활동하시는 살아 계신 하나님이시라는 사실입니다.

모세가 "하나님은 누구십니까?" 물었을 때, 하나님은 "나는 스스로 있는 자니라, I will be what I will be, I am who I am, EHEYEH asher EHEYEH" 라고 하셨는데 이 말은 나는 완료된, 지나간, 과거의 하나님이 아니라 지금 현재 살아 있어 역사를 이끌어 가는 현존하는 하나님이라는 뜻입니다(출3:13-14).

예수님은 이런 하나님의 모습을 한 마디로 "바로 지금 이 시간도 일 하시는 하나님(My Father is always at his work to this very day)" 이라고 하셨습니다.

*내 아버지께서 이제까지 일하시니 나도 일한다(요5:17). *내가 참 포도나무요 내 아버지는 그 농부라(요15:1). *나의 양식은 나를 보내신 이의 뜻을 행하며 그의 일을 온전히 이루는 이것이니라(요4:34). *우리가 어떻게 하여야 하나님의 일을 하오리이까? 예수께서 대답하여 가라사대 하나님의 보내신 자를 믿는 것이 하나님의 일이니라(요6:28-29). *만일 내가 하나님의 일을 행치 아니하거든 나를 믿지 말려니와 내가 행하거든 나를 믿지 아니할지라도 그 일은 믿으라. 그러면 너희가 아버지께서 내 안에 계시고 내가 아버지 안에 있음을 깨달아 알리라(요10:37-38). *포도원에 가서 일하라(두 아들의 비유, 마21:28-32). *열매 맺지 못하는 무화과 나무의 비유(눅13:6-9).

3. 그렇다면 하나님의 일이란 무엇인가?

<하나님의 일이란 무엇인가?!> 하는 중요하고 무거운 오늘 주제를 바로 이해하려면 본문 전체(요 6:1-71)를 각자 깊이 熟讀하고 묵상하여야 할 것입니다.

첫째, 예수님은 사람의 일과 하나님의 일을 구별하셨습니다. 사람의 일은 육체= 몸(body)이 필요로 하는 양식을 얻기 위한 일이며, 하나님의 일은 영(spirit)과 혼(soul)이 필요로 하는 양식을 얻기 위한 것이라고 하셨습니다. 그리고 예수님은 "너희가 나를 찾는 것은 내가 베푼 五餠二魚(오병이어)의 놀라운 능력이 어디로부터 온 것인가? 하는 근원을 알아보려고 하기보다는 당장 떡을 먹고 배부른 까닭이다. 썩어 없어질 양식을 얻으려고 힘쓰지 말고 영원히 살게 하며 없어지지 않을 양식을 얻도록 힘쓰라. 이 영생하는 양식을 인자가 너희에게 주리니 아버지 하나님께서 그 권능을 인자에게 주셨느니라(요 6:26-27)" 하셨습니다.

둘째, 그렇다면 우리가 어떻게 하여야 영혼을 위한 영생의 양식을 위한 일, 곧 하나님의 일을 할 수 있습니까? 이 물음에 대하여 예수님은 "하나님의 보내신 자를 믿는 것이 하나님의 일" 이라고 하셨습니다(요6:28-29). 하나님이 보내신 이가 누구인가? 예수님은 예수님 자신이 바로 하나님께서 보내신 자이심을 밝히 보이셨습니다.

*나의 양식은 나를 보내신 이의 뜻을 행하며 그의 일을 온전히 이루는 이것이니라(요4:34). *내가 진실로 진실로 너희에게 이르노니 내 말을 듣고 또 나를 보내신 이를 믿는 자는 영생을 얻었고 심판에 이르지 아니하나니 사망에서 생명으로 옮겼느니라(요5:19-29). *살아 계신 아버지께서 나를 보내시매 내가 아버지로 인하여 사는 것 같이 나를 먹는 그 사람도 나로 인하여 살리라(요6:57). *내가 내 아버지의 이름으로 행하는 일들이 나를 증거하는 것이니라… 나와 아버지는 하나 이니라… 내가 아버지께로 말미암아 여러 가지 선한 일을 보였다… 하나님의 말씀을 받은 사람들을 신이라 하셨거든 하물며 아버지께서 거룩하게 하사 세상에 보내신 자가 나는 하나님의 아들이라 하는 것을 어찌 참람하다 하느냐? 만일 내가 내 아버지의 일을 행치 아니하거든 나를 믿지 말려니와 내가 행하거든 나를 믿지 아니할지라도 행한 그 일은 믿으라. 그러면 너희가 아버지께서 내 안에 계시고 내가 아버지 안에 있음을 깨달아 알리라(요10:25-39). *나를 미워하는 자는 또한 내 아버지를 미워하느니라(요15:23). *아버지께서 내 안에, 내가 아버지 안에 있는 것같이, 저희도 다 하나가 되어 우리 안에 있게 하사 세상으로 아버지께서 나를 보내신 것을 믿게 하옵소서(요17:1-26). *너희를 영접하는 자는 나를 영접하는 것이요, 나를 영접하는 자는 나 보내신 이를 영접하는 것이니라(마10:40).

셋째, 이상의 증거를 통하여 우리가 분명히 알 수 있는 것은 '하나님의 일' 은 하나님께서 보내신 예수님을 영접하고, 예수님이 하나님의 아들이신 것을 믿고, 예수님이 하나님의 이름으로 행하신 일이 바로 하나님의 일임을 깨달아 그대로 삶 속에서 행하는 것입니다.

고전예화 441

야훼=아도나이=아쉠

모세가 "하나님의 이름을 알려 주십시오" (출3:13) 하였을 때 하나님은 "나는 스스로 있는 자니라" (I am who I am, I will be what I will be, 히브리어=EHEYEH asher EHEYEH 에헤이예 아쉐르 에헤이예)라고 하셨습니다. 히브리어 동사에는 현재형이 없고 미완료형과 완료형 뿐입니다. 그런데 여기서 쓰인 "에헤이예" 동사는 히브리어의 존재 동사 <to be>의 미완료형 제1인칭 동사로 쓰인 것입니다. 그러므로 "나는 스스로 있는 자니라(에헤이예 아쉐르 에헤이예)" 라는 말은 나는 현재 분명히 존재한다(is) 그러나 이미 완성된 혹은 완료된 존재로서 존재하는 것이 아니라 되어져가고 있는(becoming being), 살아 있는 과정(living process)의 존재라는 뜻입니다.

즉, 이 세상 만물은 일단 완료되고 나면 그것은 "무엇 무엇이다" 하는 일정한 이름으로 지칭될 수밖에 없습니다. 하나님은 아직 완료된 존재가 아니시기 때문에 "무엇 무엇이다" 라고 규정하여 이름지을 수 없는 존재라는 뜻입니다. 반면에 모든 우상은 이미 "무엇 무엇으로 이름지어진 것들" 입니다. 그러므로 출3:14 말씀은 "나는 현재 분명히 살아 있는 존재이다. 그러나 무엇 무엇이라 규정하고 이름 붙일 수 없는 존재인 나는 너희 조상의 하나님이다. 그런 내가 너를 이스라엘 백성에게 보냈다 하라" 라는 의미가 됩니다.

그러므로 십계명에 "하나님의 이름을 망령되이(아무 목적 없이) 일컫지 말라. 하나님을 무엇 무엇이라 이름지을 수 있는 형상을 만들지 말라" 고 하신 것입니다. 역설적이지만 히브리어 성경 원문은 그 이름지을 수 없는 하나님의 이름을 <YHWH=야훼> 로 명명하였으나 이스라엘 백성들은 이 <YHWH=야훼> 라는 하나님의 이름이 나올 때마다 <야훼>라고 읽지 않고 '아도나이(Adonai=나의 주님)' 라고 읽었습니다. 뿐만 아니라 이 '아도나이' 라는 하나님의 별칭조차도 성경을 읽을 때만 부르고 평소에 하나님을 지칭해야 할 때는 '아도나이(Adonai)' 의 첫 글자 Ado에다 이름을 의미하는 shem을 더하여 '아도쉠(Adoshem)' 이라고 하였습니다. 또한 하나님의 이름을 망령되이 부르지 않기 위하여 영어권의 유대인들은 'God' 을 <o>를 빼고 'G'd' 라고 표기할 정도입니다. 이만큼 이스라엘의 전통은 하나님을 표상화하기를 금기시하였으며 하나님의 이름을 망령되이 일컫지 않으려고 힘썼습니다.

이스라엘은 전통적으로 사람의 초상화도 그리지 못하도록 하였는데, 그 이유는 사람이 하나님의 형상대로 지음 받았기 때문에 사람 속에 하나님의 형상이 내재하여 계시므로 사람 속에 있는 그 무한한 하나님의 형상을 그 어떤 모양이나 그림이나 상념으로 제한하여 묘사해서는 안 된다고 생각하였기 때문입니다. 우리가 믿는 하나님은 무엇 무엇이라 규정하고 이름 붙일 수 있는 완료된 하나님이 아니라 지금 살아 계셔서 현재 진행형으로 役事하시는 분입니다.

· 중고 소나타 투 〈07오 7597〉구입 ·

지난 주일 장안평 중고차 전문가 정효종 집사를 통하여 160만원 주고 1995년 식, 현 시점 주행 거리 16만 Km, <07오 7597, 소나타 투>를 구입하였습니다. 정 집사 말이 엔진 좋고, 밋숑 좋고, 밧데리 좋고, 바퀴 좋고, 아무튼 다 좋다고 합니다.

그런데 한 일 주일 타보니 중고는 중고일 수밖에 없다는 것이 분명해졌습니다. 조수석 창문 개폐가 불량이라 자동차 센터를 찾아가니, 전문가 말이 "개폐 모터 수명이 다하였다"고 합니다. 그리고 내가 보기엔 새것처럼 보이는 바퀴는 1995년에 출고된 것으로 타이어로서의 정상 기능을 이미 상실하여 주행이 위험하다고 합니다. "아니 11년 된 바퀴가 어떻게 있을 수 있어?" 하니 "타이어 사재기하였던 물건이라서 그렇다"고 하면서 타이어에 부착된 출고 일자를 보여주는데, "세상에 우째 이런 일이!" 바퀴에 기록된 출고 일자가 진짜로 1995년 5월에 출고된 것입니다.

그래? 그렇다면 어이하는가? "알아서 바꿀 것은 바꾸고, 고칠 것은 고쳐 주시오!" 하였습니다. 그때 문득, 2년에 한 번 무조건 바퀴 4짝을 제일 좋은 새것으로 바꾸는 것을 철칙으로 삼고 있다는 내 좋은 친구 박영원 목사 말이 생각이 나서 이왕 바꿀 바에야 제일 좋은 놈으로 바꾸라고 하였습니다. 광폭 타이어, 휠얼라인먼트, 문짝 모터, 그밖에 소소한 수리비 합하여 30만원을 지불하였습니다. 결과적으로 160만원이 아니라 총 190만원짜리 차가 된 것입니다.

그건 그렇고, 나는 이번에 '휠얼라인먼트'라는 거 꼭 해야 한다는 것을 새로 알았습니다. 바퀴 밸런스가 아니라 휠얼라인먼트입니다. 30만원 들여 바퀴 바꾸고, 창문 고치고, 휠얼라인먼트 하고 나니 190만원짜리 차가 1900만원짜리 차처럼 승차감 좋고, 핸들 안정감 좋고, 차가 땅바닥에 착 붙어 가는 듯한 느낌입니다.

내 좋은 친구들이야 각자 다 잘 알아서 차량 관리하겠지만 혹시 나처럼 자동차에 대하여 뭘 모르는 사람을 위하여 노파심으로 하는 말인데 시설 좋은 정비소에 가서 휠얼라인먼트 필히 할 것을 강력 추천합니다. 요금은 원래 5만원인데 바퀴 가는 사람에게는 서비스 차원에서 3만원에 해 준다고 하였습니다. 정비소 사장이 하는 소리가 "수리비 30만원은 들었지만 엔진, 밧데리, 밋숑, 차체, 모두 깨끗하고 참 좋은 차 싸게 산 겁니다" 라고 하니 듣기에 흐뭇하였습니다.

자동차 1종 보통 면허 반납하고 2종 면허로 갱신하고, 다시는 적성 검사(시력 검사) 할 일 없어 시력 검사 콤플렉스에서 벗어나 매우 행복한 이정수 목사

하나님께서 보내신 자는 누구인가?

본문 / 요6:28-29

1. 들어가는 이야기

지난 주일 우리는 '하나님의 일(The work of God)' 이란 무엇인가? 하는 주제로 말씀을 묵상하였습니다. 하나님은 옛날옛날 한 옛날 천지창조 하신 후 한가하게 쉬고 계신 하나님이 아니라, 오늘 지금 현재 이 시간에도 진행형으로 우리 사람과 함께 일하시는 하나님이시라는 것. 그리고 사람이 하나님과 함께 할 수 있는 일 가운데 가장 중요하고 근본된 것이 '하나님의 보내신 자를 믿는 것(The work of God is this: to believe in the one He has sent)' 이라고 하였습니다.

2. 신구약성경 전체가 증언하고 가리키는 것!

우리 기독교의 유명한 속담 가운데 하나는 '구약은 하나님의 약속, 신약은 약속의 성취!' 라는 말이 있습니다. 그런데 이 유명한 속담이 내포하고 있는 원래의 의미심장함이 퇴색된 채 상투적으로 사용되는 듯한 느낌이어서 때로 안타깝습니다. '구약은 약속, 신약은 성취' 라는 말은 우리 기독교 신앙의 근본 밑바탕입니다.

신약성경 특히 4복음서에는 일종의 관용구처럼 "이 모든 일의 된 것은 주께서 선지자로 하신 말씀을 이루려 하심이라!" 하는 말씀이 많이 나옵니다. 마태복음의 경우만 보아도 1:22, 2:5, 2:15, 4:14, 21:4, 27:9 등에 나타납니다. 그 외에 구약성경의 하나님의 약속, 선지자의 말씀이 <신약 성경 시대에 와서 드디어 이러이러하게 실현되었다, 이루어졌다, 성취되었다> 하는 사례가 매우 많습니다(참고: DeVore & Sons, Inc, Wichita, Kansas, 1988, Holy Bible, 22쪽에 구약성경의 약속이 신약에서 성취된 사례 모음집을 보면 53군데나 됨).

또 한가지 더욱 중요한 것은 예수님께서 친히 자기 자신을 <하나님의 보내신 자>로 떳떳하고 뚜렷하고 금강석처럼 영롱하게 밝히셨다는 점입니다.

*너희를 영접하는 자는 나를 영접하는 것이요, 나를 영접하는 것은 나 보내신 자를 영접하는 것이니라(마10:40). *예수께서 가라사대 너희는 나를 누구라 하느냐? 시몬 베드로가 대답하여 가로되 주는 그리스도시오 살아 계신 하나님의 아들이시니이다. 예수께서 대답하여 가라사대 바요나 시몬아 네가 복이 있도다. 이를 네게 알게 한 이는 혈육이 아니오 하늘에 계신 내 아버지시니라(마16:15-17). *수가성의 여자가 가로되 메시야 곧 그리스도라 하는 이가 오실 줄 내가 아노니 그가 오시면 모든 것을 우리에게 고하시리이다. 예수께서 이르시되 네게 말하는 내가 그로라(요4:25-26, I who speak to you am he!). *빌라도여, 네 말과 같이 내가 왕이니라(요18:37). 위에 예로 든 말씀은 그야말로 빙산의 일각임을 우리 모두는 잘 알고 있습니다. 신구약 성경이 증언하고 가리키려한 유일한 초점은 <하나님의 보내신 자는 예수님이시다!> 하는 진리입니다.

3. 그렇다면 하나님의 일은 하나님의 보내신 자를 믿는 것이란 무엇을 뜻하는가?

첫째, 예수님이 唯一無二한 참 진리(The truth)인 것을 믿는 것입니다. 참 진리란 수학적, 철학적, 과학적으로 제한된 이론적 진리가 아닙니다. 시간과 공간의 제약을 받는 것도 진리가 아닙니다. 이론과 시 · 공간의 제약을 받지 않으시는 예수님이 바로 참 진리라는 말씀입니다. 예수님은 어제나 오늘이나 영원토록 동일하시며(히13:8), 변함도 없으시고 회전하는 그림자도 없으신 진리입니다(약1:17). 태양계의 모든 별들이 눈에 보이는 혹은 눈에 보이지 아니하는 태양의 빛, 열, 에너지, 전자장, 자기장, 중력장의 영향 안에서 운행되듯, 사람의 생사화복, 인생의 의미, 삶의 바른 길(正道), 인생의 위기와 절망을 극복할 수 있는 용기와 지혜, 이른 아침 깨어나 밥 먹고, 일하고, 잠자고, 숨쉬고 사는 매일 매일의 일상생활을 보호하고 지켜주는 모든 힘의 근원이 예수님이라는 사실을 믿고 산다는 의미입니다.

둘째, 예수님은 사랑의 주님이심을 믿는 것입니다. 복음서에 나타난 예수님의 말씀, 비유, 행적을 자세히 읽어보십시오. 예수님의 그 모든 공생애를 한 마디로 말하라면 "사랑(agape)!" 이라고 밖에 달리 표현할 말이 없습니다. 그러므로 예수님을 믿지 아니하는 세상 사람들도 상식적으로 말하는 것이 '유교는 충효, 도교는 무위자연, 불교는 견성 그리고 기독교는 사랑!' 이라고 합니다.

간음하다 붙잡힌 여인, 선한 사마리아 사람의 비유, 돌아온 탕자의 비유, 빚진 자의 탕감 비유, 내 계명은 내가 너희를 사랑한 것 같이 너희도 서로 사랑하라 하는 이것이니 사람이 친구를 위하여 목숨을 버리면 이에서 더 큰사랑이 없나니 너희가 나의 명대로 행하면 곧 나의 친구라(요15:9-15). 그리고 친구는커녕 오히려 원수이며 죄인인 우리를 친구라 하시며 십자가 위에서 우리의 죄를 사하시기 위하여 흘리신 사랑의 보혈! 예수님은 그렇게 사랑이심을 믿는 것입니다.

셋째, 예수님은 재림주=심판주=어린양 잔치의 신랑이심을 믿는 것입니다. 有生必有死(삶이 있은 즉 필연 죽음이 있도다)! 사람이 죽는 것은 정한 이치요, 죽음 후에는 심판이 있습니다. 주의 날이 도적 같이 옵니다. 그 날에는 하늘이 큰소리로 떠나가고 불에 탑니다. 세상 물질이 뜨거운 불에 녹아지고 풀어집니다. 땅과 그 중에 있는 모든 것이 드러납니다. 이 모든 것이 이렇게 풀어지는 날, 우리 모든 사람들은 심판대 앞에 설 수밖에 없습니다. 변명이 통하지 않습니다. 그 어떤 예외도 없습니다. 영원한 천국 생명과 영원한 지옥 형벌의 기준은 오직 하나! 예수님을 영접하고 믿고 살았느냐? 영접하지 않고 불신 속에 살았느냐? 뿐입니다.

다음 주일부터 몇 주 동안 하나님의 일(the work of God), 즉 하나님의 보내신 자=예수님을 믿는 것이란 구체적으로 어떠한 것인가? 하는 문제를 묵상하려고 합니다. 한 가지! 믿음이란 의식 전환+행동임을 우리는 잘 알고 있습니다.

고전예화 442

근원 김용준의 예술론

近園(근원) 김용준(1904~1967)은 대구 출신, 도쿄미술대 졸업, 서울대 미술대학장 역임, 6·25 때 월북. 1948년 출판된《근원수필》이 월북 작가 해금 조치 이후 범우사에서 3판 6쇄나 찍어 낸 바 있는 명 수필집이라 하겠습니다. 다음은 그의 수필집에 실린 '예술에 대한 소감' 요약입니다.

예술의 정의에 대하여 오랜 세월 수많은 예술가, 문학가, 철학가들이 각각의 이론을 제시한 바 있다. 그들은 한결같이 예술의 진의를 천명함에는 먼저 美(미)의 내용을 구명함에 있다 하여 "美란 무엇이냐?" 하는 논제로 방향을 돌리고 말았다. 여기에서 미학, 예술학이 대두하고 여러 사람의 예술론이 각기 색다른 기치를 걸고 넘나들었다. 이리하여 美의 문제는 점점 난해한 미궁으로 우리들을 끌어가고 있다. 그러나 모든 미에 대한 이론은 궁극적으로 두 놈이 서로 꼬리를 물고 한 개의 원을 한없이 돌아가는 데 지나지 못한다.

예술이란 알고 보면 아무 것도 아니다. 배가 고프면 밥을 먹는 것과 같은 茶飯事(다반사)에 불과하다. 식탁 앞에 앉은 사람이 어떠한 태도로 어떻게 밥술을 움직이느냐 하는 것이 곧 예술 창작의 이론과 실제다. 점잖게 먹느냐, 얄밉게 먹느냐, 조촐하게 먹느냐, 지저분하게 먹느냐 하는 것이 문제의 초점이다.

모든 위대한 예술은 결국 완성된 인격의 반영일 수밖에 없다. 인간이 되기 전에 예술이 나올 수 없다. 美(미)는 곧 善(선)이다. 미는 기술의 연마에서만 오는 것이 아니다. 인격의 행위화에서 완전한 미는 성립된다. 기술이 膚肉(부육 : 피부와 살)이라면 인격은 筋骨(근골 : 근육과 뼈) 이다. 든든한 근골과 부육이 서로 합일될 때 비로소 美의 영혼은 서식할 수 있다.

《채근담》에 '일자무식이라도 詩意(시의)를 가진 사람이라면 詩家(시가)의 진취를 얻었다 할 수 있고, 一偈頌(일게송) 지은 것 없다 하여도 禪味(선미: 선의 기운)를 가진 사람이라면 禪家(선가)의 玄機(현기)를 깨달았다 할 수 있다' 라고 하였다.

수원신화에 '시인이란 吟詩(음시 : 시를 쓰고 읊는 것) 깨나 한다고 시인이 아니요 가슴 속이 탁 터지고 溫雅(온아)한 품격을 가진 사람이라면 일자무식이라도 참 시인일 것이요, 반대로 성미가 빽빽하고 俗趣(속취 : 속물 근성을 가진 사람)가 분분한 사람이라면 멋들어진 문장으로 수 십 편의 시집을 낸 놈일지라도 시인이라 할 수 없다. 시를 배우기 전에 시보다 앞서는 정신이 필요하다' 고 하였다.

근원 김용준은 예술은 한마디로 意在筆先(의재필선)! 이라는 것입니다. 즉 글, 음악, 그림, 무용, 조각, 건축 등 모든 예술은 그 예술가의 정신이 그 예술가의 솜씨보다 우선이라는 말입니다.

<김용준, 근원수필, 범우사, 104~110쪽>

· 물 구경, 불 구경, 싸움 구경 ·

7월 15일부터 20일까지 남하하는 장마 정선과 중국을 통과하는 태풍 빌리스 영향으로 전국적으로 엄청난 비가 내려 수 십 명의 인명 피해와 큰 재산 손실이 있었습니다. 내가 사는 북한강변도 예외가 아니었습니다. 7월 17일, 계속 하염없이 내리는 빗소리를 들으며 잠이 깨어 창문을 열고 내다보니 바로 눈앞에 강물이 출렁이고 있습니다. '어!? 이게 웬 일이야?' 정신이 번쩍 들었습니다. 평소대로라면 우리 집 전방 200미터 즈음에서 흐르고 있어야 할 강물인데 바로 코앞에서 흐르는 것입니다.

'이크! 뭔 일이 생기는 것 아닌가?' 얼른 옷을 챙겨 입고 우산 쓰고 나가보니, 내가 사는 집 앞 찻길 턱 바로 아래까지 강물이 찰랑찰랑합니다. 강물이 더 불어나 집에까지 들어오려면 아직 20미터 정도 여유는 있지만, 200미터 중 180미터를 단숨에 달려온 강물의 저력을 감안한다면 '뭔가 대책을 세워야겠구나' 생각하였습니다.

집안으로 들어와 텔레비전을 켰습니다. 뉴스를 보니 양수리 옛날 다리, 양수리에서 양평 쪽으로 나가는 강변도로는 이미 통제되었고, 양수리 주변 강가 음식점, 카페, 집에 물이 들어와 난리입니다. 비는 계속 내리는데 장난이 아닙니다. 대책을 세워야겠는데 나의 대책이란 게 뻔합니다. 물이 더 불어나 집으로 들어온다면, 집 뒤편 지대가 좀 높은 곳에 있는 우리 동네 이장님 댁으로 피신하는 것이지요.

비는 때로 장대비로, 때로 부슬부슬, 때로 쫙-쫙- 꾸준히 내립니다. 마음 한결으로 강물이 불어나 집으로 들어오면 어찌하는가 하는 염려가 없는 것은 아니나, 예로부터 인생 3대 구경거리는 물 구경, 불 구경, 싸움 구경이라 하지 않았던가!

아침 먹고 본격적으로 물 구경 나섰습니다. 북한강 물이 長江-양자강으로 변했습니다. 강물은 검붉은 황톳빛으로 아스라이 물안개 피워 올리고, 거친 소용돌이, 쿨렁쿨렁 물거품 솟쳐내며 거침없이, 滔滔(도도)하게, 浩浩蕩蕩(호호탕탕), 悠長(유장)하게 흐릅니다. 蒼蒼玄玄微微回(창창현현미미회), 아득아득, 가물가물, 뿌연 채 휘돌아 흐릅니다. 건너편 푸른 산허리에는 흰 구름 걸쳐 있고, 백로 두 어 마리 강물 위로 떠올라 청산을 가로질러 날아갑니다. 壯觀입니다!

굵은 빗줄기 맞으며 흐르는 강물 直視하고, 바로 저 모습이 사나이 한 평생이어야 하지 않겠는가! 하는 이정수 목사

하나님께서 보내신 자를 믿는다는 것은?

본문 / 요6:28-29

1. 들어가는 이야기

지난 주일 신 · 구약 성경 전체(모세오경, 역사서, 시편, 예언서, 사복음서 기자, 바울 사도의 편지…)가 웅장한 하모니로 찬양하며 與出一口(여출일구)하여 한 목소리로 證言(증언)하는 것은 '하나님의 보내신 자는 예수님이시다!' 라는 사실을 깊이 묵상하였습니다. 정녕 그러합니다. 아멘, 아멘, 아멘! 입니다.

그렇다면 자연스럽게 다음과 같은 질문이 제기될 것입니다. "하나님의 일은 하나님의 보내신 자(곧 예수님)를 믿는 것이니라, The work of god is this; to believe in the one he has sent(요29)" 하셨는데 하나님의 보내신 자(예수님)를 믿는다는 것은 구체적으로 무엇을 의미하는가? 하는 것입니다. 오늘은 이 문제를 묵상하는 가운데 은혜를 나누려고 합니다.

2. 믿는다는 것은 무엇인가?

폴 틸리히는 믿음이란 '궁극적 관심에 사로잡힌 한 개인의 인격 전체로서의 행동=Faith as ultimate concern is an act of total personality' 이라고 하였습니다. 즉, 사람의 지성, 감성, 의지적 요소 전체로 인정하고 받아들인 종교적 진리에 몸+혼+영을 기울여 충성하고 행동하는 역동성이 발휘되는 삶의 태도입니다.

믿음이란 무엇인가? 참으로 난해한 물음입니다. 그러나 통상 믿음(Faith)에는 3가지 요소가 있다고 합니다. 하나는 지성적 믿음(belief)입니다. 지성적으로, 이성적으로 신뢰할 수 있어야 올바른 믿음입니다. 지성 없는 믿음이 이단과 맹신입니다. 둘은 감성적, 정서적 믿음(trust)입니다. 지성과 이성으로 받아들인 믿음에 대한 열정이 있어야 올바른 믿음입니다. 열정과 감성 없는 믿음이 라오디게아 교회 같은 미적지근한 믿음입니다. 셋은 의지적 믿음(doing)입니다. 지성과 감성으로 받아들인 그 믿음대로 행동하는 용기가 있어야 올바른 믿음입니다.

행동 없는 믿음을 이사야는 "이 백성이 입으로는 나를 가까이하며 입술로는 나를 존경하나 그 마음은 내게서 멀리 떠났나니, 그들이 나를 경외함은 사람의 계명으로 가르침을 받았을 뿐이라(사29:13)." 고 하였고, 우리 주님은 "나더러 주여 주여 하는 자마다 천국에 다 들어갈 것이 아니요, 나만 하늘에 계신 내 아버지의 뜻대로 행하는 자라야 들어가리라. 그 날에 많은 사람들이 나더러 이르되 주여, 주여, 우리가 주의 이름으로 선지자 노릇을 하며 주의 이름으로 귀신을 쫓아내며 주의 이름으로 많은 권능을 행치 아니하였나이까? 하리니 그때에 내가 저희에게 밝히 말하되 "내가 너희를 도무지 알지 못하니 불법을 행하는 자들아 내게서 떠나가라 하리라." 고 엄히 一喝(일갈) 하셨습니다.

3. 하나님의 일은 하나님의 보내신 자를 믿는 것이란 무슨 뜻인가?

첫째, 하나님의 보내신 자를 지성적으로, 그리고 이성적으로 믿으라는 말씀입니다. 바울 사도가 내가 너희에게 전하는 이 예수가 그리스도라 하니 베뢰아 사람들은 간절한 마음으로 말씀을 받고 과연 그런가? 하여 날마다 성경을 연구하였다(행17:3, 11)고 하였습니다. 누구든지 주의 이름을 부르는 자는 구원을 얻으리라 그런 즉 저희가 믿지 아니하는 자를 어찌 부르리요 듣지도 못한 이를 어찌 믿으리요 전파하는 자가 없이 어찌 들으리요. 그러므로 믿음은 들음에서 나며 들음은 그리스도의 말씀으로 말미암았느니라(롬10:9-17)고 하셨습니다.

기독교는 무조건 믿으라는 독선적이고 맹신적인 종교가 아닙니다. 성경은 예수님이 과연 하나님의 보내신 자인지 아닌지 성경을 읽고 연구하여 지성적으로 이성으로 판단하여 믿으라고 하십니다.

둘째, 하나님의 보내신 자를 감성적, 정서적, 감정적으로 믿으라는 말씀입니다. 사람의 정서적 느낌에는 두 가지 측면이 있습니다. 하나는 긍정적 정서고, 또 하나는 부정적 정서입니다. 예를 들면 詩, 그림, 음악, 영화를 닫힌 마음, 비판적이고 분석적 태도, 부정적 입장에서 보려는 사람의 느낌과 열린 마음, 작가의 마음을 이해하고 인정하는 긍정적 자세로 보려는 사람의 느낌은 전혀 다를 수밖에 없습니다.

성경과 말씀을 열린 마음, 공감하려는 마음, 이해하려는 태도, 수용적이고 긍정적인 자세로 읽고 듣고 연구하여 정서적으로 감성적으로 감정적으로도 과연 그러하구나 하는 믿음에 이르라는 말씀입니다.

셋째, 하나님의 보내신 자에 대한 믿음을 행동으로 나타내는 믿음입니다. 예수께서 산상수훈 결론에 이르시기를 "그러므로 누구든지 나의 이 말을 듣고 행하는 자는 그 집을 반석 위에 지은 사람과 같으며, 나의 이 말을 듣고 행치 아니하는 자는 그 집을 모래 위에 세운 어리석은 사람 같으니라(마7:24-27)." 고 하셨습니다. 제자들이 예수님의 모친과 형제들이 찾아 왔다고 하였을 때 예수님은 "누가 내 모친이며 누가 내 동생이냐? 누구든지 하늘에 계신 내 아버지의 뜻대로 하는 자가 내 모친이며 형제이며 자매니라(마12:46-50)."고 하셨습니다. "누가 내 이웃입니까?" 라고 묻는 바리새인에게 예수께서 주신 저 유명한 선한 사마리아 사람의 비유의 결론이 무엇입니까? "가서 너도 이와 같이 하라!" 는 지엄하신 말씀이었습니다. 행동하는 믿음이 되라는 말씀입니다. 행함 없는 믿음은 죽은 믿음입니다.

우리 모두는 가시떨기 밭에 떨어진 씨앗 같습니다. 지성적으로, 감성적으로 하나님의 보내신 자를 인정하고 믿지만 세상 염려와 재물의 유혹 때문에 믿음대로 행동하지 못하고 사는 것이 사실입니다. 그러나 그럼에도 불구하고 "사람으로는 불가하나 하나님으로서는 모든 것이 가하다(막10:27)" 하신 예수님의 말씀에 위로 받으며 지성적, 감성적, 의지적 믿음의 완성을 위하여 힘쓸 것뿐입니다.

고전예화 443 貧困(빈곤) 不學(불학) 病弱(병약)의 복

일본 松下電氣産業(송하전기산업= 주력 상표 National, Panasonic, JVC, Victor) 창립자 마쓰시타 고노스께(松下幸之助, 1894-1989)는 항상 하늘에 3가지를 감사하며 살았다고 합니다.

첫째, 나는 지독히 가난한 집에 태어난 것을 감사한다. 그 덕분에 어릴 적부터 철공소, 자전거포, 오사카 전등 회사 등에서 공원으로 오랫동안 일하면서 세상살이에 필요한 경험을 많이 얻을 수 있었다.

그 한 예로 오사카 전등회사 공원으로 일하면서 하루에도 대 여섯 번 씩 어른들 담배 심부름을 하였다. 나는 미리 내 돈으로 담배 한 보루를 사다 놓고 누군가 담배 사오라고 하면 그 자리에서 척 내주고 10%의 담배 심부름 값을 벌었다.

둘째, 나는 태어났을 때부터 몸이 많이 약했다. 그 덕분에 언제나 내 몸 관리에 주의를 기울였고, 부지런히, 꾸준히 운동을 하였다. 그리하여 늙어서도 건강을 유지하고 많은 일을 할 수 있었다(그는 95세까지 장수하였다).

셋째, 나는 1894년에 쌀도매업을 하는 아버지 슬하에 3남 5녀 중 막내로 태어났다. 내가 6세 때 아버지 사업이 망하였다. 그 때부터 나는 가난하게 살아야 했다. 그리하여 할 수 없이 소학교 4학년 때 학교를 중퇴하고 일자리를 찾아다녔다. 그 덕분에 나는 내가 만나는 사람들을 마음 속으로 존경하였고, 무엇이든지 묻고, 열심히 배우고자 하였다. 훗날 내가 성공하였을 때도 나의 이런 태도는 변하지 않았다. 그리하여 부하 직원에게라 할지라도 묻는 것을 부끄럽게 여기지 않았다.

그리하여 훗날 마스시타 고노스께는 자신의 이러한 경험을 되살려 마스시타 정경숙(松下 政經熟)을 세워 후학들에게 마음껏 하고 싶은 공부를 할 수 있는 기관을 설립하였다.

몹시 가난하다, 건강이 좋지 못하다, 게다가 가방 끈도 짧다!
이만하면 "나는 틀렸어, 나는 안 돼, 나는 못 해, 언덕이 있어야 비비는 거 아냐? 이런 형편에 내가 뭘 할 수 있겠니? 안 그래?" 라고 말 할 수 있는 필요 충분 조건이 다 갖춰진 상태라고 할 수 있습니다.

가난하다, 마약을 했다, 미혼모다, 청소년 보호소 출신이다, 게다가 흑인이다!
이만 하면 "내 인생은 끝!" 이란 말에 아무도 토를 날시 않을 깃입니다.

그런데 마쓰시타 고노스께 그리고 오프라 윈프리는 우리 모두 악조건이라고 부르는 그런 상황에 대하여 오히려 감사하고 있습니다. 그 참 신기한 일입니다!

· 시애틀 박병윤 목사 ·

7월 25일(화). 미국 시애틀 열매교회 내 좋은 친구 박병윤 목사가 4년 만에 귀국하여 북한강변으로 날 보러 왔습니다. 저녁은 돈 많이 드는 식당말고 내가 평소 갈고 닦은 솜씨를 보여주기로 하였습니다. 일등급 쇠고기를 굽고, 원곡한테 전수 받은 대로 파를 가늘게 썰고, 소금 · 참기름 · 고춧가루 흩뿌려 파 무침 만들고, 전자 렌지에 2분 30초 돌려낸 햇반 밥, 신 김치 한 접시, 상추 · 고추로 상 차리고, 촛불 켜고, 그레고리안 찬트 틀어 놓고, 박병윤 그리고 나, 단 둘이 그 동안 쌓인 懷抱(회포: 마음 속에 품은 생각)를 풀고, 밤늦게까지 미국 사는 친구들, 한국 사는 친구들, 선교사로 나간 친구들 이야기 하다 이부자리 펴고 그냥 잤습니다.

7월 26일(수) 아침 일찍 일어나 박 목사와 전에 대성리 교회를 섬기다가 은퇴하여 청평에 혼자 살고 있는 김월성 할머니 전도사님을 만나고, 점심 때 강촌교회 김성호 목사, 대명교회 김영호 목사와 합류, 김영호 목사가 우리를 양평군 지제면사무소 바로 앞 보신탕 전문점 명운식당(031-773-7049)으로 안내하여 수육, 무침, 탕으로 걸지게 한 턱 냈습니다.

저녁은 내 좋은 친구 부산 세창 수산 엔터프라이즈 박현규 사장이 내기로 하였습니다. 박병윤 목사는 감리교신학대학 출신이고 박현규는 나와 고등학교 동창인데, 대학 다닐 때 나를 매개로 두 사람은 친구가 되었습니다. 어제 저녁, "박 목사가 얼굴이라도 한 번 보자고 하니 시간이 어떠하신가?" 하였더니 박현규 왈, "내일 아침 일 끝내고 당장 올라갈 터이니 가락동 관광 호텔 로비에서 만나자" 합니다.

가락동 회전스시(나는 이런 집이 처음이다) 집에서 저녁 밥 먹으면서 이야기를 나누었습니다. 박병윤과 박현규는 검은머리 때 어울렸었는데 그 동안 25년이 훌쩍 지나 머리카락이 희끗희끗해진 오늘 만난 것입니다. 두 사람 첫 인사가 "몰라보면 어쩌나 했는데 그대로구먼!" 합니다. 박 목사 말이 "결혼 때 제주도 비행기 표를 구하지 못해 애태울 때 자네가 대한항공 표를 구해준 것을 아직도 고맙게 생각하고 있어" 합니다(당시 박현규는 한진관광 수배과에 근무하였다). 박현규는 수산업 전문가답게 주방장에게 뭐라 뭐라 일식 전문 용어를 써가며 무엇무엇을 어떻게 어떻게 만들어서 가져오라고 합니다. '원님 덕에 나팔 분다' 고 박병윤 덕분에 진귀한 일식 음식을 잘 먹었습니다.

有朋自遠方來 不亦樂乎(좋은 친구 멀리서 찾아와 만나니 이 어찌 즐거웁지 않겠는가!). 이 즐거움을 누리려면? 정답, "오래 오래 살아야 돼!" 하는 이정수 목사

하나님의 보내신 자가 하신 일-말씀연구

본문 / 눅24:44-49(눅24:27)

1. 들어가는 이야기

하나님의 일은 하나님의 보내신 자, 곧 우리 주 예수 그리스도를 믿는 것입니다. 예수님을 믿는다는 것은 한 마디로 예수님을 닮아 가는 것입니다. 예수님의 삶의 태도, 말씀, 가르침, 살아가신 방향대로 살아내는 것입니다. 바울 사도는 이것을 "우리가 다 하나님의 아들을 믿는 것과 아는 일에 하나가 되어 온전한 사람을 이루어 그리스도의 장성한 분량이 충만한 데까지 이르리니… 오직 사랑 안에서 참된 것을 하여 범사에 그에게까지 자랄지라 그는 머리니 곧 그리스도라(엡4:13-15)" 라고 명백히 정리하였습니다.

그렇다면 예수님의 삶은 어떠하였는가? 마가의 다락방에서 시작된 초대교회 이후 이 물음에 대한 답변으로 나타난 것이 4복음서, 베드로, 요한, 야고보, 바울같은 사도들의 편지, 이레네우스, 클레멘트, 오리겐, 아다나시우스, 암브로시우스, 아우구스티누스같은 교부들의 변증신학, 그 후를 이은 중세 스콜라 신학, 종교개혁 신학, 그리고 오늘의 다양한 현대 신학입니다.

앞으로 몇 주 동안 그 모든 신학의 출발점이 되었던 성경에 나타난 예수님의 삶의 근본 뿌리, 근본 흐름, 근본 줄기 가운데 몇 가지를 택하여 묵상하는 가운데 하나님의 일, 즉 하나님의 보내신 자(예수님)를 제대로 믿는 기준, 나침반, 이정표, 지도(atlas), 지침을 마련해 보고자 합니다.

2. 예수님 생애의 기본 바탕(infra-structure)은 하나님의 말씀이었습니다

예수님의 삶의 근본 뿌리가 무엇인가? 하는 주제 의식을 가지고 다시 4복음서를 읽어 가던 중 나는 매우 놀라운 사실을 하나 발견하였습니다. 그것은 4복음서 모두 첫 장부터 마지막 장까지 예수님의 말씀과 행동의 기본은 항상 구약에 계시된 하나님의 말씀에서 출발하고 끝맺고 있다는 새삼스러운 사실이었습니다.

아래 열거한 사례 중 <*> 표식 다음 해당 제목(해당 구절) 다음 <-> 표시하고 제시한 구약 성경 구절들은 예수님이 직접 구약 성경에서 인용하신 것들입니다.

*광야의 마귀 시험(마4:1-11)-신8:3, 신6:16, 신6:13. *산상수훈 중 옛 사람이 말한 바 무엇 무엇 하지 말라 한 대목들(마5:21, 27, 33, 38, 43)-출20:13, 출20:14, 레19:12, 출21:24, 레19:18, 신23:6. *다윗의 진설병(마12:3-8)-삼상21:6, 민28:9-10, 호6:6. *요나의 표적(마12:38-42)-요나서, 왕상10장. *이사야의 예언(마13:14-15)-사6:10. *왜 너희 유전으로 하나님의 율법을 폐하느냐?(마15:3-9)-출20:12, 신5:16. *엘리야가 이미 왔었다(마17:9-13)-말4:6. *건축자의 버린돌(마21:42)-시118:22-23. *가장 큰 계명(마22:34-40)-신6:5, 레19:18.

*그리스도가 다윗의 자손이라면 다윗이 왜 그리스도를 주라 칭하였느냐?(마22:41-46)-시110:1. *사가랴의 피에 대한 책임(마23:29-36)-대하25:15-21. *흩어진 양떼(마26:31-32)-슥13:7. *엘리 엘리 라마사박다니(마27:46)-시22:1-31. *메시야의 방향성(눅4:16-19)-사61:1-2. *엘리야 시대의 가뭄(눅4:25-27)-왕상17-18장. *성전 청소(눅19:45-46)-렘7:11. *부활 논쟁, 하나님은 산 자의 하나님이시라(눅20:27-40)-출3:6. *나를 위하여 울지 말고 너희와 너희 자녀들을 위하여 울라(눅23:26-31)-호10:8. *선지자의 글에 저희가 다 하나님의 가르치심을 받으리라(요6:45)-사54:13. *하나님의 말씀을 받은 사람을 신이라 하였거늘 하나님의 아들이라 하는 나를 어찌 참람하다 하느냐?(요10:34-38)-시82:6…

대충 찾은 것입니다. 자세히 찾으면 이루 다 기록 할 수 없습니다. 4 복음서에 기록된 예수님의 말씀과 행적은 거의 전부 구약성경에 근거되어 있습니다.

3. 위에서 인용한 사례가 뜻하는 바가 무엇인가?

첫째, 예수님은 걸어 다니는 두루마리 성경이었습니다. 예수님이 인용하신 구약성경의 범위는 모세오경, 예언서, 성문서집, 역사서 등 성경 전체인 것을 알 수 있습니다. 예수님은 "마치 새것과 옛것을 그 곳간에서 내어 오는 집주인(마13:52)" 모습 그대로 어떤 상황에서든지 누구를 만나든지 거기에 딱 맞는 하나님의 말씀으로 應待辭令(응대사령) 하셨습니다.

둘째, 예수님은 지극히 自由하여 하나님의 근본 뜻을 밝히셨습니다. 사람이 하나님 말씀을 자기 편한 대로 왜곡하여 해석한 것을 금지하시고 하나님의 원래 뜻을 밝히셨습니다. 즉 장로나 제사장들의 유전, 전통, 관습법(이혼장을 써 주고 아내를 내 보내도 좋다, 부모 봉양보다 성전세 내는 것이 우선이다 등) 보다 하나님 계명(이혼하지 말라, 성전세 내는 것보다 부모 봉양이 우선이다 등)이 더 상위법이라고 하셨습니다. 또한 산상수훈에서는 하나님의 뜻이 희미하거나 소극적으로 표현된 모세 오경의 율법을 재해석하여 명확하게 밝히셨습니다. 즉 옛 사람이 말한 바 '간음하지 말라, 살인하지 말라' 하는 등의 율법을 더 적극적으로 해석하여 淫心(음심), 미워하는 마음조차 품지 말라고 하셨습니다.

셋째, 예수님은 하나님의 말씀 그 자체이십니다. 항상 하나님 의식으로 충만하신 분입니다. 말씀이 육신이 되어 우리 가운데 거하시매 우리가 그 영광을 보니 아버지의 독생자의 영광이요 은혜와 진리가 충만하신 분입니다(요1:14). 하나님의 道=로고스=뜻이 육신을 입어 道成人身(도성인신=Incarnation) 하신 분입니다.

그러므로 하나님의 보내신 자(예수님)를 믿는 우리 믿음의 첫째 기준=지침=방향=사명=나침반은 예수님처럼 하나님 말씀을 깊이 연구하여 체득하는 일입니다. 사람은 先知後行(선지후행: 앎 후라야 행할 수 있다)하는 존재이기 때문입니다.

고전예화 444

어떤 XX 놈이 밀었어!

박병윤 목사는 이번 귀국 길에 말레이시아에서 지금 현재까지 무려 18년 동안 선교사로 수고하고 있는 노종해 목사를 만나고 왔다고 합니다. 박 목사가 "이봐 노 목사, 오랜 세월 정말 큰 수고하는구먼, 친구지만 진심으로 존경을 표하네" 하였더니 노 목사가 이런 소리를 하더랍니다.

옛날 어느 나라에 아름다운 공주를 둔 임금님이 살고 있었다. 임금님은 천하 제일의 남자를 부마로 삼고 싶었다. 부마를 뽑는다는 광고를 내자 천하에서 내로라 하는 영웅호걸, 왕자, 귀족 청년들이 구름같이 모였다. 임금님은 인물, 출신 가문, 학문, 인격을 알아볼 수 있는 시험 관문을 설정하였다. 마침내 그 모든 험로를 통과한 청년은 12명이었다. 하나 하나가 준수하고 명민하고 씩씩하였다. 임금님과 공주님은 그 중 아무라도 좋았다. 흡족하였다.

12명을 다 사위로 삼을 수는 없는 법, 12명 중 하나 만을 골라야 하였다. 그리하여 임금님은 마지막 시험 관문을 만들었다. 그 시험이란 넓은 연못에 악어를 수 십 마리 집어넣었다. 그리고 두– 두– 둥–! 북소리 신호를 울리면 연못으로 뛰어들어 가장 먼저 건너 편 임금님과 공주가 앉아 있는 지점에 일등으로 도착한 사람을 부마로 낙점한다는 것이었다.

두– 두– 둥– 힘찬 북소리가 울렸다. 그러나 연못으로 뛰어드는 사람은 아무도 없었다. 그도 그럴 것이 새벽 빛 같은 시퍼런 눈을 가늘게 뜨고 스르르 미끌어지듯 이리 저리 다니는 악어 떼 속으로 뛰어든다는 것은 곧 악어 밥이기 때문이었다. 12명의 부마 지원자들은 서로 눈치만 볼 뿐 아무도 뛰어들지 못하였다. 임금님은 북소리를 다시 울리라고 하였다. 두–두–둥 재차 북소리가 울렸다. 그래도 조용하였다. 적막감이 감돌았다.

그런데 문득 "첨–벙–!" 하는 소리가 났다. 한 청년이 악어 떼 속으로 뛰어든 것이다. 악어 떼가 그 청년을 향하여 스르르 모여들었다. 그 청년은 죽을 힘을 다 하여 헤엄 쳤다. 임금님과 공주는 물론 구경꾼 모두 벌떡 일어나 그 청년을 열광적으로 응원하였다. 다행히 아슬아슬하게 그 청년은 임금님과 공주가 있는 곳까지 무사히 도착하였다. 임금님과 공주는 너무너무 기뻤다. 임금님은 "오!, 훌륭하도다, 정말 훌륭하도다!" 칭찬하며 그 청년을 잡아 일으켰다. 그런데 그 청년은 돌연 임금님의 손을 홱 뿌리치고 씩씩거리며 아직도 출발점에 서 있는 11명의 청년들에게로 뛰어갔다. 그리고 하는 소리가 "나를 물 속에다 밀은 놈이 누구야! 어떤 ××놈이야? 이리 못 나와? 확 죽여 버릴 거야!" 라고 하였다.

노종해 목사는 "내가 18년 동안 말레이시아 원주민 선교사로 일한 것은 이 청년처럼 밀려서 할 수 없이 한 것 뿐이야" 하더랍니다.

· 電話(전화) ·

詩人(시인)은 하늘이 낸 사람들입니다. 시를 읽다보면 어쩌면 그런 기발한 발상을 하는가? 싶습니다. 그런 시 한편 읽었습니다. 마종기 시인의 "전화"입니다.

電話

당신이 없는 것을 알기 때문에 전화를 겁니다.
신호가 가는 소리.

당신 방의 책장을 지금 잘게 흔들고 있을 전화 종소리,
수화기를 오래 귀에 대고
많은 전화 종소리가 당신 방을 완전히 채울 때까지 기다립니다.

그래서 당신이 외출에서 돌아와 문을 열었을 때,
내가 이 구석에서 보낸 전화 종소리가 당신에게 쏟아져서
그 입술 근처나
그 가슴 근처를 비벼대고
은근한 소리의 눈으로 당신을 밤새 지켜볼 수 있도록.

다시 전화를 겁니다.
신호가 가는 소리.
– 마종기 시선, 그리고 평화한 시대가, 지식산업사, 140쪽

얼마나 기찹니까? 그 사람이 집에 없는 틈을 타서 전화를 건다. 전화 종소리가 알갱이 알갱이로 되어 그 사람 방을 가득 채울 때까지 기다린다. 그 사람이 돌아와 문을 열면 내가 보낸 전화 종소리 알갱이 알갱이들이 내가 되어 그 사람의 입술, 눈동자, 가슴, 언저리를 맴돌겠다는 겁니다. 그리고 전화 종소리 알갱이들이 다 떨어질 때 즈음이면, 그 사람 없을 때 또 전화를 걸어 전화 종소리 알갱이들을 리필(refill)하여 두겠다는 겁니다. 카! 죽여줍니다. 아니 그러합니까?

그 사람이 꼭 있으리라 짐작할 때만 전화하고, 혹 전화를 받지 않으면 나에게 소재도 밝히지 않고 어디를 싸돌아 다니는 것이야! 질투하고 투덜대는 사람들과는 차원이 다릅니다.
디지털 詩보다 아날로그 詩가 더 마음에 와 닿는 이정수 목사

하나님의 보내신 자가 하신 일-獨居修鍊

본문 / 마4:1-11(막1:12-13, 눅4:1-13)

1. 들어가는 이야기

지난 주일, 하나님의 일은 하나님의 보내신 자, 곧 우리 예수님을 믿는 것이다. 예수님을 믿는다는 것은 예수님의 삶을 닮는 것이다. 그런데 그 예수님께서 최우선적으로 하신 일은 하나님의 말씀(모세 오경, 예언서, 역사서, 성문서집)을 두루 穿鑿(천착: 파고들어 깊이 연구함)하셨다는 사실을 말씀 드렸습니다.

오늘은 하나님의 보내신 자, 곧 우리 예수님은 스스로 철저하게 깊이 獨居修鍊(독거수련=침묵 기도=자기 극복=자기 훈련=내적 명상=영적 내공 쌓기)에 힘쓰셨다는 사실을 묵상함으로써 은혜를 나누려고 합니다.

2. 4 복음서에 나타난 예수님 독거수련의 증거들

성경에는 예수님이 평생 얼마나 치열하게 자기 수련에 힘쓰셨는가에 대한 기록들이 곳곳에 산재하여 있습니다. 다음은 그 사례들입니다.

*광야(desert) 40일 금식 기도와 마귀의 시험(마4:1-11, 막1:12-13, 눅4:1-13). *백성이 다 세례를 받을 때 예수도 세례를 받으시고 기도하실 때에 하늘이 열렸다(눅3:21). *새벽 오히려 미명에 예수께서 일어나 나가 한적한 곳(a solitary place)으로 가서 거기서 기도 하셨다(막1:35, 눅4:42). *예수께서 제자들과 함께 바다로 물러 가셨다(막3:7). *이 때에 예수께서 기도하시러 산으로 가사 밤이 맞도록 하나님께 기도하셨다(눅6:12). *예수께서 홀로 계셨다(막4:10). *이에 배를 타고 따로 한적한 곳에 빈들에 가셨다(막6:32, 마14:13). *무리를 작별하신 후에 따로 기도하시러 산으로 가셨다. 저물매 예수는 홀로 뭍에 계셨다(막6:46-47). *예수께서 그들을 떠나 다시 배를 타고 건너편으로 가셨다(막8:13). *엿새 후에 예수께서 베드로와 야고보와 요한을 데리시고 따로 높은 산에 올라 가셨다(막9:2, 마17:1, 눅9:28). *예수는 물러가사 한적한 곳(lonely place)에서 기도하시니라(눅5:16). *예수께서 따로 기도하실 때에 제자들도 함께 있었다(눅9:18). *겟세마네 동산에서 피눈물로 기도하셨다(막14:32-42)….

위에 열거한 성경 구절들이 증거하고 있는 것이 무엇이라고 생각하십니까? 위에 열거한 성경 말씀 중 광야 40일 금식 기도와 겟세마네 기도와 같이 특별한 목적을 가지고 기록된 것을 뺀 나머지 기록들은 복음서 기자들이 '특별한 사건이니까 꼭 기록해 둬야지!' 하는 의식 없이 그저 지나가는 평범한 일상의 이야기를 사족처럼 기록한 것입니다. 그런데 내가 보기에는 오히려 그 일상의 이야기야말로 예수님의 平常心(평상심), 영적 내공 수위를 말해 주고 있다는 생각이 듭니다. 새벽 미명에, 한적한 곳에, 광야에, 빈들에, 산에서, 바다에서, 사람 사는 마을에서도 홀로 따로 있는 시간을 마련하고 계시는 예수님의 모습을 발견하는 것입니다.

3. 위에 열거한 예수님의 일상 생활 모습은 무엇을 의미하는가?

첫째, 예수님은 끊임없이 스스로 영성 수련(침묵=묵상=기도=독거=고독=말씀)을 하신 분입니다. 기독교는 기원 325년 니케아 종교회의에서 예수님은 "참 사람이요, 참 하나님이시다(vere homo, vere deus)" 라고 신앙고백 하였습니다. 기독교 교회사의 모든 이단 종파는 예수님을 사람으로만 해석(양자설)하려는 데서, 혹은 예수님을 하나님으로만 해석(가현설)하려는 데서 기인하였습니다. 예수님은 참 사람이며, 참 하나님이란 말은 논리적으로는 모순입니다. 그러나 그렇게 밖에 표현할 수 없는 것이 인간 언어의 한계였습니다. 여기서 기독교의 진리는 논리를 떠난 것이 아니라 논리를 초월한다는 것을 명심해야 할 것입니다. 바울 사도는 이것을 "의문은 죽이는 것이요 영은 살리는 것이니라(고후3:6)." 라고 하셨습니다.

무슨 뜻인가? 예수님은 하나님의 아들이신데 훈련, 수련, 묵상 같은 것이 무슨 필요가 있겠는가? 라고 생각한다면 아니 된다는 말입니다. 예수님은 피땀 흘리며 수련하셨습니다. 광야 40일 금식 기도는 하나의 사례에 불과합니다. 앞에 열거한 성경 구절을 통하여 알 수 있듯 예수님은 평생 끊임없이 산, 바다, 빈 들, 사막, 광야에서 홀로 따로 獨居(독거: 홀로 있음)하시며 스스로 수련하신 분입니다.

둘째, 예수님의 영성은 현실과 직결된 수련이었습니다. 예수님 당시에도 '에쎄네' 종파는 이제 곧 하나님의 심판이 임한다고 믿고 세상을 등지고 자기들만 구원받는다고 광야 한 구석에서 엄격한 종교적 공동체를 이루고 살았습니다. 예수님도 하나님의 심판이 곧 있을 것이라고 가르치셨습니다. 그러나 예수님의 영성은 현실 도피, 현실 외면의 영성이 아니라 일상의 삶과 직결된 현실적 영성이셨습니다.

가이사의 것은 가이사에게 하나님의 것은 하나님에게 드리라, 새 포도주는 새 부대에 넣어야 하느라, 더러운 것은 사람 겉이 아니라 사람 속이니라, 사람이 안식일을 위하여 있는 것이 아니라, 사람을 위하여 안식일이 있는 것이니라, 나는 의인을 부르러 온 것이 아니라 죄인을 불러 회개에 이르도록 하기 위하여 왔노라, 공중의 새를 보라, 들의 백합화를 보라, 내일 일은 내일 염려할 것이요 한 날 괴로움은 그 날로 족하니라 하신 저 유명한 寸鐵殺人(촌철살인) 하는 말씀들이 예수님 영성의 실존성, 현실성을 증거하고 있습니다.

셋째, 예수님은 우리들에게도 영성=독거=기도=묵상 수련을 열심히 할 것을 명령하고 계십니다. 산상수훈의 모든 말씀들. "수고하고 무거운 짐 진 자들아, 다 내게로 오라. 내가 너희를 쉬게 하리라. 나는 마음이 온유하고 겸손하니 나의 멍에를 메고 내게 배우라(마11:28-30). 기도 외에 다른 것으로는 이런 귀신들이 나갈 수 없느니라(막9:29). 아무든지 나를 따라 오려거든 자기를 부인하고 자기 십자가를 지고 나를 좇을 것이니라(마16:24)…."이 모든 말씀의 궁극적 의미는 영성 수련은 특별한 때와 장소가 아니라 평소 일상의 삶에서 이루어 져야 한다는 말씀입니다.

나의 존엄한 죽음을 위한 선언서

존엄한 삶이 귀중하듯 존엄한 죽음도 귀중합니다. 1981년 포르투갈 리스본에서 열린 세계의사총회에서 "환자는 인간으로서의 존엄성을 유지하면서 죽음을 맞이할 권리가 있다" 라는 획기적 선언이 채택된 이래 이 세계 많은 사람들이 존엄한 삶과 함께 존엄한 죽음을 희망하고 있는 추세입니다.

일본의 경우 <존엄한 죽음을 실천하는 모임>의 회원수가 1983년 1,000명 정도, 1995년 7만 2,661명, 2002년 9만 8,093명으로 날로 증가하고 있습니다. 일본에서는 아래에 소개하는 <나의 존엄한 죽음을 위한 선언서>를 작성 서명하고 선언서를 치료받고 있는 의료기관에 제출하면, 해당 의료 기관은 본인의 뜻에 따라 본인이 작성한 선언서 내용대로 조처하고 있다고 합니다.

<나의 존엄한 죽음을 위한 선언서>

나는 내가 병에 걸려 치료가 불가능하고 죽음이 임박한 경우를 대비하여 나의 가족, 친척, 친구, 담당의사 선생님에게 다음과 같이 나의 뜻을 밝히고자 합니다. 이 선언서는 나의 정신이 온전한 상태에서 기록한 것입니다. 따라서 나의 정신이 온전한 때 이 선언서를 내 자신의 자유로운 의사로 파기할 수도 있지만, 이 선언서를 파기하겠다는 별도의 문서를 작성하지 않는 한 이 선언서는 어떤 상황에서든지 유효하다는 것을 명백히 하는 바입니다.

하나, 나의 병이 현대 의학으로 치료할 수 없고 곧 죽음이 임박하리라는 의료진의 진단을 받았을 경우, 죽는 시간을 뒤로 미루기 위한 어떠한 연명 조치도 일체 거부하는 바입니다.

하나, 다만 그런 경우 죽음에 이르는 과정에서 일어날지도 모르는 나의 고통을 완화하기 위한 조처는 충분히 하여 주시기 바랍니다. 만약 이로 인한 부작용으로 죽음이 일찍 찾아온다고 하여도 나는 전혀 아무런 異議(이의) 없습니다.

하나, 내가 몇 개월 이상 식물 인간 상태가 되었다면 생명 연장을 위한 연명 조치를 중단하여 주시기 바랍니다.

이상 나의 선언서대로 충실하게 이행하여 주신 분들께 깊은 감사를 드립니다. 아울러 나의 요청에 따라 진행된 모든 행위의 책임은 나 자신에게 있음을 분명히 밝히는 바입니다. 아무개 (서명 혹은 사인)

<알폰스 데켄, 오진탁 역, 죽음을 어떻게 맞이할 것인가?, 궁리 출판사>

· 양평군 서종면 정배리 171-1 ·

오랜 장마 끝, 지난 두 주일 동안 쏟아지는 폭염, 섭씨 35~38도, 심신이 昏困(혼곤)합니다. 아무 생각도 아무 의욕도 없이 흐느적흐느적 빌빌거리며 살았습니다. 그런데 오늘 아침, 왠지 좀 생기가 스며드는 느낌입니다. 하늘엔 구름 한 점 없고 햇빛은 쨍쨍하고 건너편 숲 속에선 매미가 소나기처럼 울어대는 것이 어제와 전혀 달라진 게 없는데 아무튼 좀 살 것 같습니다. 그러다 문득 벽에 붙어 있는 달력을 보니 오늘이 8월 8일 立秋(입추)! 거 참, 신기합니다.

한 가지 알려드릴 일이 있습니다. 다음 달 9월에 내가 지금 살고 있는 양평군 서종면 문호리 북한강변 전세 집에서 중미산 휴양림 방향으로 한 10분쯤 더 들어가서 서종면 정배리 정배초등학교 근처 집으로 옮기게 되었습니다.

사정이 이러합니다. 작년(2005년 7월)에 하남에 있는 허심당 집을 정리하고, 양평군 서종면 정배리에 예배 처소 및 서재로 쓸 작은 농가 주택을 마련하였는데, 그 집의 전세기간이 2006년 9월까지라 하는 수 없이 서종면 문호리 북한강변 집을 세(보증금 3000만원, 월세 30만원)로 얻어 예배 처소 겸 서재로 사용하였는데 이번에 서종면 정배리 집에 전세 살던 사람이 집을 비웠기 때문입니다.

지금 세 얻어 살고 있는 북한강변 이 집은 건평 50평, 대지 450평, 넓은 공간, 분위기 살려주는 페치카, 넓은 목욕탕, 실내 화장실 2곳, 넓은 주차장, 텃밭 등 아주 좋았습니다. 한 가지 흠이라면 길가 집이라 자동차 왕래하는 소리가 좀 시끄러워 신경 쓰이게 한다는 점입니다

정배리 집은 건평 18평, 이층 다락방이 있는 작은 농가 주택으로 중미산 산자락에 있어 자연 풍광이 참 좋습니다. 집 둘레 사방이 青山이고, 집 아래 논에는 파란 벼가 자라고, 길 건너 3~5분쯤 논길로 걸어가면 맑은 냇물이 흐르고 있습니다. 차량 통행도 뜸해서 조용하고 한적합니다. 어젯밤엔 청산 위로 둥근 달이 떴는데 동네 개들이 달을 반기는지 이따금 컹- 컹- 짖어댑니다. 농촌 분위기입니다.

오래된 집이라 보일러, 수도, 화장실, 마당에 우거진 잡풀, 곰팡이, 습기 제거 등 손 볼 데가 많습니다. 천천히 하나 하나 잘 치우고 깨끗하게 정리 정돈하여 다듬어 놓고 내 좋은 친구들 한 번 초대하리라 마음먹고 있는 이정수 목사

하나님의 보내신 자가 하신 일-현실참여

본문 / 막1:12-15(마4:1-17, 눅4:1-21)

1. 들어가는 이야기

지난 두 주일 동안 하나님의 일은 하나님의 보내신 자, 곧 예수님을 믿는 것이다. 예수님을 믿는다는 것은 예수님의 삶을 닮는다는 것이다. 예수님의 삶은 첫째, 예수님은 하나님의 말씀(성경)을 깊이 천착하셨다. 둘째, 예수님은 평소 일상에서 깊은 영성 수련을 하셨다는 것을 말씀 드렸습니다. 오늘은 마지막으로 예수님의 그 모든 성경 탐구와 영성 수련의 목적은 우리 사람들의 삶의 현장에 직접적으로, 구체적으로, 현실적으로 참여하기 위한 것이었다, 즉 "현실 참여=구원 사역=생명 회복" 이었다는 사실을 묵상하는 가운데 은혜를 나누고자 합니다.

2. 예수님의 최종 목적은 "현실 참여=구원 사역=생명회복" 이라는 성경의 증거들

*요한이 잡히신 후 예수께서 갈릴리에 오셔서 하나님의 복음을 전파하여 가라사대 때가 찼고 하나님의 나라가 가까웠으니 회개하고 복음을 믿으라 하시니라(막1:14-15). *이르시되 우리가 다른 가까운 마을들로 가자 거기서도 전도하리니 내가 이를 위하여 왔노라 하시고 온 갈릴리에 다니시다(막1:38-39). *건강한 자에게는 의원이 쓸데없고 병든 자에게라야 쓸데있느니라 내가 의인을 부르러 온 것이 아니요 죄인을 부르러 왔노라(막2:17). *변화산에서 베드로가 예수께 고하되 주여 우리가 여기 있는 것이 좋사오니 우리가 초막 셋을 짓되 하나는 주를 위하여 하나는 모세를 위하여 하나는 엘리야를 위하여 하리이다 하였으나 예수님은 다시 산 아래로 내려 오셨다(막9:2-13). *주의 성령이 내게 임하셨으니 이는 가난한 자에게 복음을 전하게 하시려고 내게 기름을 부으시고 나를 보내사 포로된 자에게 자유를, 눈먼 자에게 다시 보게 함을 전파하며 눌린 자를 자유케 하고 주의 은혜의 해를 전파하게 하려 하심이라…. 이 글이 오늘날 너희 귀에 응하였느니라(눅4:16-21). *인자가 온 것은 섬김을 받으려 함이 아니라 도리어 섬기려 하고 자기 목숨을 많은 사람들의 대속물로 주려 함이니라(마20:28). *도적이 오는 것은 죽이고 멸망시키려는 것뿐이요, 내가 온 것은 양으로 생명을 얻게 하고 더 풍성히 얻게 하려는 것이라 나는 선한 목자라 양들을 위하여 목숨을 버리노라(요10:10-15).

위에 열거한 성경의 증거들은 예수님의 현실 참여=구원 사역=생명회복을 명징하게 드러내고 있습니다. 역사학자 아놀드 토인비는 "인류 역사 이래 수많은 종교가 있었으나 거의 대부분 소멸하였다. 왜냐하면 저들 종교들은 나름대로 至高(지고)의 종교적 경지에 올랐을 때 그 황홀한 경지에 머물러 현실을 외면하였기 때문이다. 예수님의 위대성은 그 지극한 종교적 황홀에 머무르지 않고 항상 현실로 돌아온 데 있다. 예수님의 현실참여는 引退와 復歸(withdrawal and return)였다. 예수님은 가끔 잠시 현실에서 물러나 영적 재충전을 한 후 하나님으로부터 새 비전과 새 능력을 받아 또 다시 현실에 복귀하셨다" 고 하였습니다.

3. 예수님의 현실 참여=구원 사역=생명회복의 중심은 무엇인가?

첫째, "때가 찼고 하나님 나라가 가까웠으니 회개하고 복음을 믿으라(The time has come. The kingdom of God is near. Repent and believe the good news. 막1:15)" 라고 하신 예수님의 공생애 第一聲(제일성) 안에 예수님의 현실참여=구원사역=생명회복의 중심이 선명하게 선언되고 있습니다.

이 말씀의 핵심은 悔改(회개=메타노이아=repentance)입니다. 여기서 회개란 실정법 위반, 도덕적, 윤리적, 영적 모든 죄를 고백하고 참회하고 더 이상 죄를 짓지 않고 사는 사람이 되라고 하는 의미가 있습니다. 그러나 예수님이 회개하라 하신 이 말씀 속에는 그 보다 더 중요한 의미가 있습니다. 그것은 이제까지의 삶과는 전혀 다른 삶의 차원으로 돌이켜 살라는 의미입니다. 즉, 소유 지향적 삶(자기의 이익을 위하여 더 많이, 더 높이, 더 빨리, 더 강한 것을 추구하는 자기 중심적인 삶)에서 존재 지향적인 삶(마음을 다하고 뜻을 다 하고 힘을 다하여 하나님을 섬기고, 이웃을 내 몸과 같이 사랑하여, 있는 그대로를 인정하고 존중하며, 나누고 도우며, 하나님을 모시고 이웃과 더불어 사는 삶)에로 전환하라는 것입니다.

둘째, 4복음서는 예수님의 현실참여=구원사역=생명회복의 구체적 행동(activity)을 다양하게 증거하고 있습니다. 4복음서는 예수께서 소유 지향적 삶을 사는 사람들에게 필연적으로 나타날 수밖에 없는 육체의 질병(베드로 장모의 병, 문둥병, 베데스다의 38년 된 병자, 중풍병자 등), 정신적 스트레스(온갖 귀신 들린 사람들), 영적 방황과 불안과 피곤함(마태, 레위, 삭개오, 수가 성의 여인, 니고데모, 간음한 여인, 부자 청년 등), 그리고 죽음(나인 성 과부의 아들, 야이로의 딸, 나사로 등)까지도 고치시고 세우시고 새 생명을 주신 기록으로 가득합니다.

예수님의 이 모든 현실참여=구원사역=생명회복 행동은 곧 죄 사함=용서=하나님과 사람과 사람 사이의 화해=forgiveness of sins=존재 지향적 삶의 회복입니다. 그러므로 예수님은 사람과 사람이 서로 '용서' 할 것을 산상수훈, 주기도문, 빚진 자의 비유(마21-35), 빚 탕감의 비유(눅7:36-50) 등으로 지극히 강조, 강조, 강조 하셨습니다. 일곱 번뿐 아니라 일흔 번 씩 일곱 번이라도 용서하라!

셋째, 십자가 보혈의 공로입니다. 예수님은 우리 사람이 마음으로는 존재 지향적 삶을 살기 원하지만 현실에서 세상 염려, 재물, 이익의 유혹에 빠질 수밖에 없는 약한 존재라는 것을 잘 알고 계셨습니다. 이렇게 실수하고 죄 짓고 넘어질 수밖에 없는 우리를 다시 일으켜 세우는 데는 십자가 보혈의 능력뿐인 것을 예견하시고 묵묵히 십자가의 길을 가신 것입니다. 그러므로 *모세가 광야에서 뱀을 든 것 같이 인자도 들려야 하리니 이는 저를 믿는 자마다 영생을 얻게 하려 하심이니라(요3:14). *아버지께서 나를 사랑하시는 것은 내가 다시 목숨을 얻기 위하여 목숨을 버림이라. 이를 내게서 빼앗는 자가 있는 것이 아니라 내가 스스로 버리노라. 나는 버릴 권세도 있고 다시 얻을 권세도 있으니 이 계명은 내 아버지에게서 받았노라(요10:17-18) 고 하신 것입니다.

바위산의 祈禱發(기도발)

성경의 모리아산, 호렙산, 시내산, 느보산, 비스가산, 갈멜산, 변화산, 감람산. 그리스의 올림푸스 산. 중국의 五嶽(오악: 태산, 화산, 형산, 항산, 숭산). 우리나라 민간 신앙의 근거지 五嶽(오악: 백두산, 묘향산, 금강산, 삼각산, 지리산). 신라의 三山五嶽(삼산오악), 三山(奈歷/나력-국사를 선왕께 고하는 제사 지내는 곳, 穴禮/혈례: 선왕들의 옛 무덤, 骨火/골화: 왕족들의 무덤이 있는 산)은 산이라기보다 국가 혹은 왕실의 제사를 지내는 장소였고, 오악은 토함산, 계룡산, 지리산, 태백산, 팔공산입니다. 또한 불교 사찰들은 거의 대부분 名山大川(명산대천)에 자리잡고 있고, 한국 교회의 유명한 기도원들도 산 속에 있습니다.

이처럼 동서고금을 막론하고 산은 종교와 밀접한 관계를 맺고 있습니다. 왜? 산에서 드리는 기도는 일반 평지에서 드리는 기도보다 祈禱發(기도발)이 매우 강렬하기 때문입니다. 이에 대한 흥미로운 가설이 있습니다.

나침반을 보면 알 수 있듯 지구는 거대한 자석입니다. 이 지구 자석의 자력 기운은 광물질을 함유하고 있는 바위를 통과하여 밖으로 분출됩니다. 따라서 사람이 바위에 앉거나, 눕거나, 바위 주변에서 숨쉬고 활동하는 동안 그 자력 기운이 자연스럽게 사람 몸 속으로 들어가게 됩니다. 사람의 혈액 속에는 자력 기운이 통과할 수 있는 철분이 있기 때문입니다. 사람 몸 속에 철분이 부족하면 빈혈 현상이 생깁니다. 빈혈 약의 주성분은 철분입니다.

이렇게 본다면 산 속 바위에서 흐르는 자력 기운이 혈액의 철분을 매개체로 사람 속에 흡수되는 것이며, 혈액이 온 몸을 순환하면서 흡수된 자력 기운을 몸 전체 각 기관에 전달하게 됩니다. 휴대 전화 배터리가 방전되면 재충전하여 빵빵하게 되듯, 사람 몸도 지구의 자력 기운을 매개하는 산 속 바위와 접촉하면 지구가 방출한 자력 기운을 받아 빵빵하게 재충전됩니다.

산에 가면 누구나 상쾌, 장쾌, 통쾌한 기분을 느낍니다. 사람 몸이 바위를 통과한 지구의 자력 기운으로 재충전되었다는 것을 우리 몸이 느끼고 있다는 의미입니다. 산 속에서 기도한다는 것은 그 재충전의 힘이 두뇌=마음=심장에 흘러 들어간 상태에서 기도한다는 것입니다. 따라서 자연히 祈禱發(기도발)이 강할 수밖에 없습니다. <참고: 조용헌의 사찰기행, 이가서 114~116쪽>

산 사람들은 산을 보통 肉山(육산: 지리산, 가리왕산, 덕유산, 명지산, 유명산, 화야산, 검단산처럼 흙이 많고 숲이 짙은 산)과 岩山(암산: 금강산, 설악산, 북한산, 월악산, 계룡산, 월출산처럼 바위가 많은 산)으로 구분합니다. 종교적 영험이 강렬한 산은 당연히 육산보다는 암산입니다. 성경에 등장하는 산들도 대부분 암산인데 시사하는 바가 매우 크다 하겠습니다.

· 전남 구례 운조루 ·

1% 나눔 운동, 아름다운 재단 상임이사 박원순 변호사는 스티븐 코비의《성공하는 사람들의 일곱 가지 습관》(1. 주도적이 되라. 2. 목표를 확립하고 행동하라. 3. 소중한 것부터 먼저 하라. 4. 상호 이익을 추구하라. 5. 경청한 다음에 이해 시켜라. 6. 시너지 효과를 사용하라. 7. 심신을 단련하라)에 꼭 한 가지 더 추가하지 않으면 안 될 제8습관이 있는데 그것은 '나눔' 이라고 하였습니다. 나눔이라는 습관이 없다면 진정 성공한 사람이라고 할 수 없다고 하였습니다.

즉, 성공한 사람에게는 노블레스 오블리제(Nobless Oblige: 고귀한 신분의 사람들은 그에 합당한 도덕적 의무와 사회적 책임을 감당해야 한다)의 책임이 있다는 것이고, 또 그래야 참된 성공이라 할 수 있다는 말입니다. 유럽에 노블레스 오블리제가 있다면 우리나라에는 他人能解(타인능해)가 있습니다(참고: 박원순, 성공하는 사람들의 아름다운 습관-나눔, 중앙M&B).

지리산 자락 전남 구례군 토지면 내동리의 雲鳥樓(운조루)는 조선 영조 52년 삼수부사 류이주가 세운 아흔아홉 칸 집입니다. 이 운조루에서 꼭 봐야 할 것이 쌀 두 가마 반이 들어가는 통나무 속을 파서 만든 쌀뒤주입니다. 이 통나무 쌀뒤주 아래에 작은 구멍이 나 있고, 거기엔 '他人能解(타인능해)' 라는 글이 적혀 있습니다. 누구든지 아무나 쌀이 필요하면 구멍 문을 열고 퍼가라는 집주인의 뜻입니다. 덕분에 주변의 가난한 사람들과 지리산 일대 지나는 과객들이 자기 집 뒤주에서 살 퍼내듯 편안한 마음으로 쌀을 퍼다가 주림을 면하였다고 합니다.

운조루 집주인이 이런 통나무 쌀뒤주를 만든 것은 없는 사람들의 자존심까지 배려한 조처였습니다. 쌀이 없어 찾아 온 사람에게 집주인이 직접 쌀을 퍼다주면 어쩔 수 없이 구걸하는 모양새가 될 터이니, 주인과 대면하지 않고 자존심을 지키면서 굶주림을 면할 수 있도록 세심하게 마음을 쓴 것입니다. 그런데 참으로 묘한 것은 집주인이 보고 있지 않는 상황임에도 그 누구도 많은 쌀을 퍼가지 않고 꼭 필요한 만큼 한두 되 정도만 가져갔습니다. 퍼 가는 사람도 나말고도 또 어려운 사람이 있을 텐데 하는 마음 때문이었습니다. 집주인이나 쌀 퍼 가는 사람이나 모두 진정으로 나누는 마음을 간직하고 있었던 것입니다.

동학혁명, 여순 반란 사건, 한국전쟁, 빨치산 토벌전 등 전쟁의 격전지 지리산 자락에 자리잡고 있었음에도 운조루가 불타지 않고 남아 있는 것은 타인능해의 너그러움 때문이었다는 조용헌의 해석은 참 옳은 해석이라고 인정하는 이정수 목사

友情(우정)의 샘

본문 / 삼상18:1-4(삼상:15:1-20:42)

1. 들어가는 이야기

사람은 관계의 존재입니다. 부모, 처자, 형제, 친척의 혈연 관계를 제외하고 사람에게 가장 중요한 인간 관계는 친구 관계입니다. 그러므로 동서양을 막론하고 친구 관계가 얼마나 중요한 것인가를 교훈하는 말씀들이 많습니다.

친구 따라 강남 간다. 부모 팔아 친구 산다. 사람을 알려면 그 친구를 보라. Old friend and old wine are the best(포도주와 친구는 오랠수록 좋다). A life without a friend is a life without a sun(친구 없이 사는 것은 태양 없이 사는 것과 같다). 管鮑之交(관포지교:관중과 포숙아의 우정). 刎頸之交(문경지교: 인상여와 염파의 우정). 知音之友(백아와와 종자기의 우정). 水魚之交(수어지교: 유비와 제갈량의 우정). 한음 이덕형과 오성 이항복의 우정, 貧賤之交不可忘(빈천지교불가망: 어려웠을 때 친구를 잊어선 안 된다).

네 친구와 네 아비의 친구를 버리지 말며 네 환난 날에 형제의 집에 들어가지 말지어다 가까운 이웃이 먼 형제보다 나으니라(잠27:10) 등 성경 말씀에도 친구 관계에 대한 말씀이 많습니다(잠14:20, 17:17, 19:4, 19:6-7, 22:11, 27:6, 27:8-11, 27:17, 전4:9-12 등).

오늘은 본문의 다윗과 요나단의 우정을 묵상하는 가운데 은혜를 나누려고 합니다.

2. 다윗과 요나단의 우정

다윗과 요나단의 우정을 이해하려면 삼상15-20장을 충분히 熟讀(숙독)하여야 하리라 생각합니다. 삼상15-20장은 내용상 모순된다고 보이는 부분들이 있습니다(삼상17:31-40에는 다윗이 골리앗을 물리치기 전에 이미 다윗과 사울 왕이 만난 것으로 되어 있는데, 삼상17:55-58에서는 다윗이 골리앗을 물리치는 장면에서 사울 왕은 다윗을 전혀 모르는 것으로 되어 있다. 또한 삼상19:1절에서 사울 왕이 그 아들 요나단과 그 모든 신하들에게 다윗을 죽이라고 명령합니다. 그런데 삼상20:1-42에서 요나단은 자기 아버지 사울 왕이 다윗을 죽이려 한다는 사실을 전혀 모르고 있는 것으로 되어 있다).

이런 모순은 사무엘서 기자(BC 550년경)가 이스라엘의 고대 왕조실록(BC 1000년경), 이스라엘 전쟁기, 야살의 책 등 다양한 역사 기록을 참고하여 편집하는 과정에서 파생된 것입니다. 즉 사무엘서 기자가 그 모든 역사 기록을 읽고 전후 관계를 연결하여 모순 없이 매끄럽게 기록할 수도 있었겠지만 사무엘서 기자는 그렇게 하지 않았습니다. 있는 그대로 기록하였던 것입니다. 오늘날에 와서 그런 모순된 기록이 오히려 성경 기록은 소설이 아니라 진실임을 반증하고 있습니다.

3. 다윗과 요나단이 보여 준 우정

첫째, 마음과 마음이 통하는 것이 친구입니다. 십 년을 만났어도 서먹한 사람이 있고, 첫 만남에도 十年知己 같은 사람이 있습니다. 무슨 말이든지 하지 않으면 불편한 사람이 있고, 아무 말 없어도 편안한 사람이 있습니다. 영국 작가 토마스 카알라일(1795~1881)과 미국 작가 랄프 왈도 에머슨(1803~1882)의 첫 만남은 30분 동안의 침묵이었다고 합니다. 마음과 마음이 통하고 있다는 소리입니다.

다윗과 요나단은 첫 만남 때 마음과 마음이 연락하였다고 하였습니다(삼상18:1). 마음과 마음이 통하는 것! 그것이 우정을 우정이게 하는 단초이며, 두 사람 사이의 내면 영혼의 스파크입니다. 마음과 마음이 통함이 없이는 친구 관계는 있을 수 없습니다. 마음과 마음이 통하는 것은 하나님이 주신 축복입니다.

둘째, 실력이 같아야 친구입니다. 類類相從(유유상종)입니다. 사자와 토끼, 독수리와 참새, 영웅과 필부, 충신과 간신, 밝음과 어둠은 친구가 될 수 없습니다. 다윗과 요나단이 첫 만남에서 마음이 통하는 친구가 될 수 있었던 것은 요나단이 다윗이 골리앗을 물리치는 실력을 보았기 때문이요, 다윗은 요나단의 一騎當千(일기당천) 하는 실력을 익히 알고 있었기 때문입니다(삼상14:1-15).

처음은 실력이 難兄難弟(난형난제)로 친구가 되었더라도 세월이 흘러 어느 한편이 기울면 그 우정은 깨어지기 쉽습니다. 친구 관계는 동등한 위치에서의 사귐이지 실력 차이가 분명히 드러나면 그 때부터의 사귐은 우정이라기보다 舊情(구정), 人情(인정), 同情(동정)입니다. 그러므로 친구 관계가 유지되려면 서로 밀어주고 격려하여 동등한 실력을 갖출 수 있도록 상호 협력하여야 합니다(고전예화 447호: 평양감사의 우정). *철이 철을 날카롭게 하는 것같이 사람이 그 친구의 얼굴을 빛나게 하느니라(잠27:17) 하신 말씀이 바로 그 뜻입니다.

셋째, 너그러워야 친구입니다. 요나단은 다윗에게 자기 갑옷, 칼, 겉옷을 주고(삼상18:2), 다윗의 절박한 입장을 이해하고 도와주었습니다(삼상20:1-42). 너그러움입니다. 더 많이 기다리고, 더 오래 사랑하고, 더 오래 지켜주는 너그러움이 우정의 샘입니다.

아무리 부자라도 경제적으로 어려운 친구에게 직접 봉투를 건네는 것은 너그러움입니다(있는 놈이 더 하기에 너그럽다고 한 것입니다). 그런데 봉투를 받아야 하는 친구의 부끄러움을 배려하여 친구의 손이 잘 가는 자리에 말없이 봉투를 두고 오는 것은 더 큰 너그러움입니다. 너그러움은 바로 그 속에 숨어 있다가 문득 그 봉투를 발견한 친구의 가슴 속에 감동, 감사, 감격, 통곡, 눈물의 강물이 넘실넘실 출렁이게 하는 것입니다. 친구는 진정 너그러워야 합니다.

나와 너, 너와 나, 우리의 친구 관계는 어떠합니까?

평양감사의 우정

조선 시대 전라도 지리산 기슭 작은 마을에 이수천과 문연학이란 사람이 살았습니다. 두 사람은 어릴 때부터 같은 서당에 다닌 친구입니다. 두 사람은 의기투합하여 조선 사회 청년들의 理想(이상)대로 修身齊家治國平天下(수신제가치국평천하)할 것을 약속하였습니다. 두 사람은 지리산 깊은 산 속에 들어가 열심히 공부하였습니다. 두 사람은 함께 한양으로 올라가 과거를 보았는데 이수천은 급제하였고 문연학은 낙방하였습니다. 이수천은 한양에 살면서 乘勝長驅(승승장구)하여 벼슬이 점점 높아졌습니다.

한편 문연학은 어찌된 셈인지 과거에 매번 낙방하였습니다. 마침내 실망한 문연학은 과거를 포기하고 실의에 빠져 살다 보니 가세가 기울어 먹고살기조차 어려운 지경에 이르렀습니다. 그리하여 문연학은 부끄러운 일이었으나 하는 수 없이 평양감사가 되었다는 죽마고우 이수천을 찾아가 도움을 받아야겠다고 결심하고 지리산에서 평양까지 이천 리 길을 걸어 평양에 도착하였습니다.

문연학이 평양감사 이수천을 찾아갔는데 이수천의 태도가 매정하였습니다. 매정한 정도가 아니라 굴욕적이었습니다. 문연학은 심한 모욕감에 치를 떨었습니다. "네 놈이 이럴 수 있는가! 이것이 이천 리 길을 멀다 않고 찾아 온 친구에 대한 대접인가!". 문연학은 집으로 돌아가지도 않고 그 길로 금강산으로 들어가 과거 준비를 다시 시작하였습니다. 5년 후 문연학은 장원급제하여 임금으로부터 팔도 암행어사를 제수 받았습니다.

암행어사 문연학은 당장 평양으로 달려가 이수천을 요절내고 싶었습니다. 그러나 5년 긴 세월을 돌보지 못한 집안을 찾아보는 것이 급한 터라 먼저 발길을 지리산 자락 고향 땅으로 옮겼습니다. 문연학은 그 동안 집안이 풍비박산 났으려니 생각하고 미안함과 죄책감에 발걸음이 무거웠습니다.

고향집에 돌아 온 문연학은 깜짝 놀랐습니다. 쑥대밭이 되어 있으리라 짐작했던 집안이 웬걸 윤기가 자르르 흐르고 있었습니다. 사연인 즉 문연학이 금강산으로 들어가 있던 5년 동안 평양감사 이수천이 자기 집안을 알뜰히 챙기고 보살펴 준 덕분이었습니다.

집안 사람들의 사연을 듣고 난 문연학은 5년 전 그 날 이수천이 이천 리 그 머나 먼 길을 고생 고생하며 찾아 간 자기를 문전박대하고 그렇게 무참히 모욕을 준 이유가 무엇이었던가를 확연히 깨달았습니다. 문연학은 우정을 우정이도록 하여준 이수천의 우정 앞에 몸을 떨며 감격하고 엎드려 통곡하였습니다.

문연학은 마당을 쓸고 돗자리를 펴고 북향하여 이수천에게 절하였습니다.

·半日靜坐 半日讀書·

孔子 曰
學而不思則罔 思而不學則殆(학이불사즉망 사이불학즉태)−論語 爲政 十五

글을 읽고 배운 것을 깊이 생각하여 주체적 통일성을 이루지 못하면 그 모든 배움이 잡동사니가 되어 오히려 혼란에 빠져 어두워질 것이요, 저 혼자 깊이 생각만 하고 배움이 없으면 객관성을 잃어 아집과 독단에 빠져 위태롭게 된다.

송나라 朱子(주자)가 "半日靜坐 半日讀書(반일정좌 반일독서−하루의 반나절은 바르게 단정히 앉아 자신의 깊은 내면을 응시하고, 하루의 반나절은 마음을 가다듬고 성현의 글을 읽는다)" 라고 하였는데 아마도 위의 공자 말씀을 일상에서 실천하는 방편을 제시한 말인 듯합니다.

우리나라 조선 시대, 선조−인조 임금 때의 명신 申欽(신흠 1566~1628)의 글에
靜坐是一日事業(정좌시일일사업−단정하고 조용히 앉아 있는 것은 하루 낮의 일)
靜臥是一夜事業(정와시일야사업−단정하고 고르게 숨쉬며 눕는 일은 하루 밤의 일)
靜坐則神凝(정좌즉신응−단정하고 조용히 앉아 있으면 마음이 정돈되고)
靜臥則精固(정와즉정고−단정하게 고르게 숨쉬며 누우면 정기가 견고해 진다)
라고 하였습니다.

폭우, 홍수, 찜통 더위, 아열대성 밤 때문에 뒤척이다 선잠 깨는 나날, 휴가 차량의 장사진, 흐리흐리하고 몽롱한 몸과 마음…. 아무리 그랬어도 지난 여름은 참으로 위대하였습니다. 처서가 지나 아침, 저녁으로 선선한 바람이 가끔 불어오는 이즈음 고요한 새벽에 잔잔한 밤에 우리가 다시 힘써야 할 일은?

靜坐(정좌)!
跏趺坐(가부좌)!
무릎 꿇고 올리는 기도!

눈뜨니 새벽 3시 30분. 沐浴齋戒(목욕재계)하고, 커피 한 잔 끓여 마시고, 齊心澄慮(제심징려: 마음을 가지런히, 생각을 맑게) 하여, 강화도 화문석 위에 단정히 靜坐(정좌)하니, 풀벌레 소리 낭자하다. 이렇게 무심하게 앉아 있는 것만으로도 몸과 마음 속에 정한 기운이 스며듦을 여실히 느끼고 있는 이정수 목사

容恕(용서=forgiveness)하는 마음

본문 / 마18:21-35[눅6:27-38, 눅17:3-4]

1. 들어가는 이야기

현대인의 질병 원인 70%는 心因性(심인성)이라고 합니다. 심인성이란 말은 의학적 검사(피, 오줌, 변, 내시경, MRI 등)로는 특별히 병의 원인이라고 할 만한 것이 드러나지 않음에도 불구하고 환자는 실제로 매우 고통스러워하고 있는 각종 질병 앞에 붙이는 수식어입니다. 심인성 위장병, 심인성 심장병, 심인성 피부병, 심인성 무기력증, 심인성 무엇무엇 하는 병들이 그것입니다. 그 심인성이란 것이 도대체 무엇인가? 현대 의학은 그것을 통상 '스트레스' 라고 합니다.

'스트레스' 의 내용은 먹고사는 생계유지 문제, 과중한 업무 부담, 홍수 · 가뭄 · 전쟁 · 지진 · 쓰나미 같은 천재지변, 심각한 질병 등은 특별한 경우에 속하고 거의 대부분은 하루하루 살아가는 일상 생활 속에서 일어나는 남편과 아내, 부모와 자식, 형제자매, 친척, 친구, 선후배, 직장 동료 등 아주 가까운 사람들 사이에서 발생하는 인간 관계 갈등 문제라고 합니다. 나로서는 참으로 그러하다고 인정하지 않을 수 없습니다. 아니 그러합니까?

크리스틴 타이트(Christin Tait)의 복음송 <비가 내리네>. "창문 두드리며 비가 오네. 눈물의 빗줄기 자녀를 위하여 오래 흐느껴온 이 세상 이 세상. 우리를 위하여 죽은 아기 예수께 우리는 무얼 배웠나? 왜 아직 헐뜯고 평화 모를까? 왜 우리 눈은 이리 어둘까?" 나는 이 복음송을 참 좋아합니다. 특히 후렴 가사가 더욱 마음에 사무칩니다. "왜 아직 헐뜯고 평화 모를까? 왜 우리 눈은 이리 어둘까?"

우리의 삶에, 우리의 가장 가까운 사람들 사이에 왜 평화가 없는가? 왜 웃음이 없는가? 왜 따뜻함이 없는가? 왜? 왜? 왜?

2. 용서하는 마음이 없기 때문입니다.

용서의 사전적 의미. 容恕(용서: 받아 줄 容, 너그럽게 받아 줄 恕): 다른 사람의 실수, 잘못, 죄를 너그럽게 이해하고 받아 주는 것. forgive : 1. to cease to feel resentment against an offender(나를 공격한 사람에 대한 앙갚음을 하지 않기로 하다). 2. to give up resentment of claim or to requital for insult(나를 고소한 사람에 대한 보복 혹은 나를 모욕한 사람에 대한 앙갚음을 포기하다). 3. to grant relief from payment of a debt(내게 신 빚을 당김하여 주다).

우리를 위하여 죽은 아기 예수께서 우리에게 가르치신 것이 무엇입니까? 용서하라! 는 것입니다. 일흔 번씩 일곱 번이라도 용서하라. 완전수 <7>을 <70> 모은 것에 또 완전수 <7>을 곱해서 용서하라. 즉 무조건 용서하라는 것입니다.

3. "무조건 용서하라"는 말씀의 의미

사람은 물질적, 육체적, 심리적, 영적으로 부당한 대우를 받았을 경우, 그 부당성에 비례하여 분노(미움=마음의 상처=섭섭함=배신감=원한)의 감정이 일어나고, 그 부당성의 원인 제공자(사람, 자연 환경, 사회적 제도 등)에게 보복(복수=앙갚음=자기 방어=개선) 하고자 합니다. 당연합니다. 지렁이도 밟으면 꿈틀하는 법인데 하물며 하나님의 형상(image of God)=신의 성품을 부여받은 사람이겠습니까? 그런데 그 모든 부당성에 대하여 무조건 용서하라! 하신 말씀은 무슨 뜻인가?

(단, 나는 여기서 무조건 용서하라는 말씀은 사회적 제도, 자연 환경 같은 거시적 관계성이 아니라 교회 공동체, 부모처자형제자매, 친구, 선 · 후배 같은 가까운 사람들 사이의 미시적 관계성에 한하여 주신 말씀으로 이해합니다.)

첫째, 나 자신을 스스로 깊이 성찰하라는 말씀입니다. 내가 다른 사람으로부터 부당한 대우(실수, 잘못, 죄, 모욕, 무시, 사기, 약속 위반, 무례 등)를 받았을 때, 그 당장 울컥! 왈칵! 발끈! 파르르! 네가 내게 이럴 수가! 이런 쳐죽일 놈(년)이! 하지 말고 몰록 나 자신을 돌아보라는 말씀입니다. 심리학에 작용-반작용 법칙이 있습니다. 쉽게 말해서 '가는 말이 고와야 오는 말이 고운 법' 입니다. 지금 내가 받고 있는 이 부당한 대우의 원인 제공자가 바로 나 자신이 아닌가? 스스로 돌아보라는 말입니다. 여기서 자연히 용서할 마음이 일어납니다.

둘째, 상대방을 깊이 들여다보라는 말씀입니다. 저 사람이 지금 제 정신인가? 뭘 잘못 알고 뭘 몰라서 하는 것은 아닌가? 아직 미숙한 것은 아닌가? 뭔가 그 동안 쌓인 것이 있는가? 피치 못하여 누구의 사주를 받은 것은 아닌가? 육체적(허기, 수면 부족, 피로, 질병 등), 정신적(우울증, 두려움, 불안, 수치감, 열등감 등), 영적(죄책감, 영적 황폐화, 자포자기 등)으로 불안정한 상태는 아닌가? 내가 저 사람 입장이라면 어떠할 것인가? 易地思之(역지사지) 하라는 말씀입니다.

卽物的(즉물적)으로 맞대응하지 말고 한 발 물러서서 나에게 부당한 행위를 하고 있는 상대방을 객관적 시각으로 이해하려는 마음으로 들여다보면 상대방이 왜 그러한 행동을 하는지 그 속이 말갛게 보입니다. 여기서 자연히 용서할 수밖에 없구나 하는 객관적 판단이 생깁니다.

셋째, 그리하면 웬만한 것은 대부분 용서할 수 있다는 말씀입니다. "무조건 용서 하라!" 는 말씀은 간도 쓸개도 다 빼 놓고 그 무슨 부당한 대우를 받아도 "좋아 좋아, 다 그런 거지 뭐 알았어, 그럴 수도 있지 뭐! 나는 다 용서했어!" 하고 살라는 말씀은 아니라고 생각합니다.

입으로만 하는 謝過(사과)가 참 사과가 아니듯, 입으로만 하는 용서도 참 용서가 아닙니다. 참 용서는 마음에 앙금이 없습니다.

고전예화 448 용서가 아니라 치료가 필요합니다

독일 루터교 디트리히 본훼퍼(Dietrich Bonhoeffer, 1906~1945) 목사는 히틀러 암살 주모자로 1943년 체포되어 18개월 옥중 생활 끝에 1945년 플로센부르크 포로수용소에서 교수형으로 39세의 일기를 마쳤습니다. "사람을 살려야 할 목사로서 어떻게 사람을 죽이는 음모에 가담 할 수 있는가?" 라고 묻는 재판장에게 본훼퍼 목사는 "정신 이상자이며 술에 만취된 운전자가 사람들이 많이 있는 광장을 질주하고 있을 때, 그 차에 치인 부상자를 치료하는 것도 중요하다. 그러나 더욱 중요한 것은 그 정신이상자이며 만취된 운전자를 그 차에서 끌어내리는 일이다. 히틀러가 바로 그 운전자였다!" 라고 하였습니다.

목회 현장에서 보면 가족 가운데 알코올 중독자, 도박 중독자, 성 중독자, 마약 중독자, 명품 중독자 등 중독자 때문에 감성적, 인격적, 경제적으로 엄청난 시련과 고통으로 신음하는 가정이 참 많습니다. 그들 중독자들은 가정 구성원들에게 감성적, 신체적, 경제적 폭력을 휘두르다가 어느 날에는 문득 미안하다, 잘못했다, 앞으로 절대 안 그러겠다 라고 다짐하고 용서를 빕니다. 가정 구성원은 다행이라 여기고 용서합니다. 그러나 며칠 못 가서 중독 현상은 재발되고 또 잘못을 빌고 용서하고 또 재발하는 악순환이 계속 되는 것을 목격합니다.

가족 구성원들이 감성적, 신체적, 인격적 폭력에 시달리면서도 참고 견디는 것은 중독자가 이번에는 고치겠지 이번만큼은 꼭 변할 거야 하는 막연한 기대감 때문입니다. 그러나 중독자들은 그런 횡포를 참고 견디는 가족 구성원의 고통을 오히려 그런 횡포를 계속해도 좋다는 무의식적 허락으로 이해하기 때문에 그런 악순환이 계속 되는 것입니다.

교회 목회자들은 이런 가정 구성원들에게 "조금만 더 참으십시오, 진심으로 용서하십시오, 그럴수록 더욱 기도하고, 교회 봉사 잘하여야 합니다. 그리하면 성령께서 기적적으로 고쳐주실 것입니다" 라고 위로하고 격려합니다. 드 멜로 신부는 교회의 이런 대응 방식은 완전히 넌센스라고 하였습니다.

자, 여기 한 자동차 여행자가 있다 하자. 그런데 교외에서 차가 고장났다. 그 여행자는 땀을 뻘뻘 흘리며 차를 밀고 도심까지 왔다. 그 여행자는 어떻게 하였을까? 당연히 카센터의 전문가로부터 차 수리를 받고 다음 여행지로 떠날 것이다. 그 여행자가 계속 차를 밀고 가지는 않을 것이다. 이와 마찬가지다. 중독자들은 고장난 차와 같다. 가족 구성원들이 중독자를 땀을 뻘뻘 흘리며 고통을 감수하고 인내하며 밀고 갈 것이 아니라, 그 중독증을 고쳐 줄 중독 환자 전문가들이 필요한 것이다. 가족들의 반복되는 용서가 아니라 단호한 치료가 필요하다는 말이다. 이 때 올바른 기도는 "중독증이 기적적으로 낫게 하여 주옵소서"가 아니라, " 용서가 필요한 것인지, 치료가 필요한 것인지 깨달아 알게 하옵소서" 하는 것이다.

· 남이섬에는 남이가 없습니다 ·

난생 처음 가평 남이섬(남이섬 자체는 행정 구역상 강원도 춘성군이다)에 다녀왔습니다. 남이섬은 옛날부터 MT, 미팅, 회사 야유회 장소로 유명했는데 요즈음은 배용준-최지우의 겨울연가 촬영지로 국제적으로 유명해져서 일본, 중국, 대만, 동남아 관광객의 필수 관광 코스가 되어 있습니다.

'남이섬' 이란 명칭은 南怡(남이) 장군(1441~1468)이 여기 묻혔다는 전설 때문에 생겨났는데, 역사적 사실로는 남이섬의 묘는 墟墓(허묘)이고, 실제 묘는 경기도 화성시 비봉면 남전리 산 145에 남이 장군 부인 묘와 함께 쌍묘로 되어있습니다.

남이 장군은 태종 임금 넷째 딸 정선공주 아들로서, 세조 때 이시애의 난(1467), 이듬해 여진족을 토벌한 공으로 26세의 젊은 나이로 공조판서, 병조판서를 역임하였으나, 1468년 남이 장군을 총애하던 세조가 죽고 예종이 즉위하자, 평소 남이 장군을 시기하고 못마땅하게 여기던 유자광이 음모를 꾸며 예종 1년 남이 장군을 역적으로 몰아 처형하였습니다.

야담에 의하면,
남이 장군이 함경도 땅에 침입한 여진족을 토벌할 때 지었다는 저 유명한 시.
白頭山石磨刀盡(백두산석마도진: 백두산 돌은 칼 갈아 없애고)
豆滿江水飮馬無(두만강수음마무: 두만강 물은 말 먹여 없애리)
男兒二十未平國(남아이십미평국: 사내 나이 이십에 나라를 평안케 하지 못했다면)
後世誰稱大丈夫(후세수칭대장부: 훗날 그 누가 대장부라 하겠는가!)

유자광이 이 시의 3句 男兒二十未平國(사내 나이 이십에 나라를 평안케 하지 못했다면)을 男兒二十未得國(사내 나이 이십에 나라를 얻지 못하였다면)으로, 즉 미평국(나라를 평안케 함)을 미득국(나라를 얻음)으로 조작하여 남이가 평소에 역모를 꿈꾸었다는 증빙자료로 제시하였고, 남이의 출중함과 인기를 달갑게 여기지 않았던 예종이 이를 방조하여 남이를 처형하였다고 합니다. 애석한 일입니다.

남이섬의 파란 잔디, 줄지어 선 잣나무, 솔밭 사이로 흐르는 강물, 호젓한 벤치. 풍광이 참 좋습니다. 문제는 날이 너무 덥고 사람이 많아 그런 풍광을 누릴 기분이 아니었습니다. 사람 끊는 시간대를 피하여 이른 아침이나 늦은 오후, 겨울연가처럼 눈 많이 내린 다음 날, 다시 찾아오면 아주 괜찮겠다 싶은 이정수 목사

용서하지 않으면 안 되는 3가지 이유

본문 / 마18:21-35(눅6:27-38, 눅17:3-4)

1. 들어가는 이야기

사람 마음은 참으로 神妙漠測(신묘막측) 합니다. 사람이 누군가에게 마음이 한 번 열리면 간과 쓸개를 몽땅 다 빼어주고도 뭘 더 줄 것이 없나 살피고 더 못 줘서 안타깝다가도, 그 사람에게 마음이 한 번 닫히면 바늘 끝 하나 꼽을 데 없이 오그라들고 이제껏 준 것은 물론이고 그 사람의 존재 자체까지 말살시키지 못해 안달합니다(이 세상의 모든 소설, 영화, 텔레비전 드라마, 연극의 주제가 그러합니다). 성경은 이런 마음을 땅에 속한 마음이라고 합니다.

반면에 하늘에 속한 마음이 있습니다. 오래 참고, 오래 기다리고, 자랑하지 아니하고, 성 내지 아니하고, 무례히 행치 아니하고, 나보다 남을 높이 여기고, 어저께나 오늘이나 변함 없이 한결 같은 마음입니다.

一切唯心造(일체유심조: 모든 것은 마음이 만들어 낸 것이다)라고 하였습니다. 땅에 속한 마음이 만들어 내는 것은 처음에는 말할 수 없이 좋다가도 그 나중을 보면 갈등, 슬픔, 탄식, 죽음입니다. 하늘에 속한 마음이 만들어 내는 것은 처음에는 그저 그런 것 같다가도 그 나중을 보면 담백한 조화, 기쁨, 평화, 생명입니다.

땅에 속한 마음에서 비롯되는 인간 관계는 원망, 복수, 앙갚음, 원한, 恨(한), 원수, 배신, 절망, 섭섭함, 괘씸함, 모멸감, 모욕감, 열등감…. 그런 범주의 느낌을 만들어 냅니다. 왜? 땅에 속한 마음에는 '용서하는 마음' 이 없기 때문입니다. 반면에 하늘에 속한 마음에서 비롯되는 인간 관계는 따뜻함, 이해 받음, 웃음, 평화, 화목, 든든함, 화해, 넉넉함…. 그런 범주의 느낌으로 충만합니다. 왜? 하늘에 속한 마음에는 '용서하는 마음' 이 있기 때문입니다.

2. 성경의 중심 주제는 "용서하시는 하나님의 마음" 입니다

성경 전체(모세오경-역사서-예언서-성문서집-4복음서-바울 서신-사도들의 서신-요한계시록 선)를 조용히 묵상하여 보십시오. 그 중심 주제가 무엇입니까? "용서하시는 하나님의 마음" 에 대한 기록입니다. 선악과 사건, 출애굽 사건, 선지자의 권고, 예수님의 십자가 사건 등 이 모든 사건은 죄 짓고 죽을 수밖에 없는 사람을 용서하시는 하나님의 마음이 어떠하시나 하는 것을 기록한 것입니다.

예수님은 "돌아온 탕자의 비유" 로서 하나님 아버지의 "용서"를 분명히 가르쳐 주셨고, 친히 십자가의 죽음으로 "용서하시는 하나님의 마음" 이 무엇인가를 明澄(명징)하게 보여 주셨습니다. 내가 새 계명을 주노니 "너희는 서로 사랑하라" 하신 말씀은 곧 "너희는 서로 용서하라" 는 말씀과 다름 아닙니다.

3. 용서하지 않으면 안 되는 3가지 이유

첫째, 과거는 흘러갔기 때문입니다. 하나님은 미래지향적인 분입니다. 하나님은 우리를 불쌍히 여기시어 우리 죄를 발로 밟으시고 우리의 모든 죄(나의 죄, 너의 죄)를 깊은 바다에 던지시고 그 바닷가에 <낚시 금지> 라는 팻말을 세워두셨습니다. 과거의 집착에서 떠나 힘차게 미래를 살라고 하신 것입니다(미7:18-20).

의인은 없나니 하나도 없습니다(롬3:10). 과거에 내가 네게 지은 죄, 네가 내게 지은 죄에 대하여 더 이상 원인론, 경중론을 따지지 말아야 합니다. 사람마다 아픔과 고통의 感度指數(감도지수)가 다르기 때문입니다. 그러므로 마음으로부터 무조건 용서하고, 다시는 나는 너에게 그리고 너는 나에게 더 이상 마음에 상처를 주지말고 새로운 미래를 살라는 것이 하나님의 뜻이기 때문입니다.

둘째, 용서하지 않으면 나부터 먼저 죽을 수밖에 없기 때문입니다. 양인자 작시, 김희갑 작곡, 조용필 노래-<큐>의 노랫말이 참 인상적입니다.

1. 너를 마지막으로 나의 청춘은 끝이 났다. 우리의 사랑은 모두 끝났다.
   램프가 켜져 있는 작은 찻집에서, 나 홀로 우리의 추억을 태워 버렸다.
2. 하얀 꽃송이 송이 웨딩드레스 수놓던 날. 우리는 영원히 남남이 되고.
   고통의 자물쇠에 갇혀버리던 날. 그 날은 나도 술잔도 같이 울었다.
3. 너를 용서하지 않으니 내가 괴로워서 안되겠다. 나의 용서는 너를 잊는 것.
   너는 나의 인생을 쥐고 있다 놓아버렸다. 그대를 이제는 내가 보낸다.

후렴 : 사랑, 눈감으면 모르리. 사랑, 돌아서면 잊으리.
사랑, 내 오늘은 울지만 다시는 울지 않겠다.

사랑의 배신자를 용서하지 않으니 내가 먼저 죽게 생겼다는 말입니다(부모 죽인 원수보다 사랑의 배신자가 훨씬 더 밉습니다). 용서하지 않으면 내가 먼저 죽을 수밖에 없기 때문에 용서하지 않으면 안 됩니다.

셋째, 우리는 어른이기 때문입니다. 용서할 줄 모르는 사람은 영원한 철부지입니다. 부모의 편애, 친구의 배반, 사랑의 배신, 공개석 상에서 모욕을 받았을 때, 그 모멸감과 상실감과 고통을 어찌 말로 다 할 수 있겠습니까! 그 놈(년)을 당장 맷돌로 곱게 갈아 마시고, 펄펄 끓는 기름 가마에 튀겨 죽이고 싶은 것이 인지상정입니다. 그런데 그런 감정을 언제까지나 품고 사는 사람은 철부지, 어린아이, 누군가 돌봐 주어야 하는 미숙아라는 말입니다. 왜? 그런 감정을 품고 사는 동안 철저하게 망가지는 것은 오히려 그 자신이기 때문입니다.

그러므로 성경은 "노하기를 더디하는 자는 용사보다 낫고, 자기의 마음을 다스리는 자는 성을 빼앗는 자보다 나으니라(잠17:32)." 고 하신 것입니다. 어린아이는 용서할 줄 모릅니다. 용서는 마음을 다스릴 줄 아는 어른의 미덕입니다.

고전예화 449

용서 콤플렉스

기독교의 가장 중요한 덕목은 '원수까지 사랑하라' 는 사랑입니다. 이 사랑 안에는 당연히 내게 죄 지은 자, 내게 상처를 준 사람, 나를 섭섭하게 한 사람을 용서하는 것도 포함됩니다. 그러므로 많은 기독교인들이 주님의 말씀에 순종하여 용서하려고 합니다. 그런데 이 용서의 과정에서 '용서 콤플렉스' 가 발생합니다.

무슨 소리인가 하면, 내게 아픔을 주고 상처를 준 어떤 사람의 죄를 용서하여 주기로 결단하고 기도하고 용서하였다고 생각하였는데, 막상 내게 죄 지은 그 사람을 만나면 얼굴 표정이 경직되고, 가슴이 벌렁벌렁하고, 분노가 치밀고, 나도 모르게 속에서 망할 자식, 재수 없는 놈(년)! 하는 욕설이 튀어나오고, 여전히 아프고, 섭섭하고, 보기 싫은 감정이 물밀 듯 넘쳐납니다. 이와 같은 자기 마음의 흐름을 보면서 "그렇구나, 나는 용서했다고 하지만 그것은 말뿐이고, 내 속은 전혀 용서하지 않은 거야! 용서하지 못한 거야! 아니, 용서할 수 없었던 거야!" 라고 생각합니다.

이런 생각은 곧 "그래, 나는 믿음이 너무 약한 사람이야, 나는 쪼잔한 졸장부야, 그만한 일도 용서 못하는 게 무슨 예수 믿는 사람이라고 할 수 있겠어, 나는 통 큰 사람이 못 돼, 그릇이 작은 거지…." 하는 쪽으로 비약하여 자기 스스로를 비하하고, 나는 용서할 줄 모르는 사람, 나는 위선자, 나는 비겁자 라고 자학하고 괴로워합니다. 이런 심리적 작용을 바로 '용서 콤플렉스' 라고 합니다.

용서 콤플렉스는 용서에 대한 전적 오해입니다. 즉, 내가 내게 죄 지은 사람을 진정으로 용서하였다면, 그 순간부터 더 이상 그 사람 때문에 아파하거나 섭섭하거나 속상해 하는 감정이 일어나지 않아야 한다고 생각하는 것입니다. 이런 생각은 정말 용서에 대한 터무니없는 오해입니다. 내게 죄 지은 사람을 용서하기로 결단하였더라도 그 사람을 만났을 때 증오하는 마음이 일어나는 것은 天當萬當(천당만당) 당연한 일입니다. "예수님, 이제부터 저 사람을 용서하겠습니다!" 라고 기도 한 번 드린 것으로 칼로 무 자르듯 내게 죄 지은 자에 대한 모든 악 감정이 싹둑 잘려나가고 마음의 평화가 찾아든다는 생각은 용서에 대한 신화적 착각입니다.

용서에는 두 가지 측면이 있습니다. 하나는 용서하기로 마음먹는 신앙적 결단, 또 하나는 그 용서의 결단을 현실화하는 과정입니다. 내 마음으로 용서하기로 결단하였더라도, 오랫동안 고통 받아온 내 몸과 정서적 느낌은 아직 용서할 준비가 안된 것입니다. 내 몸과 내 정서적 느낌까지도 용서할 수 있으려면, 내 몸과 느낌이 고통 받아 온 그 만큼의 시간이 걸립니다. 몸 속의 암 덩어리 제거 수술을 받았다고 그 날로 완전한 건강인이 되는 것이 아니고 오랜 회복기가 필요하듯, 용서의 결단은 마음의 상처를 수술하는 것과 같고, 용서의 완성에는 오랜 시간이 걸리는 법입니다. 용서하기로 결단 하셨습니까? '용서 콤플렉스' 를 주의하십시오.

<참고: 송봉모, 상처와 용서, 바오로딸, 46~49쪽>

· 예의바른 몸가짐 ·

북한강은 누런 빛깔로 묵묵히 흐르고, 서종 중학교 교정에 서 있는 키 큰 플라타너스는 초록빛이 바래가고, 파란 하늘엔 구름 한 점 없는 완연한 초가을.

나는 요즈음 한 가지 실험을 하고 있습니다. "예의 바른 몸가짐이 과연 유익한가?" 에 대한 실험입니다. 내가 이런 실험을 하게 된 것은 17세기 스페인 예수회 사제 발타자르 그라시안의 다음과 같은 글을 읽었기 때문입니다.

예의바른 몸가짐을 지키는 것은 유익한 일이다. 예의는 품성의 기초이고, 많은 사람들로부터 사랑을 받는다. 다른 사람들로부터 "저 분은 신사야", "저 분은 숙녀야" 하는 평가를 받도록 노력하라. 그런 평가만으로도 충분히 사랑을 받는다.

반대로 저 사람은 무례하다는 평판을 받는 사람은 사람들로부터 무언의 경멸을 당하고 아무도 가까이 하려 않는다. 오만에서 비롯한 무례는 용서할 수 없고, 무지와 천박함에서 비롯한 무례는 불쾌하기 때문이다.

적에게도 예의바르게 대해 주어라. 그것이 결과적으로 얼마나 큰 효과를 내는지 실험 삼아 한 번 해보면 잘 알 수 있을 것이다. 예의 바른 말과 행동은 전혀 돈 드는 일이 아닌데도 뜻밖의 많은 이익을 초래한다. 다른 사람들에게 아무리 많이 베풀어도 줄지 않는 크나 큰 재산이다.

지난 2주일 동안 서종면 농협 하나로 마트 직원들, 농협 창구 직원들, 정배리 집수리 하러 온 목수, 미장이, 보일러 공, 수도 파이프 배관공 아저씨들, 정배리 동네 할머니 · 할아버지 농부들, 비디오 방 아줌마, 식당 아줌마, 서종면 사무소 직원들, 공인중개소 사람들, 지나가는 동네 아이들 등에게 "예의 바른 말과 행동으로 대하여야지!" 라는 마음을 품고 의식적으로 인사도 먼저하고, 의식적으로 행동도 품위 있게 하려고 힘썼습니다.

실험 결과, 그 사람들이 나에게 대하는 태도가 다른 사람들을 대하는 태도와 무엇인가 분명히 다르다는 것을 느꼈습니다. 예를 들면, "어서 오세요, 안녕히 가세요, 무얼 드릴까요? 이쪽으로 앉으세요" 하는 지극히 평범한 인사말 속에 건성이 아닌 진정이 담겨 있었습니다. 예의 바른 몸가짐이 주는 유익이 정말 대단하다는 것을 실험으로 깨달아 알고 더욱 정진하기로 한 이정수 목사

어떻게 용서할 것인가?

본문 / 마18:21-35(눅6:27-38, 눅17:3-4)

1. 들어가는 이야기

지난 주일, 나에게 물질적, 정신적, 영적으로 죄 지은 사람=마음의 상처=부당한 대우를 한 사람을 용서하는 것은 매우 어려운 일이다. 그러나 용서하지 않으면 안 된다. 왜냐하면 과거지향적 삶에서 전환하여 미래지향적 삶을 살기 위하여, 내가 살기 위하여, 인생의 어른으로서 해야 할 의무감 때문이라고 말씀드렸습니다. 그러나 이치가 아무리 그러하다 할지라도 현실 삶 속에서 막상 용서하기란 여전히 어려운 일입니다. 눈에 익고 손에 설고, 마음은 원이로되 육신이 약해서, 머리로는 백 번 이해되지만 감정이 따라주지 않기 때문입니다.

2. 용서도 훈련입니다

'로얄 블래더(Royal Bladder=왕족의 오줌보는 튼튼하다)' 란 말이 있습니다. 우리는 오줌싸고 똥누는 생리 배설 현상은 동서고금 남녀노소 빈부귀천 때와 장소에 관계없이 동일하다고 생각합니다만 그게 아닙니다. 유럽 궁정의 왕족, 귀족의 오줌보는 보통 사람의 오줌보보다 훨씬 크고 견고합니다. 왜? 대관식, 결혼식, 작위 수여식, 승전 기념식 등 오랜 시간 엄숙하고 경건하게 거행되는 궁정 의식 도중 중요한 순간에 생리 배설 현상으로 돌발할 수 있는 낭패를 막기 위하여 왕족, 귀족들은 어릴 때부터 생리 배설 훈련을 철저히 받기 때문입니다. '로얄 블래더' 는 우리가 어쩔 수 없는 생리 현상이라고 하는 오줌누고 똥 누는 생리 배설조차도 훈련하면 통제 가능하다는 여실한 증거입니다.

사람들은 부당한 대우를 받으면 마음의 상처를 받고 내게 상처 준 상황과 사람에 대하여 분노=원한=복수=앙갚음=저주=슬픔을 느낍니다. 그것은 생리 배설 현상과 다를 바 없는 통제 불가능한 자연스러운 감정의 작용-반작용(action and reaction) 현상이다. 그러므로 용서한다는 것은 성인군자나 할 수 있는 것이지 대부분의 보통 사람들에게 용서란 무리한 종교적 요구라고 생각합니다. 그러나 믿는 사람들은 "아니다! 예수님의 용서하는 마음을 배우고 훈련하면 원한과 복수의 비인간적 작용-반작용의 악순환의 고리를 끊고 용서=이해=화해=평화=생명이 넘치는 하나님 나라를 우리의 현실 속에 건설할 수 있다!" 고 믿습니다.

그러나 용서는 그냥 저절로 서서 되는 것이 아닙니다. 참고 견디고 쓰라린 훈련과정을 통과하여야 합니다. 바로 이 대목에서 참 사람(군자=대장부=새로운 존재=현자=어른=영웅=仁者=智者=信者=속 사람=얼 나)과 거짓 사람(소인-졸장부=옛 사람=愚者=不信者=미련한 자=철부지=겉 사람=몸 나)이 갈립니다. 용서하는 마음은 기분, 낭만, 분위기, 感傷(감상)에서 나오는 것이 아니라 엄격한 자기 수련과 거룩한 종교적 믿음의 자기 결단에서 나오는 의지적 행동입니다.

3. 용서 훈련의 전개 과정

첫째, 내 마음의 상처=분노=원망=저주=미움=슬픔에서 해방되어 내 마음의 참 평화를 회복할 수 있는 유일한 길은 외부의 힘이 아니라, 오직 나 자신의 내면의 힘에 있습니다. 즉, 내 마음의 상처는 궁극적으로 나의 책임이라는 말입니다. 그게 무슨 소리야? 내게 상처 준 상황과 사람이 저기 버젓이 있는데 내 마음의 상처가 내 책임이라니! 그게 도대체 무슨 말도 안 되는 소리야? 할 수 있습니다.

그러나 조금만 생각해 보면 내 마음의 상처는 내 책임이라는 것이 분명해 집니다. 예를 들면, 'A' 라는 상황에서 나는 마음에 상처받았지만 다른 사람은 아무렇지도 않을 수 있습니다. 'B' 라는 상황에서는 나는 아무렇지도 않은데 다른 사람은 상처받을 수 있습니다. 문제는 일어난 상황 'A' 혹은 'B' 가 아니라 일어난 상황에 대한 나 혹은 다른 사람의 해석이 문제라는 말입니다. 문제는 일어난 사건이 아니라 사건에 대한 해석입니다. 이 점을 분명히 이해하면 많은 것을 용서하고 마음의 평화를 회복할 수 있습니다.

둘째, 용서하기로 결단하는 일입니다. 세월은 용서의 묘약이 아닙니다. 오랜 세월이 흘러 상대방이 내게 지은 罪名(죄명)조차 망각하였어도 상처의 흔적은 여전히 남아 있어 상대방에 대한 미움과 원한은 계속되기 때문입니다. 용서하기로 결단하지 않는 한 용서는 일어나지 않습니다.

용서는 "그래, 용서하자!" 하는 마음의 결단에서부터 시작됩니다. 용서하기로 결단한 그 순간부터, 결단하기 전에는 전혀 보이지 않던 것들이 보입니다. '내가 잘못한 것, 상대방이 내게 그렇게 반응할 수밖에 없었겠구나' 하는 것, '나라면 더 심했을 수도 있었겠구나' 하는 것, '상대방은 또 얼마나 상처받았을까' 하는 것, 나와 상대방의 갈등 때문에 주변 사람이 겪는 고통 등이 눈에 들어옵니다. 그러면 자연히 용서할 마음이 우러납니다.

셋째, 내게 부당한 대우=억울한 대접=마음의 상처를 준 상황 혹은 사람을 회피하지 말고 직접 대면하는 일입니다. 우리는 마음의 상처를 받으면 즉각 반발(분노, 슬픔, 약 오름, 욕설, 큰 소리, 회피 등)합니다. 그리고 마음의 상처를 품고 그 상황 혹은 그 싸가지 없는 사람을 될 수 있는 대로 피해버립니다. 당연합니다. 그러나 영원히 안 볼 사람이라면 몰라도 어차피 또 만나야 할 가까운 사람이라면 그것으로 문제가 해결되지 않습니다.

문제의 해결(용서하고 용서받음)은 내게 상처 준 그 상황과 그 사람을 피하지 말고 직면하여, 열린 마음으로 차분하게 나의 상황을 객관적으로 이야기하고, 상대방의 이야기를 객관적으로 들어주어야 합니다. 참 어려운 일입니다. 그러나 그리 하여야 용서=화해=이해=평화가 찾아옵니다. 이것이 용서의 완성입니다.

가정폭력

햄릿은 성벽 위에 나타나는 아버지의 유령으로부터 자기 어머니가 숙부와 공모하여 아버지를 독살, 왕위를 찬탈하고 함께 살고 있다는 끔찍한 비밀을 듣고 "죽을 것인가? 살 것인가? 그것이 문제로다(To be or not to be, that is question!)" 하는 심각한 고민에 빠집니다. 고민하는 햄릿을 위로하는 친구 호레쇼우에게 햄릿은 "호레쇼우여, 이 세상에는 자네가 꿈에서라도 생각지 못 할 이상한 일들이 너무 많은 법이라네!" 라고 하였습니다.

우리가 만나는 대부분의 사람들도 겉으로는 모두 멀쩡한 것 같아도 그 속에 우리가 꿈에도 생각지 못한 속사정으로 고민하는 사람들이 참 많습니다. 가정 치유 상담 전문가들에 의하면 그 중 대표적인 것이 가정폭력(남편의 폭력, 자녀의 폭력), 가정 성폭행(부녀, 숙질, 남매 사이의 성폭력)이라고 합니다. 우리는 그런 소리를 듣고 '아무리 그럴 수가?!' 합니다만 엄연한 현실이라고 합니다.

그런데 이런 가정 폭력의 비극은 폭력자의 책임보다 오히려 "피해자의 폭력 수용, 살다보면 그럴 수도 있는 거지 뭐, 가정 폭력은 사생활 문제 아냐?" 하는 사회적 통념이 더 큰 걸림돌이라고 합니다. 왜? 이와 같은 사회 인식이 폭력자에게 '폭력을 행사해도 되는구나!' 하는 무언의 허용으로 인식되기 때문이라고 합니다. 그러므로 가정 폭력, 가정 성폭행의 악순환을 척결하려면 폭력자에게 단호한 태도를 보여주어야 한다. "내가 폭력을 써도 이 사람들(힘없는 부모, 아내, 자녀, 부하 직원 등)은 나를 어쩌지 못 할 것이다!" 하는 폭력자의 무의식적 가학 심리 상태를 '초전박살' 내야 한다는 것입니다. 전문가들의 도움말이 이러합니다.

(1) 폭력자에 대하여 언제든지 나는 너를 떠날 수 있다는 태도와 실제 행동을 보이면 폭력은 사라지기 시작한다. 폭력을 당하면 그 즉시 집을 나와 폭력자가 전혀 알 수 없는 곳으로 가서 일주일만 잠적하여 보라. 놀랍게도 이런 행동 하나 만으로도 대부분의 폭력은 사라진다. (2) 폭력을 당하면 그 사실을 창피하다고 쉬-쉬-하고 숨길 것이 아니라 가족, 친척, 친구, 교회 식구들에게 밝히고 도움을 청하라. 그렇게 하면 폭력자는 "어, 장난이 아니네!" 하며 위기 의식을 느낀다. (3) 폭력을 당하면 가정 폭력 상담소, 한국 성폭력 상담소, 경찰서 등 관계 기관에 고발하라. (4) 폭력이 습관인지 질병인지 구별하여야 한다. 질병이라면 치료를 받는 것을 조건으로 재결합을 약속하라.

나는 김영기 목사, 오제은 박사, 이순엽 목사, 황현수 목사 등 내적 치유 상담을 전공하는 내 좋은 친구들의 임상 실태를 듣고 참 놀랐습니다. 임상 현장에서 보면 종교적 外皮(외피)와 현실 사이의 괴리가 큰 목사님, 전도사님, 장로님의 가정일수록 가정폭력이 더욱 심각하다고 합니다. "정말, 그래? 진짜야?" 하였더니 "그럼요, 참으로 심각해요" 합니다.

· 정배리 집수리 ·

2006년 9월 14일 문호리 북한강변 셋집에서 중미산 휴양림 쪽으로 딱 8Km 떨어진 정배리에 교회, 연구실, 서재로 사용할 집(경기도 양평군 서종면 정배리 171-1)으로 이사하였습니다. 이 집은 등기부등본에 연와조 경사 슬라브 칼라 아스팔트 싱글 단층주택 59.85m2(18.1평) 이라고 되어 있고 1992년에 지어진 집입니다.

지은 지 14년 된 집이라 집 상태가 엉망입니다. 손 볼 데가 너무 많습니다. 집수리 해 보신 분은 잘 알 터이지만 이 것 저 것 손대다가는 집수리보다 차라리 집을 새로 짓는 것이 낫다고 합니다. 그래서 내 나름대로 집수리 원칙을 세웠습니다. 하나, 쓸 수 있는 것은 무조건 그대로 둔다. 둘, 생활하는 데 꼭 필요한 것만 고친다. 셋, 경제원칙(최소의 비용으로 최대의 효과를 추구한다)을 지킨다.

그리하였어도 작은 방 두 개를 하나로 트는 일, 수도배관, 보일러 교체, 도배(비닐 장판은 나 혼자 하루 온 종일 쓸고, 닦고, 찌든 때 베껴내고 그대로 쓰기로 하였다), 벽면 방수 페인트, 전기 공사, 너덜너덜한 문짝 교체, 망가진 대문 현관 열쇠 교체 등 경비가 만만치 않았습니다. 다행히 사람 좋은 마영호 사장을 만나 최소의 경비로 집수리를 훌륭히 마쳤습니다.

한 가지 고마운 것은 우리 집안 동생 단원 김정숙이 아파트 위층 사는 전대남 · 전양숙 자매 집사님과 함께 전에 살던 집에다 쳤던 커튼 4벌을 가져왔습니다. 나는 커튼 칠만한 위인이 못되는지라 그 날 저녁 동대문에서 커튼 사업하는 내 잘 아는 하남 동네 아우 곽대영을 불렀습니다. 곽대영은 이리저리 커튼을 손보더니 자를 것은 자르고 이을 것은 잇고 착착 커튼을 쳤는데 1시간이 채 걸리지 않았습니다. 과연 커튼계 23년 관록입니다. 새삼 전문가의 힘을 보았습니다.

이사하는 날, 이삿짐 센터 사람들이 툴툴거립니다. 책 때문입니다. 그 동안 많은 책을 처분하였는데도《말씀의 샘물》1, 2, 3, 4, 5, 6권 재고와 함께 그래도 족히 3,000권이 넘는 책을 운반하는 일은 내가 봐도 고역은 고역입니다. 처음 이삿짐 계약금이 40만원이었지만 45만원을 지불하였더니, 신기하게도 툴툴거리던 소리가 싹없어졌습니다. '돈은 귀신도 부린다' 는 속담을 실감합니다.

이삿짐 정리, 책 정리, 고물상 아저씨 가져가기 좋게 박스 정리까지 막 마쳤는데 제13호 태풍 '산산' 이 비바람을 뿌립니다. 몸 씻고 커피 마시고 있는 이정수 목사

애당초 용서할 일 없는 삶을 살라

본문 / 마18:21-35(눅6:27-38, 눅17:3-4)

1. 들어가는 이야기

지난 몇 주 동안 '용서'를 주제로 말씀을 묵상하였습니다. 그런데 새삼 "용서란 무엇인가?" 그 근본을 생각하여 보면 "용서란 종교적 결단, 혹은 스스로의 넓은 이해심과 깨우침으로 나에게 不當(부당)한 행위를 한 사회적 상황이나 어떤 사람에 대한 나의 원한=복수=앙갚음=한=거부 반응=불평=불만을 포기하거나 이해하거나 좋게 해석하여 스스로 풀어버리는 것" 입니다.

여기서 '나에게 가해진 不當(부당)한 행위' 라는 말에 주의를 기울여 봅시다. '不當(부당)한 행위'란 마땅치 않은 행위=당연하지 못한 행위=잘못된 행위=핀트가 틀린 행위=해서는 안 될 행위=억울한 행위=기분 나쁜 행위를 의미합니다. 이 부당한 행위라는 말은 성경적 표현으로 말하면 '나에게 죄 지은 자' 가 됩니다.

성경에서 罪(죄)의 히브리어 원형 동사는 하타(hata=놓치다, 길을 잃다, 죄 짓다, 죄를 발생시키다) 입니다. 이 하타에서 죄(헤트), 죄인(핫타), 죄악된 것(핫타아), 속죄제(핫타트) 등의 파생어가 나왔습니다. 그런데 이 하타의 원래 의미는 "활 쏘는 사람이 과녁을 맞추지 못하다, 길을 잃어버리다" 입니다. 즉, 죄란 적법치 못한 행위=마땅함을 잃어버린 행위=부당한 행위란 말입니다. 따라서 나에게 가해진 부당한 행위=나에게 죄 지은 자가 되는 것입니다(참고: 구약원어 신학사전 상, 요단출판사, 347-349쪽).

2. 용서하는 것 보다 더욱 중요한 것은 애당초 용서할 일이 없는 것 아니겠는가?

나는 용서에 대한 말씀을 준비하는 과정에서 문득 이런 생각이 들었습니다. 용서하는 삶도 중요하지만 애당초 용서할 일이 없는 삶이 더욱 중요한 것이 아닌가? 하는 것입니다. 무슨 소리인고 하니, 열린 사회(선진국)는 닫힌 사회(후진국)에 비하여 상대적으로 용서할 일이 훨씬 적습니다. 그러나 사람이 사회 생활을 하면서 부당한 일을 당하지 않고 산다는 것은 불가능한 일입니다. 그러나 몰록=문득 생각해보면 내가 당하는 그 부당한 행위 가운데는 "얼마든지 당하지 않아도 되는 부당한 일" 이 너무 많다는 사실입니다.

예를 들면, 노년, 중년, 청년, 청소년 사이의 문화 차이, 모임의 성격에 대한 잘못된 정보 혹은 오해, R·S·A·B·C 좌석이 있는 극장, 떠나야 할 때와 머물러야 할 때에 대한 상황판단, 상대방의 행동에 대한 내 나름대로의 추측, 억측, 오해, 다름을 틀림(생활 습관, 정치 사상, 종교 사상)으로 치부하는 나의 고정 관념, 내 마음 짚어 다른 사람의 마음을 짚는 착각 등으로 인하여 많은 사람들이 조금만 예방하고 이해하면 받지 않아도 혹은 느끼지 않아도 되는 부당한 대우를 받고 느끼는 경우가 참 많다는 말입니다.

3. 애당초 용서할 일 없는 삶을 위한 지혜

첫째, 기대하지 말고, 바라지말고, 마음을 비우고 말하고 행동하라. 마음에 상처받고 용서할 것인가, 앙갚음할 것인가? 하는 갈등은 내가 상대방(특히 가까운 사람들)에게 무엇인가 바라고 기대하는 것을 얻지 못했을 때 일어납니다. 처음부터 마음을 담담하게 가질 일입니다. 성경은 너는 네 식물을 물 위에 던지라. 여러 날 후에 도로 찾으리라(잔11:1). 너희가 받기를 바라고 사람들에게 빌리면 칭찬 받을 것이 무엇이뇨? 아무 것도 바라지말고 빌리라. 그리하면 너희 상이 클 것이니라(눅6:32-35)라고 하십니다.

상대방에게 텅 빈 마음으로 그 무슨 보답을 바라지 말고 선한 말과 행동을 하라는 것입니다. 옛 사람은 이것을 應無所住而生其心(응무소주이생기심: 마음에 보답을 바라는 집착함 없이 그 마음을 낼 것)이라고 갈파한 바 있습니다. 바라는 것이 없으면 섭섭함도 없고 마음에 상처받을 일도 없고 따라서 용서할 일도 없습니다.

둘째, 비판하지 말고 예의 바른 몸가짐으로 행동하라. 마음의 상처는 대부분 비판적이고 가시 돋힌 말 때문에 일어납니다. 그러므로 성경은 비판하지 말라, 정죄하지 말라. 그리하면 비판받지 않을 것이요 정죄받지 않을 것이니라(눅6:3&). 라고 하십니다. 동양적 표현으로 말하면 '예의바른 몸가짐' 입니다.

공자 왈 "非禮勿視 非禮勿聽 非禮勿言 非禮勿動(비례물시 비례물청 비례물언 비례물동: 禮 아니면 보지 말고, 禮 아니면 듣지 말고, 禮 아니면 말하지 말고, 禮 아니면 행동하지 말라)" 라고 하였습니다. 공자는 평생 예의바른 몸가짐으로 사람을 대한 결과 從心所欲不踰矩(종심소욕불유구: 마음 내키는 대로 하였으나 다른 사람들이 나를 무례하다 하지 않게 되었다)의 경지에 이르렀다고 하였습니다.

예의범절을 중요시하는 우리 한국 사회에서 예의바른 몸가짐으로 사람을 대하면 마음에 상처받는 일은 거의 없으리라 생각합니다. 용서할 일도 없는 거지요.

셋째, 다름=틀림이 아닙니다. 다름은 그냥 다름일 뿐입니다. 실례로, 정치적 진보주의와 보수주의는 다름이지 틀림이 아닙니다. 종교적 자유주의와 정통주의는 다름이지 틀림이 아닙니다. 새벽기도형 사람과 철야기도형 사람은 다름이지 틀림이 아닙니다. 일 마치고 쉬는 사람과 쉬고 나서 일하는 사람은 다름이지 틀림이 아닙니다. 뽕짝 애호가와 클래식 애호가는 다름이지 틀림이 아닙니다. 그러므로 나와 다름이라는 이유 때문에 상대방을 배제, 억압, 멸시, 불이익을 강요해서는 안 됩니다(이것이 프랑스 사람들이 매우 중요시하는 덕목인 '똘레랑스' 이다).

그럼에도 불구하고 실생활에서 다름=틀림으로 인식하고 상대방(특히 가까운 사람)을 내 방식대로 개조 시키려 하다가 피차 마음에 상처받는 경우가 얼마나 많습니까? 너의 다름은 나의 다름과 동등한 가치를 가진다는 사실만 인정하고 살아도 마음에 상처받는 일은 많이 줄어들고, 따라서 용서할 일도 줄어듭니다.

좋은 똥 이야기

도올 김용옥의《醫山問答(의산문답)》을 읽고 사람들이 흔히 "다 먹고 살자고 하는 짓인데 밥 먹고 합시다!" 라고 말하는 것은 잘못된 것인 줄 알았습니다. 이 말이 제대로 된 말이 되려면 "다 먹고 싸고 살자는 짓인데 밥 먹고 합시다!" 라고 말해야 합니다. 먹는 것보다 더욱 중요한 것은 싸는 일입니다. 왜냐하면 'In-put' 이 'Out-put' 을 결정하는 것이 아니라, 'Out-put' 이 'In-put' 을 결정하기 때문입니다. 즉, 똥구멍이 막히면 입구멍은 더 이상 아무 것도 받아들일 수 없어 죽음에 이르기 때문입니다.

도올 김용옥의 좋은 똥 이야기

(1) 냄새(smell)-냄새 없는 똥이 좋다. 악취 나는 똥은 속이 잘못됐다는 말이다. 좋은 똥은 냄새가 거의 없고, 있더라도 구수한 냄새가 나는 똥이다.

(2) 색깔(color)-누런 황금빛이 좋다.

(3) 농도(density)-된 똥과 묽은 똥 사이. 물리적 중용을 갖춘 똥이 좋다. 그러나 묽은 똥보다는 된 똥 쪽이 좋다.

(4) 형태(shape)-설날 떡방아간에서 김이 문문나면서 굵고 길게 쑤-욱- 쑤-욱- 빠져나오는 가래떡처럼 굵고 길게 쑤-욱- 나오는 똥이 좋다.

(5) 공복의 느낌(feeling of emptiness)-똥을 시원히 누고 나면 아랫배에 뭉쳐 있던 이물질이 몽땅 빠져나갔으므로 공복감을 느끼는 것이 당연하고 좋다.

(6) 양(quantity)-똥의 양이 많은 것이 좋다. 미국 코네티컷 주 보건당국의 연구 결과에 의하면, 코네티컷 주민의 똥의 양이 30년 전보다 반으로 줄었다. 그것은 주민들의 건강 상태가 30년 전보다 훨씬 나빠졌다는 것을 의미한다.

도올 김용옥의 좋은 똥 이야기를 듣고 나니, 불현듯 영화 "마지막 황제-부의" 첫 장면(궁중 의원들이 부의가 눈 똥을 접시에 받아 냄새 맡고 찍어 맛보는 장면)이 생각난 것은 당연하다 하겠습니다.

좋은 똥은 좋은 건강을 의미합니다. 좋은 똥을 누고 살려면 밤 10시면 무소선 사고, 아침 6시면 무조건 일어난다. 똥 누는 때는 배변감이 오면 아무 때나 눗는 것이 아니라, 밤새 몸 속에서 소화되고 부패된 이물질을 아침에 일어나 몸밖으로 시원하게 내보는 것을 원칙으로 하는 습관이 중요합니다.

<참고 : 도올 김용옥, 의산문답, 통나무, 91~93쪽>

· 아침 운동 ·

양평군 서종면 정배리 171-1 번지.

이 집으로 이사온 지 만 7일입니다. 아침에 일어나 앞 · 뒤 창문을 열면 사방 푸른 산[靑山]에서 맑고 깨끗한 바람이 불어옵니다. 9월 말 요즈음 들판은 샛노란 황금빛으로 일렁이고 있습니다. 어제 서종면사무소 직원들이 들판과 길가 곳곳에 허수아비를 세워 놓았습니다.

나는 매일 아침 6시 샛노란 들판으로 난 農路(농로)를 걷기도 하고 뛰기도 합니다. 내 집에서 한 30분쯤 걸리는 수능리 고갯길 좌우에는 아름드리 소나무, 잣나무가 빼곡하여 나무 냄새 하 짙고, 삐-쫑-삐-쫑- 청아한 산새소리로 가득합니다. 산마루에 떠오르는 아침 햇살은 생명의 힘이며 축복입니다.

이렇게 1시간 남짓 뛰고 걷고, 끝내기는 은행나무로 온통 둘러싸인 숲속에 고즈넉이 자리 잡은 정배초등학교 교정에서 팔굽혀펴기 하고 천천히 명상하며 거니는 것입니다. 그리고 집으로 돌아와 몸 씻고, 밥 먹고, 따끈한 커피 한 잔 끓여 마시고, 책상 앞에 단정히 앉아 성경 그리고 내 관심 분야의 글을 찾아 읽습니다.

정배리 이 집의 한 낮 주변 풍경은 그야말로 한적함. 그 자체입니다. 문호리 강변 집과는 달리 통행하는 차량도 뜸하고, 양수리 나가는 버스도 하루 5번, 마을엔 젊은 사람은 거의 없고 나이 많은 할머니 할아버지들이 이곳 저곳 논 밭에 간간히 눈에 뜨일 뿐입니다. 가끔 낮닭이 목청껏 꼬- 고- 댁- 거리고, 개가 멍- 멍- 짖고, "고물 파세요, 방충망 고치세요, 고무 다라이 왔어요, 개 파세요!" 하는 행상 차량이 지납니다.

어제 낮에 이사하느라 구석 빨래 통에 쌓아 놓은 빨랫감을 마당 수돗가 빨랫돌 위에 펼쳐 놓고 활활 빨아 널어놓으니 가을 햇살이 순식간에 뽀송뽀송하게 말려 버렸습니다. '세탁기 아닌 손빨래하는 즐거움이 이런 것이구나' 하였습니다.

밤이면 일찌감치 사방이 괴괴합니다. 별이 빛납니다. 달 뜨는 날이면 집 바로 앞산에서 노란 달이 둥실 떠오릅니다. 집 안에 틀어 놓은 음악 소리가 마당에서도 그대로 잘 들립니다.

이처럼 좋은 곳을 예비하여 주신 하나님(여호와 이레=The Lord will provide)께 소리 높여 감사 찬송 올리는 이정수 목사

신앙인의 모든 힘은 禮拜(예배)에서 나옵니다

본문 / 요4:20-26, 요2:13-22

1. 들어가는 이야기

"聖俗一如(성속일여: 거룩한 것과 세속적인 속된 것은 하나다. 혹은 성과 속은 같은 뿌리에서 나온 것이다)" 라는 말이 있습니다. 이 말을 '聖(성)=俗(속)' 이라는 단순논리로 이해한다면 위험천만입니다. 성속일여란 평범함 속에 내재된 비범이며, 비범 속에 내재된 평범입니다. 달리 표현하면 이 세상의 모든 세속적인 속된 것에 거룩한 하나님의 빛이 임재하였을 때 일어나는 거룩한 신적 변화를 의미합니다. 즉, 아무리 속된 것이라도 거룩하신 하나님을 만나기만 하면 시공을 초월하여 언제든지 거룩한 존재로 변화할 수 있다는 것을 축약 상징한 말입니다.

예를 들면, 모세가 만난 광야의 타도 타지 아니하는 불타는 '가시덤불', 사람의 손으로 만든 천막이 변한 '성막', 야곱이 밧단 아람으로 가는 광야 길에 한 밤중에 일어나 기름 부어 세운 '돌베개', 초대교회가 된 '마가의 다락방', 다메섹으로 가던 길에 변화된 '사울' 등입니다. 즉, 평범한 광야의 속된 가시덤불이 거룩한 가시덤불로 변한 것이고, 광야에 흔한 속된 돌 조각이 하늘 문을 여는 거룩한 '돌베개'가 된 것이고, 속된 천막이 '성막'이 된 것이고, 사람이 살던 속된 다락방이 '거룩한 교회'가 된 것이고, 사울이라는 속된 사람이 사도 바울이 된 것입니다. 성속일여는 이 처럼 속된 것 속에 일어난 차원을 달리하는 거룩한 기적 사건입니다.

2. 예배는 성속일여 되는 기적의 시 · 공간입니다

예배란 특별한 시 · 공간에서 사람이 몸-정신-영혼을 집중하여 하나님을 경배하고, 찬양하고, 감사하고, 헌신하고, 받들어 모시는, 신령(spirit)과 진정(truth)의 거룩한 행동입니다. 예배드릴 때 우리 안에 성속일여의 거룩한 기적이 일어납니다.

내가 이해하는 대로 예배를 좀 구체적으로 표현한다면 이러합니다. 사람인 우리가 아무런 선입견 없이 마음 속에 진정으로 자연스럽게 감탄, 감격, 감사, 경탄, 환호, 놀라움, 존경, 경외, 거룩한 두려움, 탄복, 찬양, 경의, 숭배, 아! 정말 굉장하다, 아! 정말 훌륭하다, 아! 정말 대단하다, 아! 정말 끝내준다, 아! 정말 예술이다, 아! 정말 놀랍다, 아! 정말 너무 고맙다, 아! 너무 아름답다 등의 감정을 느끼는 때가 언제입니까?

허허롭고 아득하고 광막한 우주, 숨 막히는 아름다움, 웅장 미묘 신묘 막측한 자연, 인생 역전의 드라마, 지고무상의 깨달음, 저것이 사람이 한 것이라고 도저히 믿을 수 없는 인간 役事(역사)의 흔적, 到底(도저)하게 호호탕탕 유유히 흐르는 사람의 歷史, 至高至純(지고지순)의 사랑, 비극적 운명을 끝끝내 견디고 운명을 극복한 인간 승리, 자기 분야에 일획을 그은 위대한 영혼들 등을 보고 만났을 때입니다. 나는 바로 이런 마음의 상태로 하나님을 받들어 모시는 것이 예배라고 생각합니다.

3. 신앙인의 모든 힘은 예배에서 나옵니다

첫째, 하나님을 신령과 진정으로 예배하며 찬양 올릴 때 존재(being)의 힘이 충만해집니다. 하나님은 우리의 찬양 가운데 거하시는 분입니다(시22:3). 하나님은 존재의 근원=존재의 생명=존재 자체=궁극적 존재=존재의 힘이십니다. 찬양할 때 하나님이 우리와 함께 거하셔서 우리 존재를 견고하게 하십니다.

존재=살아 있음=영원한 생명은 모든 드러나는 일(doing)=업적=행동=결과의 근원입니다. 존재가 없으면 드러나는 것도 없기 때문입니다. 예배 시간 우리가 드리는 찬양 가운데 하나님의 존재의 힘이 우리 속에 충만해집니다.

둘째, 하나님을 신령과 진정으로 예배하며 기도 올릴 때 하나님께서 산을 옮기는 능력(무엇을 할 수 있는 힘 power=추진력 energy=신뢰가 가는 권위 authority=물리적인 force)을 부어주십니다. 그러므로 예수님은 믿고 기도하는 자에게 능치 못할 일이 없다(마21:21-22)라고 하신 것입니다. 히브리서 기자는 믿고 기도하는 신앙인들의 위대한 능력을 히브리서 11장 결론에서 "이런 사람들은 세상이 감당치 못 하도다!" 라고 웅변적으로 찬탄하였습니다.

셋째, 하나님을 신령과 진정으로 예배하며 하나님의 말씀을 듣고 받아 모실 때 좌로나 우로나 치우치지 않는 삶의 지혜와 의미 있는 인생을 살 수 있습니다. 하나님의 말씀은 인생을 교훈, 책망, 바르게 함, 의로 교육하여 온전케 하는 데 유익하며(딤후3:16-17), 하나님의 말씀은 살았고 운동력이 있어 좌우에 날선 어떤 검보다 예리하여 혼과 영과 및 관절과 골수를 찔러 쪼개기까지 하며 마음의 생각과 뜻을 감찰하시기 때문입니다(히4:12-13).

4. 마치는 이야기

오늘 현대 교회는 우리에게 익숙한 전통적 예배 형태를 현대인의 다양성에 부응하기 위한 예배 형식(음악 예배, 연극 예배, 드라마 예배, 퍼포먼스 예배, 인터넷 예배, 영상 매체 예배, 방송 예배, 레저 예배, 찬양과 경배 예배 등)을 실험 중입니다. 이에 대한 찬반 이론도 물끓 듯합니다.

나는 예배의 형식보다 예배의 내용에 더 관심이 많습니다. 그 어떤 예배 형식을 취하든지 예배의 내용은 "하나님께 바치는 찬양+하나님께 올리는 기도+살아 계신 하나님의 말씀 선포" 가 있어야 합니다. 이 3요소는 예배라는 솥의 삼발입니다. 어느 것 하나가 더 길거나 짧아서는 안 된다고 생각합니다.

그런데 이 세 가지 요소보다 더욱 중요한 것은 예배드리는 사람의 마음입니다. 예배는 '보는 것' 이 아니라 '드리는 것' 입니다. 내 속에 신령(spirit=영적 갈급함)과 진정(truth=고양된 감정)이 없이 드려진 예배는 이미 예배가 아닙니다. 영(spirit)이신 하나님께서 내 중심을 모르실 리 없기 때문입니다.

이태백과 두보의 시

<다카시마 도시오, 이원규 역, 이백, 두보를 만나다, 심산출판사>를 읽었습니다. 당나라의 위대한 시인 이백과 두보의 일생을 '달아, 달아, 밝은 달아, 이태백이 놀던 달아…' 하는 식의 신화적 이야기 거리로 쓴 것이 아니라 역사적, 사실적, 학문적으로 쓴 글입니다. 이 책을 읽으면서 중국 漢詩(한시)의 종류 구분법을 알아두면 매우 유익할 것 같아 여기 간단히 정리하여 두려고 합니다.

중국 한시는 당나라를 기준으로 당나라 이전 시대의 시풍인 古體(고체-시경, 악부, 초사, 오언고시, 칠언고시 등)와 당나라 초기 발아하여 체제를 갖춘 近體詩(근체시-오언절구, 칠언절구, 오언율시, 칠언율시 등)로 나눕니다.

고체의 五言古詩(오언고시) 혹은 七言古詩(칠언고시)는 각각 한 구가 다섯 글자, 혹은 일곱 글자로 구성되는 것을 원칙으로 하지만 한 구의 글자 수가 한 두 글자 더하고 덜할 수도 있는 시 형식으로 詩句(시구)에 제한이 없고 대부분 깁니다.

근체시의 五言絶句(오언절구), 七言絶句(칠언절구)는 각각 한 구가 정확하게 다섯 글자, 일곱 글자로 구성되어야만 하고, 시구는 엄격히 넷으로 제한됩니다.

오언절구: 牀前明月光 疑是地上露 擧頭望山月 低頭思故鄕(이백의 靜夜思)

칠언절구: 兩人對酌山花開 一杯一杯復一杯 我醉欲眠卿且去 明朝有意抱琴來(이벡)

근체시의 五言律詩(오언율시), 七言律詩(칠언율시)는 각각 한 구가 정확하게 다섯 글자, 일곱 글자로 구성되어야만 하고, 시구는 엄격히 여덟로 제한됩니다.

오언율시: 細草微風岸 危檣獨夜舟 星垂平野闊 月湧大江流
各豈文章著 官應老病休 飄飄何所以 天地一沙鷗(두보의 旅夜書懷)

칠언율시: 玉露凋傷楓樹林 巫山巫峽氣蕭森 江閒波浪兼天湧 寒上風雲接地陰
叢菊兩開他日淚 孤舟一繫故園心 寒衣處處催刀尺 白帝城高急暮砧
(두보의 秋興八首)

너무 기다란 오언 · 칠언고시의 사례는 생략. 오언 · 칠언절구, 오언 · 칠언율시의 훈과 해석도 생략. 다만 그 시 형식이 이런 것이다 하는 것을 예로 들었습니다.

다카시마 도시오에 의하면 이백과 두보, 두 사람의 시 세계의 우열을 가린다는 것은 무의미한 것이다. 이백은 오언절구, 칠언절구가 뛰어나고, 두보는 오언율시, 칠언율시가 빼어났다고 합니다.

이 가을, 한문을 잘 모르더라도 번역서를 참고하면서 나름대로 옥편을 찾아가며 시의 한 구, 한 구를 음미하면 번역서의 한계 건너편에 있는 더 깊은 시의 속뜻을 알 수 있습니다. 그 즐거움이 쏠쏠합니다.

· 가을 산속 집 ·

가을입니다. 길가에는 싯누런 벼이삭, 빨강 · 하양 · 분홍 코스모스, 연보라 들국화, 개망초가 지천입니다. 상아 조각 같은 백로가 하늘을 가로지르고, 까-악 까악- 까마귀, 까치, 산비둘기, 짝 찾는 꿩 울음도 들립니다. 산들은 이제 단풍으로 옷 갈아입을 채비로 어수선합니다.

한낮 따가운 가을 햇살이 한갓진 아스팔트 위에 널어놓은 빨간 고추, 잣, 벼, 빨랫감 위로 쏟아지다가 오후 4시쯤이면 후딱 서편 하늘가에 붉은 노을을 뿌리며 사라집니다. 그리고 금방 어둡기 시작합니다. 여기는 서울과 과히 멀지 않은 동네인데도 완연한 시골이라 초저녁만 되면 사방이 깜깜하고 괴괴하고 사람 왕래도 없이 풀벌레 소리만 요란합니다.

어젯밤(9월 29일, 음력 8월 8일), 문득 창문을 여니 바로 앞산에 추석 보름을 향한 샛노란 반달이 떠올랐습니다. 오랜만에 손에 잡힐 듯 아주 아주 가까이 보이는 달입니다. 반가웠습니다. 아마 오늘 나처럼 이렇게 맑고 깨끗한 가을밤을 맞이했던 옛 사람이 있었던 모양입니다.

산속 집
맑고 깨끗한 밤
침묵한 채
정좌하고 앉았으니

고요하고 고요하며
아득하고 아득하여
본래 스스로 그러함에
이르도다

山堂靜夜坐無言(산당정야좌무언)
寥寥寂寂本自然(요요적적본자연)

올해 단풍 절정은 설악산 10월 12일, 치악산 10월 17일, 내장산 10월 28일이라는 뉴스를 귀담아 들어 둔 이정수 목사

소유지향적 삶과 존재지향적 삶(1)

본문 / 눅12:13-34

1. 들어가는 이야기

하나님께서는 천지창조 때 사람은 물론 이 세상 모든 생명체에게 생육하고 번성할 수 있는 생존 본능(the will to live=the desire for existence)을 부여하셨습니다(창1:22, 28). 산다는 것! 살아 있다는 것! 살 수 있다는 것! 이 보다 더 큰 축복은 없습니다. 사람을 비롯한 모든 생명체의 갖가지 사회 활동의 최고 최종 목표는 풍성한, 넉넉한, 충만한, 행복한 힘있는 생명=삶=live입니다.

그런데 우리 사람과 다른 생명체들 사이에 결정적 차이가 하나 있습니다. 다른 생명체들은 단 한 가지 단순한 생래적 생존 본능뿐인데, 사람은 두 가지 생존 본능 즉, 소유지향적 생존 본능과 존재지향적 생존 본능을 부여 받았다는 사실입니다. 에리히 프롬은《소유냐 존재냐(To Have or To Be)》에서 전자를 'having mode' 후자를 'being mode' 라고 하였습니다.

2. 소유지향적 본능 확대의 비극

소유지향적 본능이란 생존(survival)을 위하여 꼭 필요한 물질을 소유하려는 본능입니다. 존재지향적 본능이란 하나님 나라, 하나님과 사람과 자연 사이의 아름다운 관계, 仁義禮智信(인의예지신), 사회정의, 나눔, 사귐, 베품, 배려, 사랑, 생명 존중 등 사람답게 살고자 하는 본능입니다. 그런데 문제는 18세기 산업혁명 이후 자본주의가 급속히 확장되면서 소유지향적 본능이 병적으로 팽창 확대되고, 존재지향적 본능은 점점 말살되고 있다는 데 있습니다. 산업혁명 이전에는 소유지향적 본능이 국가, 교회, 사회적 관습의 통제를 받았으나, 산업혁명 이후 현대에 이르러 소유지향적 본능은 통제 불능의 최악의 상태에 이르렀습니다. 그 결과 사람은 핵무기의 위험, 자연 파괴, 생태계 파괴, 환경오염, 유전무죄 무전유죄가 되는 사회 윤리의 붕괴, 생명 경시, 동서양을 막론하고 돈만 되면 무슨 짓이든 한다는 세기말적 인류 공멸의 위기를 맞은 것입니다.

예수님은 2000년 전에 이 소유지향적 본능의 비극을 명백히 경계하셨습니다. 본문 말씀이 바로 그것입니다. 예수님은 소유지향적 본능 그 자체를 부정하지 않으셨습니다. 사람이 생존하는 데는 꼭 필요한 생존적 소유물(衣食住)을 인정하셨습니다. 예수님은 이것을 '일용할 양식' 이라고도 하셨고, 사람에게는 먹고 살 떡, 입고 다닐 옷, 머리 둘 곳이 필요하다고 하셨습니다.

그러나 그보다 더욱 중요한 것이 존재지향적 본능(하나님 말씀, 하나님 사랑, 이웃 사랑, 나눔, 베품, 배려, 등)을 일깨워 사는 것이라고 하셨습니다. 본문 말씀, "삼가 모든 탐심(소유지향적 본능)을 물리치라. 사람의 생명이 그 소유의 넉넉한 데 있지 아니하니라(눅12:15)" 하신 말씀이 바로 그 뜻입니다.

3. 예수님께서 소유지향적 본능을 경계하신 이유

첫째, 소유지향적 본능은 모든 인간 관계를 파괴하기 때문입니다. 본문에 보면 어떤 동생이 예수님을 찾아와 자기 아버지가 남긴 유산을 혼자 독차지한 자기 형을 책망하고 유산을 공평히 나눠줄 것을 부탁하였습니다. 그 소리를 듣고 예수님은 오히려 동생을 단호히 책망하였습니다. 왜? 소유지향적 삶은 모든 아름다워야 할 인간 관계를 파괴하기 때문입니다.

오늘 현대 사회의 가정 파괴, 부부, 부모자식, 형제자매 사이의 모든 갈등의 원인이 바로 소유 분배 문제에서 비롯하고 있습니다. 수천 억 원의 재벌 집안은 물론이고 수천 만 원 혹은 수백 만 원의 평범한 가정도 일단 돈 문세가 걸리면 거의 예외 없이 형제자매 사이의 인간 관계가 깨어지는 것을 볼 수 있습니다.

둘째, 소유지향적 본능은 비 생명체인 물질은 물론 尊崇(존숭)받아 마땅한 생명체까지도 물질로 전락시켜 버리기 때문입니다.

우리 현대 사회에 만연한 각종 범죄가 그 대표적 사례입니다. 어린 아이, 늙은 부모의 遺棄(유기), 성매매, 臟器(장기) 매매, 인신 매매, 각종 마약 사업, 전쟁 무기 사업, 유해 물질을 섞은 음식물 제조, 유괴 인질 사건, 자연 동식물의 남획 포획 등입니다. 더 많이 소유할 수 있다면, 돈 되는 일이라면, 그 무슨 비인간적인 짓이라도 사양치 않는 비정하고 참혹한 세상이 될 수밖에 없습니다.

셋째, 소유지향적 본능은 만인의 만인에 의한 투쟁을 유발하여 결국 인류 공멸을 초래하기 때문입니다. 현대를 살고 있는 우리는 말만 안 하고 있을 뿐이지, 누구나 인류 공멸의 위기를 피부로 느끼고 있습니다. 제2차 세계대전 후 냉전 시대에는 핵전쟁의 위험을 두려워하였지만, 오늘날은 핵전쟁 같은 막연한 불안이 아니라 실생활에서 직접 느끼는 두려움입니다.

안심하고 마실 물이 없습니다. 안심하고 먹을 음식물이 없습니다. 언제 오존층이 뻥 뚫릴지 불안합니다. 어느 날 갑자기 전 지구적인 한파, 가뭄, 홍수, 아열대의 확산, 쓰나미, 지진 등 기후 변화가 내습할지 두렵습니다. 어느 날 들이닥칠지도 모르는 치명적인 조류 인플렌자, 광우병, 병명도 확실치 않은 질병, 변종 바이러스의 유포가 두렵습니다. 아니 그러합니까?

세계적인 미래학자, 사회학자, 생태학자, 환경학자, 전문 과학자들은 이구동성으로 경고하기를, “지금처럼 모든 개인, 가정, 기업, 국가들이 소유지향적 본능대로 산다면 향후 20년 내 인류 공멸의 조짐이 구체적으로 눈앞에 나타날 것이다. 인류에게 남은 실낱같은 희망이라면 속히 예수님이 말씀하신 존재지향적 본능에로 회귀하여 살아가는 것뿐이다” 라고 합니다.

黔驢(검려=검주 땅의 나귀)

당송팔대가 중 한 사람으로 유명한 당나라 유종원(773-819)의 글, 〈삼계〉(사슴, 쥐, 나귀 이야기) 중 '검려(검주 땅의 나귀)' 라는 이야기가 있습니다.

검주 땅에는 예로부터 나귀가 없었다. 한 여행자가 나귀를 타고 검주 땅에 이르러 산기슭 어떤 여관에 머물러 나귀를 뒤뜰에 매어 두었다.

그날 밤, 산 속 호랑이가 마을로 내려왔다가 나귀를 보았다. 호랑이가 나귀를 본 즉 생전 보도 듣도 못한 이상한 동물인데 거무뭉틀한 체구에 커다란 퉁방울 눈깔을 껌뻑거리면서 히-히-힝 냅다 소리를 지르는 꼴이 너무나 무섭게 보였다. 그야말로 龐然大物也(방연대물야=집채만큼 커다란 대물이라!)였다. 호랑이는 '걸음아 날 살려라' 하고 줄행랑을 쳤다.

다음 날 밤, 호랑이가 산에서 내려와 멀찌감치 나귀를 보니 어제만큼 무서워 보이지는 않았다. 호랑이가 탐색 차 나귀에게 가까이 다가가 슬쩍슬쩍 몸을 부딪쳐 보았더니 나귀 하는 짓이 큰 소리로 히-히-힝 거리고 뒷발질 하는 것이 고작이었다. 그래도 혹 무엇인가 감춰 둔 비밀 병기가 있을까 하여 호랑이는 이 날도 그냥 산으로 돌아갔다.

다음 날 밤, 호랑이가 산에서 내려와 이번에는 노골적으로 나귀를 앞, 뒤, 옆으로 툭 툭 건드렸는데도 나귀 하는 짓이 어제와 다를 것이 하나도 없었다. 호랑이는 "이 놈 아무 것도 아니었잖아, 괜히 겁먹었잖아!" 하고 당장 달려들어 나귀의 목줄기를 물어 숨통을 끊고 잡아먹었다.

세상에는 검려(검주 땅 나귀)와 같은 사람이 많습니다. 값 비싼 자동차, 유명 브랜드 옷, 일류 학교 졸업장, 삐까뻔쩍한 명함, 이름 깨나 있는 아무 아무개 집안 사람이라는 치장을 하고 히-히-힝 거리는 사람들 말입니다.

세상에는 검려와 같은 상황도 많습니다. 가난, 백수, 신통치 않은 집안, 보잘 것 없는 외모, 내 힘과 내 실력으로는 도저히 어찌 해 볼 도리가 없는 듯한 진퇴양난의 상황들 말입니다.

검려를 잡아먹은 호랑이는 참 똑똑한 호랑이입니다. 그런데 세상에는 애석하게도 똑똑지 못한 호랑이들이 참 많습니다. 외모가 집채만큼 커다란 龐然大物(방연대물)인 것만 보고 그만 초장에 꼬리를 내리고 도망가는 호랑이들 말입니다.

이 똑똑한 호랑이에게 배울 것이 있습니다. 먼저 두 눈 크게 뜨고 잘 보아야 합니다. 이리저리 여러 번 건드려 보아야 합니다. 그리고 나면 난생 처음 보는 엄청난 방연대물도 별 거 아니라는 것을 알게 됩니다.

·명주 솜 이불·

예로부터 건강은 '三快(삼쾌)=快食(쾌식)+快便(쾌변)+快眠(쾌면)'에서 온다고 하였습니다. 그리하여 요즈음 모두들 먹는 문제에 큰 관심을 보이고 있습니다. 그리고 똥 누는 문제에도 많이 신경 쓰고 삽니다. 그런데 잘 자는 문제만큼은 상대적으로 관심이 적은 것 같습니다.

그런데 快眠(쾌면) 이야말로 더욱 중요한 문제가 아닌가 생각합니다. 왜냐하면 잘 자고 나야 잘 먹게 되고, 잘 먹어야 잘 똥 누게 되고, 잘 못 자면 입맛도 없고, 잘 못 먹으면 똥도 잘 누지 못할 것은 정한 이치이기 때문입니다.

어떤 사람이 부자 친구네 별장에 초청받아 갔더니, 그 별장이란 곳이 멋진 자연석으로 두른 정원, 값비싼 가구와 실내 장식, 맛깔스런 음식, 우아한 화장실 등은 끝내주게 잘 되어 있더랍니다. 그런데 밤에 이부자리를 펴놓았는데 보니, 요는 두터운 스폰지를 면으로 둘러싼 것이고, 이불은 인조 솜이더라는 겁니다. 그걸 보고, '아하! 이 친구 뭘 몰라도 한참 모르는구나!' 하고 다음 날 아침 친구를 불러 놓고 한 바탕 난리를 쳤답니다.

"이 사람아, 정원이야 자연 그대로만도 좋고, 옷 넣어두는 옷장이나 앉는 의자야 호마이커 장이면 어떻고 철제 의자면 어떠한가, 화장실도 그렇지 우아한 화장실이라고 똥도 우아하게 나오는가? 가장 중요한 것이 이부자리야, 이부자리! 왜? 이부자리란 것이 인생의 1/3을 직접 맨살을 맞대고 사는 것이기 때문이야. 그런데 정원, 가구, 화장실에다 수천 만 원을 쳐 바르고 정작 중요한 이부자리는 몇 만원 짜리 스폰지와 인조 솜으로 만들어? 말도 안 되는 어리석은 짓이지.

내 분명히 알려 주지. 무릇 이부자리는 겉감은 물론 순면이어야 해, 그리고 요는 순 목화 솜, 이불은 명주 솜으로 된 것이라야 부드럽고 따스하고 훈훈하고 자극이 없어 快眠(쾌면)할 수 있는 법이야! 알아들었는가?"

그 참, 일리 있는 소리로다! 하여, 당장 목화 솜 요, 명주 솜 이불 한 채 값을 물어보니, 45~40만원입니다. 값이 만만치 않아 궁리 끝에 낡은 목화 솜을 틀어 요를 만들고, 명주 솜 이불만 25만원 주고 샀습니다. "명주 솜 이불 덮고 자니 어떠하냐?" 묻는 내 좋은 사람들에게 탁 까놓고 "快眠(쾌면)!" 하는 이정수 목사

소유지향적 삶과 존재지향적 삶(2)

본문 / 눅12:13-34, 마6:19-34

1. 들어가는 이야기

지난 주일, 사람은 하나님으로부터 소유지향적 본능과 존재지향적 본능을 부여받았다는 것. 이 두 본능은 균형을 이루어야 하는 것인데 18세기 산업혁명 이후 자본주의의 확산으로 이윤 추구, 사유재산 등은 신성불가침의 성역으로 인식되면서 개인, 사회, 국가 등 전 세계적으로 존재지향적 본능은 말살되고 소유지향적 본능만이 확대 재생산되고 있다는 것. 그 결과 자원(에너지, 식량, 숲 등) 전쟁, 개인, 국가간 빈부격차, 생태계 파괴, 환경오염, 지구 온난화로 인한 기후 변화 등으로 이 세계는 인류공멸의 위기를 맞고 있다는 것. 개인, 국가, 인류 모두가 살 수 있는 유일한 대안은 예수께서 말씀하신 존재지향적 본능을 일깨워 사는 것 뿐임을 말씀 드렸습니다.

2. 본문 연구

먼저, 누가복음 본문과 마태복음 본문을 자세히 비교하면서 읽어보시기 바랍니다. 마태복음 본문은 산상수훈(마5-7장) 안에 포함되어 있고, 누가복음 본문은 산상수훈과 평행되는 평지수훈(눅6:20-49)과는 별도로 편집되어 있습니다. 그럼에도 불구하고 두 본문 모두 소유지향적 삶을 부정(눅12:13-21, 마:6:19-24)하고 존재지향적 삶을 긍정(눅12:22-34=마6:25-34) 하고 있습니다.

마태복음은 단도직입적으로 사람이 하나님(존재지향적 삶)과 재물(소유지향적 삶)을 동시에 섬길 수 없다고 못 박고 있습니다. 누가복음은 유산 상속을 분배하여 달라는 사람 이야기, 어리석은 부자의 비유 등 아주 구체적 사례를 들어 소유지향적 삶의 병폐를 지적하고 있습니다. 여기서 특별히 누가복음은 "삼가 모든 탐심을 물리치라. 사람의 생명이 그 소유의 넉넉한 데 있지 아니하다(눅12:15)." 하심으로 사람이 사람답게 사는 것은 소유지향적 삶이 아니라고 강조하였습니다. 그리고 나서 누가복음과 마태복음은 저 유명한 "공중의 새를 보라! 들에 핀 백합화를 보라!" 하시는 본문 말씀(눅12:22-34=마6:25-34)으로 존재지향적 삶만이 사람이 사람답게 사는 길이라고 하였습니다.

이 대목에서 우리는 새삼 예수님의 광야 시험을 기억할 필요가 있습니다. 예수님께서 광야에서 40일 금식 기도 하신 후 소유지향적 삶의 대표자 마귀의 시험(돌로 떡을 만들라! 성전 꼭대기에서 뛰어내리라! 천하 만국의 영광을 줄테니 나에게 절하라!)을 받았을 때, 사람은 떡으로만 사는 존재가 아니라 하나님의 말씀으로 사는 존재이다! 주 너의 하나님을 시험치 말라! 주 너의 하나님께 경배하고 다만 그를 섬길 것이니라! 하심으로 마귀의 시험을 물리치시고 존재지향적 삶의 대표자가 되신 것입니다(마4:1-11, 눅4:1-13).

3. 존재지향적 삶이란 무엇인가?

첫째, 사람의 생명(사람이 사람답게 사는 것)은 소유의 넉넉함에 있는 것이 아니라는 사실을 분명히 깨닫고 사는 삶입니다. 무엇보다 이 깨달음이 중요합니다. 자본주의 사회에서 사는 우리는 현실적으로 너, 나 없이 "돈 없으면 죽음이다!" 라는 철저한 소유지향적인 삶에 물들어 살고 있습니다. 그러므로 생존적 소유(일용할 양식) 문제가 해결 되었음에도 불구하고 일주일 용, 한달 용, 일년 용, 10년 용, 100년 용 양식, 심지어 자식 대까지 먹을 양식을 쌓기 위하여 삶을 송두리째 소유하는 일에 쏟아 붓고 있습니다.

오늘 본문 말씀은 자본주의에 세뇌되어 일용할 양식(생존적 소유)의 기준이 무엇인가? 묻는 현대의 신앙인들에게 "사람이 사람답게 살려면 소유지향적 삶만으로는 절대 안 된다!" 는 사실부터 깨달으라는 말씀입니다.

둘째, 일단 소유지향적 삶의 틀로 사는 사람은 어리석은 부자, 결혼잔치의 비유(눅14:16-24)에 나오는 밭을 산 사람, 소 다섯 겨리를 산 사람, 장가 든 사람들처럼 끝없는 탐욕의 수렁에 빠져서 하나님께서 마련하여 두신 존재지향적 삶의 놀라운 신비와 지극한 기쁨을 맛 볼 수 없다는 것입니다. 그 맛이란 말씀을 듣고 배우고 연구하고 깨닫는 기쁨, 들의 백합화, 공중 나는 새를 바라보는 심미안, 내가 하고 싶은 일을 마음껏 해보는 자유, 이웃과 더불어 나누고 베풀고 더불어 함께 사는 즐거움, 인생은 풀어야 할 문제가 아니라 경험해야 할 신비라고 느끼며 사는 여유 등입니다.

반면에 소유지향적 사람은 강도, 사기꾼, 도둑놈, 불량한 자녀, 사회 변동으로부터 자기 소유를 지키기 위하여 창고를 짓고 밤낮으로 경비를 세우고도 불안합니다. 바쁩니다. 방어적입니다. 폐쇄적입니다. 하여, 이 모든 기쁨을 누릴 수 없다는 것이 소유지향적 삶의 비극입니다.

셋째, 존재지향적인 사람은 공중 나는 까마귀, 들의 백합화를 돌보시는 살아 계신 우리 하나님 아버지께서 그것들보다 더 귀한 내가 먹고 마시고 입고 사는 생존적 소유(일용할 양식) 문제는 아주 근원적으로 책임져 주신다는 사실을 의심치 않고 살아갑니다. 따라서 먹고 사는 생존 문제가 해결된 이상 이 세상 사는 동안 내가 할 일이 무엇인가? 하는 것이 존재지향적 사람이 인생을 보는 기본 입장입니다.

대부분의 사람들이 '먹고 사는 문제' 때문에 근심, 걱정, 불안, 초조, 염려, 고민, 주눅 들어 삽니다. 그러나 '먹고 사는 문제 끝!' 인 사람의 삶은 어떠할 것인가? 먹고 사는 문제를 해결해 주신 하나님을 찬양하면서 살 것입니다. 무엇을 더 소유하겠다고 악악거리지 않을 것입니다. 다만 자기 존재 자체로 즐거워하며, 자기 달란트를 생산적으로 발휘하며, 이웃과 더불어 하나 되어 살아 갈 것입니다.

소유형 삶과 존재형 삶의 차이

소유지향적 삶은, 나는 무엇을 소유하고 있다. 나는 나의 소유를 소비하고 있다. 그러므로 나는 존재한다는 것입니다. 존재지향적 삶은, 나는 살아 있다. 나는 나의 생명력을 창조적으로 발휘하여 기쁨, 누림, 즐거움으로 산다. 그러므로 나는 존재한다는 것입니다. 그런데 소유지향적 삶과 존재지향적 삶은 선택적입니다. 어떤 형태를 선택하여 살아가느냐에 따라 그 개인과 그 사회의 성격이 결정됩니다.

*공부할 때, 소유형 사람은 당장 써 먹을 것에 관심을 두고 이것 저것 많은 지식을 쌓아두는데 관심이 많습니다. 존재형 사람은 그 원인부터 결과에 이르는 전 과정을 깊이 앎에 관심을 둡니다.

*사랑할 때, 소유형 사람은 사랑은 쟁취하는 것이다, 무슨 수단을 쓰더라도 내 사람으로 만든다, 일단 내 사람이 된 다음이야 제가 어찌할 것인가? 합니다. 존재형 사람은 사랑은 함께 성장하는 것이다, 나는 너에게 의존하지 않는다, 너도 나에게 의존하지 말라, 우리는 독립된 건강한 인격으로 사랑하며 살자고 합니다.

*권위를 행사할 때, 소유형 사람은 위협, 독재, 억압, 계급 등을 내세웁니다. 존재형 사람은 권위를 放射(방사)할 뿐입니다. 즉, 누구나 인정할 수밖에 없는 그 다움을 드러내 보임으로써 권위가 스스로 드러나도록 합니다.

*종교를 믿을 때, 소유형 사람은 그 종교의 교리, 율법, 체계적 제도를 있는 그대로 수용하고 그것에 근거하여 그러므로 나는 구원 받았다고 믿습니다. 존재형 사람은 그 종교의 교리, 율법, 체계적 제도가 과연 그러한가? 비판적 이성으로 판단하고 주체적 경험과 인식을 통한 확실성에 근거하여 믿고 구원을 확신합니다.

*소유형 사람은 사유재산, 이윤, 취득권, 영향력 등을 추구합니다. 이런 경향은 자연스럽게 물질이 아닌 친구, 연인, 자녀, 건강, 여행, 예술 작품 등까지 소유 개념으로 인식하고 자기와 동일시하여 자기 존재를 파악합니다. 그러므로 그것들이 사라졌을 때 자기 존재도 사라집니다.

*존재형 사람은 모든 인간은 원래 이성적이고 감성적이고 자유로운 능동성을 가지고 있다는 사실을 인정하고, 각 인간의 독립성, 자유, 비판적 이성, 능동성을 추구합니다. 모든 사람은 저마다의 개성, 취향, 경향, 재능, 성격, 생각이 다르므로 나는 나대로 너는 너대로의 타고난 생명력을 발현하는 것이라고 봅니다. 존재는 소유할 수 없습니다. 존재는 느끼고, 즐기고, 누리고, 경험하고, 같이 살고, 또 다른 차원으로 승화할 수 있는 가능성입니다. 그러므로 존재형 사람에게 인생은 풀어야 할 문제가 아니라 경험해야 할 신비입니다. 나 자신도 신비일 뿐입니다.

· 설악산 마등령 종주 ·

10월 11일(수) 미국서 잠시 나온 박병윤 목사와 새벽 5시 30분 백담사 매표소 앞 여관 출발-백담사(7.1Km)-영시암(3.7Km)-오세암(2.5Km)-마등령(1.4Km)-비선대(3.5Km)-설악동(3Km) 코스로 설악산 가을 단풍 산행을 다녀왔습니다.

옛날부터 속초-인제로 넘어가는 고갯길은 위로부터 彌矢嶺(미시령 826M), 馬等嶺(마등령 1,320M), 寒溪嶺(한계령1,004M) 중 가장 지름길이 마등령 고개라고 합니다. 그만큼 가파릅니다. 설악의 말 잔등을 탄다는 것이 그리 만만한 게 아니었습니다. 오세암-마등령 깔딱고개 길에서 비를 만나 더욱 힘들었습니다. 도상거리 총 21.2Km, 산행시간 10시간 20분.

설악산은 마등령-공룡능선-대청봉을 기준으로 속초 쪽을 외설악, 인제 쪽을 내설악, 대청봉 남쪽의 오색, 한계령, 서북능선, 점봉산을 남설악이라고 통칭합니다. 속초 설악동(신흥사)을 기점으로 설악산의 주 등산로(산행 기점을 어디로 잡을 것인가는 그 때 그 때 사정에 따를 것)는 다음과 같습니다.

설악동-천불동계곡-대청봉-봉정암-가야동계곡(혹은 오세암)-백담사
설악동-비선대-마등령-공룡능선-대청봉(혹은 무너미 고개)-신흥사(혹은 백담사)
설악동-권금성-화채능선-대청봉-신흥사(혹은 백담사, 오색, 한계령)
설악동-천불동계곡-대청봉-봉정암-구곡담-용아장성능선-백담사
설악동-천불동계곡-대청봉-오색
설악동-천불동계곡-대청봉-끝청-서북능선-대승령-십이선녀탕계곡-남교리
설악동-천불동계곡-대청봉-끝청-한계령 삼거리-한계령 휴게소

나는 이번 마등령을 넘음으로써 설악산 7개 코스 가운데 4코스를 답사하였고, 기회 되는대로 서북능선, 용아장성능선을 종주하려고 마음먹고 있습니다. 설악산은 큰 산이라 무박 등산은 무리이고 산 아래 혹은 산속에서 일박하는 것이 자연스럽다고 생각합니다(참고: 설악산 국립공원 대피소는 15일 전 인터넷 예약을 하여야 하고, 백담사, 봉정암, 오세암 같은 절집에서는 칼잠 자는 불편은 있지만 하루 삼시 밥과 국, 주먹밥을 주고 재워준다. 경비라기보다 감사하는 마음으로 하룻밤 10,000-15,000원 정도 낸다. 그래도 얼마나 감사한 일인가!).

대본 바닷가에서 놀래미, 학꽁치, 문어, 특히 도다리를 잡은 내 처조카 사위 포천 승리 수양관 박재환 목사의 바다 낚시 솜씨를 인정하지 않을 수 없는 이정수 목사

소유지향적 삶과 존재지향적 삶(3)

본문 / 눅12:13-34(마6:19-34)

1. 들어가는 이야기

우리는 요즈음 소유지향적 삶과 존재지향적 삶의 문제를 묵상하고 있습니다. 이 문제는 자기 삶을 보는 시각=관점=철학, 즉 人生觀(인생관=thought form)의 문제입니다. 그런데 여기서 매우 중차대한 문제가 제기됩니다. 그 문제란 인생관은 흘러가다 보면 자연발생적으로 형성되는 그런 것이 아니라 나 자신이 선택하고 결단할 문제라는 사실입니다. 어떤 사람은 "나는 그런 것 모르고도 잘 살아 왔어, 그거 다 일 없는 한가한 사람들 널 뛰는 소리야!" 라고 할 수 있습니다. 그럴 수도 있습니다. 그것이 문제되지 않는 사람은 그렇게 사는 것이고, 그것이 문제가 되는 우리 같은 사람은 이 문제야 말로 일생일대의 큰 문제가 아닐 수 없습니다.

2. 소유지향적 사람과 존재지향적 사람의 삶에 대한 판단 기준

소유지향적 사람(having mode)의 자기 정체성은 '무엇 무엇을 소유하고 소비하는 존재로서의 나(I am what I have)' 로 인식합니다. 즉, 소유가 넉넉하면 안정감을 느끼고, 소유가 없거나 소유한 것을 상실할지도 모른다는 위협을 받으면 불안감을 느끼는 삶입니다. 그러므로 소유지향적 사람의 삶에 대한 판단 기준은 소유의 증감에 있습니다. 무엇을 보든지(자연, 학문, 예술, 가정, 자녀, 부모, 친구, 사랑, 결혼, 운동, 정치, 심지어 종교까지도), 그것이 소유의 증감에 어떤 영향을 끼칠 것인가? 하는 가치 판단에 따라 행동합니다. 자신의 이성적, 양심적 판단으로 볼 때 당연히 인정할 수밖에 없는 상황이라도 자신의 소유 문제에 악영향을 끼친다면 눈 딱 감고 "아니오!" 합니다. 그 결과 소유지향적 사람의 특성은 방어적, 폐쇄적, 맹목적, 수동적, 몰이해, 비인간적인 모습으로 드러납니다.

존재지향적 사람(being mode)의 자기 정체성은 '지금, 여기, 현재에 살아 있음을 깨어 있어 느끼며, 독립적이며 능동적으로 자유하는 존재로서의 나(I am what I am)' 로 인식합니다. 생존에 필요한 최소한의 생존적 소유는 살아 계신 하나님 아버지께서 책임지신다고 믿습니다. 소유의 증감보다는 살아 있음(생명=live)이 더욱 중요합니다. 그러므로 존재지향적 사람의 삶에 대한 판단 기준은 단 한번 뿐인 나의 삶을 어떻게 살까? 나의 삶을 가장 보람 있게 하는 일은 무엇인가? 삶에서 가장 본질적인 것은 무엇인가? 하는 가치 판단에 따라 행동합니다. 그 결과 존재지향적 사람의 특성은 능동적, 개방적, 활동적, 풍부한 감수성, 수용성, 협조적, 인간적인 모습으로 드러납니다.

나는 이 양자 사이의 대조적 모습을 잘 표현한 영화 '죽은 시인의 사회(Dead Poets Society)'를 강력 추천합니다. 워낙 유명한 영화라 이미 보셨을 줄 알지만 이런 관점을 가지고 다시 한 번 보아주실 것을 부탁드립니다. 카르페 디엠!

3. 본문 말씀, 하늘을 나는 까마귀를 보라! 들의 백합화를 보라! 무슨 뜻입니까?

첫째, 생존적 소유 문제(최소한의 먹고 사는 의식주 문제)는 염려하지 말고 살라! 는 것입니다. 본문 말씀은 하루 먹고 살기도 바쁜 현실을 생각하면 매우 비현실적인 극단적 말씀입니다. 바이스, 슈바이처 같은 학자는 본문은 일상적인 보통 때의 윤리가 아니라 예수님 당시 팽배했던 임박한 종말론에 근거한 비상 윤리이다. 헤르만 디벨리우스 같은 학자는 본문은 '그대로 하라' 보다는 '그런 방향으로 살아라' 는 뜻으로 해석하였습니다(참고 :《말씀의 샘물》 고전예화 제396호).

나는 이렇게 생각합니다. 현실적으로 먹고사는 문제로 고통 받는 사람들이 많습니다. 그러나 먹고사는 문제에 코 박고 사는 통에 존재지향직으로 살만해졌음에도 불구하고 계속 소유지향적으로 살아가는 어리석음에서 벗어나라 하는 뜻으로 생각합니다. 우리 주변에 일용할 양식이 아니라 1년용, 10년용, 100년용 양식을 쌓아 놓고도 소유지향 중독에서 벗어나지 못하는 사람이 얼마나 많습니까?

둘째, 비교급으로 살지 말고 최상급으로 살라는 말입니다. 까마귀는, 백합은 자신을 다른 새나 다른 꽃들과 비교하지 않고 저들만의 독특함으로 살아갑니다. 까마귀처럼, 백합화처럼 너 자신만의 독특함, 최상급으로 살라는 말입니다.

옛글에 人心各自是 我有亦自是(인심각자시 아유역자시－사람마다 각자 자기가 옳다하는 것이 있다. 나 역시 내가 옳다 하는 것이 있다)고 하였습니다. 나는 나대로 너는 너대로 가야 할 길이 있다는 것입니다. 그러므로 다른 사람과 비교하지도 말고, 비판 하지도 말고, 너 자신의 길을 무소의 뿔처럼 최상급으로 虎視牛步(호시우보－호랑이 눈으로 살피고 황소처럼 우직하게 가라!) 하며 살라는 것입니다.

셋째, 카르페 디엠(Carpe Diem－현재를 살아라!) 하라는 것입니다. "내일 일은 내일 염려 할 것이요 한 날 괴로움은 그 날에 족하니라(마6:34)" 하신 말씀은 "오늘 걱정은 오늘 하고, 내일 걱정은 내일 하라"는 말씀이 아닙니다. 이 말씀의 원뜻은 내일 걱정은 내일 할 것이므로, 밤새 안녕을 기도하며 "항상 오늘에" 살 수 밖에 없는 우리 사람은 내일은 물론 오늘도 걱정할 필요가 전혀 없다는 말씀입니다. 왜냐하면 내일은 아직 오지 않았고, 오늘은 까마귀를 먹이시고, 백합을 입히시는 하늘 아버지께서 까마귀보다, 백합보다 더 귀한 우리를 먹이시고 입히시고 재우실 것이기 때문입니다(참고: 민영진, 성경바로읽기, 대한기독교서회, 83－88).

그러므로 카르페 디엠(Carpe Diem)－오늘을 살라! 돈 워리 비 해피(Don' t worry, Be happy)－염려말고 행복하라! 는 것입니다. 오늘, 지금, 현재, 여기서, 이 순간에 살아 있음을 느끼고, 누리고, 기뻐하고, 감사하며 살라는 말씀입니다. 예수님은 분명히 소유지향적 삶(Having Mode)이 아니라 존재지향적 삶(Being Mode)을 사는 것이 옳다고 하신 것입니다.

고전예화 455 카르페 디엠(Carpe Diem)

카르페 디엠(Carpe Diem)! 1989년 톰 슐만(Tom Schulman)의 소설을 피터 와이어 감독이 영화화한 "죽은 시인의 사회(Dead Poets Society)"에서 존 키팅 선생(로빈 윌리엄스)이 전통, 명예, 규율, 최고를 지향하는 미국 웰튼 대입예비학교 학생들에게 강조함으로써 우리들에게도 친숙한 말이 되었습니다.

카르페 디엠! 은 로마 시인 오라치움(Horatium)의 시 'Odes(오데스)' 에 나오는 것으로 해당 문장은 "Carpe Diem, quam minimum credura postero(까르페 디엠, 미니뭄 끄레둘라 뽀스떼로=지금, 현재, 오늘을 잡으라! 내일은 최소한으로 믿으라)" 라는 뜻입니다. 웹스터 사전은 "the enjoyment of the pleasures of the moment without concern for the future(미래에 대하여 염려하지 말고 지금 이 순간을 즐기고 기뻐하라)" 고 하였습니다.

영화 "죽은 시인의 사회", 우리말 번역도 "카르페 디엠"을 "현재를 즐기라!" 고 번역하였는데, 여기 약간 문제가 있습니다. 원래 "카르페" 라는 말의 원뜻은 영어 표현으로 catch(붙잡다), seize(밧줄을 꽉 움켜쥐다), pluck(물에 빠진 사람이 지푸라기 잡듯 꼭 붙잡다)는 뜻입니다. 그러므로 나는 카르페 디엠(Carpe Diem) 이란 말은 "과거(죄책감, 부끄러움, 자랑, 영광, 등)에 사로잡히지도 말고, 미래(불안, 염려, 불확실성, 근심, 두려움 등)에 주눅들지도 말고, 지금, 여기, 오늘, 현재(hic et nunc!)의 삶을 꽉 붙잡으라! 현재를 살아라! 현재에 깨어 있으라!" 는 의미로 이해합니다. 동양적으로 표현하면 日日是好日(일일시호일-흐린 날은 흐린 날대로 좋고, 맑은 날은 맑은 날대로 좋은 것이다), 日日新又日新(일일신우일신-날마다 새롭고 또 다시 새로워지는 삶을 산다) 이라 할 수 있습니다.

존 키팅 선생님은 오래 전에 죽은 그 학교 선배들의 기념사진 전시 홀에서 이렇게 말합니다. "애들아, 귀를 기울여 들어 보아라. 그들의 속삭임이 들리니? Carpe, Carpe, Carpe, Diem, Seize the day boys. Make your lives extraordinary(카르페, 카르페, 카르페, 디엠! 지금, 오늘, 현재를 꽉 움켜잡고 살아라, 너의 인생을 너만의 독특한 삶이 되게 하라!) 라는 저 속삭임 말이야!"

*죽은 시인의 사회의 선언문-헨리 데이비드 소로우의 글

나는 자유롭게 살기 위하여 사려 깊게 살기 위하여 숲 속으로 왔다. 인생에서 비본질적인 것들은 다 떨쳐내고 인생의 본질적인 것에 직면하기 위해서였다. 마침내 내가 죽음을 맞았을 때, "나의 삶은 헛되었구나!" 하는 후회를 하지 않기 위하여 나는 삶이 아닌 것은 살지 않기로 한 것이다. 내가 무엇보다 소중하게 여기는 것은 자유다. 경제적으로 풍족하지 않더라도 나는 행복하다. 명품 사는 데 필요한 돈을 벌기 위하여 내 삶을 낭비하고 싶지 않았다. 삶은 얼마나 소중한 것인가!

<참고 : 《말씀의 샘물》 제4권 고전예화 제222호-헨리 데이비드 소로우의 월든>

말씀의 샘물 제 456 호 (2006. 10. 30)

· 내가 사는 집 주변 풍경 ·

양평군 서종면 정배리 171－1 번지는 내가 사는 집 주소입니다. 내 집을 찾아 온 사람들의 첫 인사말은 "마당이 참 넓네!", "경치 참 좋다!", "집은 작아도 생각한 것보다 깨끗하고 쓸모 있네!" 입니다.

이 집은 최창조 교수의 <좋은 땅이란 어디를 말함인가>를 참고하여 실펴 볼 때 임산배수, 상풍득수, 북쪽으로부터 힘차게 흘러내리는 산세[來龍], 마을 主山(주산)인 가마봉, 좌청룡, 우백호, 마을 앞 정배천, 건너편 案山과 祖山이 아늑하여 飛龍含珠形(비룡함주형: 용이 여의주를 물고 나르는 듯한 지형)이라고는 할 수 없고, 飛鳳抱卵形(비봉포란형: 봉황이 알을 품은 듯한 지형) 아닌가 추측합니다.

나도 이 집이 참 좋습니다. 내가 이 집을 좋아하는 이유는 이러합니다.

첫째, 이 집 주변에 자동차로 10~30분 거리에 중미산(833.9M)－통방산(650M)－삼태산(683M)－유명산(862M)－소구니산(800M)－대부산(743M)－화야산(755M)－고등산(600M)－뾰루봉(710M)등 한국의 산하(www.koreasanha.net)에 이름이 올라 있는 산들이 많습니다.

서울 사람들은 특별히 마음먹고 날을 잡고 와야 하지만 나는 아침이든 점심 때든 언제든지 마음 내키는 대로 산을 오를 수 있어 좋습니다. 내 좋은 사람들 오시면 산행 가이드 할 정도는 되어 있습니다.

둘째, 이 집은 새벽부터 해가 서산에 걸릴 때까지 하루 종일 볕이 잘 들어 전기 불 켜야 할 일이 거의 없습니다. 문호리 강변 집 전기세가 한 달 평균 35,000원이었는데, 이 집 전기세는 10,000원 정도라 돈이 안 들어 좋습니다.

셋째, 이 집은 참 한적합니다. 동네도 한적하고, 한 길도 한적하고, 산도 한적하고, 들판도 한적합니다. 대문 활짝 열어놓고 일보고 와도 집은 그냥 한적한 채로 있습니다. 큰 소리로 찬양을 해도 이웃에 들리지 않고, 한 밤중에 음악을 크게 틀어 놓아도 탓하는 사람 없어 좋습니다.

10월 28일(토) 오전 11시. 미국 시애틀 공항 연수 직원으로 취직하여 미국 가는 내 사랑하는 딸 이혜원의 머리 위에 손을 얹고 축복 기도 올리는 이정수 목사

소유지향적 삶과 존재지향적 삶(4)

본문 / 눅12:13-34, 마6:19-34

1. 들어가는 이야기

오늘 아침에도 계속 소유지향적 삶과 존재지향적 삶의 문제를 묵상하겠습니다.

서강대학교 영문학과 교수 장영희는 카톨릭 신자입니다. 그녀는 어느 날 예배 시간에 신부님이 "베풀고 살라!"는 주제로 말씀을 전하면서 "지금 이 시간 옆에 계신 교우에게 자기가 가지고 있는 것 가운데 한 가지를 주십시오" 라는 말씀을 들었습니다. 그 순간 장영희의 마음은 바쁘게 움직였습니다. 내가 아끼는 겉옷은 줄 수 없고, 동생이 사 준 스카프도 줄 수 없고, 조카 아이가 생일 선물로 보내 준 장갑도 줄 수 없고, 돈은 물론 줄 수 없고…. 줄 수 있는 것이 아무 것도 없었습니다. 마침 주머니 속에 식당에서 들고 나온 박하사탕 하나가 있어 그것을 옆에 계신 할머니 교우에게 주었습니다.

장영희는 예배를 마치고 돌아오는 차 속에서 문득 이런 생각이 들었습니다. '아, 나는 그래도 문학을 사랑하고, 자연을 사랑하고, 비교적 존재지향적인 삶을 살고 있다고 생각하였는데, 막상 주라! 베풀어라! 하는 말씀 앞에 섰을 때 내 마음은 무엇을 줄까? 하기보다는 줄 수 없는 이유, 소유하지 않으면 안 되는 이유 찾기에 바빴다. 내 의식은 존재지향적 삶을 산다고 하지만, 내 무의식은 철저히 소유지향적 삶을 살고 있구나!' 하는 깨달음이었다는 고백입니다.

2. 소유지향적 삶의 어리석음

장영희 교수뿐 아니라 우리 역시 철저히 소유지향적 삶을 살고 있습니다. 우리 모두는 넉넉한 소유를 원합니다. 부자가 되고 싶어 합니다. 그래서 우리 시대의 인사는 "안녕하세요!" 가 아니라 "부자 되세요!" 로 변하였습니다.

그런데 예수님은 단호히 "삼가 모든 탐심을 물리치라. 사람의 생명이 그 소유의 넉넉한 데 있지 아니하다!" 라고 하시고, 어리석은 부자의 비유를 그 증거로 제시하셨습니다(눅12:16-21). 비유에 나오는 부자의 관심은 오로지 소유의 보존과 소유가 주는 평안입니다. 이 부자의 자기 정체성은 그 소유에 있습니다. 그 소유가 사라지면 그의 자기 정체성도 사라집니다. 그것이 어리석다는 것입니다. 즉, '돈은 있다가도 없고, 없다가도 있는 것', '사람 나고 돈 났지, 돈 나고 사람 난 것이 아니다!' 라는 지극히 평범한 진리를 망각한 것입니다.

부자는 소유지향적 삶에 집착함으로써 소유보다 더 귀한 '생명=자유=하나님 나라=진리=사랑=아름다움=나눔' 이라는 존재지향적 삶이 주는 기쁨을 상실하고 있다는 것입니다. 小貪大失(소탐대실) 하는 어리석음이란 말입니다. 우리는 죽음의 자리에 임한 많은 부자들이 자신들의 소유지향적 삶을 후회하는 고백을 심심치 않게 듣고 보면서도 여전히 소유지향적 삶을 살고 있습니다.

3. 존재지향적 삶의 기쁨

첫째, 하나님께 예배 드리는 기쁨입니다. 모든 존재의 근원은 창조주 하나님이십니다. 신령과 진정의 마음으로 그 분을 기억하며, 그 분의 말씀을 배우며, 그 분을 찬양하며 예배할 때 우리 사람은 존재의 기쁨을 체험합니다.

*여호와를 경외함으로써 섬기고 떨며 즐거워할지어다… 여호와를 의지하는 자는 다 복이 있도다(시2:12). *주께서 내 마음에 두신 기쁨은 저희의 곡식과 새 포도주의 풍성할 때보다 더하니이다(시4:7). *주께서 생명의 길로 내게 보이시리니 주의 앞에는 기쁨이 충만하고 주의 우편에는 즐거움이 있나이다(시16:17). *나의 힘이 되신 여호와여 내가 주를 사랑하나이다(시18:1). *여호와를 경외하는 도는 정결하여 영원까지 이르고 여호와의 규례는 확실하여 다 의로우니 금 곧 많은 정금보다 더 사모할 것이며 꿀과 송이꿀보다 더 달도다(시19:9-10). *여호와는 나의 목자시니 내게 부족함이 없으리로다(시23:1). *여호와는 나의 빛이요, 나의 구원이시니 내가 누구를 두려워하리요. 여호와는 내 생명의 능력이시니 내가 누구를 무서워하리요(시27:1). *여호와의 사자가 주를 경외하는 자를 둘러 진치고 저희를 건지시는도다(시34:7). *호흡이 있는 자마다 여호와를 찬양할지어다(시150:6). 시편 기자의 이 모든 고백이 무엇입니까? 여호와 하나님께 드리는 예배를 통하여 받은 말할 수없는 존재 그 자체의 기쁨을 토로한 것입니다.

둘째, 하나님께서 창조하신 이 아름다운 주님의 세계를 보고, 듣고, 느끼고, 깨닫고, 표현하는 기쁨입니다. 사람이 만든 작위적이고 인위적인 것들은 興盡悲來(흥진비래: 흥이 다하면 비애를 느낀다)합니다. 그러나 하나님께서 창조하신 大自然(대자연)이 주는 기쁨은 다함이 없습니다. 자연을 누리는 기쁨입니다.

나는 산에 가는 것을 참 좋아합니다. 어쩌다 등산을 힘들어 하는 사람들과 산을 오를 때가 있습니다. 그런 분들은 산행 도중에 "힘들다, 그만 내려가자, 더 이상 못 가겠다, 쉬었다 가자" 별 별 소리가 많습니다. 그런데 산 아래 내려와서 그 분들 하는 소리를 들어보면 한결같이 "죽을 맛이었지만 너무 너무 좋았다!"입니다. 우리 모두 묵상하는 마음으로 찬송가 78장(참 아름다워라!)을 찬양합시다.

셋째, 하나님의 천지 창조 이래 단 하나밖에 없는 나의 삶을 '그 누구 누구 처럼'이 아니라 '지극히 나다운 삶, 오직 내가 살고 싶은 삶을 살아냄'으로 하나님의 창조 질서에 동참하는 기쁨입니다. 자유로운 삶의 기쁨입니다. 물론 여기서 자유는 다른 사람의 자유를 침해하는 자유방임(laissez-faire)도 아니고, 다른 사람을 무시하는 독단(arbitrariness)도 아닙니다. 너희가 내 말에 거하면 참 내 제자가 되고 진리를 알지니 진리가 너희를 자유케 하리라. 그러므로 아들이 너희를 자유케 하면 너희가 참으로 자유하리라(요8:31-36). 주는 영이시니 주의 영이 계신 곳에는 자유함이 있느니라(고후3:17) 하신 그 자유입니다. 소유에 대한 집착, 내가 옳다는 아집이 없는 진실로 자유한 삶의 기쁨 말입니다.

내 생애 단 한번

나의 최근 설교 말씀 주제는 <소유지향적 삶과 존재지향적 삶>입니다. 이 주제를 묵상하면서 읽고 본 것 가운데 인상 깊은 것은 에리히 프롬, 《소유냐 존재냐(To Be Or To Have)》. 장영희, 《내 생애 단 한번》. 피터 와이어 감독, 《죽은 시인의 사회(Dead Poets Society)》입니다.

*우리 모두 학교 다닐 때 《소유냐 존재냐》를 읽고 리포트 써 낸 기억이 있습니다. 그 때는 학점 따느라고 이 책을 제대로 이해하지도 못한 채 읽었다는 것 자체로 그만이었는데, 오늘 다시 천천히 읽어 보니 에리히 프롬은 정말 대단한 사람입니다. 이 책은 꼭 재독할 필수불가결한 강력한 이유가 있다고 생각합니다.

*우리들은 일상 대화에서 "그 친구 잘 사나?", "자네, 아이들 잘 사는가?" "개는 복이 터졌어, 시집 가서 아주 잘 살아!" 라는 말을 흔히 씁니다. 이 때 사용된 '잘 산다' 는 말의 개념 속에는 경제적 넉넉함의 여부가 중심을 이루고 있습니다. 그런데 잘 산다고 할 때, '잘' 이란 부사는 원래 '탁월하게, 능숙하게, 제대로, 올바르게, 참되게' 라는 뜻입니다. 그런데 우리는 '잘' 이란 말의 존재지향적 원래 의미는 싹 빼버리고 소유의 넉넉함만으로 이해하고 있습니다. 그만큼 우리 의식이 소유지향적으로 변했다는 증거입니다.

아주 오래 전, 소크라테스는 잘 산다는 것=아름답게 산다는 것=의롭게 산다는 것이라고 하였습니다(Living well and beautifully and justly are all onething).

*영화 '죽은 시인의 사회' 의 키팅 선생님은 학생들에게 시문학 분야에서 바이블로 통하는 에반스 프리챠드 박사의 시학 원론을 단 한 마디로 "쓰레기!" 라고 합니다. 그리고 "찢어 버리라"고 합니다. 불교식으로 말하면 殺佛殺祖(살불살조 : 참 깨달음을 얻으려면 부처를 만나면 부처를 때려죽이고, 스승을 만나면 스승을 때려 죽여야 한다)입니다. 남의 삶의 모방이 아닌 오직! 나 대로의 삶을 살기 위하여!

아이비 리그의 경영, 의학, 법률, 과학 대학에 진학하기 위하여 대학예비학교의 명문 웰튼에 입학한 너희들은 앞으로 은행가, 법률가, 의사, 과학자가 될 우리들에게 詩가 무슨 소용인가? 하겠지! 그러나 너희들이 알아 두어야 할 것이 있다. 법률, 의학, 과학, 기술 등은 사람이 살아가는데 꼭 있어야 매우 중요한 수단이다. 그러나 시, 낭만, 예술, 사랑은 인생의 수단이 아니라 목적이야, 목적!

얘들아, 지금 내가 하는 말이 무슨 뜻인지 알아 듣겠니? 그래, 너희들은 시금 내가 한 밀의 뜻을 이해할 수 없을 거다. 그러나 먼 훗날 너희들이 점점 나이를 먹어가면서 지금 내가 한 말의 뜻이 무엇인지 알게 될 거다. 너희들 한 사람 한 사람의 인생은 그 어떤 기준으로도 우열을 평가할 수없는 한 편의 詩인 게야!
So, Make your lives extraordinary!

·강원도 문래교회 김경연 사모님·

강원노회 노회장 상장중앙교회 윤창현 목사님, 북한 개성공단 그린닥터에서 자원 봉사하다 잠시 휴가 나온 김주윤 목사, 정선군 임계면 문래교회 이양일 목사님이 모처럼 새로 이사한 내 집을 찾아오겠다는 연락이 왔습니다.

이 분들이 "새 집에 가는데 무엇을 사가지고 갈까? 필요한 것이 무엇인가?" 묻습니다. 내가 하는 소리가 "어려운 교회에서 수고하시는 분들이 무슨 그런 소리를 하시는가? 귀한 사람들 얼굴 보는 것만으로도 충분하다"고 하였으나 "그래도 인사가 아니다"라고 하는 바람에 "그럼 돈 들이지 말고 집에 있는 것으로 간단하게 알아서 들고 오라"고 하였습니다.

귀한 손님들이 오시는데 무엇으로 대접 하는가? 외식도 좋지만 집에서 끓여 먹는 것도 좋은 일이라 여겨 햇반, 미역국, 삼겹살, 명란, 버섯, 상추 등으로 도착 즉시 저녁을 자실 수 있도록 만반의 준비를 갖추었습니다. 약속 시간보다 훨씬 늦게 시장기 도는 초췌한 모습으로 손님들이 왔습니다. 내가 이처럼 바로 먹을 수 있도록 준비한 것을 보고 손님들은 감동하였습니다.

식탁에 앉자마자 내가 하는 소리가 "그래, 새 집에 무엇을 가지고 왔는가?" 물으니 윤창현 목사는 자기네 교회 여전도회에서 만들어 파는 감주 5병(이 감주는 참 맛 있다. 택배 주문 가능), 김주윤 목사는 개성 특산 인삼주 1병, 이양일 목사는 파란색 도는 예쁜 삼층 찬합에 1층 만두, 2층 고추 튀김, 3층 골지천에서 잡은 물고기 튀김을 내놓았습니다.

장원은 단연 삼층 찬합입니다!
이 날 저녁 식탁에서 제일 인기 있었던 음식은 골지천 물고기 튀김이었습니다. 강원도 정선군 임계 골짜기 특 1급수 골지천에서 잡은 쉬리, 모래무지, 피리, 버들치, 어름치 튀김은 이동 시간 때문에 금방 튀겨냈을 때의 바삭바삭한 맛은 좀 떨어지지만 고소하고 은은하고 개운한 맛이 일품입니다. 김주윤 목사가 자주 젓가락 대는 통에 나는 "허락이요! 할 때만 손 대" 라고 엄중 경고하였습니다 (이 농담으로 우리 모두 크게웃었다). 그리고 이처럼 귀하고 맛있는 음식을 정성껏 만들어 보내주신 김경연 사모님께 우리 모두의 고마운 뜻을 전하였습니다.

말씀의 샘물교회 홈 페이지 변경된 주소 <www.wordspring.co.kr> 많은 방문 바라고 있는 이정수 목사

소유지향적 삶과 존재지향적 삶(5)

본문 / 눅12:13-34, 마6:19-34

1. 들어가는 이야기

2006년 11월 16일(목)은 대학입학시험일입니다. 우리 사회에서 대학입시는 매우 중요한 사안입니다. 그리하여 수험생들과 부모들은 먼저 좋은 결과를 얻은 선배와 부모들의 조언에 비상한 관심을 가지고 귀를 기울입니다. 또한 이미 대학교에 입학한 재학생들은 알찬 대학생활을 하기 위하여 그 앞의 선배들에게 자문을 구합니다. 이즈음이면 우리 교회뿐 아니라 성당, 사찰에서도 수험생들이 마음의 안정을 찾아 시험에 두려움 없이 임하여 평소 닦은 실력을 유감없이 발휘 할 수 있도록 기도하고 있습니다.

내 경험으로 볼 때, 대학 졸업식에는 세 종류의 사람이 있습니다. 기뻐 뛰는 사람, 밋밋한 사람, 후회 통탄하는 사람이 그것입니다. 우리 각 사람의 인생 대학 졸업식인 죽음의 자리에 임하였을 때도 그러하다고 생각합니다. 감사와 기쁨이 충만하여 하나님을 찬양하며 평안히 눈을 감는 사람, '인생이란 게 다 그런 거지 뭘' 하며 그럭저럭 앓다가 눈을 감는 사람, '안돼! 이렇게 죽을 순 없어, 너무 억울해, 한 달만 더 살게 해 줘!' 발버둥치며 자신의 인생을 後悔莫及(후회막급)하며 통탄하는 사람이 그것입니다. 우리 각 사람이 인생 대학에서 어떤 종류의 졸업생이 되기를 원하는가는 자명할 것입니다. 따라서 인생 대학교 선배들의 충고를 귀담아 들어 둘 필요가 있으리라 생각합니다.

2. 임사체험자, 죽음 선고를 받은 사람들의 공통된 고백

20세기 최고의 정신의학자, 호스피스 운동의 선구자, 죽음학(thanatology)의 전문가 엘리자베스 퀴블러 로스(1926~2004)는 수 천 명의 임사체험자, 의사로부터 죽음을 선고 받은 환자에 대한 임상 연구 결과를 다음과 같이 보고 하였습니다.

죽음을 앞둔 사람들은 좀 더 좋은 환경(업적, 권력, 집, 자동차, 옷 등), 즉 소유지향적인 것에 대한 후회는 없었습니다. 오히려 일 때문에, 알량한 자존심 때문에, 쓸 데 없는 열등감 때문에, 우선순위를 잘못 정한 어리석음 때문에 누리지 못하고 나누지 못하고 사랑하지 못한 인간관계(가족, 친구, 이웃과의 사랑), 하고 싶었던 것(만나고 싶은 사람, 먹고 싶은 것, 보고 싶은 것, 읽고 싶었던 것 등)을 하지 못한 것, 즉 존재지향적 삶을 살지 못한 것에 대한 절절한 후회였습니다.

그 분들이 우리에게 보여준 가장 놀라운 사실은 죽음 선고를 받는 순간에 그들의 삶이 끝장난 것이 아니라 오히려 그때부터 진정한 삶이 시작되었다는 점입니다. 즉, 죽음의 실체를 인정하는 순간, 삶의 실체가 보였기 때문입니다. 그들이 아직 살 날이 남아 있는 우리에게 주는 가장 귀한 교훈은 "일상적인 모든 날(everyday)을 최대한으로 살라!" 는 것입니다(엘리자베스 퀴블러 로스, 인생수업, 이레).

3. 존재지향적 삶을 위한 지혜

첫째, 의학적으로 분명히 사망하였다가 다시 살아난 임사체험자들의 보고.

(가) 이제 다시 죽는다고 하여도 두렵지 않습니다. (나) 즐거운 파티에 가기 위하여 작업복을 벗고 아름다운 드레스나 멋진 정장을 입는 것처럼 죽음은 육체라는 작업복을 벗는 것과 같은 느낌입니다. (다) 죽음의 세계에 들어 섰을 때 자기 자신에 대한 온전한 실체를 느꼈고, 이 세상에 존재하는 모든 것－森羅萬象(삼라만상), 頭頭物物(두두물물), 天地萬物(천지만물)이 나 자신과 깊이 연계되어 있다는 것을 깨달았습니다. (라) 죽음의 세계에 들어 섰을 때 전혀 외롭지 않았고 두렵지 않았습니다. 따뜻함, 밝음, 그 어떤 힘을 느꼈습니다. 누군가 나와 함께 계시다는 느낌이었습니다. 죽음은 끝이 아니라는 것을 알았습니다.

둘째, 소유지향적 삶은 가짜입니다. 우리가 소유지향적 삶을 사는 근본 이유는 우리 마음자리에 두려움이 도사리고 있기 때문입니다. 다른 사람들에게 별 볼일 없는 무가치한 사람으로 무시당할지도 모른다는 두려움, 다른 사람의 사랑을 잃을지도 모른다는 두려움, 더욱 원초적으로 굶어 죽을지도 모른다는 생존의 두려움 때문입니다. 그러나 그럼에도 불구하고 두려움은 사실 그 실체가 없는 것입니다. 그러므로 성경은 끊임없이 두려워 말라! 두려워 말라! 두려워 말라! 고 하신 것입니다. 그러나 미련한 우리는 항상 두려움에 압도되고 주눅들어 소유지향적 삶에 매달려 애면글면 하고 삽니다.

그런데 우리와 똑같이 소유지향적 삶을 살던 사람 가운데 어떤 사람들(임사체험자, 죽음 선고를 받은 환자)이 어느 날 갑자기 죽음 앞에 섰습니다. 그들이 직접 죽음을 맞대고 보니 두려워 말라 하시는 하나님의 말씀이 과연 옳다는 것을 깨달은 것입니다. 두려움은 정말 그 실체가 없는 허망한 杞憂(기우)였다는 것이 그들의 한결 같은 고백입니다.

셋째, 존재지향적 삶이 진짜입니다. 앞서 말씀 드렸듯이 사람이 죽음 앞에 서면 소유지향적 삶에 대한 후회는 없습니다. 다만 존재지향적 삶을 살지 못한 것이 후회될 뿐입니다. 소유지향적 삶은 가짜고 존재지향적 삶이 진짜기 때문입니다.

그러므로 일, 업적, 성취, 승진, 돈벌이 중심이 아니라 사람 중심으로 살아야 합니다. 돈 벌고 난 후, 집 사고 난 후, 아이들 대학 보내고 난 후, 아이들 결혼 시키고 난 후, 무엇 무엇 후로 미룰 것이 아닙니다. 삶을 필요 이상으로 심각하게 사는 것은 바보 같은 짓입니다. 오늘, 여기서, 당장 내가 하고 싶은 일(배움, 여행, 놀이, 봉사, 취미 등)을 하고 살 일입니다.

그거야 배부른 사람들 소리! 라고 하는 사람도 있을 것입니다. 그런 사람들은 주님의 말씀을 기억하시기 바랍니다. 들을 귀 있는 자는 들으라!

존재지향적 삶을 위한 충고

소유지향적 삶과 존재지향적 삶을 묵상하면서《지금 알고 있는 걸 그 때도 알았더라면》(류시화/열림원)을 다시 읽었습니다. 그리고 최근 2006년 9월 22일 47쇄나 찍힌《인생수업》(엘리자베스 퀴블러, 류시화/이레)를 참 의미 깊게 읽었습니다. 꼭 일독을 권합니다.

자연주의자의 충고

어떤 일이 일어나더라도
당신이 할 수 있는 최선을 다 하도록 하십시오.
마음의 평정을 잃지 않도록 힘쓰십시오.
당신 좋아하는 일(걷기, 붓글씨, 노래 부르기, 요리, 여행, 한국 명산 100곳, 길거리 농구, 클래식-팝송-국악 음악 듣기, 고전 읽기, 꽃꽂이, 테니스, 골프, 흙집 짓기, 글쓰기, 일기 쓰기…. 그 무엇이든)을 찾으십시오.
집, 식사, 옷차림을 간소하게 하십시오.
될 수 있으면 화려하고 번잡한 것은 피하고 소박하게 사십시오.
날마다 자연(하늘, 별, 들판, 산, 냇물, 나무, 바람)을 만나고
발 밑의 땅을 느끼십시오.
농장 일, 산책, 등산 등
땀이 나는 힘든 일을 하면서 몸을 움직이도록 하십시오.
근심, 염려, 걱정을 떨쳐버리고,
내일, 다음에, 무엇 무엇을 이루고 난 후에가 아니라
그날 그날 하루 하루 지금 오늘 여기서 살도록 하십시오.
날마다 다른 사람들과
그 무엇(따듯한 격려, 한 잔의 커피, 웃음…)이라도 나누며 사십시오.
홀로 있는 경우라면,
누구에게인가 편지를 쓰고
무엇인가를 보내고,
어떤 방식(전화, 이메일, 기도 등)으로든지 이웃을 도우도록 하십시오.
자기 자신의 삶과
이 세상을 관조하는 묵상 시간을 가지도록 하십시오.
할 수 있는 한 생활 속에서 웃음거리를 찾아 웃도록 하십시오.
삼라만상, 두두물물, 천지만물 속에
살아 숨쉬는 생명을 깊이 찾고 들여다보십시오.
그리고
이 세상 모든 것에 애정을 가지십시오.

–조화로운 삶을 실천한 자연주의자 부부, 스코트 니어링, 헬렌 니어링의 글

· 나는 누구인가? ·

나는 무엇 무엇으로 단정적으로 규정될 수 없습니다. 나는 살아 있는 존재이기 때문입니다. 이 세상 모든 살아 있는 존재는 成住壞空(성주괴공－태어나 이루고, 성장하여 머무르며, 쇠퇴하여 무너져 없어지는 흥망성쇠의 작용)하며 끊임없이 변화합니다. 10대의 나, 20대의 나, 30대의 나, 40대의 나… 50대, 60대, 70대, 80대의 나… 그 때 그 때마다 내가 생각하는 나는 나였으나 그 때마다 모양이 다르고 생각이 다르고 관심사가 다르고 철학이 다른 나입니다. 그러하니 어느 때의 나를 참 나라고 할 수 있겠는가? 지금의 나인가? 지금의 나도 조금 후 또 다른 나로 달라질 가능성은 얼마든지 있습니다. 그렇다면 진정한 나는 누구인가?

언제나 달라지고 있는 나를 바라보는 내 안의 나가 진정한 나인가? 그 나는 또 누구인가? 그런 나라면 이 세상 모든 사람들이 다 갖추고 있는 나 아닌가? 그렇다면 진정한 나는 갑이라는 나, 을이라는 나, 병이라는 나를 지켜보는 것이 다를 뿐 결국은 텔레비전을 돌리는 전기, 냉장고를 돌리는 전기, 형광등을 켜는 전기와 마찬가지 아니겠는가? 모든 사람의 책임은 모든 사람의 무책임과 같다고 하였으니 청하당 백화도인이 "我則本來無一物(나는 본래부터 없던 나)"라고 갈파한 것도 무리는 아닌가 싶습니다.

생각이 여기에 이르자, 내 속에 '하나님은 누구신가?' 하는 물음이 번쩍 들었습니다. 모세가 "하나님은 누구십니까?" 물으니 하나님은 "나는 스스로 있는 자니라(I am who I am, I will be who I will be)" 라고 하셨습니다. 그렇다면 스스로 계신 분이 스스로 계신 그 분의 형상을 따라 나를 창조 하셨으니 나 역시 스스로 있는 존재일 뿐 그 무엇으로 규정할 수 없는 존재임을 알겠습니다.

성경은 스스로 계신 그 분을 영이시고, 빛이시고, 사랑이시라 하셨고, 예수님은 "그 날에는 내가 아버지 안에, 너희가 내 안에, 내가 너희 안에 있는 것을 너희가 알리라(요14:20)" 하셨으니, 나라는 존재는 어떠어떠한 사람이라 하는 꼬리표로 규정될 존재가 아니라 예수님 말씀에 순종하여 부지런히 修道(도 닦음)하여 지금, 오늘, 여기서 빛이 되고, 영이 되고, 사랑이 되고, 자유하는 사람으로 되어가는 존재(becoming being)라는 것이 분명합니다.

"큰 바다에는 소금의 짠 맛 한 가지 뿐이듯, 진리의 바다에는 자유라는 맛 한 가지 뿐이다!" 라는 말에 공감하는 이정수 목사

소유지향적 삶과 존재지향적 삶(6)

본문 / 눅12:13-34, 마6:19-34

1. 들어가는 이야기

사람이 소유지향적 삶을 사는 것은 재물, 권력, 학벌, 영향력, 능력을 소유하지 못하면 무시당할 수 있다, 사랑을 잃을 수 있다, 심지어 죽을 수도 있다는 원초적 두려움 때문에 시작된 것입니다. 우리가 매일의 현실에서 직접 경험하고 있듯 이렇게 시작된 소유지향적 삶은 구조적으로 끝없는 탐욕, 상대적 우열비교, 무한 경쟁으로 치닫게 되어 필연적으로 불안, 스트레스, 소외현상, 계급 사회, 불의, 부정, 부패, 전쟁에 이르는 가장 비인간적 삶에로 전락하게 됩니다. 또한 소유지향적 삶의 모순은 어느 정도 소유에 성공한 사람조차도 결코 행복하지 않다는 데 있습니다. 즉, 가난 때문에 자살하는 사람의 비율과 부자의 자살 비율이 같다는 사실입니다. 그리스 신화 "마이다스 왕의 비극" 이 바로 그것입니다.

존재지향적 삶을 사는 사람은 먹고, 마시고, 입고 사는 생존 문제는 공중의 까마귀와 들의 백합화를 기르시는 하늘 아버지께서 책임져 주신다는 믿음에서 출발합니다. 그러므로 존재지향적 삶을 사는 사람은 문자 그대로 存在(존재=나와 함께 현재 지금 여기 있는 모든 것=나 자신, 가족, 친구, 이웃, 대자연)하는 모든 것에 대한 우열 비교나 상대 평가를 하지 않고 각각 저 마다의 존재 가치를 인정하고 존중하고, 사랑하며, 사랑 받으며 살아갑니다. 동양적 표현으로 말하면, 天地人 相關的 弘益 共同體(천지인 상관적 홍익 공동체=하나님, 천지만물, 사람이 상생적으로 널리 서로 유익하게 하는 우주적 공동체)를 이루고 사는 것입니다.

2. 문제는 존재지향적 삶이 쉽지 않다는 데 있습니다

내가 전에 목회학 박사 과정 때 증경 총회장 연동교회 김형태 원로 목사님한테 이런 이야기를 들었습니다. "존재지향적 삶은 우리 목사들에게도 어려운 것이야! 내 아버지도 목사님이셨는데 어느 주일 아침 까마귀와 백합화를 주제로 힘차게 설교 하시고, 아래 층 사택에 내려와서 목사 가운을 벗으며 하시는 소리가 "얘, 형태야, 내일이 네 등록금 낼 날인데 큰 걱정이로구나 하시는 거야!" (이어진 뒷이야기는 생략함). 또 어느 목사님은 "하늘나라에서는 돈이 필요 없겠지만 이 세상에 사는 동안은 돈이 꼭 필요해!" 라고 하여 모두들 공감하며 웃었습니다.

그렇습니다! 존재지향적 삶을 산다는 것은 결코 쉬운 일이 아닙니다. 기도원, 수도원, 산 속에서 수십년 동안 기도하고 도를 닦는 분들의 목적이 무엇입니까? 소유지향적 삶을 철저히 부수고 無所有(무소유)하여 매일매일 순간순간 존재지향적 삶을 살기 위한 것입니다. 존재지향적 삶은 어렵긴 하나 수십년 아니, 평생을 바쳐서 修道(수도=도 닦음)할 만큼 가치 있는 삶이란 말입니다. 그러므로 그 분들은 그 분들 나름대로, 속세에 사는 우리는 우리 나름대로 존재지향적 삶을 추구하며 사는 것이 마땅하다고 생각합니다.

3. 우리 속에 있는 존재지향적 삶을 위한 가능성

첫째, 우리 속에는 하나님께서 불어 넣으신 내면의 힘(inner power)이 있습니다. 천지자연을 조용히 바라보십시오. 찬란한 태양, 은은한 달빛, 빛나는 별, 무한히 자유한 바람, 유장하게 흐르는 물, 씨앗을 싹 틔워 숲을 만들고 숲 속에 온갖 생물을 기르는 위대한 대지, 하나님께서 태초에 이 모든 것이 그렇게 스스로 운행할 수 있도록 저 마다에게 내면의 힘을 부여하셨습니다.

성경은 하나님께서 우리 속에도 존재지향적 삶을 살아 냄으로써 생육하고 번성(소유 개념이 아닌 존재 개념으로)할 수 있는 내면의 힘(inner power=the breeath of life=생명의 바람)을 이미 부여해 두셨다고 하셨습니다(창2:6). 우리는 마른 뼈가 아닙니다. 하나님의 생기로 충만한 살아 있는 하나님의 군대입니다.

둘째, 소유를 위하여 일하지 말고 존재를 위하여 일하는 것입니다. 사람들은 존재지향적 삶은 존재를 존중하고, 일은 무시하는 삶이라고 오해합니다. 아닙니다. 이 오해는 일을 소유지향적 개념에서 파악하기 때문입니다. 존재지향적 삶에서 일은 내가 하고 싶어서 하는 일(work)이고, 소유지향적 삶에서 일은 소유하기 위하여 어쩔 수 없이 하는 일(labour)입니다.

흔히 "자기가 좋아하는 일을 열심히 하면 돈은 자연히 따라 온다"고 합니다. 때로 그것은 사실입니다. 그러나 이 말 속에는 소유지향적 생각이 포함되어 있습니다. 이 말을 정확히 표현하면 "자기가 진정 좋아하는 일을 하면 롤스로이스를 몰고 다니는 즐거움보다 더 큰 자기 존재 자체의 기쁨을 누린다"는 것입니다. 돈을 위해서가 아니라 자기가 좋아하는 일 그 자체를 위하여 스스로 萬難(만난)을 감수하는 사람들(등산가, 모험가, 음악, 미술, 사진, 무용, 시인, 작가와 같은 예술가, 여행가, 수집가, 학자 등)이 바로 그런 사람들입니다.

셋째, 修道(수도=도 닦음=수련=영성 훈련=신앙 생활)하는 생활입니다. 존재지향적 삶을 산다는 것은 곧 수도하는 삶입니다. 수도하지 않으면 곧바로 나 자신도 모르게 소유지향적 삶에로 되돌아 갈 수 밖에 없는 것이 우리 사람입니다. 그러므로 성경은 *사랑 안에 두려움이 없고 온전한 사랑이 두려움을 내어 쫓나니 두려움에는 형벌이 있음이라 두려워하는 자는 사랑 안에서 온전히 이루지 못하였느니라(요일4:18). *영혼을 거스려 싸우는 육체의 정욕을 제어하라(벧전2:11). *항상 기뻐하라, 쉬지 말고 기도하라, 범사에 감사하라(살전5:16-18)고 하셨습니다.

소유지향적 삶은 두려움의 삶이고, 존재지향적 삶은 사랑의 삶입니다. 여기서 사랑은 내 곁에 있어 주, 가지 마오, 못 잊어 못 잊어 하는 육체적, 애정적, 낭만적, 통속적 사랑이 아닙니다. 탕자의 아버지의 사랑, 선한 사마리아 사람의 사랑, 안식일인 줄도 모르고 사람 살리는 데 열중하신 예수님의 사랑입니다.

風水地理(풍수지리)

天地人에는 저마다 각각 독특한 기운이 있습니다. 그것을 天氣(기후=열대, 한대, 온대 등이 갖고 있는 기운), 地氣(산악, 사막, 평야 등이 가지고 있는 기운), 人氣(그 사람의 성품, 기질, 개성 등)라고 합니다. 천지인=하늘, 땅, 사람은 뗄레야 뗄 수 없는 상호 밀접한 상관성을 가지고 있습니다.

風水地理(풍수지리)란 산 좋고, 물 좋은 땅을 찾고, 온화한 방향을 가려 집(양택-주거용 집, 음택-묘소)을 짓고, 건강하고 행복하게 살기를 바라는 우리나라 사람들의 자연관, 지리관, 인생관의 원형(archetype=prototype)입니다.

1988년 미국. 세계 80 나라 지리학자들이 모인 '地靈(지령=the spirit of place) 세미나' 결론 중 하나는 "모든 유기체는 그 유기체가 번성하기에 알맞는 에너지와 조건을 갖춘 조화로운 땅(oikeios topos=적합한 장소)과 관련되어 있다" 고 한 테오프라투스의 말처럼 각 나라와 문화에는 신성시되는 거룩한 땅(우리 경우는 백두산, 태백산, 마니산 등)이 존재하고 있다는 사실입니다. 즉, 땅에는 신비한 힘이 있다는 말입니다.

풍수지리의 기본 개념은 '氣' 입니다. 기는 천지만물의 존재 자체, 존재의 운동, 존재의 생성 변화의 근원적 힘이며 운동 법칙입니다. 육체는 빈 껍질이며, 이 껍질에 생기를 주어 활동케 하는 것이 기입니다. 그러므로 이 기가 충만한 곳, 이 기가 잘 보존 되는 곳, 이 기가 사람 안에 잘 소통될 수 있는 좋은 땅을 찾아 내는 것이 풍수의 목적입니다. 그런데 기는 바람을 타면 흩어지고 물을 만나면 멈추는 성질을 가지고 있습니다. 따라서 바람을 모아 갈무리 하는 산[藏風], 기을 멈추는 물[得水]이 매우 중요합니다. 그러므로 장풍득수인데 이것을 줄여서 풍수라고 합니다(氣乘風則散 界水則止 故爲지風水).

우리는 풍수하면 좌 청룡, 우 백호라는 말을 떠올립니다. 더 정확히 말하면 북 현무(북쪽 산세), 좌 청룡(동쪽 산세), 우 백호(서쪽 산세), 남 주작(남쪽 산세)의 지세를 보아 장풍득수의 여지를 살피는 것입니다. 그런데 풍수에서 더욱 중요하게 치는 것은 '山, 水, 方位, 人' 4대 요소입니다. 장풍득수는 山과 水의 문제이고, 그 다음은 방향을 잡는 것입니다. 아무리 산 좋고 물 좋은 명당이라도 집의 방향을 잘못 잡으면 명당 덕을 볼 수 없다는 겁니다. 마지막으로 결정적인 요소는 사람입니다. 산, 수, 방위가 아무리 잘 되었더라도 그 집과 그 집에 살 사람이 맞지 않으면 萬事休矣(만사휴의)! 헛 수고라는 것입니다.

그러므로 풍수지리 전문가 서울대 지리학과 최창조 교수는 "명당이 있는 것은 사실이다. 그러나 궁극적으로 좋은 땅, 나쁜 땅이란 없다. 다만 그 사람에게 맞는 땅이냐? 맞지 않는 땅이냐? 가 문제될 뿐이다" 라고 합니다.

<참고 : 최창조, 좋은 땅이란 어디를 말함인가?, 서해문집>

· 치악산 종주 ·

우리나라 국립공원은 2006년 현재 20곳입니다. 산 15곳, 바다 4곳, 유적지 1곳입니다. 북한산, 설악산, 오대산, 계룡산, 속리산, 월악산, 소백산, 주왕산, 치악산, 내장산, 월출산, 가야산, 덕유산, 지리산, 한라산, 한려수도, 다도해상, 태안반도 해상, 변산반도 해상, 경주.

나는 최근 백두대간 종주는 못하더라도 우리나라 국립공원 산은 몽땅 종주하여야겠다는 마음을 먹고 있습니다. 그러던 중 11월 9일 새벽에 문득, 우선 가까이 있는 치악산부터 종주 해야겠다는 마음이 들어 배낭을 챙겨 메고 나 홀로 양평–청운–풍수원–횡성–새말로 이어진 한적한 6번 도로를 달려 치악산 들머리 구룡사에 도착하였습니다. 구룡사 매표소–세렴폭포–사다리병창–비로봉(1,288M)–입석대–원통재–곧은치–향로봉(1,043M)–남대봉(1,182M)–상원사–성남매표소 총 23.8Km. 오전 9시 20분 산행 시작하여 오후 7시 즈음 하산 하였습니다. 총 10시간 산행.

나는 이로써 우리나라 국립공원 산 15곳 중 7곳(북한산, 설악산, 지리산, 주왕산, 속리산, 계룡산, 치악산)을 완전 종주한 셈입니다. 앞으로 오를 산이 8곳(오대산, 내장산, 가야산, 덕유산, 월악산, 소백산, 월출산, 한라산)이 남아 있습니다.

치악산 주봉 비로봉에서 나처럼 혼자 산행 나온 횡성 산다는 한 여인을 만났는데 “치악산에 수 십번 올랐지만 엄두가 나지 않아 아직 종주는 하지 못했다.”고 합니다. 내 말이 “나는 종주를 작정하고 올라왔으니 오늘 한 번 시도해 보심이 어떠한가?” 권하였습니다. 그 여인은 잠시 망설이더니 “좋습니다! Go!” 라고 하였습니다. 비로봉에서 입석대–원통재–곧은치–향로봉–남대봉–상원사–성남매표소까지 장장 6시간을 동행하였습니다.

남대봉 즈음에서부터 해가 지고 산길은 깜깜해졌습니다. 나는 길이 안 보여 헤매기 시작하였습니다. 천만 다행인 것은 그 여인의 시력이 매우 좋았다는 사실입니다. 만약 나 혼자였더라면 낭떠러지에 떨어지는 큰 사고가 났을 법 하였습니다. 하산하여 버스 정류장에서 헤어질 때 그 여인은 “덕분에 치악산 종주라는 대 기록을 세웠습니다!” 라고 하였고, 나는 “하마터면 골로 갈 뻔하였는데 덕분에 무사히 하산할 수 있어서 고맙습니다” 라고 하였습니다.

무엇하는 사람인지 서로 묻지도 않고, 연락처를 주지도 않고, 받지도 않고, 그저 오가는 길가에 스쳐가는 사람 보듯 헤어져 담담히 돌아 온 이정수 목사

소유지향적 삶과 존재지향적 삶(7)

본문 / 눅12:13-34, 마6:19-34

1. 들어가는 이야기

나는 소유지향적 삶과 존재지향적 삶을 묵상 할수록 이 주제가 매우 어렵고 무거운 주제임을 실감합니다. 나의 삶 역시 존재지향적이라기보다는 소유지향적입니다. 그러나 그럼에도 불구하고 이 주제를 7회에 걸쳐 묵상하는 것은 성경의 증거대로 소유지향적 삶의 결국은 지옥(불행)이며, 존재지향적 삶의 결국은 천국(행복)이기 때문입니다. 그러므로 행복한 삶을 살기 위하여 존재지향적 삶의 여러 측면을 이런 모양 저양 모양으로 살펴보고자 하는 것입니다.

2. 존재지향적 삶(행복한 삶)을 위한 지침

첫째, 天上天下唯我獨尊(천상천하유아독존=나는 천상천하 유일한 특별한 존재이다!) 그리고 天上天下唯汝獨尊(천상천하유여독존=너 역시 천상천하 유일한 특별한 존재이다!)이라는 사실을 명심, 명심, 명심하고 사는 것입니다. 자본주의 사회에서 사는 우리는 철저히 소유지향적 삶의 가치 기준(집안, 학벌, 용모, 수입, 무엇을 할 수 있는 능력, 재능, 필요 등)으로 자기 자신을 평가합니다. 그 기준으로 볼 때 자기 자신이 너무 초라하고 별 볼일 없고 무기력하고 무가치한 못난이, 낙오자, 실패자, 잉여 인간으로 비춰지니까 불안, 스트레스, 두려움, 분노, 슬픔, 외로움, 소외를 절감하며 살아갑니다.

그러나 진실은 그게 아닙니다. 사람은 결코 소유지향적 가치로 평가할 수 없는 존재입니다. 나 그리고 너는 소유지향적 가치 기준과는 전혀 상관없이 이 세상에 존재하는 그 자체만으로 인정받고, 존중받고, 사랑받기에 조금도 부족함 없는 절대적 가치를 지닌 고귀한 존재입니다. 이 진실을 깨닫는 것이 그 무엇보다 가장 중요합니다. 修道(도 닦음)의 목적이 바로 이 진실을 自覺(자각)하는 것입니다.

스승님께 한 제자가 물었습니다. 스승님, 道通(도통) 한 경지는 어떠합니까?

스승 왈 "도통한 사람도 보통 사람과 똑 같이 四端(仁義禮智), 七情(喜怒哀懼愛惡欲-기쁨, 분노, 슬픔, 두려움, 사랑, 미움, 욕망)을 느낀다. 다만 그런 감정에 휘둘려 자기 자신을 비하하지 않는다. 자기 자신을 잃지 않을 뿐!"

사람의 생명이 소유의 넉넉함에 있는 것이 아니라고 하신 예수님의 말씀을 달리 표현하면 사람의 가치는 소유지향적 삶의 가치 기준과는 아무 상관없이 천상천하유아독존, 천상천하유여독존 하는 존재로 사람 하나 하나가 천하보다 귀중한 존재적 가치를 가지고 있다고 하신 것입니다. 월트 휘트먼은 "우주의 모든 이치는 한 치 오차도 없이 오직 한 사람 너에게로 향하고 있다!"고 하였습니다. 그러므로 결코 나 자신을 소유지향적 삶의 가치 기준으로 판단해서는 안 됩니다.

둘째, 진리 안에서 자유하는 삶을 사는 것입니다. *너희는 마음에 근심하지 말라. 하나님을 믿으니 또 나를 믿으라(요14:1). *그런 즉 너희의 자유함이 약한 자들에게 거치는 것이 되지 않도록 조심하라(고전8:9). *그리스도께서 우리로 자유케 하려고 자유를 주셨으니 그러므로 굳세게 서서 다시는 종의 멍에를 메지 말라(갈5:1). *형제들아, 너희가 자유를 위하여 부르심을 입었으나 그러나 그 자유로 육체의 기회를 삼지 말고 오직 사랑으로 서로 종 노릇하라(갈5:13) 하는 자유입니다.

많은 사람들이 없이 경제적, 육체적, 정신적, 정서적, 영적으로 배우자, 부모, 자식, 친구 각 분야의 지도자(종교, 정치, 경제 등), 매스컴 매체에 의존하고 삽니다. 그런 의존적 태도야말로 소유지향적 삶의 전형적 모습입니다. 존재지향적 삶은 나 자신의 줏대를 세우고 독립적으로 주도적으로 자유하게 사는 것입니다.

자유하기 위하여 독립하기 위하여 가장 먼저 할 일은(다른 사람에게 해를 끼치지 않는 이상), 다른 사람의 기대대로 살지 않는 것입니다. 다른 사람의 눈치 보지 않고 사는 것입니다. 다른 사람의 통제(사랑의 탈을 쓴 부드러운 통제, 혹은 의무와 규율을 내세우는 폭력적 통제)를 단호히 거부하고 내 뜻대로 내 내면의 소리에 귀기울이고 사는 것입니다. 인정에 끌려 하고 싶지 않은 일을 억지로 하는 어리석음에서 벗어나야 합니다. 자유는 어영부영 좋은 게 좋은 거지 뭐! 하는 삶이 아닙니다. 자유는 자기 삶에 대한 냉철한 자각과 투철한 방향 의식의 발로입니다. "자유의 나무는 피를 먹고 자란다" 는 말은 사회 정치적 명언인 동시에 나 개인의 삶에도 어김없이 적용되는 적확한 명언입니다.

셋째, 존재지향적 삶은 그리스도의 장성한 분량에 이르기까지(엡4:13) 끊임없이 스스로 성장하는 삶입니다. 하나님은 이 세상 모든 만물 속에 생육하고 번성할 수 있는 열린 가능성을 충만히 채워주셨습니다. 존재지향적 삶은 이 세상에서 나의 생명이 다하는 그 시간까지 생생하게 살아 있고, 나와 같이 귀하고 귀한 내 이웃을 배려하고, 모든 것을 긍정적으로 보고 마음껏 웃으며 열심을 내어 부지런히 배우는 삶입니다. 즉, Live! Love! Laugh! and Learn!

3. 마치는 이야기

존재지향적 삶을 사는 사람에게 과거와 미래는 참고 사항일 뿐입니다. 오늘, 여기, 지금, 현재가 중요합니다. 시편 기자는 '방백들을 의지하지 말며 도울 힘이 없는 인생도 의지하지 말지니 그 호흡이 끊어지면 흙으로 돌아가서 당일에 그 도모가 소멸하리로다. 야곱의 하나님으로 그 도움을 삼으며 여호와 하나님에게 그 소망을 두는 자는 복이 있도다(시146:3-5)' 라고 하셨습니다. 아멘입니다. 헤밍웨이는 《노인과 바다》에서 'Every day is new day' 라고 하였습니다. 옳은 말입니다.

개 눈에 똥만 보이듯 우리 눈은 그 무엇을 보아도 소유지향적 가치로 봅니다. 이제 후로는 용맹정진하여 존재지향적 삶의 가치로 보는 눈을 길러야 하겠습니다.

고전예화 459 여자들이 얄미워하는 여자

여자들이 얄미워하는 여자가 있다고 합니다.

10대 예쁜데다 공부도 잘 하는 여자.
20대 성형 수술한 티가 전혀 나지 않고 자연미처럼 보이는 여자.
30대 결혼 전에 난잡하게 놀았는데 시집가서도 잘 사는 여자.
40대 밤낮 계모임, 고스톱 치고 노는데도 자식들이 일류 대학 입학하는 여자.
50대 먹고 싶은 것 실컷 먹어도 살 안 찌는 여자.
60대 타고난 건강에 돈까지 많은 여자.
70대 자녀들이 효도하고 남편도 건강하여 돌보지 않아도 되는 여자.
80대 아직도 멀쩡하여 제 마음대로 돌아다니는 여자.

상식으로 말하면,
예쁘면 공부를 못하든지, 공부를 잘 하면 좀 못났든지 해야 되는 겁니다.
성형 수술을 하였으면 어딘가 좀 부자연스러워야 합니다.
결혼 전 난잡하였다면 소문이 나서 시집도 못 가고 가더라도 불행해야 합니다.
수험생 자녀를 돌보지 못했으면 그런 자녀들은 대학을 떨어져야 합니다.
먹고 싶은 것 마음대로 먹었으면 뚱뚱이가 되어야 합니다.
건강하면 돈이 없든지, 돈이 있으면 건강이 나쁘든지 해야 합니다.
자녀가 효도하면 병든 남편 수발하든지, 남편이 건강하면 자녀라도 속을 썩이든지 해야 합니다.
80 씩이나 되었으면 방바닥에 누워 골골 해야 합니다.

그런데 나는 용모도, 공부도 신통치 않고, 성형 수술했다 하면 이마에 '성형!' 두 글자가 선명하고, 미스 때 조신하게 살았는데 빌빌거리는 남자 만났고, 백일 기도, 철야 기도, 새벽 기도, 108배를 올렸는데도 자식들은 시시한 대학도 못 가고, 먹고 싶은 것 참느라고 맹물만 마셨는데 뱃살만 늘어지고, 자식들은 저 혼자 큰 줄 알고 연락 한 번 없고, 남편은 고개 숙인 남자되고, 그럭저럭 살다 보니 돈도 없고 류마티스 관절염 골다공증에 걷기도 힘들어 허구(許久)한 날 방구들 신세가 되었다는 겁니다. 나는 해도 해도 안 되는데 저 여자들은 하는 일마다 척! 척! 척! 만사형통이니 얄밉다 이겁니다.

이해가 됩니다. 그런데 잘 나가는 여자를 얄미워하는 여자들이 한 가지 빼트린 사실이 있습니다. 그것은 잘 나가는 여자들은 다른 잘 나가는 여자를 얄미워하지 않는다는 사실입니다. 얄미워할 틈이 없기 때문입니다. 잘 나가는 여자가 잘 나가는 것은 다 그럴만한 이유가 있습니다. 잘 나가는 여자들은 남의 눈에 절대 띄지 않는 곳에서 은밀하게 열심히 잘 나가는 연습을 합니다.

· 내면의 힘(Inner Power) ·

사람들은 흔히 진정한 인격, 진정한 아름다움, 진정한 용기는 내면의 힘에서 나온다고 합니다. 그런데 그 내면의 힘이란 것이 무엇인가? 그 말을 곧이곧대로 말하면 내 속에 그 어떤 힘(Power)이 있다는 것인데 내 속에 있는 힘? 그것이 도대체 어떤 힘인가? 말입니다. 이 물음에 대한 내 나름의 이해는 다음과 같습니다.

하나님께서 창조하신 이 우주는 사람의 생각으로는 헤아릴 수 없는 거대한, 엄청난, 어마어마한, 신묘막측한 힘으로 가득하며 그 힘으로 운행되고 있다. 그 힘을 종교적 표현으로 하면 '하나님의 섭리'이고 과학적 표현으로 하면 '갖가지 에너지(자기장, 전기장, 중력장, 次元場, 정신력, 靈能 등)의 장' 이다. 이 우주는 불연속적 관계가 아니라 시공연속체로 유기적 관계를 맺고 있다. 한 마디로 이 우주는 뿌리-줄기-가지-이파리가 상호 유기적 관계를 맺고 있는 우주나무다.

나 혹은 너, 그리고 우리 모두는 이 우주 삼라만상, 두두물물, 천지만물과 단절된 모래 알갱이 같이 각자 따로따로 떨어진 고독한 단독자가 아니라 유기적으로 연결된 우주 공동체의 일원이다. 그러므로 내 속에도, 네 속에도 하나님께서 태초부터 창조하신 그 어마어마한 힘이 운행되고 있다. 너와 나는 그 힘을 인정하고 받아 모시기만 하면 된다.

시편 기자의 마지막 결론, "호흡이 있는 자마다 여호와를 찬양할지어다. 할렐루야!" 무슨 뜻인가? 하나님께서 내 속에 두신 그 놀라운 힘을 느끼고. 깨닫고. 체험한 기쁨을 소리 높여 증언한 것이다. 바로 그것이 내면의 힘이다!

一登能除千年暗(일등능제천년암: 등불 하나가 천년 어둠을 쫓아내고)
一智能滅萬年愚(일지능멸만년우: 한 번 깨달음이 만년 어리석음을 없앤다)

등불 하나가 무엇인가? 하나님의 말씀이다. 한 번 깨달음이 무엇인가? 나 그리고 너는 그 힘(inner power)의 원천이신 창조주 하나님의 아들, 딸이라는 자각이다. 그러므로 예수님께서 "너희의 이 자각이 겨자씨 만큼만 있더라도 이 산을 명하여 여기서 저기로 옮기라 하면 그대로 옮겨질 것이요. 또 너희가 못할 일이 없을 것이니라(Nothing will be impossible!)" 라고 하신 것이다.

꿈꾸지 않는 것은 어리석음이다. 꿈꾸지 않음은 죄악이다(It is silly not to dream. It is a sin!). 그러므로 다시《말씀의 샘물》제8권을 꿈꾸는 이정수 목사

다니엘의 감사

본문 / 단6:1-28

1. 들어가는 이야기

2006년 11월 마지막 주일입니다. 2006년도 이제 막바지에 다달았습니다. 우리 교회는 11월은 감사의 달로, 12월은 2007년을 전망(vision)하고 계획(plan)을 세우는 달로 정하고 있습니다. 11월을 감사의 달로 정한 것은 지난 일 년 동안 하나님께서 내려 주신 복을 세어보고 하나하나 감사하기 위한 것이며, 12월을 전망과 계획의 달로 정한 것은 12월 달에 있는 망년회, 종무식, 성탄절, 시무식 등 연말연시 축제와 행사 분위기에 들떠 흥청흥청 하다가 어여부영 게슴츠레한 상태로 2007년 새해를 맞는 어리석음에서 벗어나고자 함입니다.

2. 본문 이야기

다니엘 6장 내용 구조는 전형적인 起承轉結(기승전결) 형태입니다.

기: 페르샤 제국 120주의 통치자 다리오 왕의 전적 신임을 받는 삼 정승 중 한 사람인 다니엘을 시기하여 다니엘을 퇴출시키려는 조정 대신들이 음모를 꾸몄다. 앞으로 한 달 동안 국가의 정신적 일통을 위하여 다리오 왕께만 경배하고, 일체 다른 신을 섬기는 행위는 금한다. 금령을 어기는 자는 사자 굴에 던져 사자 밥이 되게 한다. 즉 사형에 처한다(단6:1-9).

승: 다니엘은 금령을 알고도 평상시대로 예루살렘을 향한 창을 열고 하루 세 번 무릎 꿇고 기도하고 하나님께 감사하였다. 음모자들은 다니엘의 예배 현장을 급습하고 다리오 왕에게 고발한다. 다리오 왕은 그제서야 조정 대신들의 음모임을 간파하였으나, 국법은 국법인지라 국법대로 다니엘을 사자 굴에 던지고 굴 문을 봉인하였다(단6:10-18).

전: 다음 날 아침, 다리오 왕은 다니엘이 죽은 것을 기정 사실로 알고 슬픔 속에 사자 굴을 찾았는데 이게 웬 일인가! 다니엘은 살아 있었던 것이다. 어떻게 살아 남았는가? 다니엘의 하나님이 사자들의 입을 봉하셨기 때문이다(단6:19_23).

결: 다리오 왕은 다니엘에 대한 시기심으로 음흉한 계교로 왕을 기만하여 국법을 농간하고 국가의 귀하고 귀한 인재를 살해하려한 역적 무리의 삼족을 멸하고 사자들의 입을 봉하신 여호와 하나님을 찬양하고, 다니엘을 더욱 높여 영화롭게 하고 총애를 더 하였다(단6:24-28).

본문의 핵심 말씀: 다니엘이 이 조서에 어인이 찍힌 것을 알고도 자기 집으로 돌아가서는 그 방의 예루살렘으로 향하여 열린 창에서 전에 행하던 대로 하루 세 번씩 무릎을 꿇고 기도하며 그 하나님께 감사하였더라(단6;10).

3. 다니엘의 감사가 주는 교훈

첫째, 다니엘은 평소에 감사하였습니다. 본문에 의하면 다니엘은 '전에 행하던 대로 하루 세 번씩' 하나님께 기도하고 감사하였다고 하였습니다. '평소대로' 그리고 '하루 세 번씩' 이라고 하였습니다. 다니엘은 쉬지 않고 기도하고, 범사에 감사하는 삶을 살았다는 말씀입니다. 삶의 모든 정황(circumstance)에서 감사하였다는 뜻입니다. 초막이나 궁궐이나, 逆境(역경)이나 順境(순경)이나, 건강할 때나 병들었을 때나, 슬플 때나 기쁠 때나, 잘 풀릴 때나 안 풀릴 때나, 특별한 때나 평범할 때나 감사하였다는 말씀입니다.

君子貴遇時(군자귀우시: 군자는 때를 얻음을 귀하게 여긴다)
不遇亦不嚬(불우역부빈: 군자는 때를 얻지 못하였더라도 원망하지 않는다)

나는 凡事(범사=무릇 모든 삶의 정황) 가운데도 가장 중요한 것이 평범한 일상에 대한 감사라고 생각합니다. 아침에 일어나고, 밥 먹고, 용변 처리하고, 매일 맡은 일 하고, 전화하고, 인터넷하고, 차 타고 다니고, 집에 돌아와 잠자는 이 평범한 하루에 대한 감사 말입니다. 왜? 나의 평범한 오늘 하루는 어제 죽은 그 어떤 사람이 그렇게도 살고 싶어 하던 그 하루였기 때문입니다.

둘째, 다니엘은 환난 중에도 감사하였습니다. 본문에 의하면 다니엘은 "조서에 어인 찍힌 것을 알고도" 라고 하였습니다. 즉, 죽을 줄 알고도 하나님을 경배하고 기도하고 감사하였다는 말씀입니다.

사람들은 특별히 좋은 일이 있으면 감사합니다. 믿지 않는 사람들도 감사합니다. 그것이 한 턱(득남, 득여, 합격, 진급, 집들이 등)입니다. 예수님은 "너희가 너희를 사랑하는 자를 사랑하면 무슨 상이 있으리오? 이방인이나 세리도 그 정도는 하지 않느냐?" 하십니다. 이 말씀은 "특별히 좋은 일 있을 때만 감사한다면 무슨 상이 있으리오? 믿지 않는 사람들도 그 정도는 하고 있지 아니하냐?" 하시는 뜻으로 해석해도 무리는 아니라고 생가합니다. 역경에서 드리는 감사가 참 감사입니다.

셋째, 다니엘의 감사를 받으신 하나님께서 다니엘이 당한 위기의 상황을 축복의 상황으로 역전 시켰습니다. 바울과 실라가 빌립보 감옥에서 감사하고 찬양하였을 때 옥문이 열리는 기적이 일어났습니다. 우리 사람은 역경과 위기를 쓸모없는 것으로 버리려고 하지만, 그 역경과 위기 속에서 감사할 때 하나님은 그 버린 돌을 머릿돌로 바꾸어 주시는 분이십니다.

지금 삶의 역경과 위기를 당한 분이 계십니까? 오히려 감사하시기 바랍니다. 그리하여 찬송가 503장(큰 물결 일어나 나 쉬지 못하나, 이 풍랑 인연하여서 더 빨리 갑니다!)이 우리 모두의 간증이 되시기를 주님의 이름으로 축원합니다.

고전예화 460

모든 감정은 선택입니다

서점에 가보면 자기 계발, 자기 관리, 자기 실현에 관련된 책(스티브 코비, 지그 지글러, 노만 빈센트 필, 카네기, 잭 웰치, 피오리나, 켄 블랜차드 등)들이 산더미처럼 쌓여 있습니다. 그런데 이런 책들의 출발점은 모두 한결같이 '이제까지 가지고 있던 네 자신의 자아 이미지를 바꿔라!' 에서부터 시작합니다. 웨인 다이어의《행복한 이기주의자》도 예외는 아닙니다. 그러나 웨인 다이어는 좀 특별한 구석이 있습니다. 웨인 다이어는 다음과 같이 말합니다.

대부분의 사람들은 감정은 자연발생적인 것으로 통제할 수 없는 것이라고 알고 있습니다. 그것은 전혀 오해입니다. 모든 감정은 사람 뇌의 사고중추에서부터 출발합니다. 즉 슬프다는 생각, 혹은 기쁘다는 생각이 뇌의 사고중추를 자극하면, 그 때부터 슬픈 감정 혹은 기쁜 감정이 일어나는 것입니다. 감정은 자연 발생적인 것이 아니라 생각에 대한 신체적 반응입니다(더욱 정확히는 뇌의 반응).

그런데 우리 문화는 이제껏 감정(긍정적 감정이 아니라 부정적 감정)은 자연발생적인 것으로 오해하고 어떤 부정적 사건(이별, 분노, 실직, 좌절, 배신, 자연 재해, 죽음 등)이 몰고 온 부정적 감정의 결과(우울증, 무기력증, 자폐증, 자포자기 등)를 당연한 것으로 여기고 엄청난 육체적, 물질적, 시간적 낭비를 어쩔 수 없는 현상으로 받아들여 왔습니다.

진실은 그게 아닙니다. 감정은 자연 발생적인 것이 아니라 자기 생각이 빚어 낸 뇌의 사고 중추의 반응입니다. 따라서 걷잡을 수 없는 감정이란 자기 스스로 그 생각을 걷잡지 않으려고 한 무절제의 결과일 뿐입니다. 여기서 우리가 말하려는 것은 생각을 조금만 걷잡으면 충분히 걷잡을 수 없는 불행으로 떨어지지 않을 수 있음에도 불구하고 많은 사람들이 생각을 걷잡지 않음으로써 여러 형태의 불행 속에 살고 있다는 사실입니다.

감정은 자연발생적인 것이 아닙니다. 감정은 자기 자신이 통제할 수 있는 것입니다. 이제까지 모든 자기 관리 분야의 책들의 저자가 말하고 있는 것, 즉 "주도적으로 살라, 자아 이미지를 바꿔라, 긍정적으로 사고하라, 생각을 바꿔라, 기쁘게 살아라, 관점을 달리 하면 전혀 다른 것이 보인다, 사람 팔자 시간 문제다, 부정적 생각을 멈추고 긍정적 생각을 하는 그 순간부터 뇌는 부정적 뇌 호르몬을 잠그고 긍정적 뇌 호르몬을 분비 한다"고 밝힌 하루야마 시게오의 실험(《뇌내혁명》 저자) 등은 모두 감정을 통제하는 것은 자기 자신이라는 주장과 다름 아닙니다.

감정은 자연발생적인 것이 아니라 자기 스스로 통제할 수 있는 것이라면 행복과 불행도 자기 자신의 선택 문제가 됩니다. 행복과 불행은 곧 감정이기 때문입니다.

<참고 웨인 다이어, 오형정 역, 행복한 이기주의자, 21세기북스>